다큐멘터리 일제시대

일러두기

- 이 책은 1900년대부터 1940년대까지 연도별로 구분하여 5부로 구성하였다. 그러나 1부는 대한제국이 일본의 외압으로 을사조약을 체결한 후 한일병합에 이르기까지의 과정을 총체적으로 조망해야 한다는 판단 하에 1910년까지 포함하였다.
- 시대마다 수도를 당시의 지명으로 구분하여 표기하였다. 1910년 8월 이전은 한성, 이후는 경성으로, 맥락상 지금의 수도를 의미할 때에는 서울이라고 표기하였다. 또한 몇몇 꼭지의 경우 독자의 이해를 돕기 위해 한성 혹은 경성, 서울을 혼용하였다.
- 지명의 경우, 당시의 지명으로 표기하였다. 독자의 이해를 돕기 위해 현재의 지명을 함께 표기하거나 현재의 지명만 표기한 경우도 있다.
- 직업명의 경우, 운전수와 같이 당시에는 표준어였으나 현재 대상을 직업적으로 낮잡아 이르는 바뀐 말들이 있다. 당대의 분위기를 살리기 위해 최대한 원래의 명칭 그대로 표기하였다.
- 영화, 노래, 방송 프로그램, 그림 등은 〈 〉를 사용하여 표기히였으며, 그 외 출판물은 《 》를 사용하여 표기하였다.

다큐멘터리 일제시대

이태영 지음

항일과 친일
그리고 일상이 어우러진
역사 현장 속으로

Humanist

250장면으로 만나는 항일과 친일 그리고 일상의 역사

이 책을 처음 구상한 것은 2009년이다. 당시 나는 파주출판도시를 오가며 고등학교 역사부도 제작에 참여하고 있었다. 역사부도는 지도, 도표, 사진 등을 짜임새 있게 배치해 학생들에게 '동시다발성 인터페이스'를 제공하는 학습 자료다.

나는 역사부도의 한국 근현대사 자료를 편집하면서 마음 한편이 불편했다. 1907년 지방에서 항일 의병운동이 한창일 때 서울(경성) 동대문 옆 훈련원 연병장에서는 시내 학교들이 모여 대규모 운동회를 열었다. 1920년 만주에서 경신참변, 청산리전투가 한창일 때 식민지 조선의 학교들은 금강산, 경주로 수학여행을 떠났다. 이듬해 러시아 자유시에서 조선인 항일 투사들이 붉은 군대에 짓밟힐 때 식민지 조선에서는 신문, 잡지에 정력제 광고가 등장해 남성들을 유혹했다. 1930년대 만주에서 항일 무장 투쟁이 이어질 때 서울의 모던보이·모던걸은 백화점에서 쇼핑을 즐기고 카페에서 재즈를 들으며 삐루(맥주)를 마셨다. 한마디로 이 책의 첫 번째 주제는 '역사의 동시성'이다.

2015년 여름, 영화 〈암살〉이 관객 1,200만 명을 동원하며 대박을 터트렸다. 나는 이 영화를 신세계백화점 안의 영화관에서 관람했다. 〈암살〉에는 만주에서 항일 무장 투쟁을 벌이던 주인공 안옥윤이 서울에 잠입해 미쓰코시 백화점에서 쇼핑하는 장면이 나온다. 그 순간 나는 '직업병'이 발동했다. "이 객석을 가득 메운 관람객들은 자신이 지금 미쓰코시 백화점 안에 앉아 있다는 사실을 알까?' 그렇다. 1906년 일본 자본이 명동에 세운 미쓰코시 백화점을 8·15 해방 후 삼성상회 이병철이 적산 불하를 받아 신세계백화점으로 변신시켜 현재에 이르고 있다.

오늘날 한국 사회에 일제 식민지시대의 유산은 헤아릴 수 없이 많다. 경성제국대학→서울대학교, 조선신궁경기대회→전국체전, 자혜의원→도립병원, 엔카→트로트, 치안유지법→국가보안법, JODK→KBS, 아지노모토→미원, 연·보전→연·고전, 조선맥주→크라운맥주→하이트맥주, 소화기린맥주→OB맥주→카스맥주, 가라테→태권도……. 역사에는 단절이 없다. 이 책의 두 번째 주제는 '역사의 연속성'이다.

오늘날 한국인은 대한민국을 조선시대와 연결 지어 이해하려 한다. 그 사이에 낀 일제 식민지시대를 '별 생각 없이' 또는 '애써' 외면한다. 아프고 처절했던 민족 수난기를 잊고 싶은 마음이야 인지상정일 것이다.

오늘날 한국인의 일상 속에 조선시대의 자취가 얼마나 남아 있을까? 일제 식민 지배 때문에 한국의 전통문화가 단절됐다는 의견도 있지만, 뒤집어 보면 오늘날 한국 문화의 상당 부분이 일제 식민지시대에 형성됐다는 말이기도 하다. 그럼에도 한국인은 일제 식민지시대에 대해 아는 게 많지 않다. '3·1운동, 유관순, 청산리전투…… (공백) ……히로시마 원자탄 투하, 8·15해방'이 거의 전부다. 한국인의 의식 속에 일제 식민지시대는 '단절의 시대', '공백의 시대', '망각의 시대', '역사의 섬'이다.

그러나 1920~1930년대 식민지 조선의 신문, 잡지를 읽다 보면 생활 풍경이 오늘날과 어찌나 비슷한지, 당혹스러운 게 한두 가지가 아니다. 치열한 입시 경쟁, 학벌 문화, 청년취업난, 거창한 이야기를 좋아하는 지식인, 자본주의 소비문화에 탐닉하는 도시인, 서구 지상주의, 외래어 남용, 개발 열풍에 도시에서 쫓겨나는 서민, 전화 사기(보이스 피싱), 연예인 우상화, 스포츠 민족주의……. 어느 시대나 그렇듯 식민지 조선인도 먹고사는 문제로 고달픈 일상을 이어갔고, 수많은 청춘이 이루어질 수 없는 사랑에 괴로워했다.

그렇다면 일제 식민지시대의 사회상을 어떻게 복원해야 할까? 그 실마리는 의외로 단순한 곳에 있었다. 그 당시 있었던 항일 독립운동, 친일 반역 행위, 보통 사람들의 일상을 있는 그대로 펼쳐놓고 한발 뒤로 물러나 '숲'을 바라보는 것이다. 그 '숲'은 탄압과 저항, 욕망과 좌절, 성과 속, 역사의 수레바퀴에 찢긴 삶의 잔해가 뒤섞여 있다.

존재론의 시각에서 일제 식민지시대를 바라본다고 항일 독립운동의 의미가 훼손되지는 않는다. 항일 독립운동을 일상의 삶 속에서 서술할 때 오히려 그 의미가 더 살아난다. 모던보이·모던걸이 식민지'적' 근대에 탐닉하고 있을 때, 항일 투사들은 추위와 배고픔과 외로움을 견디며 조국의 독립을 위해 싸웠다. 이토록 숭고하고 값진 항일 독립운동의 정신을 후세에게 가르쳐야 한다.

일제 식민지시대를 서술하다 보면 이른바 '식민지 근대화론'과 마주친다. 식민지 조선이 근대화됐다고 말할 만큼 배짱 좋고 어리석은 사람은 없다. 다만 식민지 조선에서 일어난 자본주의적 변동을 애써 외면하지는 말자. 그 변동은 19세기 개항 이후 밀어닥친 일련의 사회 변화였고, 일제의 식민 지배는 조선의 근대를 왜곡했다. 그것은 식민지'적' 근대였다.

인간의 삶은 질기다. 식민지 조선인은 억압과 수탈에 저항하고 식민지'적' 근대에 적응해가며 새로운 삶을 개척해나갔다. 그래서 이 책에서는 '일제강점기'라는 표현을 배제했다. 20세기 전반기를 '일제강점기'로 규정하면 일제가 그 시기 한국사의 주체가 되고, 식민지 조선인은 '투명인간'이 되고 만다. 이것이 과연 올바른 역사 인식일까? 미우나 고우나 일제 식민지시대는 한국사의 일부이며, 한국사의 주체는 한국인이어야 한다.

인간은 자신이 '완성된 시대'에 살고 있다고 생각하지만 그것은 착각이다. 식민지에서 벗어난 지 이제 겨우 70여 년, 일본군 '위안부' 할머니들이 한을 품은 채 살아 계시고, 황국신민서사의 한국어판 '국기에 대한 맹세'가 여전히 공공 행사장에서 울려 퍼지고 있다. 교육현장에서 체벌과 두발단속은 최근에야 겨우 사라졌다. 한국인은 아직 일제 식민지시대의 관성 속에 살고 있다.

북한은 또 어떤가? 북한은 일제 식민지시대에 만주에서 활동했던 항일 유격대가 세운 국가다. 그 항일 유격대 활동 경력이 현재 북한 사회의 '골품제도'로 구축되어 있고, 일제 말 전시 파쇼체제가 지금까지 이어지고 있다. 일제 식민지시대는 한국 현대사의 인큐베이터이다.

이 책은 신문, 잡지, 단행본, 논문 등 수많은 자료를 인용했으며 앞선 연구에 큰 빚을 졌다. 그 출처를 일일이 밝히지 못한 점에 연구자들의 양해를 구한다. 이 책을 출간해준 휴머니스트에 감사드린다. 감각성 자본주의 문화가 넘쳐나는 한국 사회에서 마치 대장장이처럼, 식민지 독립운동가처럼 외길을 걸어가는 출판인들을 보며 고결함을 느낀다. 동포들이여, 독립운동 자금을 내는 마음으로 책을 사자.

내 장모 신동극 여사가 올해 칠순을 맞았다. 33년 전, 장모는 서울 아차산 자락에서 맨주먹으로 방앗간을 열고 억척스럽게 집안 살림을 일구었다. 이젠 힘든 일을 내려놓아도 될 것 같은데, 외동딸을 데려간 사위가 못 미더운지 지금도 장모는 새벽어둠을 밝히며 방앗간 기계를 돌린다. 평소 글을 즐겨 읽는 장모께 이 책이 작은 선물이 되면 좋겠다.

뜨거웠던 무술년을 보내며
저자 이태영

3부

4부

1930년대 스케치 팽창하는 군국주의, 성숙하는 대중사회 248

1900년대

망국의 전야, 근대의 길목

1905년 5월 26일, 러시아 발트함대가 대한해협 (현해탄)에 도착했다. 황제 니콜라이 2세의 배웅을 받으며 발트함대의 해군기지 크론시타트를 떠난 지 7개월 만이었다. 아프리카 희망봉을 돌아 인도, 베트남, 타이완을 지나는 총 3만 7,000킬로미터의 항로야말로 가장 무서운 적군이었다. 대한해협에 도착했을 때 발트함대 병사들은 대부분 병들고 지쳐 있었다. 발트함대는 대한해협을 가로질러 블라디보스토크에 가서 물자를 보급받으려 했다.

그러나 도고 헤이하치로가 이끄는 일본 해군이 대한해협에서 발트함대를 기다리고 있었다. 27일 새벽, 일본 해군은 발트함대의 대형을 정(丁) 자로 가로지른 뒤 포탄 공격을 퍼부었다. 임진왜란 때 조선의 이순신이 한산도대첩에서 선보였던 학익진 전법을 응용한 전술이었다. 도고 헤이하치로는 "나는 영국 넬슨 제독에 비교될 수 있지만, 이순신에게는 도저히 필적할 수 없다"라고 말할 만큼 이순신을 존경했다.

당시 일제는 일본 본토의 규슈와 조선의 울진·울산·제주도·거문도·울릉도·독도에 망루와 통신용 해저케이블을 설치해놓고 있었다. 7년 전 미국이 해저케이블을 이용한 정보력으로 에스파냐와의 전쟁에서 승리했음을 알고 있었기 때문이다. 도고

헤이하치로는 조선의 진해에서 무선전신을 통해 작전을 지휘했다(오늘날 진해에는 해군사관학교가 있다).

러일전쟁의 대한해협 전투는 다섯 시간 만에 일방적으로 끝났다. 탈진 상태에서 기습공격을 당한 발트함대는 함선 38척 가운데 19척이 격침을 당했고 다섯 척이 포획됐으며 4,800여 명이 전사했다. 나머지 배는 중국으로 달아났다가 억류됐다. 다윗과 골리앗의 싸움은 예상과 달리 다윗의 승리로 끝났다.

그러나 대한해협에서 크게 승리한 일본도 말 못할 고민이 있었다. 일본의 전력은 이미 2~3월에 만주 봉천대회전을 치르며 바닥을 드러냈다. 재정 상태는 더 심각했다. 당초 예상한 전투 비용의 두 배를 이미 써버렸고 외채를 빌리는 것도 한계에 부딪혔다. 일본의 파산은 시간문제였다. 이때 이토 히로부미가 가네코 겐타로를 미국 대통령 시어도어 루스벨트에게 보내 교섭을 시도했다. 가네코와 루스벨트는 하버드대학 동창이었다.

미국은 일본을 이용해 동아시아에서 러시아의 세력 확대를 견제하려 했기에 일본의 바람대로 일본과 러시아의 강화협상을 중재했다. 미국 동부 도시 포츠머스에서 일본 외상 고무라와 러시아 전권

대표 비테가 밀고 당기는 강화 협상에 들어갔다. 일본은 조선에 대한 지배권과 배상금 등을 요구했으나 러시아가 완강히 거부하자 '히든카드'를 내밀었다. '배상금 포기'였다(처음부터 '배상금 요구'는 일본의 협상용 카드였다). 9월 5일, 두 나라는 결국 강화조약을 체결했다. 이제 승전국 일본이 조선을 집어삼키는 일만 남게 됐다.

한편 민영환과 한규설에게서 임무를 부여받은 청년 이승만은 미국 대통령 루스벨트를 만나 일본의 조선 침략을 막아달라고 호소했다. 루스벨트는 "외교 경로를 통해 힘써보겠다"라고 둘러댔다. 말투는 부드러웠으나 외교적 수사에 불과했고 사실상 거절이었다. 면담 시간은 겨우 30분, 청년 이승만은 모든 게 이미 끝났으며 자신이 농락당하고 있다는 사실을 몰랐다. 루스벨트는 포츠머스조약을 이끌어낸 공로를 인정받아 이듬해 노벨 평화상을 받았다.

러일전쟁은 조선에 여러 부산물을 남겼다. 전쟁 중 일본은 안전한 해상 수송을 위해 근대적 기상관측을 시작했다. 도쿄 중앙기상대는 일기예보관 와다 유지를 조선의 기상관측 책임자로 파견했다. 그는 신라 첨성대와 조선 측우기를 연구해 세계에 알린 인물이다. 와다 유지가 인천의 제3임시관측소장으로 부임한 뒤 조선의 기상관측소는 13개로 늘어났고, 날마다 세 번씩 기상관측을 했다.

러일전쟁의 와중에 한성을 비롯한 주요 도시에는 일본의 유곽(성매매 업소)이 들어섰다. 전쟁 특수를 노려 조선으로 몰려든 일본인 남성들의 성적 욕구를 해결하기 위한 '공익 시설'이었다. 유곽에는 점차 조선인 여성도 고용됐다. 가난과 가부장적 폭력을 견디다 못해 유곽으로 흘러든 경우가 많았다. 어느덧 조선인 남성들도 유곽을 드나들었다.

11월 18일, 일본 헌병의 호위 아래 열린 내각회의에서 '을사오적'의 자문을 거쳐 을사조약이 체결됐다. 을사조약 체결로 조선의 외교권이 일본으로 넘어가자 미국은 기다렸다는 듯 한성 주재 공사관을 폐쇄하고 앞으로 조선과의 외교 업무는 일본 도쿄를 통해 이루어질 것임을 알려왔다. 조선은 일본의 준(準)식민지가 됐고, 외무대신 박제순은 할 일이 없어졌다.

이듬해인 1906년, 일본은 한성 남산에 통감부를 설치하고 초대 통감에 이토 히로부미를 임명했다. 남대문에 '환영'이라 쓰인 대형 현수막이 나붙었다. 친일 단체 일진회가 만들어 건 것이었다. 통감부는 명목상으로는 조선의 외교 사무를 관리하는 기구였으나 실제로는 조선의 내정 전반을 장악했다. 이토는 인생의 만년을 조선 식민지화의 기초를 다지는 데 쏟아부었다. 어릴 적 스승 요시다 쇼인의 꿈을 실현하려는 것이었으리라.

요시다 쇼인은 조슈번(지금의 야마구치현)에 '쇼카손주쿠'라는 시골 서당에서 젊은 인재들을 가르쳤다. 그는 "일본은 러시아, 미국 같은 강대국과 우호관계를 맺어 국력을 기른 후 조선, 만주, 중국을 점령해 착취함으로써 강대국과의 교역에서 잃은 것을 채워야 한다. …… (임진왜란을 일으킨) 도요토미 히데요시의 뜻을 이어받아야 한다"라며 대륙 침략을 강조했다. 미우라 고로(명성황후 살해 주동자), 가쓰라 다로(가쓰라-태프트 밀약 체결자), 이토 히로부미(초대 조선 통감), 소네 아라스케(2대 조선 통감), 데라우치 마사타케(초대 조선 총독) 등 조선 침략의 거물들이 그의 제자다(오늘날 쇼카손주쿠는 메이지유신의 요람으로 성역화됐고, 요시다 쇼인은 일본 군국주의 비조로서 야스쿠니신사에 신위 제1호로 모셔져 있다).

이토 히로부미는 노련하고 교활한 정치가였다. 그는 수시로 조선 왕족과 대신, 상궁들에게 시계나 귀금속, 고급 옷 등을 선물하며 환심을 사는가 하면, 특히 상궁들에게는 일본 여행을 시켜주었다. 극진한 대접을 받고 귀국한 상궁들은 왕족에게 일본에 관한 호의적 발언을 쏟아냈다. 이토가 궁궐에 들를 때면 그를 반기는 분위기가 역력했다.

1907년 정미년은 다사다난했다. 탁지부, 학부, 법부, 농상공부 등 조선의 중앙행정부처를 일본인들이 장악했고, 헤이그 특사 사건을 구실로 고종을 강제 퇴위시키고 순종을 즉위시켰다. 순종의 즉위 소식은 신문에서 토막 기사로 처리됐다. 이어 조선의 군대도 강제 해산됐다.

마지막 황제 순종은 창덕궁에 유폐돼 아침에 일어나면 밥 먹고, 산책하고, 찾아오는 인사들을 만나는 것이 일과였다. 황제의 장인 윤덕영과 그의 형 윤택영은 고급 술집 화월루에서 인생을 즐겼고, 유학생 최활란은 팜프도어(pompadour, 히사시가미, 챙머리)에 짧은 치마를 입고 귀국해 화제가 됐다. 여기서 불편한 진실 하나. 건달패와 화적 떼가 의병운동을 빙자하고 돌아다니며 약탈과 방화, 강간 등 행패를 부렸다. 그 탓인지, 모든 조선인이 항일 의병운동을 지지하지는 않았다. 일상과 사회운동 사이에는 '동조와 냉소, 무심함'이 공존한다.

나라가 망해가는 것을 알았는지 전국에서 호랑이가 날뛰었다. 강원도 삼척, 경상북도 의흥, 충청남도 홍성 등지에서 사람이 호랑이에게 변을 당했고 소나 돼지 같은 가축도 물려 죽었다. 심지어 한성 종로에서도 한밤중 호랑이 소리에 사람들이 공포에 떨었다. 이제 호랑이들의 국적도 바뀌고 있었다.

1909년 여름, 청주와 부산에서 콜레라가 발생해 전국으로 퍼져나갔다. 한성에서는 통감부 직원, 군인, 학생, 일본인 순사, 일본인 관광객 등이 쓰러졌다. 관공서가 단축 근무에 들어갔고, 학교가 휴교했으며, 상점들이 문을 닫았다. 각종 토목공사도 중단됐다. 이완용은 호화로운 새집을 사놓고도 콜레라 때문에 입주를 미루고 굿판을 벌였다. 그해 연말까지 콜레라가 기승을 부려 1,262명이 사망했다.

운명의 경술년(1910) 여름, 일진회가 여론을 선동하는 가운데 총리대신 이완용과 통감 데라우치 사이에 '한국 병합에 관한 조약'이 체결되어 조선 왕조는 역사 속으로 사라졌다. 부패하고 무능한 왕조, 무기력한 백성의 업보였다. "나라는 반드시 스스로 치고 나서 남이 친다(國必自伐然後人伐之)." 2,300년 전 맹자가 남긴 말이다.

일본이 조선을 장악해가는 과정은 거대한 뱀이 포유동물을 야금야금 집어삼키는 광경과 비슷하다. 뱀의 입속에 머리가 파묻힌 동물은 저항 한 번 해보지 못하고 모든 것을 체념한 듯 운명을 받아들인다. 나라가 망하기 열 달 전에 일어난 안중근 의거는 그래서 더 애틋하게 다가온다.

경부선 개통, 누구를 위한 근대화인가

"철도가 공간을 살해했다! 무시무시한 전율과 전례 없는 공포가 엄습했다. …… 철도는 …… 삶의 색채와 형태를 바꿔놓은 사건."

19세기 독일 시인 하이네가 기차를 타보고 한 말이다.

"쇠로 만든 괴물이 조상들께서 잠들어 계신 선산 옆으로 꽥꽥 소리를 지르며 다니는 꼴을 어찌 보느냐?"

20세기 초 경부선이 충청남도 공주를 지나간다는 계획이 발표되자 지역 양반들이 보인 반응이다.

1905년 1월 1일, 우여곡절 끝에 경부선이 개통됐다. 공사 기간 4년, 연인원 수천만 명이 동원됐다. 이로써 한성 서대문에서 부산 초량까지 445킬로미터를 열일곱 시간 만에 갈 수 있게 됐다(밤에는 안전 문제로 주행하지 않았기에 실제로는 서른 시간이 걸렸다). 그 전에는 말을 타고도 며칠이 걸리던 거리를 하루하고 한나절 만에 가게 된 것이다. 조선의 신동이라 불리던 최남선(19세)이 "날개 가진 새라도 못 따르겠네"라고 감탄한 것도 무리는 아니었다.

'번갯불을 먹으면서 쇳길을 달리는 검은 괴물'로 불리던 기차는 밀려드는 근대 문물의 상징이었다. 육로 교통이 취약했던 조선 사회에 대변혁을 가져왔다. 철도가 지나는 곳 옆으로 도시가 생겨났고, 사람들은 기차를 타고 부산 해운대, 원산 명사십리로 나들이를 떠났다. 근대적 개념의 '관광'이 시작됐다.

철도라는 근대 문물이 그랬듯 경부선도 야누스의 두 얼굴을 갖고 있었다. 경부선은 일본의 대륙 침략을 위한 장기 구상에 따라 부설됐다. 당시 일본은 일본 열도에서 가장 가까운 부산항과 한성을 연결한 뒤 그것을 대륙까지 확장하려 했다(1939년 부산에서 베이징까지 열차가 다니기 시작했다). 일본은 한반도를 동북아시아의 물류 중심지로 구상하고 있었다.

경부선 건설 비용 2,500만 원은 일본인들의 국민주로 충당했다. 경부철도주식회사 사장 시부사와 에이이치는 '조선에서 일본의 사활이 경부선에 걸렸다'며 귀족부터 농부까지 주식을 사서 애국하라고 선동했다. 당시 후발 산업 국가였던 일본에 대규모 철도 공사 비용은 큰 부담이었다.

일본은 경부선 건설 과정부터 제국주의 본색을 드러냈다. 철로를 놓겠다며 민간인의 땅을 빼앗거나 가옥을 파괴하고 공사 현장에 조선인들을 강제 동원했다. 경부선의 1마일(약 1.6킬로미터)당 건설 비용이 세계 평균의 65퍼센트 수준이었다고 하니, 그 실상을 짐작할 만하다. 철도 공사를 방해하다 공개 처형을 당한 조선인들도 있었다. 일본이 조선에 부설한 철도에는 조선인의 피와 눈물이 배어 있었다.

전혀 다른 이유로 경부선 부설을 반대하는 사람들도 있었다. 조상의 무덤을 침범하고, 양반 고을의 지맥을 끊는다는 등의 이유였다. 충청남도 공주 양반들이 유독 드세게 반발했

경부선 철도 개통을 기념하며 발행한 엽서
철도는 근대 문물의 상징이지만 경부선은 일본이 대륙 침략을 위해 부설한 것이었다.

다. 그러나 공주가 철도 노선 후보지에서 제외된 것은 공주 양반들의 반발 때문이 아니라 일본이 대륙으로 연결되는 노선을 최단 거리로 설치하기 위해서였다. 그 덕분에 공주 대신 대전이 철도 부설 혜택을 입었다. 갈대가 무성하던 한밭골에 '대전'이라는 신도시가 세워졌다. 대전에서 한성으로 가는 길목에 있는 조치원과 천안도 덩달아 성장했다.

이후 경의선(1906), 호남선(1914), 경원선(1914), 충북선(1928), 장항선(1931), 전라선(1937), 경춘선(1939), 중앙선(1942) 등이 개통해 총연장 6,000킬로미터에 이르렀다.

철도는 공간뿐 아니라 시간의 개념까지 점차 바꾸었다. 기차를 타려면 '정해진 시간'에 맞추어 움직여야 했기 때문이다. 이제 근대적 시간이 조선인의 일상을 지배하게 됐다. ✷

2010년 11월 1일, 경부선 KTX가 개통해 서울에서 부산까지 두 시간 이십 분 만에 갈 수 있게 됐다. 지금도 철도는 공간을 삼켜하고 있다

인천 앞바다에 사이다가 떴다

스타사이다의 자매품 스타-하이코라의 광고

1970~1980년대 인기 코미디언 서영춘은 "인천 앞바다에 사이다가 떴어도 고뿌[컵]가 없으면 못 마십니다"라고 말하며 대중을 웃겼다. 그런데 왜 하필 인천이었을까? 인천과 사이다는 어떤 인연이 있을까?

19세기 말 '제물포'라는 이름으로 개항한 후 인천은 신흥 도시로 발전했다. 개항장으로 신문물이 들어오고 국내외 각 지역에서 다양한 인간 군상이 모여들며 인천은 '근대화의 별천지'가 됐다. 중국 상인들이 들어오면서 국민음식 짜장면도 이곳 인천에서 탄생한다.

1905년 2월 신흥동에는 '인천탄산수제조소'가 들어섰다. 이 공장을 세운 사람은 일본인 히라야마 마쓰타로였다. 19세기 말 인천에 들어와 잡화상을 열어 큰돈을 번 인물이었다. 인천탄산수제조소에서 생산한 제품은 '별표 사이다'였다.

서양의 사이다처럼 당시 조선의 사이다는 사과즙에 설탕과 브랜디를 넣어 발효시킨 뒤 알코올을 약간 섞은 것이었다. 기존의 수정과, 식혜, 화채, 꿀물에서는 느낄 수 없었던 톡 쏘는 맛이 느껴졌다. 그 맛이 조선인의 입맛을 사로잡았다. 값도 싸서 서민들 사이에 인기가 높았다. '인천 앞바다에 사이다가 떴다'는 말까지 등장할 정도였다. 하지만 그 수요

에 맞춰 생산량을 늘릴 수가 없었다. 빈병이 제대로 회수되지 않아 사이다를 담아낼 병이 부족했기 때문이다.

인천을 시작으로 1917년 평양에서 '금강사이다'가 생산됐고, 이후 전국에서 수십 개의 사이다 공장이 돌아갔다. 어쨌든 국민음식 짜장면과 국민음료 사이다 모두 인천에서 태어났다. 그래서 짜장면을 먹고 나면 사이다 생각이 나는 걸까. ❋

해방 이후, '별표사이다'는 '스타사이다'로 상호를 바꾸어 사업을 이어가다가 1950년 혜성처럼 등장한 '칠성사이다'에 시장의 주도권을 넘겨주어야 했다('칠성'은 창업주들의 성씨가 일곱 개여서 붙인 이름이다). 색소를 넣지 않은 칠성사이다의 청량한 맛이 이미지는 소비자를 사로잡았다. 코카콜라 사가 제조한 '킨사이다'도 칠성사이다의 적수는 못 됐다. 1970~1980년대 학교에서 소풍을 갈 때 칠성사이다는 필수품이었다. 한편 칠성사이다에 왕좌를 넘겨준 스타사이다는 경영난을 겪다가 1975년 소주 제조회사 진로에 인수됐다.

고려대학교 설립자는 누구인가

보성전문학교 설립자 이용익
보부상 출신인 그는 고려대학교의 전신인 보성전문학교를 설립했다.

서울 안암동 고려대학교 본관 앞에는 큰 동상이 서 있다. 홍릉과 청량리 일대를 내려다보고 있는 이 동상의 주인공을 고려대학교 설립자라고 생각하기 쉽지만 실은 그렇지 않다.

4월 3일, 한성 박동(지금의 조계사 자리)에서 보성전문학교가 개교했다. 설립자는 함경도 명천 보부상 출신 이용익(52세)이었다. 그는 18세 때 함경도 갑산금광에서 발견한 금덩이를 짊어지고 한성으로 올라와 고종에게 바쳤다. 고종은 6척 장신의 호남(好男) 이용익에게 관직을 내렸다.

임오군란(1882)이 일어나자 이용익은 명성황후를 충청도 장호원으로 피신시켰다. 그러고는 고종과 명성황후(민비) 사이의 연락책이 됐다. 보부상 출신인 그는 특유의 체력과 기동력을 발휘해 주어진 임무를 잘 수행했다. 그 공로로 왕실의 신임을 얻어 내장원경(황실 재정 책임자), 탁지부대신(국가재정 책임자), 군부대신 등 정부 요직을 거치며 권력 실세로 올라섰다. 이용익은 금광을 여러 개 소유한 갑부이기도 했다.

러일전쟁을 도발한 일본은 조선의 토지를 군용지로 사용할 수 있다는 내용의 한일의정서를 조선에 강요했다(1904). 이때 이용익은 전쟁에서 러시아가 이길 것이라 믿고 한일의

정서에 반대하다가 일본에 납치됐다. 그는 국제 정세를 오판하고 줄을 잘못 서서 일본의 반대편에 있게 됐을 뿐 실상 이완용과 다르지 않은 인물이었다. 만약 러일전쟁에서 러시아가 이겼다면 그는 매국노의 멍에를 뒤집어썼을 것이다.

이용익은 1년 가까이 일본에 머물며 근대 교육기관을 살펴보고, 자기 재산 10만 원을 들여 책과 인쇄기를 구입해 귀국했다. 이어 고종의 재정 지원까지 받아 보성전문학교를 설립했다. 학교 이름 '보성(普成, 널리 사람다움을 이루게 한다)'은 고종이 하사해주었다.

당시 이화학당, 배재학당, 숭실학교 등 조선에 있는 사립학교들은 대개 서양 선교사들이 세운 것이나, 보성전문학교는 조선인이 세

운 최초의 근대 고등교육기관이다. 당시 보성전문학교는 2년제로 법률학과와 이재학과(경제·경영학과)를 두었다. 학교 모자에는 조선 왕실의 상징인 오얏꽃 문양을 달았다. 교수 14명 가운데 13명이 국비 유학생 출신이었다. 1907년 2월에 첫 졸업생을 배출했으며, 졸업생 51명이 모두 관직에 올랐다.

1905년은 한국 교육사에서 의미 있는 해다. 이해에 보성전문학교 외에 이용복·윤덕영의 한성법학교, 엄주익의 양정의숙(지금의 양정중고교), 이기용의 돈명의숙, 김진구의 중경의숙 등이 개교했다.

보성전문학교는 한성법학교와 돈명의숙 등을 인수하면서 학생 수가 급증해 낙원동, 송현동으로 여러 번 이전했다. 이후 경영난에 빠져 천도교단에 인수되었다가 김성수(경성방직, 동아일보사 설립자)에게 인수되어 1934년 동대문 밖 안암동으로 다시 이전했다. 한편 이용익은 을사조약에 반대하다가 친일파의 견제를 받고 러시아로 망명했다. 이후 손자 이종호에게 보성전문학교의 운영을 맡겼다.

그러나 이용익의 망명 생활은 순탄치 않았다. 러시아 상트페테르부르크에서 자객의 저격으로 중상을 입고 요양하다가 블라디보스토크에서 세상을 떠났다. 눈을 감기 전 그는 동지에게 일본 제일은행 통장을 건네며 손자에게 전해달라고 당부했다. 통장에는 거금 33만 원(현재 가치로 수백억 원)이 들어 있었다.

이종호는 할아버지의 장례를 치른 뒤 제일은행에 예금을 지급해달라고 요구했다. 그런데 무슨 이유인지 제일은행은 "지금은 안 된다"라며 예금 지급을 번번이 거절했다. 친일파의 방해였다.

이후 이종호는 할아버지 이용익의 예금을 찾기 위해 지루한 법정 공방을 이어가다가 세상을 떠났다. 결국 이용익의 예금 '33만 원'은 역사 속으로 사라졌다. '33만 원'은 이용익 재산이었을까, 황실 재산이었을까? ✳

해방 이후 보성전문학교는 종합대학 고려대학교로 발전했으며 현재 본관 앞에는 김성수의 동상이 서 있다.
김성수는 '고려대학교'라는 이름을 다른 대학이 먼저 사용할까 봐 노심초사했다. 그는 "고려는 고구려의 기상을 계승했고, 오늘날 우리나라의 외국어 명칭인 '코리아'도 고려에서 온 것이어서 좋다"라고 말했다.
그동안 고려대학교에는 남학생, 지방 출신 학생들이 많이 진학해 교풍이 투박하다는 평가를 들었다. 대학의 상징도 토속주 '막걸리'였다. 그러나 최근 여학생, 외국인 학생의 비율이 높아져 '민족 고대'에도 변화가 일고 있다.

짚신 신고
돼지 오줌보를 차다

축구는 영국에서 시작됐다. 조선에 축구를 소개한 것도 영국이다. 1882년 초여름, 제물포에 들어온 영국 군함 '플라잉 피시(Flying Fish)'호의 승무원과 군인 들이 공을 차고 놀다가 그대로 두고 떠났다. 이때 조선의 아이들이 그 공을 주워 따라한 것이 조선 땅에서 축구의 시초라는 이야기가 전한다.

1902년 배재학당에, 1904년 YMCA(황성기독교청년회)에 축구부가 생기는 등 축구는 점차 조선 전역에 보급됐다. 야구와 마찬가지로 축구도 서양 선교사들에 의해 퍼져나갔다.

1905년 6월 10일, 한성의 동대문 옆 훈련원 마당에서 최초로 공식 축구 경기가 열렸다. YMCA와 대한체육구락부(3개월 전 현양운 등이 조직한 단체)의 경기였다. 관중이 몰려들었고, 두 팀의 응원단도 등장했다. 경기 결과는 1대 1 무승부였다.

초창기 축구 경기장은 추수가 끝난 논과 밭이었다. 돼지 오줌보에 물이나 바람을 넣어 축구공으로 썼고 복장도 따로 없이 두루마기 차림에 짚신을 신고 뛰었다.

당시에는 아직 '축구'라는 용어가 없어 격구, 석구, 척구 등으로 불렸다. 경기 규정조차 없었다. 참가 인원과 경기 시간도 두 팀이 합의하기 나름이었다. 경기에서 이길 때까지 계속 뛰자고 우기는 일이 많아 선수들이 지쳐서 더는 뛰기 어려울 때가 돼서야 경기가 끝났다. 그래도 무승부일 때는 제비뽑기로 승패를 가렸다. 골대는 땅바닥에 돌이나 막대기를 놓는 게 전부였다. 따라서 골키퍼의 키가 골대의 높이가 됐다(이런 경기 방식은 1970~1980년대 시골 동네 축구에서도 흔히 사용됐다).

축구의 매력은 단순함이다. 넓은 운동장에서 둥근 공을 발로 차 골문 안에 넣으면 되는 경기다. 특별히 복잡한 경기 규정은 없다. 당시 조선인들이 축구에 흥미를 느낀 이유도, 오늘날 축구가 가장 보편적인 스포츠로서 전 세계인의 사랑을 받는 이유도 여기에 있을 것이다. ※

YMCA와 대창구락부가 축구 경기를 하기 전 경기장에 늘어서 있는 모습(1909)

관부연락선이
개통되다

"…… 오륙도 돌아가는 연락선마다 목메어 불러봐도 대답 없는 내 형제여. 돌아와요 부산항에. 그리운 내 형제여."

국민가수 조용필의 히트곡 〈돌아와요 부산항에〉(1975)에 나오는 노랫말이다. '연락선'은 무엇이며, 무슨 사연이 있기에 그토록 목이 메는 것일까?

9월 11일, 부산과 시모노세키를 잇는 240킬로미터 구간에서 관부연락선이 운항을 시작했다. 그 명칭은 이키마루로, 부산에 들어왔다가 며칠 뒤 승객을 싣고 다시 일본으로 출항했다. 부산에서 시모노세키까지 열한 시간 삼십 분이 걸렸다.

관부연락선의 본래 이름은 '관부철도연락선'이었다. 일본의 철도와 경부 철도를 이어주는 연락선이라는 의미다. 도쿄에서 표를 한 번만 사면 시모노세키와 부산을 거쳐 한성까지 기차와 배를 연이어 타고 오갈 수 있었다.

일본인이 조선에 오는 것은 자유로웠지만, 조선인이 일본으로 가려면 복잡한 수속을 거쳐야 했다. 조선인은 검사원에게 본적지 경찰서장이 발급한 도항증을 제시하고 승선 심사를 받아야 했다. 도항증을 제시해도 인상이 수상하면 소지품 검사를 받기 일쑤였다. 초창기 관부연락선을 타고 조선으로 들어오는 일본인은 돈을 벌고자 하는 이가 대부분이었고, 일본으로 가는 조선인은 유학생이 많았다.

훗날 가수 윤심덕이 최후를 맞이했던 배, 일제가 대륙 침략을 위해 병력과 물자를 실어 나르던 배, 윤동주와 송몽규가 일본 유학을 떠나며 탔던 배, 조선 청년들이 눈물을 흘리면서 징용과 징병에 끌려가며 탔던 배가 관부연락선이었다. ✳

해방 이후 관부연락선은 폐지됐으나 1969년부터 민간의 부관훼리호가 운항 중이다. 1970년대에 재일동포의 모국 방문을 배경으로 한 〈돌아와요 부산항에〉는 폭발적 인기를 끌었는데, 당시 그들은 부관훼리호를 타고 모국을 찾았다. 지금도 부관훼리호는 반도체 부품과 관광객을 실어 나르고 있다.

관부연락선 '쓰시마마루'(1944)

조선을 방문한
미국 대통령의 딸

홍릉 말 석상에 올라탄 앨리스 루스벨트

9월 19일, 미국이 파견한 아시아 순방 외교 사절단이 인천으로 들어왔다. 일본, 필리핀, 중국을 들른 뒤 조선에 온 것이다. 사절단에는 미국 육군장관 윌리엄 태프트, 루스벨트 대통령의 딸 앨리스(21세)와 그녀의 '바람둥이' 약혼자이자 하원의원 롱워스가 끼어 있었다. 그들이 타고 온 만추리아호(만주호)는 축구장 두 개 크기에, 무게는 2만 7,000톤 규모였다.

당시 앨리스 루스벨트는 미국 워싱턴 사교계에서 공주 대접을 받는 유명 인사였다. 패션 디자이너가 그녀에게 만들어준 드레스가 유행 상품이 되는가 하면, 그녀를 위해 특별히 작곡한 노래도 있었으며, 그것이 브로드웨이 뮤지컬에 사용되기도 했다.

조선에 오기 전 윌리엄 태프트는 일본과 '가쓰라-태프트 밀약'을 이미 맺은 상태였다. 미국이 필리핀을, 일본이 조선을 지배한다는 내용이었다. 이런 내막을 모르는 고종 황제는 조미수호통상조약(1882)에 따라 미국이 위기에 빠진 조선을 도와주리라 믿고 있었다. 고종은 "우리는 미국과 약속한 것이 있다. 무슨 일이 있어도 미국은 우리의 친구가 되어줄 것이다"라고 기대했다.

이런 기대감에선지 조선 황실은 미국에서 온 '공주'를 극진히 대접했다. 앨리스가 지니

갈 도로를 미리 깔끔하게 정비했고, 조선 황실 악단이 미국 국가를 연주해주었으며, 앨리스는 황제 전용 열차와 황실 가마를 타고 숙소로 이동했다.

하지만 조선에서 앨리스 공주의 행동은 무례했다. 그녀는 외교 협상 자리에서 술을 마시며 떠드는가 하면, 명성황후의 무덤인 홍릉을 방문해서는 말 석상에 올라타기도 했다. 그 석상은 비참하게 살해된 조선 황후의 영혼을 호위하는 조형물이었다. 약혼자 롱워스는 석상 위의 공주를 카메라에 담았다.

이런 무례를 그냥 지켜보고만 있어야 했을 정도로 당시 조선 황실이 미국에 건 기대는 크고 절박했다. 그러나 두 달 뒤 그 기대는 '짝사랑'이었음이 드러난다.

훗날 앨리스 루스벨트는 "조선의 황제는 황제다운 존재감이 없었고 애처로운 모습이었다. …… 일본인들은 똑똑해 보였으나 조선인들은 절망에 빠진 듯 슬퍼 보였다"라고 회고했다.＊

식물국가가 된 조선

— 을사조약 체결

1905년 11월 15일 오후 3시, 이토 히로부미는 통역관을 데리고 고종을 직접 찾아가 '동양 평화를 위해' 조선의 외교권을 일본에 내놓으라고 강요했다. 외교 절차를 무시한 폭거였다. 심약한 성품의 고종은 "외교권 이양을 반대하지는 않는다. 다만 외교권이 조선에 있다는 형식만이라도 남겨달라"라며 애원했다. 이토는 "요구를 거절한다면 조선은 더욱 곤란한 처지에 빠질 것"이라고 협박했다. 궁지에 몰린 고종은 "의정부 회의에서 토의해 결정토록 하겠다"라며 신하들에게 '폭탄'을 떠넘겼다.

이튿날인 16일, 이토는 한규설, 이완용, 이지용, 이하영, 권중현, 이근택, 민영기, 심상훈 등 조선의 각료들을 손탁 호텔로 불러 모았다. 이토는 조선의 대신들을 '제군들'이라고 부르며 "조선은 본래 청국의 속국이었던 것을 일본이 청일전쟁으로 독립시켜주었고, 러일전쟁을 한 것도 조선의 독립과 영토를 보전하기 위해서였다"라며 "조선은 일본이 보호해야 한다"라고 주장했다. 이하영이 이토에게 아부하며 맞장구쳤고, 명석하고 노련한 이완용은 "때에 따라 변혁하지 않으면 실리를 잃는다"라며 화답했다. 이토는 이완용을 '탁견과 용기를 갖춘 비범한 인물'이라고 치켜세웠

다. 한규설이 '외교권을 갖는다는 형식'만이라도 남겨달라고 간청했으나 이미 대세는 기울어 있었다.

17일 오전 11시, 일본 공사관에서 일본공사 하야시 곤스케가 조선의 대신 여덟 명에게 외교권을 요구했다. 서로 눈치만 보는 가운데 농상공부대신 권중현이 "여론을 수집해 논의해야 한다"라면서 침묵을 깼다. 하야시는 "조선은 전제국가인데 어찌 입헌정치의 흉내를 내려 하는가? 황제의 말 한마디면 충분하다"라고 받아쳤다. 조선의 대신들은 말문이 막혔다. 저녁 8시경, 이토가 군대를 이끌고 덕수궁 안 회담장에 나타나 조선의 대신들을 더욱 압박했다. 막판에 "황실의 안녕과 존엄을 보장한다"라는 내용을 조약문에 추가한 것이 성과라면 성과였다.

결국 18일 새벽 1시경, 외무대신 박제순과 일본공사 하야시 사이에 을사조약이 체결됐다. 이로써 조선은 외교권을 일본에 빼앗기고 식물국가가 됐다. 일찍이 "일본이 조선, 중국을 정복해야 한다"라고 주장했던 요시다 쇼인(1830~1859, 일본 제국주의의 사상적 대부)의 야망이 제자 이토 히로부미에 의해 실현된 셈이다.

19일, 을사조약 체결 소식이 알려지자 조약 체결에 찬성한 대신들을 처단하라는 상소가 잇달았다. 남대문 밖 이완용의 집에 불이 났고, 이근택은 집안 하인들에게 수모를 당하는가 하면 집에서 잠을 자다 자객의 칼에 찔려 중상을 입기도 했다. 일본은 매국노들의 집에 군대를 배치하는 등 신변 보호에 들어갔다.

을사조약 기념사진
한국주차군사령관의 관저로 쓰인 지금의 서울 중구 소공동 대관정(大觀亭)에서 촬영했다. 모자를 쓰고 지팡이를 짚은 노인(첫째 줄 왼쪽에서 다섯째)이 조선 통감 이토 히로부미다.

 을사조약 체결의 책임은 누구에게 있을 까? 고종이 조약문에 도장을 찍은 것은 아니 므로 그에게는 책임이 없을까? 그건 손바닥 으로 하늘을 가리는 일이다. 전제국가의 황제 가 신하들에게 "알아서 처리하라"라고 말했 다면 을사조약은 결국 고종이 체결한 셈이다. 그 정도의 책임감도 없이 황제 노릇을 했다 면 그만큼 황제의 자격이 부족했던 것이다.

 흔히 '을사오적'이라 하여 이완용, 박제순, 이지용, 이근택, 권중현에게만 책임을 묻는 것 또한 공정하지 못하다. 이토 히로부미에게 노골적으로 아부하며 을사조약 체결에 찬성 했던 이하영, 민영기도 '을사오적'과 별반 다 르지 않았다. 차라리 이완용은 '격조'라도 갖 춘 매국노였다. 그는 낯간지러운 아첨은 하지 않았다.

 '을사오적' 개념이 자칫 망국의 역사에 대 한 인식을 왜곡할 수 있다. '을사오적' 뒤에 숨은 사람들이 있다.✳

무명 적삼에 곡괭이 자루 들고
— 최초의 야구 경기

1906년 3월 15일, 동대문 옆 훈련원 마당에서 한국 최초의 야구 경기가 열렸다. YMCA 대 한성독일어학교의 대결이었다. 이 경기를 마련한 이는 미국인 선교사 필립 질레트였다. 4년 전 조선에 들어와 2년 만에 YMCA를 창립하고 초대 총무가 된 인물이다(그때 한성 종로에 터를 잡은 YMCA는 오늘날까지 그 자리를 지키고 있다). 그는 스포츠가 선교 활동에 큰 도움이 된다는 사실을 간파하고 야구와 농구, 스케이트 등을 조선에 보급했다.

질레트는 YMCA야구단을 창단해 야구를 가르쳤지만 과정이 순탄치만은 않았다. 우선 복잡한 야구 경기 규정이 문제였다. 야구방망이 대신 곡괭이 자루를 들고 나오는 것은 애교였다. 파울을 범하고도 베이스를 돌아 홈으로 질주하지 않나, 주자가 수비수의 태그를 피하려고 멀리 달아나지 않나, 상대편 선수를 밀쳐 넘어뜨리지 않나……. 손볼 게 한두 가지가 아니었다.

이날 YMCA 대 한성독일어학교가 벌인 경기도 마찬가지였다. 역사적인 경기였음에도 너무나 '정겨운' 수준이었다. 운동복은 무명 적삼, 운동화는 짚신이었다. 야구방망이 하나를 모든 타자가 돌려가며 사용했고, 글러브를 끼지 않은 수비수도 있었다. 운동장 바닥은

거칠었고, 경기장 옆에 서 있던 구경꾼들이 파울볼에 맞아 다치기도 했다. 영화 〈YMCA야구단〉(2002)에 나오는 우스꽝스러운 장면과 크게 다르지 않았다.

흥미롭게도 당시 야구 경기에서는 오늘날보다 영어를 더 많이 사용했다. 적당한 번역어를 찾지 못했던 탓이다. 야구를 베이스볼, 1·2·3루도 퍼스트·세컨드·서드 베이스라고 불렀다. 또한 변사가 경기 내용을 관중에게 해설해주었다.

이후 조선에는 야구단들이 속속 등장했다. 그중 '국내 최강'으로 군림한 것이 바로 YMCA 야구단이다. 그러나 십여 년 뒤, 그 '국내 최강'은 '우물 안 개구리'였음이 처참하게 드러난다. **◑1912** ✽

일제의 독도 침탈, 그 사건의 진상

3월 28일, 일본 시마네현 소속 오키도사(隱岐島司) 일행이 독도를 시찰하고 돌아가는 길에 울릉도에 들러 군수 심흥택에게 충격적인 사실을 통보했다. 독도가 일본의 영토로 편입됐다는 것이다.

이미 1년 전 일본은 〈시마네현 고시 제40호〉를 통해 독도를 다케시마로 이름 짓고 비밀리에 자국 영토로 편입시켰다. 시마네현의 수산업자 나카이 요자부로가 독도에 서식하는 강치에 눈독들이고 독도를 일본 영토로 편입해달라고 정부에 청원했던 것이다. 일본 내무성은 "한국령으로 보이는 독도를 일본 영토로 편입할 경우 제국주의 침략 야욕을 의심받는다"라며 기각하려 했으나 외무성이 독도 편입을 강력히 주장했다. 독도는 러시아의 동해 종단 전략과 일본의 동해 횡단 전략이 만나는 지점에 있어 군사전략상 매우 중요했기 때문이다. 일본은 독도에 망루를 설치하고 러시아와의 결전을 준비했다. 조선은 멀쩡한 영토를 일본에 빼앗기고도 1년이 지나서야 알게 된 것이다. 그마저도 일본 정부의 공식 통보가 아닌 일본의 지방 관리가 조선의 지방 관리에게 슬쩍 '흘린' 정보가 전부였다.

다음 날인 3월 29일, 오키도사 일행이 일본으로 돌아가자 심흥택은 강원도 관찰사 이녕래에게 긴급히 보고했고(당시 울릉도는 강원도에 속했다), 이 보고가 중앙정부에 올라갔다. 내무대신 이지용은 "독도가 일본의 영토라고 운운하는 것은 전혀 그 이치에 맞지 않아 아연실색할 일"이라고 말했다. 참정대신 박제순은 "독도의 상황과 일본인들의 동태를 조사해 보고"하라고 지시했다. 그러나 이는 하나마나 한 소리였다. 당시 조선의 외교권은 을사조약으로 이미 일본에 넘어간 상태였다. 게다가 이지용, 박제순이 누구인가? '을사오적'의 주인공들이다. 결국 일본은 이 절묘한 시점에 독도 침탈 사실을 슬그머니 흘려 조선인들의 반발을 줄여보려 했던 것이다. 당시 조선은 사실상 국가가 아니었다.

《대한매일신보》는 "울도군 소속 한국 속지인 독도를 일본 관원 일행이 일본 속지로 자칭했다"라며 일본을 비판했다. 《황성신문》도 "일본이 이제 막 독도를 침탈해 일본 영토로 만들고 있다"라고 보도했다. 통감부가 신문 기사를 삼엄하게 검열하는 상황에서 나온 보도였다.

1905년부터 1909년까지 일본은 연평균 1,300마리의 강치를 마구잡이로 잡아가 결국 멸종시키고 말았다. 그 밖에 오징어, 전복, 김 등도 일본에 수탈됐다. ✳

1946년 1월 29일, 연합국 최고사령관은 각서 제677호에 울릉도와 독도를 한국의 영토로 명시했다. 그런데 1951년 샌프란시스코 강화조약에서 "일본은 …… 제주도, 거문도 및 울릉도를 포함한 한국에 대한 모든 권리를 포기한다"라고 규정했다. 여기서 독도가 빠졌다는 이유로 일본은 독도에 대한 영유권을 주장하고 있다. 오늘날 전문가들은 일본이 독도에 그토록 집착하는 이유를 '독도 경제수역 확보를 통한 어장 확대'라고 보고 있다. 그러나 역사적 맥락을 보면 군사적 의미도 그디는 것을 알 수 있다

자전거대회가 열리다

자전거를 애용했던 서재필(오른쪽)
서재필은 자전거를 타고 독립문 건설 현장을 오갔다.

자전거는 독일에서 발명된 후, 19세기 말 서양 선교사들에 의해 조선에 도입됐다. 이 무렵 미국 유학생 윤치호는 귀국길에 주미 한국공사관에 있던 자전거를 들여왔다. 그는 며칠 동안 집 마당에서 자전거 운전 연습을 한 뒤 종로 거리를 타고 다녔다. 훗날 그는 조선 체육회장을 지낸다.

조선인들은 자전거를 괴상한 물건으로 보고 '괴물차', '나는 새'라고 불렀다. 바퀴가 두 개뿐인 '수레'가 넘어지지도 않고 아슬아슬 달리는 모습이 무척 신기했던 것이다. 그래서 '스스로 가는 수레'라는 뜻으로 '자행거(自行車)'라고 부르기도 했다. 자전거는 조선의 비좁은 도로에 안성맞춤이었다.

그러나 보수적인 양반들에게 자전거는 인기가 없었다. 걸음걸이에서도 품위를 강조한 양반들에게 두 다리를 쩍 벌리고 페달을 밟는 것은 경망스러운 일이었다. 자전거는 쌀 20~30가마를 팔아야 살 수 있을 만큼 값이 비싸 서민들에게는 그저 낯선 서양 문물일 뿐이었다. 시골에서 돈 좀 있는 부자가 자전거를 구입하면 큰 구경거리가 됐다.

4월 22일, 항일 의병 투쟁이 한창일 때 동대문 옆 훈련원 마당에서 자전거 대회가 열렸다. 한성의 자전거 상인들이 자전거를 보급하

고자 상금을 걸고 개최한 대회였다. 자전거를 탈 줄 아는 사람이면 누구나 참가할 수 있었다. 구경거리라고는 풍물놀이나 판소리뿐인 시대였기에 스릴 넘치는 자전거 대회는 사람들을 많이 불러 모았다.

이후 자전거 수는 급격하게 늘었다. 자전거를 타고 거리를 달리는 사람들이 흔해졌고 점차 일상생활에 유용한 교통수단으로 자리 잡았다. 한성 시내 자전거 상인들의 마케팅 전략이 효과를 냈던 것 같다.

조선 황실의 외척이며 고급 한량이던 조 아무개는 해외에서 밀려오는 개화 문물을 한껏 즐겼는데, 특히 자전거광이었다. 술친구 일고여덟 명과 함께 양복 차림에 자전거를 한 대씩 나누어 타고 한성 시내를 휘젓고 다녔다. 자전거에 기생을 태우고 교외로 '드라이브'를 떠날 때면 행인들의 부러움을 한 몸에 받았다. 한때 매체에 오르내리던 현대의 '강남 오렌지족'의 대선배라 할 만하다. ✳

마을 주막 앞에서 의병을 일으킨 신돌석

5월 8일, 신돌석 부대는 경상북도 울진으로 진격해 일본인들을 사살하고 그들의 집을 파괴했다.

울진은 일본 수산업자들의 전초 기지였다. 19세기 말부터 일본 수산업자들은 근대적 잠수기 어선을 동원해 동해안의 전복과 해삼 등을 싹쓸이했다. 잠수기는 잠수부가 어선에서 산소를 공급받으며 해저에 서식하는 수산물을 채취하는 장비다. 이 장비를 갖춘 어선 덕분에 일본 어민은 조선 어민에 비해 무려 열 배 이상의 수확을 올렸다. 급기야 두 나라 어민들은 대립했다.

한 달 전, 신돌석(29세)은 을사조약 체결에 반발해 경상북도 영해(지금의 영덕)에서 의병(영릉의진)을 일으켰다. 양반 의병장들이 서원과 향교에서 거병했다면 그는 마을 주막 앞에서 구국의 깃발을 올렸다. 이때 모인 의병이 200~300명이었다. 이들은 대개 농민이었지만, 양반과 중인도 있었다. 참봉 한영육, 군(郡) 고위 관리 백남수가 대표적이다. 신돌석의 지도력과 명망이 어땠는지 짐작된다. 그는 최준(경주 최부잣집), 박상진(훗날 대한광복회 총사령관) 등과도 친분이 있었다.

신돌석 부대는 거병 장소에서 가까운 고래산 숭덕에서 군사 훈련에 들어갔다. 군기기 엄격해 부대원들은 술도 마시지 않았다. 가족도 마음대로 만날 수 없었다. 암벽 아래에서 이슬을 피하며 잠을 잤고, 겨울에는 산속 암자를 이용했다.

신돌석 부대는 영양, 영해, 울진 등의 관아를 공격해 총과 화약을 확보했다. 대개 화승총이었다. 이어 해안 지방으로 진출해 어부들의 그물추로 납 탄환을 직접 만들었다. 전투를 지속하려면 식량과 의복을 비롯해 물자와 자금도 필요했다. 신돌석 부대는 양반과 부호들에게 협조를 요청했다. 퇴계 가문, 이상룡(훗날 대한민국임시정부 국무령) 등 안동의 양반들이 호응했다. 퇴계 종가는 의병에게 자금을 제공한 '죄'로 일본군에 의해 불탔다. 평민들에게서 물자를 구입할 때는 돈을 지불했다. 신돌석 부대는 거병 한 달 만에 1,656냥의 자금과 쌀, 짚신 등을 확보했다.

신돌석 부대의 영향력이 강해지자 영해에서는 농민들이 의병을 지지하며 국가에 세금 납부를 거부해 지방행정이 마비되기도 했다.

이듬해 신돌석 부대는 '신돌석 생포 작전'에 맞서 일본군과 전투를 벌였다. 20~30명씩 소부대로 나뉘어 산악 지형을 이용한 유격전으로 대응했다. 병력과 화력에서 일본군보다 열세했기 때문이다. 하루에 산길을 30~40킬로미터씩 이동하는 신돌석 부대의 놀라운 기동력에 일본군은 속수무책이었다. 일본군은 신돌석의 아내 한재여를 이용해 회유 작전을 폈으나, 신돌석은 아내의 편지를 펼쳐보지도 않았다고 한다.

일본군의 토벌이 거세지자 신돌석 부대에서도 하나둘 투항자가 나오기 시작했다. 결국

국권 회복에 앞장섰던 의병들
구한말 의병들로 유생, 농사꾼, 군인, 포수, 상인 등 여러 계층의 백성들이 구국의 일념으로 의병 전선에 나섰다.

신돌석의 핵심 참모까지 투항했다. 다른 의병 부대도 사정은 비슷했다. 의병장이 나서서 부하들에게 투항을 권유했다. 인간적 고뇌에 따른 선택이었을 것이다.

신돌석은 더는 국내 활동이 어렵다는 것을 깨닫고 만주로 떠날 채비를 했다. 그러나 그는 영덕군 북면 눌곡에서 김상렬 형제에 의해 살해됐다(1908. 11. 18.). 김상렬 형제는 그의 부하로 의병 활동을 함께했던 사람들이다. 당시 민중은 김상렬 형제가 현상금에 눈이 멀어 범행을 저질렀다고 확신했다.

경북 영해에 있던 신돌석의 집과 논밭 등은 모두 일제에 몰수됐다. 그의 친척들도 감시를 받으며 살았다. 신돌석의 부인 한재여는 1920년대에 두 아들을 데리고 산속으로 들어가 화전을 일구며 힘겹게 살았다. ✷

해방 이후 신돌석 가족은 고향으로 돌아오지 못하고 청송에 정착했다. 신돌석 때문에 고통을 당한 친척들에게 미안해서였다. 양자 신병욱은 아버지의 항일운동 사실을 입증하려고 5년 동안 발품을 팔며 노력한 끝에 1962년 건국훈장 대통령장을 받았다. 1971년 신돌석의 유골은 국립묘지로 이장됐다. 턱뼈와 팔다리뼈가 당시의 보통 사람들보다 컸다고 한다. 신돌석의 손자 신재식은 국가유공자 혜택으로 농협에서 32년간 근무하나 2008년에 퇴직했다.

수원에 권업모범장이 생기다

권업모범장
농촌진흥청의 전신이다.

수원은 한국 근대 농업의 중심지였다. 6월 15일, 통감부는 경기도 수원에 권업모범장(勸業模範場)을 설치했다.

권업모범장은 조선에 일본식 농업기술을 보급하는 기관으로서 총책임자는 농학박사 혼다 고스케였다. 통감부는 조선의 전통적 농업이 천수(天水)에 의존해 풍흉(豊凶)이 일정하지 않고 생산력이 낮다고 보았다. 그래서 품종 개량, 비료 보급, 관개시설 개량을 통해 농업생산력을 높이려 했다.

청일전쟁 이후 일본은 조선에 대한 정치적·경제적 지배를 강화하면서 조선의 쌀을 반출해 자국 내 식량 문제를 해결하려 했다. 그런데 조선에서 생산된 쌀에는 문제가 있었다. 우선 일본의 쌀 수요를 감당하기에 조선의 쌀 생산량이 부족했고 일본 시장에서 상품으로 거래되기에는 품질도 떨어졌다. 통감 이토 히로부미는 "농업에 종사하는 조선 인민의 수가 심히 많고 …… 다수 인민의 행복을 증진하기 위해 농업의 개량에 착수하는 것이 자연의 순서이고 …… 내가 우선 농업에 주의할 필요를 제창한다"라면서 농업 개량에 강한 의지를 보였다.

종래 조선 정부가 추진하던 '농사모범장' 설치 계획은 묵살됐다. 조선 정부가 수도해

농사 시험장을 설치하면 일본이 조선의 농업에 대한 지배력을 행사하기 어렵고, 조선을 일본에 대한 식량 공급 기지로 구축하려는 계획에도 차질이 생기기 때문이었다. 결국 권업모범장은 일본을 위해 설치되었다. 규모는 87정보(町步)였고, 설치 비용 16만 원은 일본에서 들여온 빚이었다.

출범 이후 권업모범장에는 20여 명이 근무했으며 종묘, 잠종, 종금, 종돈 등의 업무를 담당했다. 전라남도 목포에 출장소를 두어 면화 재배 사업을 감독하기도 했다. 권업모범장에서는 주로 벼농사 중심으로 연구가 이루어졌다. 조선의 쌀을 일본으로 반출하려는 정책에 따른 것이었다. 이로 인해 조선의 농업은 벼농사 중심으로 편중되어 구조화됐다. ✽

해방 이후 권업모범장은 농사개량원(1947), 중앙농업기술원(1949), 농사원(1957) 등으로 명칭이 바뀌다가 1962년 농촌진흥청으로 발족해 오늘에 이르고 있다. 또 수원 농림학교는 서울대학교 농과대학(지금의 서울대학교 농업생명과악대학)으로 개편됐디.

평양 대부흥운동이 일어나다

"저는 1년 전에 죽은 친구의 돈 100달러를 훔쳤습니다. 저는 하나님의 일을 방해했습니다. 내일 그 돈을 죽은 친구의 아내에게 돌려주겠습니다."

1907년 1월 6일, 평양 장대현교회에서 장로 길선주가 2,000여 명을 앞에 두고 죄를 고백했다. 300리 길을 걸어온 사람, 겨울 추위와 싸우며 산을 넘어온 사람, 부흥회 기간 동안 자신이 먹을 쌀을 지고 온 사람 등 온갖 이들이 모인 자리였다. 한국 기독교 역사의 '빅뱅'이 될 평양 대부흥운동의 시작이었다. 그때만 해도 '기생의 도시'로 유명하던 평양에서 기독교 대부흥운동이 일어난 사연은 무엇일까?

조선시대에 평안도는 차별받는 지역이었다. 평안도 출신은 능력이 있어도 정치적으로 출세하기가 어려웠다. 홍경래의 난이 그래서 일어났다. 게다가 평안도는 대륙의 신문물이 들어오는 길목이었다. 성리학적 정서가 약했던 반면 외래문화에는 개방적이었다.

구한말 기독교 선교사들은 평안도에서 집중적으로 포교했다. 1904년의 러일전쟁은 평안도에 기독교가 전파되는 계기가 됐다. 외세의 총칼에 핍박받을 때 교회가 조선인들의 몸과 마음의 안식처가 돼주었던 것이다. 1907년 전국의 기독교계(장로교회 계통) 학교 405개 가운데 256개가 평안도 지방에 있었다.

평양 대부흥운동의 주도자는 서양 선교사들과 조선인 장로 길선주(훗날 3·1운동 '33인'에 참여)였다. 길선주가 자신의 죄를 고백하자 다른 신도들도 줄지어 참회했다.

"주여, 용서하소서. 저는 병든 아내를 보며 술만 마시고 빨리 죽어버리라고 저주했습니다."

"하나님, 저는 첩을 두 명이나 두고, 마누라와 아이들을 돌보지 않았습니다. 용서하소서."

"저는 전쟁 피난길에 아이가 보챈다고 머리를 나무에 부딪쳐 죽게 만들었습니다."

순사 방은덕은 죄를 고백하는 흉악범을 잡으러 집회에 참석했다가 예수를 믿게 됐다.

1월 14일 저녁, 평양 대부흥운동이 절정에 이르렀다. 미국인 선교사 블레어가 "너희는 그리스도의 몸이요, 그리스도의 지체들이라"라고 설교하자 수백 명의 신도가 통성기도를 했다. 기도는 새벽 2시까지 계속됐다. 하나님의 역사(役事)는 숭의여학교, 숭덕학교 등 여러 학교와 부녀자들의 모임으로 확산됐다. 평양 대부흥운동의 열기는 길선주의 한성 집회로 이어졌고, 부흥의 불길이 전국으로 번져나갔다.

이후 평양은 '동방의 예루살렘'이라 불리며 한국 기독교의 중심지가 됐다. 일제 말기 신사참배 거부운동이 가장 격렬했던 지역도 평양을 중심으로 한 평안도였다. ✽

해방 직후 성경을 옆구리에 끼고 거리를 다니는 사람들은 대개 평안도 사투리를 썼다고 한다. 실제로 평안도에서 월남한 사람이거나, 평안도 출신은 아니더라도 다수의 기독교인들이 평안도 말투를 흉내 냈기 때문이다. 예배 의식에서도 '아버지'를 '아바디'라고 불렀다. 당시 기독교계에서 평안도 출신 인사들의 영향력이 그만큼 컸다.

고종, 헤이그 특사를 파견하다

6월 15일부터 넉 달 동안 네덜란드 헤이그에서 2차 만국평화회의가 열렸다. 세계 여러 나라가 러일전쟁의 참상을 목격한 후 이제부터라도 전쟁을 막아보자는 취지에서 열린 행사였다.

두 달쯤 전인 4월 22일 이준은 고종의 신임장을 받고 남대문역(지금의 서울역)을 출발했다. 그는 아내에게 "부산에 볼 일이 있으니 잠시 다녀오겠소"라고 말했다. 아내 이일정은 그것이 남편의 마지막 말이 될 줄은 꿈에도 몰랐다.

이준은 부산에 도착해 하룻밤을 묵고 4월 23일 배를 타고 러시아 블라디보스토크로 떠났다. 블라디보스토크에는 19세기 말부터 이주해 온 조선인들이 마을을 이루며 살고 있었다. 이준은 조선인 김학만의 집에 머물렀다. 이때 북간도에 서전서숙(瑞甸書塾)을 세우고 교육운동을 하던 이상설이 합류했다. 그런데 이들이 시베리아 횡단열차에 몸을 실은 것은 5월 21일, 이준이 블라디보스토크에 도착한 지 한 달이 지난 시점이었다. 그들은 왜 블라디보스토크에서 지체했을까?

그들에게는 기차표를 살 돈이 없었다. 이준과 이상설에게 자금을 제공한 것은 블라디보스토크의 조선인들이었다. 액수는 2만 원, 당시 쌀 8,000가마를 살 수 있는 거금이었다. 이준과 이상설이 블라디보스토크를 떠나기 전날, 조선인 동포들은 환송연을 열고 모금한 돈을 전달했다. 이준은 눈물을 참지 못하며 다짐했다. "장사는 한번 가면 다시 돌아오지 않으리."

5월 21일 이준과 이상설은 시베리아 횡단열차에 올라탔다. 러시아 수도 상트페테르부르크에서 이위종이 합류했다. 특사 세 명은 6월 25일 헤이그에 도착했다. 일본이 강제 체결한 을사조약의 불법성을 전 세계에 폭로하는 것이 특사 세 사람의 목적이었다. 이때 미국인 선교사 호머 헐버트는 일본에 들러 자신이 헤이그 만국평화회의에 참석한다고 소문을 내 일본의 감시를 분산시켰다. 헤이그 특사 사건의 숨은 공신이다.

그러나 헤이그 특사 세 사람은 회의장에 들어가지도 못했다. 조선은 외교권이 없다는 점 때문이었지만, 실은 일본과 영국의 방해 공작이 있었다. 러일전쟁에서 패배한 러시아는 일본의 눈치를 봤다. 제국주의 국가들에게 '평화'란 기존의 질서를 그대로 '유지하는 것'이었다. 헤이그 만국평화회의는 '도둑들의 만찬회'였다. 특사로서 목적을 이루지 못하자 이준은 울분을 견디지 못했다. 화병을 얻어 며칠 동안 밥조차 넘기지 못한 그는 7월 14일 저녁 끝내 사망했다.

7월 1일 조선 통감 이토 히로부미가 헤이그 특사 사건에 관해 알게 됐다. 이토는 총리대신 이완용을 불러 호되게 꾸짖었으며 고종에게 책임을 물었다. "이렇게 음흉한 방법으로 일본의 보호권을 거부하려는 것은 차라리

헤이그 특사 활동을 보도한 제2차 만국평화회의
<평화회의보>

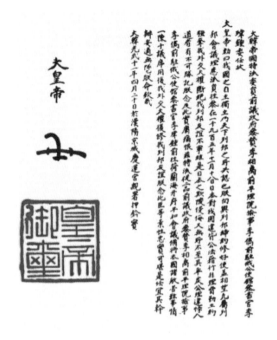

고종이 이준 열사에게 수여한 헤이그 특사 위임장(1907. 4. 20.)

일본에 대해 당당히 선전포고를 하는 것만 못하다. 모든 책임을 황제가 져야 하며 …… 일본은 조선에 선전포고를 할 수 있다." 일본에서 이토가 조선을 제대로 관리하지 못했다는 비판 여론이 일었기에 그도 신경이 곤두서 있었다.

그러나 이토는 노회한 정치가였다. 그는 헤이그 특사 사건을 빌미로 조선 지배를 더 강화했다. 이때 이완용이 고종에게 퇴위를 건의했다. 고종은 "신하의 몸으로 어찌 감히 선위를 운운하는가?" 하며 크게 진노했다. 하지만 대세는 이미 기울어 있었다. ✳

국문연구소가 설치되다

지석영
동학농민운동 때 악명 높은 토벌대장이었지만, 종두법 보급과 한글 연구에서 업적을 남겼다.

불휘 기픈 남ᄀᆞᆫ ᄇᆞᄅᆞ매 아니 뮐씨 곶 됴코
여름 하ᄂᆞ니
ᄉᆡ미 기픈 므른 ᄀᆞ무래 아니 그츨씨 내히
이러 바ᄅᆞ래 가ᄂᆞ니
－〈용비어천가〉(1447)에서

15세기 〈용비어천가〉 가운데 가장 유명한 구절이다. 문자의 생김새는 분명 한글이지만 그 표기법이 오늘날과 다름을 알 수 있다. 학교에서 배우지 않았다면 그 뜻을 파악하기도 어려웠을 것이다. 그렇다면 오늘날 우리가 쓰고 있는 한글 표기법은 언제 제정됐을까?

1907년 7월 8일, 학부(교육부)에 국문연구소가 설치됐다. 2년 전 지석영이 발표한 한글 표기법 통일안 〈신정국문(新訂國文)〉을 국가가 공식화하자 한 개인의 의견을 국가 어문정책으로 채택했다는 논란이 일었기 때문이다. 위원장으로 윤치오(윤치호의 사촌동생), 위원으로 이능화, 주시경, 일본인 우에무라 마사키 등이 임명됐다.

지석영은 천연두로 조카를 잃고 나서 부산 제생의원을 찾아가 일본인 의사로부터 종두법을 배웠다. 그 대가로 조선 내 일본인을 위한 조선어사전 편찬을 도왔다. 이때부터 한글 연구에 관심을 갖게 된 그는 과학적인 소리 글자 한글이 방치되어 있는 현실을 비판했다. 〈신정국문〉은 그렇게 탄생했다.

국문연구소는 근대 프랑스어를 확립한 '아카데미프랑세즈(1635)'에 비견될 만한 기관이지만 실상은 일본 '국어조사위원회(1902)'의 영향을 받은 것이다. 일본은 동아시아에서 가장 먼저 근대 어문 정리 작업을 시행했으며, 이웃 국가들도 그 영향을 받았다. 조선의 근대 또한 일본의 근대로부터 자유롭지 못했다.

국문연구소는 2년 동안 논의를 거쳐 학부에 보고서를 제출했다. 보고서에서는 용비어천가에 등장하는 '아래아(·)'를 폐지하고, 국문연구소 위원 주시경의 주장을 받아들여 'ㅈ, ㅊ, ㅋ, ㅌ, ㅍ, ㅎ'을 초성과 종성에 모두 쓸 수 있게 하자는 내용이 담겼다. 이것이 훗날 〈한글맞춤법통일안〉의 바탕이 됐다. ●1933 ✽

고종이 퇴위하고 호위대가 봉기하다

7월 20일, 일본은 헤이그 특사 사건을 빌미로 고종을 강제 퇴위시켰다. 그 소식이 알려지자 여론이 들끓었다. 일진회의 기관지 《국민신보》를 발행하는 국민신보사가 군중의 습격을 받았고, 조선 병사 수십 명이 일본 경찰서를 습격해 순사 세 명을 사살했다. 총리대신 이완용의 집은 불에 타 사라졌다. 고종은 이완용에게 지금의 서울 저동에 있는 집 한 채를 하사했다.

8월 1일 오전 10시, "오늘은 훈련원에서 맨손 체조를 한다"라는 명령에 따라 시위대(국왕 호위대) 장병 600여 명이 모였다(나머지 장병들은 군대 해산을 위한 조치임을 미리 눈치채고 탈영했다). 모인 장병들은 이미 무기를 반납한 상태였으며, 훈련원은 총을 든 일본군이 포위하고 있었다. 시위대 장병들은 위로금을 몇 십 원씩 나누어 받고 눈물을 흘리며 해산했다. 장병들의 마음을 대변하듯 소나기가 내렸다.

군대 해산에 반발해 시위대 제1연대 1대대장 박승환이 유서를 남기고 권총으로 자결했다. 이어 오의선을 비롯한 부하 몇 사람도 자결했다. 이에 시위대 장병 1,000여 명이 봉기해 남대문과 서소문 일대에서 일본군 42명을 사살했다. 시위대는 170여 명의 사상자를 냈다. 이날 한성 시내에는 총소리가 그치지 않았고 집 수백 채가 불탔다. 간호사들은 총알이 빗발치는 전장으로 뛰어들어 장병들을 치료했고, 여학생들은 세브란스 병원으로 달려가 부상병들을 간호했다. 이때 일본군은 일본인 여성을 동원해 가정집 안방까지 수색해 숨어 있던 조선 군인들을 체포했다.

시위대의 봉기는 지방으로 확산됐다. 원주, 강화도, 홍주(홍성), 안동 등에서 군인들이 봉기를 일으켰다. 이동휘(훗날 대한민국임시정부 국무총리)가 이끌던 강화도 진위대 600여 명은 친일 군수와 일본 경찰을 처단하고 일본군과 전투를 벌였다.

7월 31일, 마지막 황제 순종은 "불필요한 비용을 절약해 이용후생을 이루는 일이 당장 급하다. 황제 호위에 필요한 병력만 남기고 그 밖의 군대는 일시 해산한다"라는 조서를 내렸다. 9월 3일까지 지방의 군대가 모두 해산됐다. 이로써 조선 왕조의 군대 8,000여 명이 모두 사라졌다. 해산된 군인들은 각 지역 의병운동에 투신했다. 홍범도는 함경도 삼수갑산에서, 안중근은 함경도 경원 일대에서 의병을 이끌었다.

고종 퇴위와 군대 해산에 반발해 정미의병(후기 의병)이 일어났다. 정미의병은 종래의 전면전에서 벗어나 지형지물을 활용한 소규모 게릴라전으로 일본군의 화력에 맞섰다. 그 주체 세력은 양반뿐 아니라 농민, 보부상, 노동자, 포수, 승려, 머슴 등이었다(9월 일본은 조선인의 무기 소지를 금했다. 이로 인해 함경도와 강원도 지방의 포수들이 생계에 위협을 받았다). 당시 의병장의 65퍼센트, 의병의 90퍼센트 이상이 평민이었다. 평민 의병들이 늘어나면서

대한제국 군대(1903)

지역 주민들과의 연대도 강해져 주민들이 의병들에게 숙식과 정보를 제공하기도 했다.

의병운동에 대한 일본군의 진압은 가혹했다. 닥치는 대로 의병을 학살하고 의병과 조금이라도 관련이 있는 마을은 모조리 불태웠다. 그중 충청북도 제천은 처참했다. 일장기가 나부끼고 일본군의 총칼이 번쩍일 뿐 사람이 살았던 흔적은 사라졌다. 현장을 취재한 캐나다 종군 기자 프레더릭 매켄지는 "지도에서 제천이 사라졌다"라고 기록했다.

11월, 의병장 이인영은 전국의 의병장들에게 경기도 양주로 집결하라는 격문을 보냈다. 수도 한성을 탈환하려는 것이었다. ⊙1908 ❋

국내 최초 사진관 '천연당', 문전성시를 이루다

19세기 말 사진 촬영 기술이 조선에 들어왔다. 경상도 수군장교 김용원(독립운동가 김규식의 아버지)이 부산에서 일본인으로부터 이 기술을 처음 배웠다고 한다. 중국 상하이에서 사진 촬영 기술을 배워 온 황철은 지금의 서울 안국동 자신의 집에 촬영국을 차렸다. 황철의 기록 사진이 현재 80여 점 남아 있어 개화기 사회상을 생생히 전해준다.

1907년 8월 17일, 지금의 서울 소공동에 한국 최초의 사진관 '천연당'이 문을 열었다. 주인은 김규진이었는데, 조선 황실 서화가 출신으로 관직을 그만두면서 사진관을 연 것이다. 사진 촬영 기술은 일본에서 배워 왔다.

천연당은 개업 이후부터 9월까지 《대한매일신보》에 광고를 내서 손님을 모았다. '남녀칠세부동석'의 사회 정서를 고려해 여성 전용 촬영실과 사진사를 따로 두어 남녀가 서로 마주치는 일이 없게 했다. 과감한 홍보와 소비자 눈높이에 맞춘 마케팅 전략이 주효했는지 천연당으로 손님들이 몰려들었다. 김규진의 집 뜰에 열었던 사진관을 종로에 있는 서양식 건물로 옮길 만큼 문전성시를 이루었다.

사진관에 몰려온 고객은 황실 사람이나 귀족 등 대부분 부자들이었다. 쌀 한 가마니 값이 4~5원일 때, 사진 한 장 값이 1원이었다니, 보통 사람들에게는 그림의 떡이었다.

손님이 많아질수록 천연당도 골치를 썩여야 했다. 외상 손님 때문이었다. 김규진은 "외상값을 빨리 갚으라", "앞으로는 사진 값을 선불로 받고 촬영하겠다"라는 내용의 광고를 다시 《대한매일신보》에 냈다.

이때만 해도 '카메라'나 '사진'은 보통 사람들에게는 매우 낯선 문물이었다. 카메라 렌즈가 사람의 눈을 빼다 박은 것이고 사진을 찍으면 혼이 카메라 안으로 빨려 들어간다고 믿는 사람들도 있었다. 사진이 보통 사람들의 일상 속에 자리를 잡은 것은 한일병합 이후의 일이다. 사진이 점차 보급되면서 초상화 시장은 위축됐다. ✸

1907년 소공동에 문을 연 천연당

금융조합이 설립되다

8월 24일, 전남 광주에서 '금융조합' 창립식이 열렸다. 금융조합은 영농자금 대출, 농산물 위탁 판매, 종자나 비료의 구매와 판매 등을 통해 농민의 생활을 개선하려는 취지로 결성된 협동조합이었다. 운영비는 조합원들의 출자금으로 조성되었으며 조합원 가입자는 1,000명을 넘었다.

이날 개회사에서 관찰사 김규창은 "가난한 백성들이 금융 혜택을 보지 못해 유감이었는데, 이제 금융조합이 설립됐으니 정부의 은덕에 감복한다"라고 말했다. 조합장으로 선출된 최상진도 "정부의 은덕이 시골에 미치니 감격하지 않을 수 없다"라고 말했다. 이들의 말에서 드러나듯 금융조합은 정부의 관리·감독을 받는 관치 금융기관이었다. 정부 관료로서 행사에 참석한 이노우에 마사지는 "대출금을 먹고 마시는 데 쓰지 않고 열심히 일하는 자에게는 무담보, 낮은 이자로 돈을 빌려주겠다"라고 말했다. 그동안 고리대에 의존하던 농민들은 금융조합이 등장하면서 근대적 금융 제도를 경험하게 됐다.

그러나 금융조합은 점차 농민을 위한 사업을 펼치기보다는 금융 이익을 얻는 사업에 집중했다. 금융조합에서 돈을 빌리려면 담보물이 있어야 했기 때문에 혜택은 주로 지수와 부농에게 돌아갔다. 금융조합은 '돈 놓고 돈 먹는' 일반은행이 되어갔다. 이후 금융조합은 지방 군 단위에는 1개소, 규모가 큰 시·도에는 여러 개의 점포를 두고 영업을 했다.

1919년 3·1운동이 일어날 무렵만 해도 금융조합은 시위 군중의 공격을 받지 않을 만큼 지역사회에서 입지가 굳건했다. 평안북도 구성군에서는 금융조합 직원이 시위대에 해산을 요구하자 자진 해산하는 일도 있었다. 하지만 1930년대에 금융조합은 농촌진흥운동의 나팔수 역할을 하며 농민의 사상 통제를 주도했고, 전시체제 아래에서는 전쟁 비용 조달을 위해 '강제 저축'을 독려했다. 이 무렵 금융조합은 지역농협이 전국에 900여 개에 이르렀으며, 조선식산은행(지금의 한국산업은행)에 버금가는 거대 금융기관이 되어 있었다. ✽

해방 이후 금융조합은 농협(농업협동조합)으로 발전해 오늘날까지 이어지고 있다. 2000년 농협은 축산업협동조합과 인삼협동조합까지 통합했다. 현재 농협은 조합원 219만 명, 지역농협 928개소, 지역축협 116개소로 이루어져 있다 (2018년 9월 30일 기준).

인천에
천일염전이 생기다

인천 사람을 가리켜 우스갯소리로 '인천 짠물'이라고 부른다. 왜 그런 별명이 붙었을까?

조선시대에 인천은 대표적인 소금 생산지였다. 당시에는 바닷물을 가마솥에 넣고 며칠 동안 끓여 소금을 생산했다. 그래서 소금 만드는 일을 "소금을 굽는다"라고 표현했다. 전통 방식으로 생산한 소금은 입자가 곱고 구수한 맛이 났다. 그만큼 생산에 시간과 비용이 많이 들었다. 때문에 소금이 쌀보다 훨씬 비쌌다. 19세기 말, 바닷물을 햇볕과 바람에 증발시켜 만든 중국산 천일염이 값싸게 수입되었다. 국산 소금은 경쟁에서 밀릴 수밖에 없었다.

1907년 9월, 통감부는 인천 주안에 천일염전을 조성했다. 지금의 서구 가좌동과 부평구 십정동 일대로, 조수간만의 차이가 크고 염전으로 조성할 만한 갯벌이 많았기 때문이다. 경인선 철도를 이용해 소금을 내륙으로 실어 나를 수 있다는 것도 장점이었다(이후 1937년에 개통한 수원-인천 간 수인선 열차는 '소금열차'라고도 불렸다).

통감부는 외국인 측량기사를 초빙해 갯벌에 둑을 쌓아 염전을 만들고 바닷물을 끌어들여 태양열과 풍력으로 소금 생산에 들어갔다. 그 덕분에 생산 비용을 5분의 1로 줄일 수 있어 대량생산이 가능했다. 이듬해 1정보(3,000평) 면적의 염전에서 소금 72톤을 생산했다.

통감부는 이렇게 생산된 소금을 전매해 재정을 확보하려 했다. 총리대신 이완용, 농산대신 송병준을 비롯한 '거물'들이 주안염전을 시찰할 만큼 통감부는 소금 생산에 관심을 쏟았다. ✽

한일병합 이후 식민지 조선에서 생산된 소금의 50퍼센트는 인천에서 나왔다. 한편 바닷물을 가마솥에 넣고 끓여 소금을 생산하는 전통 방식으로 소금을 굽던 생산자 3,000여 명은 먹고살 길이 막막해져 1950년대까지 명맥을 유지하다 사라졌다.

인천 주안염전에서 소금을 생산하는 모습

한성 시내 학교들의 연합 대운동회

갑오개혁(1894) 이후 조선 정부는 근대식 학교를 세웠다. 백성을 교육하고, 근대 국가를 이끌어갈 인재를 기르려는 것이었다. 소학교, 사범학교, 외국어학교, 무관학교, 의학교, 상공학교, 광무학교, 법관양성소 등이 들어섰다.

서구식 근대 교육제도가 도입되면서 '체육'이라는 교과가 생겼다. 그 전까지 조선 사회에서는 몸의 움직임을 천시했다. 이화학당에서 '체육'이라는 낯선 수업을 진행하자 학부모들이 몰려와 딸을 집으로 데려가는가 하면, 서양 외교관들이 테니스 치는 것을 본 어느 양반이 "몸에 땀을 흘리는 것은 천한 것들이나 하는 짓"이라고 비아냥거렸다. 야구와 축구를 비롯한 근대 스포츠는 대개 기독교 선교사들의 포교 수단으로 활용됐으나 이는 또한 오랜 세월 억압됐던 조선인의 몸을 해방시켰다.

근대 스포츠가 보급되면서 각 학교에서 '운동회'도 열렸다. 그런데 이 운동회가 단순히 놀고 즐기는 축제이기만 했던 것은 아니다. 조선 사람들은 이 운동회를 계기로 사회진화론 곧 '약육강식', '적자생존', '우승열패'를 몸소 체험하기 시작했다. 더욱이 당시에 사회진화론은 한편에서 제국주의 논리로 받아들여졌지만, 망국의 시기를 살던 민족수의

자들은 그것이 조선을 구할 수단이라고 믿었다. 체력은 국력! 건강한 육체에 건전한 정신! 다른 나라와 경쟁해서 이기려면 몸이 튼튼해야 한다는 것이었다. 즉 조선에서 근대 스포츠 활동은 민족주의 자기장 안에서 계몽성을 띠며 번져나갔다.

이런 분위기에서 학교 운동회는 중요한 행사로 여겨졌다. 때로는 황제가 참석하기도 했다. 운동회를 '애국의 장'으로 여겼기 때문이다. 한성 시내의 각 학교는 봄가을에 훈련원(지금의 동대문디자인플라자 자리)에서 운동회를 열었다. 200보 달리기, 당나귀 타고 달리기, 높이뛰기, 멀리뛰기, 씨름, 투포환, 줄다리기 등 종목도 다양했다.

10월 26일에는 한성 시내 학교들의 연합 대운동회가 열렸다. 지방에서는 항일 의병운동이 한창이었지만 한성은 일본의 억압으로 어느 정도 '안정'이 유지되고 있었다. 이날 행사에는 무려 6,000여 명 학생이 참가했고, 막 즉위한 순종 황제도 얼굴을 비쳤다. 학생과 관중들은 황제를 향해 일제히 경례했다. 황제는 행사 주최 측에 500원을 하사했다.

그런데 이날 행사장에서는 소란도 일었다. 황제의 하사금으로 구입한 상품이 모자라 학생들이 불만을 터뜨리는가 하면, 학부대신 이재곤이 기생을 데리고 행사장에 나타나 황실 경호진과 실랑이가 벌어지기도 했다.

사실 이날 행사의 주인공은 망해가는 나라의 황제가 아니었다. 행사에는 조선에 온 일본 황태자가 참석하기로 예정돼 있었으나 그 대신 세 달 전 고종 퇴위를 압박한 통감 이토가 나타났다. 경찰외 경호는 삼엄했다.

시골 학교 운동회
소학교 운동회에서 학생들이 줄다리기를 하고 있다.

한편 일본 황태자가 조선에 오기 전, 이토 히로부미는 이른바 '한성 대청소'를 단행했다(당시 한성은 분뇨와 생활 쓰레기가 넘쳐나 매우 불결했고 곳곳에서 악취가 진동했다). 군대와 경찰을 동원한 청소 대작전이었다. 시궁창과 길가에 널린 오물을 치우고, 변소를 개조했으며, 판잣집을 철거했다(이런 풍경을 우리는 1980년대에 국제 행사를 앞둔 대한민국에서 다시 보게 된다). 그럼에도 한성이 여전히 불결해 보였는지 일본 황태자는 위생 설비 개선에 쓰라면서 3만 원(현재 가치로 약 20억 원)을 하사하고는 귀국길에 올랐다.

이듬해 "길거리에 대소변을 보아서는 안 된다"라는 규칙이 발표됐다. 아무리 급해도 길거리에서 '실례'를 했다가는 경찰서에 잡혀가는 세상이 됐다. '위생'은 '근대'의 또 다른 이름이었다. ☀

이승훈, 오산학교를 세우다

12월 24일, 크리스마스를 하루 앞두고 평안북도 정주에서 오산학교가 문을 열었다. 학교 설립자는 이승훈이었다. 돈밖에 모르는 사업가로 살다가 몇 달 전 "우리는 깨어나야 한다"라는 안창호의 연설을 듣고 깨달은 바가 있어 교육운동에 투신한 인물이었다. 이승훈은 좋아하던 술과 담배까지 끊었고 상투도 잘랐다.

오산학교를 세우기까지 그 과정이 순탄치만은 않았다. 문제는 돈이었다. 이승훈은 한때 잘나가던 사업가였으나 러일전쟁 때 쇠가죽 사업에 투자했다가 큰 손실을 입어 재정 상태가 좋지 않았다. 정주 향교에 도움을 요청했지만 보수적이고 완고한 유림들이 들어줄 리 없었다. 그들은 근대식 교육에 거부감을 갖고 있었을 뿐 아니라 '상놈'이자 '장사치'였던 이승훈에게 교육이라는 큰일을 맡고 싶지 않았다. 이승훈은 평안북도 관찰사 박승봉의 힘을 빌려 향교 유림들을 설득했다. 유림들은 억지춘향으로 향교 재산 일부를 오산학교 설립을 위해 내놓았다.

개교 당시 오산학교의 교사는 여준, 서진순, 박기선이었고, 입학생은 김도태, 김자열, 이업, 이윤영, 이인수, 이중호, 이찬제였다. 개교식 연설에서 이승훈은 "이 나라를 살리려면 총을 드는 사람, 칼을 드는 사람이 있어야 할 것입니다. 하지만 그보다 더 중요한 것은 백성이 깨어나는 일입니다"라며 교육구국 이념을 설파했다.

이후 전국에서 오산학교에 입학하려는 이들이 몰려들었다. 대개 20~30대 청년들이었는데, 두루마기를 입고 갓을 쓴 자들도 있었다. 이들은 입학시험을 치른 뒤 갑·을·병반으로 나뉘어 수업을 받았다. 교과목은 헌법, 형법, 국제법, 수학, 물리, 화학, 천문학, 심리학, 역사, 지리, 한문, 체육 등이었다. 그러다 보니 4년제 오산학교가 중등학교인지 전문학교인지 그 정체가 분명하지 않았다.

오산학교 학생들은 새벽에 종이 치면 기상해 냇가에 나가 세수를 했다. 한겨울에 냉수마찰을 하는 전통도 있었다. 아침밥을 먹고 나면 수업에 들어갔고, 일과가 끝나면 종소리와 함께 잠자리에 들었다. 교사와 학생 모두 무명옷을 입었고 조밥에 된장을 먹었다.

'교장선생님'은 초능력을 가진 분들이다. 그들은 세상에서 가장 재미없는 이야기를 가장 길게 한다. 이승훈이 바로 그런 '교장선생님'이었다. 학생들을 운동장에 두 시간이 넘도록 세워놓고 "아침에 일찍 일어나라", "방과 교실을 청결히 유지해라", "화장실을 깨끗이 사용해라", "옷고름을 제대로 매라", "신발을 꺾어 신지 마라" 등등 재미없는 얘기만 골라서 하는 잔소리꾼 교장이었다. 그럼에도 학생들은 불만을 품을 수 없었다. 지저분한 화장실을 교장 이승훈이 직접 청소했기 때문이다.

도쿄 유학을 마치고 귀국한 이광수가 오산학교 교사로 있다. 교장 이승훈과 지역 주민

오산학교의 제1회
졸업생들

들은 이광수에 대한 기대가 컸다. 그러나 19세 천재 이광수는 학생들을 열심히 가르치지는 않고 친구들과 어울려 술만 열심히 마셨다. 실망한 이승훈이 그를 오산학교에서 내보내려 하자 이를 눈치 챈 이광수가 얼른 술을 끊고 제자 교육에 전념했다. 오산학교 교가의 노랫말도 이광수가 쓴 것이다.

격동과 망국의 시기, 민족교육을 위해 세워진 오산학교는 수많은 인재를 길러냈다. 시인 김소월, 화가 이중섭, 사상가 함석헌, 의사 백인제, 목사 한경직, 역사학자 이기백 등이 오산학교에서 공부했다.

1930년 이승훈은 세상을 떠나면서 경성제국대학 의학부에 교육용 시신 기증을 약속했다. 당시로서는 보기 드문 일이었으나, 이 일은 일제의 방해로 실행되지 못했다. 이승훈의 시신은 항아리에 담겨 오산학교 뒷산에 모셔졌다. ✽

해방 이후 오산학교는 서울 용산으로 옮겨 와 현재 오산 중·고등학교로 그 전통을 이어가고 있다. 흥미롭게도 현재 북한에도 오산학교가 남아 있다고 한다. 남북한에 두 개의 오산학교가 있는 셈이다.

실패로 끝난 연합 의병의 서울 진공 작전

지금의 서울 신설동 로터리부터 청량리역에 이르는 3.2킬로미터 구간 도로의 이름이 '왕산로'다. '왕산(旺山)'은 조선 왕조 말기 의병장 허위의 호다. 왕산로에는 어떤 사연이 있을까?

12월, 13도 연합 의병이 강원도 의병(이인영 계열), 경기도·황해도 의병(허위 계열), 충청도 의병(이강년 계열)을 주축으로 조직됐다. 병력 1만 명 가운데 3,000여 명은 대한제국의 해산 군인들이었다.

그러나 13도 연합 의병에 신돌석, 홍범도, 김수민 등 평민 의병장이 이끄는 의병 부대는 포함되지 않았다. 당시 의병운동 세력 내부에는 여전히 양반이니 상놈이니 운운하는 봉건 잔재가 남아 있었다.

13도 연합 의병은 서울로 진격해 통감부를 점령하고 매국노를 처단한 뒤 새로운 정부를 조직할 계획이었다. 이어 조선 주재 외국 대사관들의 외교적 지원을 받아 국권을 되찾고자 했다. 왕산 허위가 이끄는 선발대가 동대문 밖 30리 지점(지금의 왕산로)까지 진격했다.

그러나 작전 정보가 이미 통감부로 흘러들어갔고, 작전 개시 두 달 전에는《대한매일신보》가 서울 진공 작전 계획을 보도했다. 일본군은 망우리 일대 요충지를 점령하고 동대문에 기관총을 설치해놓는 한편 의병의 이동로를 차단하고, 한강의 선박 운항도 금지했다. 게다가 의병의 화승총은 일본군의 신식 무기를 이길 수 없었다.

13도 연합 의병의 내부 사정도 어려웠다. 지방에서 동대문 부근까지 이르는 동안 일본군과 40여 차례 전투를 치렀다. 탄환은 물론 의병들 체력도 바닥났고, 친일 부호들의 재산을 몰수해 충당한 보급품도 거의 고갈된 상황이었다.

이듬해인 1908년 1월 28일, 총대장 이인영이 부친상을 당해 고향으로 내려가면서 의병 운동을 중지하라는 통문을 각 진영에 돌렸다. 그가 '충'보다 '효'를 더 중시했던 것인지, 아니면 승산 없는 전투를 피하자는 명분이었는지는 알 수 없다. 이로써 서울 진공 작전은 사실상 막을 내렸다. 결과적으로 13도 연합 의병의 서울 진공 작전은 일회성 시위로 끝나고 말았다.

허위는 서울 진공 작전을 다시 시도하다가 체포됐고, 이강년도 충북 청풍에서 전투 중 체포되어 순국했다. 총대장 이인영은 일본군의 추적을 피해 은신해 있다가 이듬해 체포되어 서대문 형무소에서 순국했다. ※

150명의 의병, 난지도에서 결사 항전하다

의병들의 소난지도전투 장면을 묘사한 청동 인물상
2008년 당진군은 소난지도전투에서 전사한 의병 150명의 넋을 기리기 위해 소난지도 의병총에 위령탑과 청동 인물상을 세웠다.

정미의병(후기 의병)은 지역 간 연합 작전을 벌였다. 경기도 수원 출신 의병장 홍일초와 경기도 안성 출신 의병장 정주원은 수원과 용인 일대에서 작전을 수행했다. 대한제국 해산 군인 출신 이상덕도 여기에 가담했다.

이들은 서해의 영종도, 대부도, 난지도, 풍도 등을 주요 거점으로 활동했다. 이 지역은 예로부터 남부 지방에서 세금으로 징수된 곡식이 배에 실려 서울로 올라가는 길목이었다. 이 때문에 수적(해적)이 자주 출몰했다. 1875년 일본 군함 운요호도 난지도에 들러 물을 보충한 뒤 강화도를 침공했다.

의병들은 일본군의 공격에 밀려 충남 당진의 소난지도로 모여들었다. 이곳에는 이미 홍성과 서산 일대에서 의병들이 들어와 있었다. 이렇게 소난지도에 모인 병력이 150여 명이었다.

3월 14일, 일본군 1개 소대가 소나무 가지로 위장한 배를 타고 소난지도를 공격해 왔다. 조선인 앞잡이가 길을 안내했다. 소난지도 의병들은 일본군과 총격전을 벌이며 맞섰다. 다음 날까지 이어진 전투로 의병 150명이 전멸했다. 당시 지역 주민들은 "섬 동쪽에서 온종일 총소리와 비명이 들렸고, 화약 연기가 섬을 뒤덮었으며, 맞은편 육지의 교로리, 초

락도, 삼길포에서는 의병들 시신이 그물에 걸려 올라왔다"라고 증언했다. 의병장 홍일초는 해안 절벽을 뛰어내리다 부상을 입은 채 내륙 어딘가로 사라졌다고 전한다.

소난지도전투가 끝난 뒤 섬에 사는 주민들은 의병들의 시신을 해안가에 암매장했다. 일본 경찰의 감시로 무덤을 제대로 쓸 수 없었던 것이다. 이후 몇몇 주민이 암매장된 유골을 몰래 파 갔다. 사람 유골을 가루로 만들어 바르면 피부병에 좋다는 속설 때문이었다. 그들에게 중요한 것은 구국 이념보다 자기 다리에 난 두드러기였다. ☀

1974년 난지도에서 가까운 석문중학교 신양웅 선생을 비롯한 지역 인사들이 소난지도 의병들의 흩어진 유골을 모으고 봉분을 쌓아 묘소를 조성했다. 지금은 당진시에서 소난지도의병항쟁기념사업회가 구성되어 해마다 고인들의 고귀한 넋을 기리고 있다.
그리고 2005년 충남대 김상기 교수가 놀라운 사실을 공개했다. 1919년 경기도 화성 제암리 학살 사건의 희생자 가운데 한 명인 '홍원식'이 1908년 소난지도전투의 의병장 '홍일초'와 같은 인물이라는 것이었다. 홍일초는 난지도에서 부상당한 몸을 이끌고 고향으로 가서 또다시 구국운동을 이끌다 희생당했다.

"한국사는 민족의 족보다"

— 신채호의 〈독사신론〉 연재

2013년 동아시안컵축구대회에서 한국과 일본이 맞붙었다. 이때 한국 응원단 '붉은악마'가 관중석에 대형 현수막을 걸었다. "역사를 잊은 민족에게 미래는 없다." 이 문구는 역사학자 신채호가 남긴 말로 알려져 있는데 확실하지는 않다. 사실 여부를 떠나 중요한 것은 한국인들이 이 말의 출처를 신채호라고 믿는다는 것이다.

1908년 8월 27일, 신채호가 《대한매일신보》에 역사 에세이 〈독사신론(讀史新論)〉 연재를 시작했다. 내용은 파격적이었다. 종래 기자조선 중심의 역사 인식을 비판하고, 단군조선-부여-고구려로 이어지는 새로운 고대사 체계를 제시했던 것이다. 신채호는 조선 역사의 무대를 한반도에서 만주 대륙까지 확대하고 단군의 자손인 부여족을 조선 민족의 주류로 파악했다.

조선 중종 31년(1536), 공조판서 심언광은 평안도 일대 국경 지방을 시찰하다가 고구려 광개토대왕릉비를 보고 여진족 황제의 비석이라고 기록했다. 조선시대 유학자들의 역사 인식 속에 고구려는 없었다. 그러나 19~20세기 학자 신채호는 〈독사신론〉을 통해 고구려를 비롯한 대륙의 역사를 조선 민족의 역사로 편입시켰다.

망국의 시대, 신채호는 '국가'의 빈자리를 민족(네이션)으로 채우고자 했다. 청나라 사상가 량치차오에게서 영향을 받은 그는 민족주의(내셔널리즘) 사관으로 국민의 애국심을 고취하며 제국주의에 저항했다. 5월 2일부터 8월 18일까지 《대한매일신보》에 〈성웅 이순신〉을 연재한 것도 같은 맥락이었다. 신채호는 "지난 4,000년간의 역사는 단군 후예의 계보다"라고 단언했다. 이제 '민족'이 조선 역사의 주체가 되어갔다.

신채호의 '단일민족' 신화는 봉건적 신분이 엄존하던 시대에 어마어마한 파괴력을 발휘했다. 양반과 상놈이 한집안 한 핏줄이라니, 당시로서는 혁명적 발상이었다. 신채호를 근대 민족주의 역사학의 원조로 보는 이유다.

일제가 대표 항일 언론 《대한매일신보》를 그냥 두고 볼 리 없었다. 기사에 대한 사전 검열은 물론 일본인 순사가 신문사 사옥에 난입해 신문을 압수하고 독자들의 구독을 방해했다. 총무 양기탁은 국채보상운동 의연금을 가로챘다는 누명을 뒤집어쓰고 구속됐고, 일제의 집요한 탄압에 몸과 마음이 지친 사장 어니스트 베델은 이듬해 5월 사망했다.

《대한매일신보》는 점차 항일 언론의 색채를 잃어갔다. 결국 신채호는 〈독사신론〉 연재를 12월 13일자로 중단해야 했다. 〈독사신론〉은 미완의 사론(史論)이 되고 말았지만 이후 국사학, 더 나아가 한국 근대 민족주의에 큰 영향을 끼쳤다. ✽

"당신이 먹는 물, 안전합니까?"

— 한성에 들어온 상수도

새벽마다 고요히 꿈길을 밟고 와서
머리맡에 찬물을 쏴— 퍼붓고는
그만 가슴을 디디면서 멀리 사라지는
북청 물장사.

물에 젖은 꿈이
북청 물장사를 부르면
그는 삐걱삐걱 소리를 치며
온 자취도 없이 다시 사라진다.

날마다 아침마다 기다려지는
북청 물장사.
　　　　　　　　　－김동환, 〈북청 물장사〉

근대 유럽인들은 전염병 예방을 위해 공중위생, 특히 상하수도 시설에 신경썼다. 콜레라가 불결한 식수로 인해 발생한다고 생각했기 때문이다. 이에 17세기에는 영국 런던이, 19세기에는 독일 함부르크와 베를린이 상수도 시설을 갖추었다.

그러나 서울은 19세기까지도 상수도가 없었다(부산에는 1895년에 일본인들이 상수도를 설치했다). 선교사 헐버트는 "조선인들은 우물 바로 옆에서 빨래를 하고 그 오물이 우물로 흘러 들어간다. 그래서 콜레라를 비롯한 전염병이 창궐한다"라고 말했다(실제로 1907년 콜레라가 전국을 강타했다). 그는 한성 시내 길거리와 시궁창 곳곳에 사람과 동물의 분뇨가 쌓여 있는 '참상'을 목격하고 경악했다.

한성의 우물물이나 개울물이 마시기 어려워지자 물장수들이 활약했다. 먼 곳에서 물을 길어다 시내 주민들에게 아침저녁으로 공급한 것이다. 대한제국 말 한성 인구 23만 명 가운데 상인이 1만 3,000여 명, 그중 2,000여 명이 물장수였다. 당시 물장수는 한성에서 가장 흔한 직업이었고, 그들 가운데 함경도 북청출신인 '북청 물장수'들이 부지런하고 성실하기로 유명했다.

1908년 1월 5일 자《대한매일신보》에는 "우리가 지극히 빈한하나 서북학회의 교육사업에 대하여 만 분의 일이라도 담당코자 한다"라는 북청 물장수의 인터뷰 기사가 실렸다. 북청물장수들은 주경야독을 하며 억척스럽게 삶을 일구어나갔다.

그런데 그해 8월 31일, 한성의 물장수들에게 반갑지 않은 일이 벌어졌다. 영국인 소유의 대한수도회사(1905년 설립)가 한성 뚝섬에 상수도 정수장을 완공한 것이다. 착공 2년 만이었다. 뚝섬은 중랑천과 한강이 만나는 지점이라 수량이 풍부해 정수 처리장으로 적합했다. 뚝섬 정수장은 붉은 벽돌의 공장형 건물이었고, 기계설비는 영국과 미국에서 들여왔다.

뚝섬 정수장은 한강물을 정수해 9월 1일부터 한성 주민 12만 명에게 식수를 공급했다. 한성에 드디어 상수도가 들어온 것이다. 당시 상수도는 요즘처럼 집집마다 수도꼭지를 열

면 물이 나오도록 설치된 게 아니라 시내 주요 거점에 공용 수도를 설치하고, 각 가정은 당국에서 받은 '물표'를 들고 공용 수도에 가서 물을 공급받는 방식이었다. 당국은 순사를 배치해 공용 수도를 관리했으나 '물도둑'이 기승을 부렸다. 물도둑들은 수돗물을 정량 이상 받아 다른 사람에게 팔아넘기고는 했다.

대한수도회사는 신문에 수돗물 광고를 냈다. "당신이 먹는 물, 안전합니까?", "우물물은 만병의 근원이자 독약, 수돗물은 만병을 치료하는 약수" 등 문구가 공격적이었다. 정수한 물을 마시면 전염병이 줄어드는 게 사실이니, 다소 과장이기는 했지만 100퍼센트 거짓말이라고 보기도 어려웠다.

상수도의 등장에 생계 위협을 느낀 물장수들이 가만히 있을 리 없었다. 그들은 대한수도회사에 맞서 수상야학회를 조직하고 피해 보상을 요구했다. 그들 대부분이 북청 물장수였다. 대한수도회사는 고심 끝에 물장수들에게 수돗물 영업권을 주기로 결정하고, 급수전 511개 중 200개를 제공했다. 어차피 물장수들을 무시하고는 수돗물 영업이 어려웠기 때문이다.

수상야학회 물장수들은 석유 양철통에 수돗물을 담아 각 가정에 공급하고, 매달 대한수도회사에 사납금을 냈다(깡통으로 물을 배달한다고 해서 '깡군'이라 불렸다). 자신들이 대한수도회사의 '공식 급수부'라고 신문광고도 냈다. 자영업자 모임이었던 수상야학회가 대한수도회사의 하청업체로 바뀐 셈이다.

주민들은 점차 강물, 개울물, 우물물 대신 공용 수도에서 물을 길어다 먹었다. 기존의 물보다 수돗물이 위생적이라고 생각하게 된 것이다. 이후 수돗물 수요가 늘어나자 노량진과 구의동에도 정수장이 들어섰다. ✳

육로 교통의 혁명, 신작로가 뚫리다

10월, 전주와 군산을 잇는 폭 7미터, 길이 46킬로미터의 도로가 완공됐다. 그 이름은 '신작로'였다. 오늘날 '신작로'는 낙후된 시골 길이라는 의미로 쓰이지만 당시에는 '육로 교통의 혁명'으로 여겨졌다. 신작로는 물론 일본의 작품이었다. 을사조약 이후 실질적으로 통감부가 조선의 모든 국가 정책을 장악하고 있었기 때문이다.

조선 왕조는 산악 지형인 데다 외적 침입의 우려가 있다는 이유로 도로 건설에 소극적이었다. 선교사 헐버트는 "조선의 길은 거칠기 짝이 없어 우마차, 수레는 말할 것도 없고 인력거도 제대로 다닐 수 없다"라고 말했다. 한국인보다 더 한국을 사랑했다는 헐버트가 이렇게 쓸 정도였다면 당시의 실상을 능히 짐작할 수 있다.

전주-군산 간 신작로를 통해 전라북도 김제 평야에서 생산된 쌀이 트럭과 마차에 실려 군산항으로 수송됐다. 두말할 나위 없이 그 쌀의 종착지는 일본이었다. 결국 신작로는 철도와 마찬가지로 식민지 수탈의 수단이었다. 더욱이 신작로 건설 과정에서 조선인들은 토지를 강제 수용당했거나 굶주리며 부역에 동원돼야 했다. 신작로는 넓고 시원하게 뚫린 길이었지만 조선인에게는 '쓸쓸한 길'이었다.

신작로에는 '식민지 근대', '약탈적 근대'가 고스란히 담겨 있었다.

> 치마 끈 졸라 매고 논 사노니 신작로 복판에 다 들어가네
> ― 남원 길쌈노래

> 밭은 헐려서 신작로 되고 집은 헐려서 정차장 되네
> ― 서울·경기 아리랑

이후 평양-진남포, 광주-목포, 대구-경주 구간을 비롯해 전국으로 신작로 건설이 확대됐다. 신작로는 지방행정 중심지인 도청 소재지, 주요 군사 시설, 항구 등을 잇고 철도와 연계되는 방향으로 건설됐다. 한일병합 직후 1911년까지 건설한 조선의 신작로는 총길이가 741킬로미터에 이르렀다. ✳

1980년대만 해도 시골에선 '신작로'라는 말을 흔하게 썼다. 할머니로부터 "신작로에 나가 놀지 마라. 차가 다녀서 위험하다"라는 이야기를 듣곤 했다. 또한 국민학생(초등학생) 조직 '애향단'의 일요일 아침 임무가 신작로 청소였다. 자동차가 신작로를 지나갈 때마다 행인들이 뿌연 먼지 속에 파묻히는 풍경은 일제 식민지시대와 1980년대가 다르지 않았다.

마지막 황제 순종의 지방 순시

1909년 새해가 밝자 황제 순종이 지방 순시에 나섰다. 황제는 일본이 깔아 놓은 철도로 이동했다. 1월 초순에 경상도, 1월 하순에 황해도와 평안도 일대를 순시하면서 효자를 표창하고 홀아비와 과부를 위로한 뒤 2월 초순 한성으로 돌아갔다. 순종이 지나간 길은 '어행길(황제의 길)'이라고 불렸다.

일본에서는 천황이 지방을 순시하는 일이 자주 있었지만, 조선에서는 피난 갈 때를 제외하면 국왕이 오랜 기간 한성을 비우는 일은 드물었다. 순종의 지방 순시는 고종의 강제 퇴위로 흉흉해진 민심을 무마하려고 이토 히로부미가 기획한 이벤트였다. 위기에 빠진 조선을 일본이 '보호'하는 것이라고 선전하려는 속셈도 있었다.

이 이벤트에서 이토 히로부미는 경호원 없이 군중 앞 단상에 혼자 올라가 연설하는 허세를 부리기도 했다. 연설을 마친 뒤 이토는 열차로 돌아와 상기된 표정으로 주치의에게 말했다. "내가 붕대를 준비했었는데 말이야……." 이런 쇼에 조선의 황제가 '얼굴마담'으로 출연한 것이다.

순종 황제가 탄 열차가 개성역에 도착했을 때 환영객들이 모두 태극기만 흔들고 있었다. 일장기는 없었다. 이에 이토는 이완용을 불러 질책했고 이완용은 사죄했다.

비록 이름뿐인 황제이나, 조선인에게 황제는 그래도 황제였다. 1월 31일 낮 12시 20분, 황제를 실은 열차가 평안북도 정주역에 도착하자 관리와 백성들이 환호했다. 조선 왕조 내내 차별당했던 평안도에 황제가 온다는 사실은 보통 일이 아니었던 것이다. 정주역에 내린 황제는 군중을 향해 "짐이 단발한 지 오래됐는데 그대들은 아직 옛 풍습을 그대로 유지하고 있으니 몹시 개탄스럽다"라고 말했다. 황제의 돌발 질책에 관리와 지역 유지는 어쩔 줄 몰랐다. 어떤 이는 바로 그 자리에서 상투를 잘랐다.

황제로부터 칭찬을 들은 이도 있었다. 오산학교 교장 이승훈이었다. 황제는 이승훈의 교육 사업을 치하하고 격려금을 내렸다. 이승훈은 전국적 명성을 얻었다. ⁕

개성 만월대 순행(1909)

일산(日傘)을 쓴 순종이 기수를 앞세우고 통감 이토 히로부미 등과 함께 고려 왕궁터인 만월대(滿月臺)를 걷고 있다.

민적법, 호주제의 시작인가

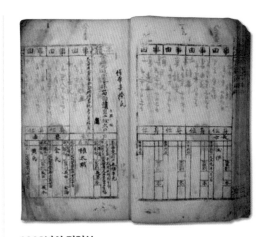

1909년의 민적부
민적은 호적의 옛말이다.

2003년부터 한국에서는 호주제를 폐지하자는 운동이 격렬해졌다. 우선 두 가지 사례를 살펴보자.

사례 1 이혼녀 A는 얼마 전 재혼했다. 그런데 그녀의 아들과 딸은 전남편의 성을 그대로 써야 한다. 자녀들은 현재 함께 살고 있는 아버지(새아버지)와 성이 달라 주위의 편견에 시달린다.

사례 2 이혼 후 딸을 혼자 키운 B. 어느 날 주민등록등본을 떼어보니 모르는 남자가 자신의 호주(戶主)로 되어 있었다. 이혼한 전남편이 죽기 전 재혼해서 낳은 아들이 자신의 호주로 오른 것이었다.

이런 황당한 일이 속출하자 여성 단체를 중심으로 호주제를 폐지하자는 주장이 제기됐다. 호주제가 남녀 간 위계질서를 조장한다는 게 이유였다. 이에 유림을 비롯한 보수 세력이 "호주제는 한국 고유의 제도"라면서 호주제 유지를 주장했다. 심지어 "호주제가 없어지면 한국인은 쌍놈이 된다"라는 주장까지 나왔다.

오랜 논쟁 끝에 결국 2005년 헌법재판소가 호주제에 대해 위헌 판결을 내림으로써 호주제는 역사 속으로 사라졌다.

이 호주제는 대체 언제 처음 생긴 것일까?

전근대 왕조시대에도 호적을 만들었다. 국가를 통치하려면 인구의 규모와 구성(신분, 남녀 성비 등)을 알아야 했기 때문이다. 가령 군역, 부역 동원을 위해서는 어느 고장에 성인 남성 몇 명이 사는지 파악해야 한다. 일본에서 발견된 〈신라민정문서〉가 좋은 사례다.

고려시대에는 남성이 호주가 되어 재산권과 상속권을 행사했지만 그가 죽으면 아내가 그 권한을 계승했다. 특별한 유언이 없으면 아들딸 차별 없이 재산을 상속했고, 딸도 부모를 봉양하고 제사도 지냈다.

조선시대에 들어 유교 종법 질서가 정착함에 따라 호적은 남성 중심으로 작성했다. 남성 호주가 집안의 모든 권리를 행사했고 그가 죽으면 아들이 호주가 됐다. 그 아들이 어려도 여성은 호주가 되지 못했다. 조선 후기로 갈수록 아들이 재산을 상속하고 제사를 지냈다. 아들이 없으면 양자를 들여 부계 혈통을 이어갔다. 이렇게 가부장제가 자리를 잡아갔다.

그러나 전근대에는 국가 행정력에 한계가 있어 모든 백성을 호적에 기록하지 못했다. 각 가정에서 호적을 직접 작성해 관아에 제출할 정도였다. 호적이 국가 차원에서 체계화된 것은 근대 이후 일이다.

1909년 4월 1일, 통감부가 민적법(民籍法)을 시행했다. 갑오개혁 때 만들어진 호적제도는 호(戶)를 구성하는 기준이 호주(戶主)와의 혈연관계가 아닌 동거 여부에 따라 결정됐다. 따라서 호주의 가족이라도 한집에서 함께 살지 않으면 호적을 따로 작성해야 했다.

새로 시행된 민적법에서는 호주를 중심으로 '가(家)'를 이루도록 하고 그런 사람들의 가족 관계를 하나의 민적 서류에 등록했다. 조상 대대로 살아온 지역을 본적으로 정하고, 각 경찰서는 관할 구역 안에 본적을 갖고 있는 '가'의 민적을 모아 관리하게 했다. 또 출생, 사망, 혼인, 입양 등 변동 사항이 생기면 열흘 안에 신고하게 했다. 미신고자는 50대 이하의 태형 또는 5환(圜) 이하의 벌금에 처했다.

민적법 역시 일본이 조선을 효율적으로 통제하려고 시행한 정책이었다(1923년 일본 메이지시대의 가족법인 이에제도를 조선에 도입함으로써 호주제가 본격 시행된다). 민적법 실시 후 통감부는 전국적인 호구 조사에 들어갔다. 그러나 그 과정이 쉽지는 않았다. 호구 조사를 세무 조사나 범죄인 조사로 여기는 분위기였고, 하층민이나 여성은 여전히 성(姓)이나 이름이 없어 민적 작성에서 어려움을 겪었다.

민적법 실시로 전체 인구의 절반쯤 되는 하층민이 성을 갖게 됐다. 노비들은 대개 주인의 성과 본관을 따랐고, 상민들은 가장 흔한 김씨·이씨·박씨로 신고해 김씨·이씨·박씨 인구가 더욱 늘어났다. 민적법에 따른 호구조사 결과, 당시 조선 인구는 1,300만 명이었다. 경상북도 인구가 153만 명(11.5퍼센트)으로 가장 많았고, 한성 인구는 23만 명(1.8퍼센트)이었다. 남녀 성비는 100대 88.4로 남성이 훨씬 많았다. ✳

1947년 일본은 호주제를 폐지했다. 가족법을 개혁해 호적에는 부부와 미혼의 자녀만 기록하게 했다. 그로부터 수십 년이 지난 뒤에야 한국은 호주제를 폐지했다.
오늘날 한국인은 누구나 성과 본관을 갖고 있으며, 대다수가 자신을 양반의 후손이라 믿고 있다. 그러나 조선 후기 신분제 변동과 1909년 민적법 시행 과정을 알고 나면 생각이 달라진다. 현대 한국인의 성과 본적은 '만들어진 전통'이다.

의병의 씨를 말린 남한 대토벌 작전

조선 왕조 말기 전라도는 의병운동의 중심지였다. 1909년 전국에서 벌어진 의병 전투 1,700회 가운데 절반가량이 전라도에서 일어났다. 일본이 조선을 병합하는 데 전라도의 의병운동은 마지막 걸림돌이었다. 당시 일본은 "전라도 주민들이 청일전쟁과 러일전쟁 때 일본군을 겪어보지 않아 일본군 무서운 줄을 모른다"라고 판단했다.

9월 1일, 일본군이 전라도 의병 토벌에 나섰다. 이른바 '남한 대토벌 작전'이었다. 이 작전에는 임진왜란 때 일본이 전라도를 점령하지 못한 것에 대한 복수심도 담겨 있었다. 임진왜란의 영웅 이순신은 "호남이 없으면 나라도 없다"라고 단언했다. 실제로 전라도 의병을 주도한 인물 대부분이 임진왜란 때 활약하던 의병들의 후손이었다. 의병장 고경명의 후손 고광순이 대표적이다.

한편 개항 이후 전라도 목포·군산 일대에 일본인 수천 명이 이주해 왔는데, 이들이 상업 활동을 하면서 조선인들과 갈등을 자주 빚곤 했다. 1909년 목포 인구 가운데 조선인이 5,675명일 때 일본인이 3,097명이었으니 결코 적지 않은 수였다. 일본은 전라도 거주 일본인들의 활동 기반을 확보해야 했다.

일본은 2,300여 명의 병력과 경찰을 동원해 남한 대토벌 작전을 벌였다. 사방에 그물 치듯 병력을 배치해놓고 참빗으로 머리 빗듯 마을을 수색했다. 조금이라도 혐의가 있는 사람은 즉시 죽였다. 해군 수뢰정과 경비정을 동원해 '의병의 소굴'이라고 알려진 작은 섬까지 토벌했다. 근거지를 잃은 의병들은 하나둘 항복하기 시작했다.

두 달 동안 이어진 토벌로 의병 500여 명이 전사하고(의병장은 103명), 3,000여 명이 체포됐다. 전남 보성에서 활약하던 의병장 안규홍도 체포됐다. 체포된 의병들은 처참하게 처형됐다. 의병장 전해산은 최후 진술에서 일본인 판사를 향해 외쳤다. "내가 죽은 뒤 내 눈을 빼어 동해에 걸어두라, 너희 나라가 망하는 것을 내 눈으로 똑똑히 보리라."

일본군은 체포된 의병 가운데 600여 명을 선발해 '특수 인부'라는 이름을 붙여 하동-해남 간 도로 개선 공사에 동원했다. 또한 인부 60명마다 순사 3명을 배치해 철저히 감시했으며, 도망자는 총살했다(일제는 이 도로를 '폭도 도로'라고 불렀다).

남한 대토벌 작전이 마무리된 뒤 일본은 "전라도의 천지는 가장 청정하게 소제됐다"라고 평가했다. 남한 대토벌 작전은 결국 '전라도 의병 학살 작전'이었다. 이로써 국내 의병운동은 그 기세가 꺾여 점차 막바지에 이르렀다. ❋

"코레아 우라!"
— 안중근, 이토 히로부미를 사살하다

10월 26일 오전 9시, 눈발이 날리는 중국 하얼빈역에 특별 열차가 도착했다. 잠시 후 누런 얼굴에 수염을 기른 키 작은 노인이 열차에서 내렸다. 4년 전 조선의 외교권을 강탈한 뒤 초대 통감을 지낸 이토 히로부미였다. 그는 조선에서 들불처럼 번진 의병운동 때문에 정치적으로 궁지에 몰려 5개월 전 통감을 그만두고 추밀원(상원) 원장에 취임했다. 이번 방문은 조선·만주·몽골 지배를 놓고 러시아와 협상하기 위함이었다. 하얼빈은 당시 러시아 관할하의 조차지(租借地)였다.

하얼빈역에는 이토를 보려는 인파가 모여 있었고 군악대가 음악을 연주했다. 그러나 잠시 후 울린 여섯 발의 총성으로 분위기는 순식간에 바뀌었다. 이토는 가슴과 배에 세 발을 맞고 쓰러졌다. 나머지 세 발은 이토 옆에 있던 인사들을 향했다. 총을 쏜 인물은 황해도 해주 출신으로 연해주 일대에서 의병운동을 이끌던 안중근이었다. 그는 독립운동가 최재형의 집에 머물며 저격 연습을 했다. 거사 직후 안중근은 러시아말로 "코레아 우라(대한 만세)!"를 외치고 체포됐다.

역사는 우연과 필연의 조합이다. 역사에 길이 남을 하얼빈 의거의 주인공은 다른 사람으로 바뀔 수도 있었다. 안중근과 함께 의병운동을 하면서 이토 암살 계획도 같이 세운 우덕순이 그다.

거사 이틀 전, 안중근과 우덕순은 차이자거우역장인 러시아인에게 "한국에서 가족이 오기로 해서 마중 나왔는데 기차가 어떻게 다니는지 모르겠다"라고 말하며 접근했다. 역장은 친절하게도 "모레는 일본 이토 공이 아침 6시에 이곳을 지나 하얼빈에는 9시쯤 도착할 예정이므로 특별 열차를 창춘까지 보냈다"라며 천금 같은 정보를 알려주었다.

안중근과 우덕순은 화장실에 들어가 대책을 논의했다. 이토가 차이자거우역과 하얼빈역 가운데 어느 역에 내릴지 알 수 없다는 게 문제였다. 우덕순은 차이자거우역에서, 안중근은 하얼빈역에서 이토를 기다리며 거사를 감행하기로 결정했다. 결국 이토는 하얼빈역에 내렸고, 그래서 우덕순이 아닌 안중근의 총에 사살된 것이다.

하얼빈 의거에 숨은 영웅들은 또 있다. 전령을 맡았던 18세 청년 유동하, 러시아어 통역을 해준 조도선 등이 그들이다. 역사의 무대 뒤에는 항상 숨은 공신이 있기 마련이지만, 정작 역사는 그들에게 무심하다.

총격을 받은 이토는 열차로 옮겨져 응급처치를 받았다. 그는 "범인이 누구냐?"라고 거듭 물었다. "조선인입니다"라는 답이 돌아오자 그는 "어리석은 놈……"이라고 중얼거렸다. 이어 의사가 건네준 브랜디 한 모금을 마신 뒤 숨이 끊겼다. 안중근이 사용한 덤덤탄(dumdum bullet)은 탄두에서 납이 흘러나와 치명상을 입힌다.

이듬해 재판에서 안중근에게 사형, 우덕순

유언을 남기는 안중근
안중근은 사형이 집행되기 이틀 전 프랑스인 신부와 두 동생에게 유언을 남겼다.

에게 징역 3년, 유동하와 조도선에게 징역 1년 6개월이 내려졌다. 안중근은 "일제에 목숨을 구걸하지 말고 죽으라" 하는 어머니 조마리아의 편지를 받고 항소를 포기했다.

천주교 신자 안중근은 사형 집행일로 3월 25일을 희망했다. 천주교의 '주님 탄생 예고 대축일'이었기 때문이다. 그날은 순종 황제의 생일이기도 했다. 이에 사형 집행일은 그다음 날로 정해졌다.

3월 26일 오전 10시, 안중근의 눈이 흰색 천에 가려졌다. 안중근의 짧은 기도가 끝나자 교수형이 집행됐다. 형 집행 10여 분 만에 그는 숨을 거두었다. ✳

안중근은 "내가 죽은 뒤 나의 뼈를 하얼빈 공원 곁에 묻었다가 우리 국권이 회복되거든 고국에 묻어 달라"라는 유언을 남겼다. 그러나 아직 그의 무덤은 발견되지 않고 있다. 안중근의 묘가 조선 독립운동의 구심체가 될 것을 우려한 일제가 그의 시신을 비밀리에 묻었기 때문이다. 유동하는 옥고를 치른 뒤 1918년 러시아 혁명군에 가담해 활동하다가 일본군에 붙잡혀 총살을 당했다. 우덕순은 해방 이후 이승만 지지 활동을 하다가 한국전쟁 때 인민군에 총살당했다.

한성에 창경원이 문을 열다

1909년 11월 1일, 창경궁에 동물원이 문을 열었다. 그 이름은 '창경원'이었다. 오랫동안 관리되지 않고 방치돼 있던 창경궁을 개조한 것이었다. 19세기 말 일본 도쿄에 우에노 동물원이 조성된 이래 아시아 몇몇 나라에 이어 조선에서도 동물원이 문을 열었다.

마지막 황제 순종도 창경원 개원식에 참석했다. 그는 무슨 옷을 입을지 고민하다가 모닝코트 차림에 쥐색 중절모를 쓰고 순금 장식이 박힌 지팡이를 들었다. 황제가 평민 옷을 입고 나타나자 사람들이 크게 놀랐다. '울분'을 참지 못하고 행사장을 박차고 나가는 양반들도 있었다.

창경원 조성으로 창경궁은 본모습을 잃어갔다. 전각 60여 채가 헐리고 그 자리에 동물원과 식물원이 들어섰다. 개원 당시 동물원에는 72종 361마리의 동물이 전시됐다. 인도에서 코끼리를 수입했고, 강원도에서 호랑이를 잡아왔다. 그 밖에 시베리아호랑이, 일본원숭이, 캥거루, 타조, 반달곰, 제주말, 쌍봉낙타, 오랑우탄도 있었다.

진귀한 동물을 보는 것도 신기했지만, 왕실의 궁궐이었던 곳에 일반인들이 들어가는 것도 특별한 경험이었다. 그 전에는 베일에 싸여 누구도 함부로 들어가서 볼 수 없었던 구중궁궐이 일반인을 위한 나들이 장소가 된 것이다. 조선 황실의 신성한 이미지를 허물어뜨려 장차 한일병합의 당위성을 확보하려는 일제의 수작이었다.

일제가 조선의 궁궐을 훼손한 것은 분노할 일이지만, 창경원 개장은 신분 차별이 사라져가는 시대의 한 풍경이기도 했다. 다만 '술 취한 사람', '옷차림이 남루한 사람', '정신병자'는 출입이 금지됐다.

이날 창경원에서는 '제실박물관(帝室博物館)'도 함께 문을 열었는데, 덕수궁에서 창경궁으로 거처를 옮긴 순종을 위로하려는 의도가 있었다. 박물관 건물을 새로 짓지는 않고 창경궁 전각들을 그대로 전시실로 이용했다.

1881년 일본을 시찰하고 온 신사유람단은 박물관의 설립 취지를 이렇게 소개했다. "자연과 인공물, 옛것과 현재의 물품을 수집해 견문을 넓히도록 하고, 이를 진열해 백성을 가르치는 자료로 삼는다."

박물관(博物館)을 말뜻 그대로 보면 '온갖 잡동사니를 펼쳐 놓은 곳'이다. 영어 '뮤지엄(museum)'을 번역한 말로, '뮤지엄'은 학예를 관장하는 여신인 뮤즈(muse)들의 사당 무세이온(museion)에서 유래한다. 과거의 신성한 지혜와 유산을 보존하는 성소(聖所)이자 죽은 자를 만나는 곳이라는 의미가 들어 있다. 그러므로 '뮤지엄'을 '박물관'으로 번역한 것은 성(聖)을 속(俗)으로 바꾸어버린 것이다.

이후 제실박물관은 전국에서 유물 1만여 점을 모았는데, 그중에는 금동미륵보살반가사유상(국보 제83호)도 있었다. 일본인 고미술상으토부티 2,600원(현재 가치로 약 30억 원)을

일제 식민지시대에 발행된 엽서 속 창경원의 모습

주고 산 것이었다. 고려청자가 100원, 200원 하던 시절이다.

　일제는 창경원에 벚꽃나무(일본어 '사쿠라')를 심었다. 조선인들은 창경원에서 벚꽃을 보며 봄을 즐겼다. 그 봄은 조선의 봄인가, 일본의 봄인가? 창경원 방문객은 개장 첫해에 1만 5,000명이었는데, 해가 갈수록 그 수가 많아졌다. ※

해방 이후 창경원은 시민들의 여가시설로 이용되다가 드디어 1983년에 본래 모습을 되찾았다. 동물원과 식물원을 철거했고 벚꽃나무도 소나무와 단풍나무 등으로 바꾸었다. 제실박물관은 1938년 덕수궁으로 이전하며 '이왕가미술관'이 됐다가 2005년 국립고궁박물관이 됐다.

일진회의
합방 성명서 발표

일진회가 일본 황태자의 조선 방문을 환영한다며 숭례문 앞에 세운 조형물

1909년 12월 4일, 친일 단체 일진회가 합방 성명서를 발표했다. 을사조약 이래 일본의 보호국에서 벗어나고 조선인의 복리를 위해 일본과 합방해야 한다는 주장이었다. 이로써 물밑에서 쉬쉬하며 진행되던 '한일합방' 논의가 수면 위로 떠올랐다.

'합방(合邦)'은 두 나라의 체제를 각각 유지하면서 물리적으로 결합하는 것을 의미한다. 일진회의 우두머리 이용구는 외교권을 일본에 계속 내주더라도 조선의 내각과 행정권은 유지하려 했다. 그는 일종의 '한·일 연방제'를 구상했던 것이다.

일진회의 주장은 누구에게도 환영받지 못했다. 《대한매일신보》는 합방이 되면 조선인은 일본 홋카이도의 아이누족처럼 될 것이라며 비판했다. 이용구와 송병준 등 일진회 간부들을 처형하라는 건의도 빗발쳤다. 민중의 원성도 높아져 이용구는 일본 헌병대의 신변 보호를 받아야 했다.

그렇다고 통감부의 반응이 호의적이었던 것도 아니다. 통감부는 시기상조라는 이유로 합방 청원을 되돌려 보냈다. 총리대신 이완용은 '한일병합'의 공로를 일진회에 빼앗길까 봐 그들이 제안한 방식에 반대했다.

일진회는 일본의 힘을 이용해 이완용을 비롯한 양반 중심의 내각을 무너뜨리고자 했다. 일진회가 연방제 방식의 합방을 주장한 것도 조선의 내각을 장악하려는 속셈이 있었다. 이용구와 이완용은 친일과 매국을 놓고 경쟁했다. 이완용은 양반 매국노였고 이용구는 평민 매국노였다. 이완용은 제도권 매국노였고 이용구는 재야 매국노였다. 매국노에도 반상(班常)의 구분이 있었던 셈이다.

그러나 평민 출신 이용구는 노론 명문가 출신 수재 이완용의 적수가 되지 못했다. 한국과 일본이 '합병'되고 며칠 후 일진회는 해산을 당했다. '과업'이 완성되고 나니 일진회는 쓸모가 없었기 때문이다. 토사구팽을 당한 이용구는 죽기 전 이렇게 말했다고 한다.

"우리가 바보짓을 했다. 처음부터 속은 것 아닐까?"

남의 나라 조선을 구하려 인생을 바쳤던 미국인 헐버트와 영국인 베델, 제 나라를 팔아먹지 못해 안달이 났던 조선인 이완용과 이용구……. 이 황당한 대비를 어떻게 이해해야 할까? ❋

이재명,
이완용을 공격하다

의사 이재명

12월 22일 오전 11시, 닷새 전 사망한 벨기에 황제 레오폴드 2세 추도식이 한성 종현천주교회당(지금의 명동성당)에서 열렸다. 이날 이완용도 잔인무도했던 제국주의 국왕의 추도식에 참석했다.

행사가 끝나 인력거를 타고 돌아가던 총리대신 이완용에게 한 청년이 달려들었다. 평안북도 출신으로 평양 일신학교 졸업생 이재명이었다. 그는 하와이에 노동이민을 갔다가 일제의 조선 침략이 노골화되자 매국노 처단을 결심하고 귀국한 스물세 살 청년이었다.

이재명은 거사를 제지하는 인력거꾼 박원문을 거꾸러뜨리고 이완용의 허리를 칼로 찔렀다. 이완용이 도망치려 하자 이재명은 다시 세 군데를 더 찔렀다. 이완용은 콩팥과 폐에 치명상을 입고 피투성이가 되어 정신을 잃었다. 출혈이 심해 체온이 35도 아래로 떨어졌고 맥박이 불안정해졌다. 대한의원(지금의 서울대병원)으로 옮겨진 이완용은 한 시간 동안 수술을 받고 살아났다. 두꺼운 겨울 외투 덕분에 목숨을 건진 것이었다. 이완용은 이때 입은 상처로 죽을 때까지 천식과 폐렴 등으로 고통을 받았다.

이재명이 원래 노린 표적은 이토 히로부미였다. 1909년 1월, 순종이 평안도를 시찰할 때 이토가 동행한다는 정보를 듣고 이재명은 평양역에서 거사를 준비했었다. 그러나 낌새를 챈 이토가 순종 옆에 달라붙어 있는 바람에 거사를 단행하지 못했다. 그 후 안중근의 하얼빈 의거가 일어났다.

종현천주교회 앞에서 체포되어 재판에 회부된 이재명은 "이완용을 죽이려는 생각은 언제부터 했는가?"라는 판사의 질문에 "을사조약이 체결되던 때부터 이완용을 죽이려고 생각했다"라고 대답했다. 공범이 있느냐는 질문에는 "이완용을 죽이는 것을 찬성한 자는 우리 2,000만 동포 모두이며, 방조자는 전혀 없었다"라고 대답했다. 이듬해 이재명은 경성지방법원에서 사형을 선고받고 순국했다. 통감 데라우치가 초대 총독으로 취임하기 바로 전날 전격 집행한 것이다.

이재명이 사형 선고를 받던 날, 이완용은 대한의원에서 퇴원해 온양온천으로 요양을 떠났다. ✱

땔감 사업을 시작한 프랑스 상인 플레장

소 등에 땔감을 싣고 손님을 기다리는 나무꾼들

망국의 기운이 밀려올 무렵, 프랑스 상인 '플레장'이 조선에 나타났다. 그는 지금의 서울 세종로에서 땔감 도매상을 시작했다. 고양시 일산에서 나무꾼들이 나무를 벌목해 오면 그것을 사들여 시내에 공급한 것이다. 당시 한성 사람들은 땔감으로 장작이나 숯을 사서 썼다.

한성에는 이미 시장을 장악한 조선인 땔감 도매업자들이 있었다. 그중 '나무재벌'이라 불리던 최순영이 땔감 유통을 독점했다. 이에 플레장은 조선 소비자들의 마음을 파고들기로 했다. 먼저 자기 이름을 '부래상(富來祥)'으로 바꾸고는 '고양 부씨'라며 넉살을 부렸다. 이어 나무꾼들에게 커피를 서비스로 제공했다. 보온병에 커피를 가득 담아 나무꾼들에게 따라주었다.

커피의 카페인은 일시적으로 피로 회복 효과를 낸다. 고된 일을 하는 나무꾼들에게 부래상의 커피는 큰 인기가 있었다. 아마 단순한 피로 회복제를 넘어 정력제로도 받아들여진 것 같다. 당시 조선인들은 커피를 '양탕국'이라 불렀다.

부래상이 커피 마케팅으로 땔감 시장을 장악해가자 '나무재벌' 최순영은 사업에서 밀릴까 봐 마음이 급해졌다. 나무꾼들에게 막걸리를 제공하던 그도 이젠 커피를 주기 시작했다. 제맛이 나지 않아 서양인까지 초빙해 가마솥에 커피를 끓였다. 한성의 땔감 시장을 장악하기 위한 경쟁이 커피물만큼이나 뜨거웠다.

이후 부래상은 조선에서 사업가로 승승장구했다. 무역회사 '한창'을 비롯해 사업체를 네댓 개나 경영하며 큰돈을 벌었다. 그는 지금의 서울 성북동에 서양식 집을 짓고 살았다(훗날 전형필이 이 집을 사들여 박물관으로 단장했다. 바로 간송 미술관이다).

그러나 부래상을 해학 넘치는 '낭만파 사업가'로 생각하면 착각이다. 1939년 여름, 부래상은 조선과 일본에서 만든 가루비누와 화장품을 적당히 섞어 '프랑스 세본(Cebon) 제품'이라고 속여 팔다 경찰에 적발됐다. 4~5원짜리 제품을 30~70원을 받고 팔아 수만 원의 부당 이익을 챙겼을 뿐 아니라 탈세까지 한 것으로 드러났다. 집행유예 처분을 받은 부래상은 이듬해 40여 년의 조선 생활을 정리하고 프랑스로 돌아갔다. ✻

경성고등연예관이 문을 열다

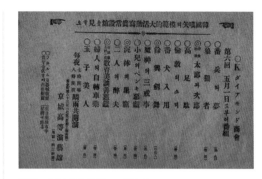

경성고등연예관의 광고 전단지

1910년 2월 18일, 일본인 거류지 황금정(지금의 서울 을지로)에 상설 영화관 경성고등연예관이 문을 열었다. 소유주는 가네하라 긴조였다. 이미 광무대, 단성사, 연흥사, 원각사, 장안사 등에서 영화를 상영했지만 그곳에선 영화뿐 아니라 창극, 탈춤, 검무, 승무, 서커스 등의 공연도 곁들였다. 경성고등연예관은 최초의 영화 전용관이었다.

경성고등연예관은 근대식 2층 건물에 특등석부터 4등석까지 약 500명 정도 수용할 수 있는 규모였다. 1층에는 의자를 갖춰놓았고, 2층에는 짚으로 엮은 방석인 다다미를 깔았다. 다른 극장에 비해 입장료가 무척 비쌌지만 관객이 몰려들었다.

경성고등연예관은 연중무휴로 매일 밤 영화를 상영했다. 보통은 1~2주마다 작품이 바뀌었다. 주로 프랑스의 파테(Pathé) 영화사에서 수입한 영화를 상영했는데, 1회 상영에 15분 내외의 단편 영화 13~14편을 몰아 보여주었다. 오늘날 기준으로 보면 영화라기보다 단편 다큐멘터리에 가까웠다. 세계 여러 나라의 자연, 해수욕장, 스케이트장, 보통 사람들의 일상, 일본 미인의 무용, 조선 기생의 무용 등 그리 특별할 것 없는 내용이었다.

그러나 당시 조선인들에게 활동사진 곧 영화는 단순한 오락거리를 넘어 '서구 근대 문명의 총화'였다. 영화 화면에 등장하는 서구 근대 문명의 모습은 경이로움과 선망 그 자체였다.

어느 날, 서양인 권투 선수와 일본인 유도 선수가 겨루는 영화가 상영됐다. 서양인 선수가 때리면 조선인 관객이 함성을 지르고, 일본인 선수가 때리면 일본인 관객이 함성을 질렀다. 변사 서상호가 일본인 선수를 편들며 영화 해설을 하자 조선인 관객이 야유를 보냈다. 일본인에 대한 반감도 있었겠지만 서양인에 대한 선망도 작용했다. 두 나라 관객들 사이로 신발이 날아다니더니 결국 싸움이 벌어져 경찰이 저지했다.

3년 전 강제 퇴위된 고종도 경성고등연예관에 관심을 보였다. 영사 시설과 함께 관계자들을 궁궐로 불러들여 왕실 인사들과 함께 영화를 관람했으며, 극장주에게는 하사금까지 내렸다. 이후 다른 극장에서도 영화를 상시 상영했으며, 주기적으로 작품을 바꾸는 방식이 점차 자리를 잡았다. ✽

조선 왕조가
막을 내리다

8월 16일, 신임 통감 데라우치 마사타케는 총리대신 이완용을 불러 한일병합 수락을 요청했다. "조선 황실의 안정과 조선인의 복리 증진을 위해 양국이 하나가 되어야 한다"라는 주장이었다. 이어 한일병합은 '강제 병합'이 아니라 '합의에 의한 조약'임을 강조했다. 러시아의 어느 신문이 표현한 것처럼 "조선은 미식가가 레몬즙을 뿌려 먹으려는 굴 신세"가 됐다.

18일, 조선 내각 회의가 열렸다. 이완용의 설득으로 내각은 한일병합에 찬성했다. 일본에 나라를 갖다 바치자는 데 반대한 인물은 학부대신(교육부장관) 이용직뿐이었다. 그는 "임금이 욕되면 신하는 죽어야 한다"라며 저항했다.

22일, 2,600여 명 일본군이 삼엄한 경계를 선 가운데 창덕궁에서 조선 왕조의 마지막 어전 회의가 열렸다. 마지막 황제 순종은 모든 것을 체념한 표정으로 "대세가 이미 정해졌으니 빨리 실행하는 게 좋다"라며 '한일병합조약안'에 서명했다. 순종으로부터 병합에 관한 칙명을 받은 총리대신 이완용의 대답은 단순하고 명확했다. "예." 그날 한성의 낮 기온은 29도였다.

23일, 통감부는 "세 명 이상은 한곳에 모이지 못하게 한다"라는 공고를 냈다. 방학을 맞은 전문학교 학생들과 일본 유학생들은 감시 대상이 됐다.

24일, 하늘이 갑자기 캄캄해지더니 천둥이 치며 폭우가 쏟아졌다. 동대문 밖에 벼락이 떨어져 일곱 명이 그 자리에서 숨졌다. 정세

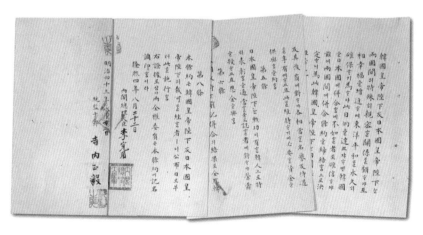

한일병합조약문
대한제국 총리대신 이완용과 제3대 통감 데라우치 마사타케가 맺은 한일병합조약 선문이다.

에 눈치가 빠른 이들은 정감록을 들먹이며 조선 왕조의 운명을 점쳤다.

일제는 한일병합 소식을 26일 발표할 예정이었으나 그다음 날이 순종의 즉위 기념일이라 29일로 미루었다. 일제는 조선인들이 반발하지 않을까 신경을 곤두세웠다.

29일 11시, 한일병합조약이 〈관보〉를 통해 알려졌다. 마지막 황제 순종은 "한국의 통치권을 예전부터 친교가 있었고 신뢰하고 있는 이웃 나라 대일본 황제 폐하에게 양여(讓與)해 밖으로 동양 평화를 확고히 하고 안으로 민생을 보전코자 한다. …… 오직 그대들을 구제하고자 하는 뜻에서 하는 일이니, 그대 신민들은 짐의 이 뜻을 잘 받아들이도록 하라"라는 조서를 내렸다.

500년 왕조가 역사 속으로 사라지던 날, 최린(훗날 3·1운동 기획자)은 남대문에서 종로를 거쳐 광화문 사거리를 걸었다. 이날 한성의 시내 풍경은 의외로 평온했다. 거리의 상점들은 아무 일도 없었다는 듯 평소처럼 문을 열고 장사를 했다. 뜻밖의 풍경에 지식인 최린은 절망했다. 어떤 이는 "우리도 모르는 사이에 일본인이 되어버렸다"라고 말하며 쓴웃음을 지었다.

그러나 '삼정의 문란'으로 상징되는 조선 왕조의 말기 현상을 돌이켜보면 다른 생각도 하게 된다. 민중을 억압하고 수탈하던 왕조가 망한 것이니 어쩌면 그들에게는 썩 대수롭지 않은 일이었을 수 있다. ✹

오늘날 한국인들은 이완용을 비롯한 '매국노'에게는 가차 없이 비난을 퍼붓지만, 조선 황실에 대해서는 비교적 관대하다. 즉 그들에게 명징하게 책임을 묻지 않는다. 심지어 명성황후, 고종, 순종, 영친왕, 덕혜옹주 등 개인의 비극적 삶에 초점을 맞추며 동정심을 부추긴다. 역사 전공자들도 크게 다르지 않다. 이런 태도는 자칫 역사의 큰 물줄기를 놓치게 할 수 있다. 책임을 묻지 않으면 역사의 비극은 되풀이된다. 1997년 국가부도 사태가 일어난 후 견디기 어려운 고통을 당했지만 지금까지 누구 하나 책임을 졌다는 얘기를 듣지 못했다.

〈조선귀족령〉이 공포되다

조선이 강제 병합되던 날, 일제는 〈조선귀족령〉을 반포했다. 이어 10월 7일에는 '조선귀족령'을 근거로 76명에게 후작, 백작, 자작, 남작 등의 작위와 거액의 '은사금'을 수여했다. 그 76명에는 이완용, 이지용, 권중현, 송병준, 이근택 등을 비롯해 박영효, 윤택영, 윤덕영 등 조선 황실의 폐족들이 포함됐다. 황실 폐족을 제외하면 노론계 인사가 가장 많았다.

작위를 받은 이들은 무척 기뻐했다. 이기용의 어머니는 아들이 조선귀족에 올랐다는 소식을 듣더니 병세가 호전됐는가 하면, 이용태는 밤새 자축연을 벌였다.

황제의 비서실장 격인 시종원경 윤덕영은 한일병합조약 체결의 숨은 공신이었다. 순종의 비 순정효황후의 백부인 그는 통감 데라우치의 은밀한 부탁을 받고, 며칠 동안 아침저녁으로 '조카사위'를 집요하게 괴롭히며 한일병합의 당위성을 강조했다. 황실을 지키려면 한일병합밖에 방법이 없다는 것이었다. 나라가 망하는 순간에도 그들의 관심은 오로지 황실의 안위에만 쏠려 있었다. 한일병합 이후 조선 황실은 이왕가(李王家), 고종은 이태왕(李泰王), 순종은 이왕(李王), 황실 업무를 관장하던 궁내부는 이왕직(李王職)으로 각각 격하되어 명맥을 유지했다.

한편 작위를 받은 76명 중에는 자존심을 지킨 사람들도 있었다. 김석진은 독약을 먹어 자결했고, 한규설, 조정구, 윤용구, 유길준, 민영달, 홍순형, 조경호는 작위를 거절하거나 반납했다.

일제는 조선의 지배층을 회유하고 그들을 이른바 '조선귀족'으로 만들어 식민 지배의 하수인으로 삼으려 했다. 더 나아가 조선 백성들에게 일제의 식민 지배가 별난 게 아니라 기존의 질서를 이어가는 것이라는 선전 효과를 내려 했다. 한일병합에 크게 '공헌'한 일진회 인사들을 조선귀족에서 제외하고 이완용 계열의 인사들을 발탁한 것도 그런 맥락이었다(이용구를 비롯한 일진회 회원들은 대개 평민이었다).

일제는 조선귀족이 '조선 민족의 대표'라고 추켜세우며 그들에게 교육 및 사회 사업에 투신해 '사회의 모범'이 되기를 요구했다. 그러나 조선귀족들은 제 나라 제 민족뿐 아니라 일제에도 골칫거리였다. 나라를 팔아먹는 데 앞장섰던 모리배들에게 '사회의 모범'을 기대하는 것은 무리였다. 대다수 조선귀족은 사회 사업보다는 사치와 향락에 빠졌고, 사기 행각을 벌이거나 마약에 취하기도 했다. 을사오적 가운데 한 명인 이지용이 화투 도박에 빠져 패가망신한 일은 잘 알려져 있다. 훗날 조선귀족 가운데 절반가량은 총독부로부터 생활비를 받아 써야 할 정도로 몰락했다. ✽

조선인의 만병통치약, '부채표 활명수'의 탄생

한국에서 가장 오래된 기업은 어디일까? 1897년 지금의 서울 순화동에 문을 연 뒤 지금까지 그 자리를 지키며 소화제 '활명수'를 생산하고 있는 동화약품이다. 실은 그보다 1년 전 한성 배오개시장(동대문시장)에 '박승직상점'이 문을 열었고 이것이 오늘날 두산그룹으로 발전했지만, 현재 두산그룹은 포목 사업을 이어가고 있지 않기 때문에 한국 기네스북은 최초 기업의 영예를 동화약품에 안겨주었다.

19세기 말, 궁궐 경호관 민병호는 궁중에 내려오던 생약 비방에 서양 의학을 접목해 활명수를 발명했다. 한약재를 가마솥에서 달인 원액에 정향, 박하 등을 섞어 만든 것이다. 이어 민병호는 '동화약방'을 차리고 활명수 생산에 들어갔다.

조선시대에는 약을 구하기 어려워 급체로 죽는 이들이 많았다. 탕약은 만들어 마시기에 불편했다. 활명수는 마시기가 간편했고 위를 자극해 급체를 치료했기 때문에 '목숨을 살리는 물'로 불렸다. 영국인 이사벨라 비숍의 기록에 따르면 "조선인들은 활명수를 만병통치약으로 먹었다"라고 한다.

활명수 수요가 늘자 동화약방은 '부채표 활명수'로 총독부에 상표 등록을 했다. 500년 왕조가 역사 속으로 사라지던 1910년 8월의 일이었다. 이로써 '부채표'는 한국 최초의 등록상표가 됐다.

이후 전국에 동화약방 지점이 설치되면서 활명수는 더 널리 보급됐다. 당시 60밀리리터 활명수 한 병 값은 50전이었다. 설렁탕 두 그릇에 막걸리까지 두세 잔 사 먹을 수 있는 돈이었다고 한다. 값이 비싼 탓에 서민들은 급체했을 때만 활명수를 사 먹었다.

동화약방은 민병호의 아들 민강이 이어받았다. 민강은 마케팅 전략으로 경품 이벤트를 벌였고, 조선물산공진회(1915)에 참가했으며, 만주까지 시장을 넓혔다.

민강은 독립운동가였다. 그는 3·1운동 때 최남선과 함께 독립선언문을 기초했고, 동화약방 본점에 대한민국임시정부의 연통부를 설치해 정보와 자금을 제공했다. 민강이 투옥되고 동화약방은 위기를 맞았다. 민강이 세상을 떠난 뒤 동화약방은 경영난을 겪다가 민족 기업가 윤창식에게 인수되면서 대량 생산 체제로 들어갔다. 1930년대에 활명수는 한 해에 500만 병이 팔려 나갔다. 물건이 없어서 못 팔 정도였다. ✳

해방 이후 동화약방은 동화약품으로 거듭나 오늘날에 이르고 있다. 현재 활명수에는 한약 냄새를 없애려 탄산 가스를 넣고 있지만, 100년 전 활명수의 열한 가지 생약 성분은 거의 그대로다. 1990년대에 활명수의 유사품이 기승을 부리자 동화약품은 "부채표가 없는 것은 활명수가 아닙니다"라는 광고를 내보내 차별화에 성공했다. 지금까지 100여 년 동안 활명수는 83억 병 이상이 팔려 나갔다고 한다. 가히 '국민 소화제'라 할 만하다. 동화약품의 시시(社是)가 "우리 민족의 건강은 우리 손으로 지킨다"이다.

이회영 일가, 압록강을 건너다

이회영
1909년 12월 29일, 이회영 여섯 형제 일가가 압록강을 건너 중국으로 갔고, 2년 후 '신흥강습소'를 열었다.

나라가 망하고 나서 맞는 첫 가을, 이회영을 비롯한 여섯 형제가 한자리에 모였다. 이회영은 조선 선조 때의 충신 이항복('오성과 한음' 가운데 오성)의 10대손이다. 그의 아버지 이유승은 이조판서를 지냈다. 이회영의 집안은 조선의 대표적 명문가였고 서울에서 경기도 양주까지 남의 땅을 밟지 않고 다닌다는 말을 들을 만큼 부자였다.

형제들이 모인 자리에서 이회영은 말했다. "왜적 치하에서 노예가 되어 생명을 구하면 어찌 금수와 다르리오. 나는 동지들과 하던 일을 만주로 옮겨 실천코자 합니다. 이것이 대한 민족 된 신분이요, 왜적과 혈투하시던 이항복 공의 후손 된 도리라 생각합니다." 이회영은 신민회 회원으로서 동지들과 독립운동 기지를 건설하고자 이미 만주를 답사한 터였다. 이회영의 비장한 발언에 형제들 모두 흔쾌히 수락했다.

이회영과 형제들은 재산 매각에 나섰다. 일본 헌병대의 감시를 피해 가며 재산을 급매로 처분하는 데 꼬박 한 달이 걸렸다. 경성의 저택을 사들인 이는 육당 최남선이었다. 이회영은 집안에 내려오던 고서들까지 조선의 신동에게 내주었다. 재산을 헐값에 팔아 마련한 돈이 40만 원(현재 가치로 600억 원)이었다. 제

값을 받고 팔았다면 그 액수가 3배 이상 됐을 것이라 한다.

12월 29일 아침 8시경, 이회영 여섯 형제 일가 50여 명은 남대문, 용산의 기차역에서 열차를 나누어 타고 북쪽으로 출발했다. 저녁 9시경, 신의주에 도착한 일행은 주막으로 위장한 연락소에서 쉬고 다음 날 새벽 3시경 얼어붙은 압록강을 건넜다. 국경지대 경비가 느슨해진 틈을 타려는 것이었다. 살을 파고드는 한겨울 대륙의 칼바람이 이회영 일가의 앞날을 예고하는 듯했다.

압록강을 건너 중국 단둥에 도착한 이회영 일가는 환런현 헝다오촌을 거쳐 북쪽으로 내달렸다. 여자들은 마차 안에 타고 남자들은 말을 몰아 영하 20~30도의 혹한을 뚫고 이동했다. 이렇게 도착한 곳이 류허현 산위안바오쩌우·자제였다. 경성을 출발한 지 한 달 만이

었다.

산위안바오는 옛 고구려의 중심지였으므로 독립운동가들에게 의미가 깊은 곳이었다. 게다가 쩌우자제 뒤쪽으로 산이 펼쳐져 있어 비상시 피신하기 좋고, 앞쪽으로는 넓은 들이 있어 농사를 지으며 군사 훈련을 하기에도 적합했다.

'쩌우자제(鄒家街)'는 말 그대로 추씨 성을 가진 사람들이 모여 사는 마을이었다. 쩌우자제 주민들은 주로 옥수수나 좁쌀 농사를 지으며 살았고, 쌀이 귀해 제삿날에나 쌀밥을 먹었다. 이회영 일가는 이 마을에서 집을 얻어 살았다.

이회영 일가가 산위안바오 쩌우자제에 정착했다는 소식이 알려지자 독립운동가들이 몰려들었다. 경북 안동 명문가 출신인 유학자 이상룡이 재산을 정리하고 가족과 함께 이주해 왔다. 이회영과 사전에 협의된 결정이었다. 이상룡은 전통 유학자였지만, 홉스나 루소 같은 서양 근대 철학자들의 사상을 수용하고 안동에서 계몽운동을 이끌던 혁신 유림이었다. 쉰 살이 넘은 나이에 사상적 전환을 감행한 그는 사회적·경제적 기반을 포기하고 인생의 가시밭길을 선택했다. 독립운동은 '상놈'들이나 하는 짓이라고 일제가 선전하던 때 이회영과 이상룡의 결행은 당국과 조선인 모두에게 큰 충격을 주었다.

산위안바오 쩌우자제가 조선인 독립운동의 중심지로 떠오르자 마을 주민들은 일본군이 들이닥칠 거라는 불안을 느꼈다. 심지어 쩌우자제로 이주해 온 조선인들을 일제 앞잡이로 오해하기도 했다(만해 한용운도 이 마을에

왔다가 스파이로 오해받아 총격을 당했다). 주민들은 조선인들을 내쫓아달라고 당국에 요구했다. 이어 조선인에게는 집과 땅을 팔지 않을 것이며 조선인과 접촉하지 않겠다는 결의까지 했다. 중국의 군경 수백 명이 이회영의 거처를 조사하기도 했다. 이회영은 마을 사람들을 일일이 찾아다니며 설득했고, 토지 매입을 위해 중국 당국과 교섭했다.

1911년 6월 10일, 드디어 독립군 양성 학교 '신흥강습소'가 문을 열었다. '무관학교'가 아닌 '강습소'라고 이름을 붙인 것은 중국인과 일본의 견제를 피하려는 고육책이었다. 이회영은 옥수수 창고를 빌려 개교식을 열었다. 이듬해 7월 20일에는 하니허 강가에 정식으로 건물을 지었다.

신흥강습소 교육 과정은 본과 4년, 특과 6개월로 이루어졌다. 본과는 중학 과정, 특과는 군인 양성 속성 과정이었다. 수업료는 전액 무료였고, 먼 지방에서 온 학생들은 이회영 일가의 집에서 숙식했다. 이회영 일가의 그 많던 재산이 신흥강습소를 유지하는 데 들어갔다. 학생들 뒷바라지를 하느라 집안 여성들의 고생도 이만저만이 아니었다.

신흥강습소 학생들은 아침 6시에 나팔소리와 함께 기상해 3분 안에 복장을 갖추고 점호를 받았다. 아침 체조를 마치면 식사에 들어갔다. 말이 좋아 식사지 몇 년 묵은 좁쌀에 콩기름에 절인 콩장이 전부였다. 거의 가축 사료에 가까운 수준이었고, 그마저도 배불리 먹지 못했다. 그럼에도 교관과 학생들의 항일 민족의식은 꺾이지 않았다.

신흥강습소의 군사 훈련에서는 사격과 총

검술만이 아니라 산속을 빠르게 뛰어다니는 기동력이 강조됐다. 유격 게릴라 작전을 수행하기 위함이었다. 일과 후 학생들은 산비탈을 괭이로 일구어 옥수수와 콩 등의 농사를 지었다. 열여섯 살 김산도 신흥강습소에 입학해 고된 교육을 받았다.

모든 재산을 신흥강습소에 쏟아 붓고 이회영 일가는 가난에 쪼들렸다. 그들의 빈한한 생활을 목격한 사람들이 전하던 말은 대체로 이렇다. "이틀 동안 밥을 못 먹었다", "옷은 전당포에 잡혔다", "죽 한 그릇으로 끼니를 때우기 일쑤였다", "밥을 굶은 채 땔감도 없어 추운 방에 누워 있었다"…….

1919년 신흥무관학교로 이름을 바꾼 신흥강습소는 재정난과 일제의 압력으로 1920년 7월 문을 닫고 말았다. 신흥강습소가 길러낸 인재 3,000여 명은 청산리전투, 의열단, 3부(정의부, 참의부, 신민부), 한국광복군 등에서 활약했다. ✱

1910년 압록강을 건넌 이회영의 가족 50여 명 가운데 해방 이후 고국으로 살아 돌아온 사람은 20여 명이었다. 조국의 독립을 위해 모든 것을 바친 이회영 가문은 오늘날 한국 사회에서 '노블레스 오블리주'의 대표적 사례로 꼽힌다. 대한민국 초대 부통령 이시영이 이회영의 동생이다. 그리고 전 국가정보원장 이종찬, 현 더불어민주당 국회의원 이종걸은 이회영의 손자다.

해방 이후 신흥무관학교는 서울 종로구 수송동에서 신흥초급대학으로 거듭났다. 신흥초급대학은 한국전쟁 때 재정난으로 평안북도 운산 출신 교육가 조영식에게 인수되었고, 1956년 회기동으로 옮겨 갔으며 학교 이름은 경희대학교로 바뀌었다. 경희대학교는 신흥무관학교의 전통을 이어받아 국내 최초로 체육대학을 설치했다.

1910년대

억압 속의 고요, 밀려오는 근대 문물

일본과 한일병합조약을 맺음으로써 500년 조선 왕조가 막을 내렸다. 왕조의 심장이던 경복궁에 거대한 일장기가 나부끼고 조선통감부는 '조선총독부'로 바뀌어 식민지 조선을 통치했다.

조선 총독은 일본 천황 직속으로서 식민지 조선에서 행정·입법·사법·군사권 등 절대 권력을 휘둘렀다. 조선 총독은 그 위상이 일본 총리에 버금갔으며 타이완 총독과는 비교가 되지 않을 만큼 높았다. 한마디로 조선 총독은 '독립 왕국의 황제'였다.

초대 조선 총독은 한일병합 때 조선 통감이던 데라우치 마사타케였다. 데라우치는 일본 제국주의의 고향인 조슈번(지금의 야마구치현) 출신이다. 그는 1877년 세이난 전쟁 때 오른팔에 부상을 입어 불구가 되자 왼손으로 경례를 하며 군 생활을 했던 무인이다. 조선 총독에 취임하며 "(임진왜란 때 일본군 장수) 고니시 유키나가, 가토 기요마사가 살아 있다면 오늘 밤의 달빛을 어떻게 보았을까?" 하며 감회에 젖었다. 그는 식민지 조선인에게 "순종할 것인가, 아니면 죽음을 선택할 것인가?" 하며 엄포를 놓았다. 이른바 '무단 통치'가 시작됐다.

1911년 5월 4일, 경성에 사는 이재영과 김동혁은 가로수를 뽑은 혐의로 태형 30대를 맞고 벌금 3원을 냈다. 게다가 자비를 들여 가로수를 다시 심어야 했다. 1913년 7월 19일, 개성에 사는 윤영안과 김사환은 공사 현장에서 웃통을 벗고 일하다 순사에게 적발돼 태형 10대에 처해졌다. 정식재판도 없이 헌병의 판단에 따른 처벌이었다.

총독부는 갑오개혁 때 폐지한 태형을 부활시켰다. 감옥에서 수형자들을 먹여주고 재워주는 것보다 몇 대 때리고 풀어주는 것이 훨씬 편리했기 때문이다. 식민지 조선에서 태형령을 실시하면서 "조선 사람과 명태는 두들겨 패야 한다"라는 고약한 말도 생겨났다. 무단 통치는 역사 속 거창한 이야기가 아닌 식민지 조선인의 일상 속에 존재했다.

조선총독부는 조선 왕실까지 감시하고 통제했다. 고종은 덕수궁에, 순종은 창덕궁에 각각 따로 살게 했으며 정치 활동을 엄격히 금지했다. 총독부는 덕수궁과 창덕궁을 '투명한 유리그릇'처럼 여겼고, 고종과 순종은 그 안에서 거의 연금 상태였다. 고종은 이미 '뒷방 노인'이었다. 마지막 황제 순종은 이왕(李王)으로 강등되어 창덕궁 후원(비원)을 산책하거나 고위 인사들과 연회를 열거나 밤늦도록 영화 또는 공연이나 즐기며 망국의 세월을 보냈다.

보통 사람들도 정치적 욕망이 거세된 채 평온하고 무기력한 일상을 강요받았다. 정해진 법규를 지키고, 세금을 꼬박꼬박 내며, 일확천금을 노리기보다 한 푼, 두 푼 알뜰하게 모아 삶을 일구어가는 게 장려됐다. 한일병합 이후 총독부가 기차 요금, 전차 요금, 전기 요금을 인하한 것도 그런 맥락이었다. 식민지인들이 먹고사는 문제에 전념하는 것이야말로 제국주의자들이 바라는 것이었다.

1912년 중국을 지배하던 청 왕조가 멸망했다. 조선과 달리 청 왕조는 민중이 들고일어난 신해혁명(1911)으로 멸망했다. 이광수는 "중국 혁명이 나의 피를 끓게 했다"라고 말했다. 신해혁명에 고무되어 중국에 망명한 조선인들은 조선의 독립을 위해 중국 혁명 세력과 연대를 추구했다. 그들은 중국에서 혁명이 성공하면 조선의 독립도 이루어질 것이라고 믿었다.

그러나 신해혁명의 열기는 오래가지 못했다. 혁명 지도자 쑨원은 난징에서 중화민국임시정부를 수립하고 근대국가 이념을 내세웠으나 권력은 위안스카이에게 넘어갔다. 임오군란 이후 조선에 주재하며 온갖 횡포를 부렸던 바로 그자였다. 임시 대총통에 오른 위안스카이는 황제가 되려다 사망하고 중국에는 군벌이 난립하며 혼란이 이어졌다.

제1차 세계대전은 일본에 도약의 계기가 됐다. 일본은 영일동맹을 명분으로 참전했는데, 말이 '참전'이지 독일군 5,000명이 주둔하던 중국 산둥성 칭다오를 전사자 한 명 없이 점령한 게 전부였다. 이어 일본은 중국 내 독일령 지역을 차지하려 했다. 독일이 일본을 이길 것이라는 식민지 조선인들의 기대는 빗나갔다.

참전으로 일본이 얻은 효과는 매우 컸다. 영국군과 프랑스군에게 속옷과 군복을 대량으로 팔아 일본의 면직물 생산액은 몇 배나 증가했다. 게다가 영국, 프랑스, 이탈리아 등 기존의 해운 강국들이 전쟁에서 큰 피해를 입어 선박이 부족해지자 이를

틈타 일본의 해운업이 성장했다. 전쟁 특수에 힘입어 일본은 농업 국가에서 공업 국가로 탈바꿈했고, 일본의 자본주의는 눈부시게 성장했다. 일본은 11억 엔 채무국에서 27억 엔 채권국으로 변신했고, 경제력과 군사력을 갖춘 강대국으로 발돋움했다. 급기야 일본은 국제연맹 상임이사국으로 진출했다. 일본의 앞길에 거칠 것이 없었다.

제1차 세계대전 중이던 1917년 러시아에서 사회주의혁명이 일어났다. 사회주의는 제국주의에 억압받던 식민지 조선인에게 관념이 아니라 현실로 다가왔다. 민족주의자 박은식은 "러시아혁명은 처음으로 붉은 깃발을 높이 들고 전제를 뒤엎고 큰 정의를 선포했으며, 각 민족의 자유와 자치를 인정했다. 이것이 세계 개조의 첫 번째 동기가 됐다"라고 말했다. 식민지 조선의 지식인에게 사회주의는 어둠 속의 불빛으로 다가왔다. 사회주의와 제국주의는 물과 기름이었다.

반면 일본 제국주의자들에게 사회주의는 '악의 축'이었다. 일본은 러일전쟁 때 차지하지 못한 이권을 장악하고 동아시아에서 사회주의 확산을 막고자 시베리아에 7만 명이 넘는 규모의 군대를 보내 반혁명 세력을 지원했다. 이어 대놓고 침략 야욕을 드러내며 러시아의 사할린과 연해주 일대를 점령했다.

그러나 일본의 국내 상황은 좋지 못했다. 산업화로 쌀값이 폭등하면서 군중이 지주와 쌀 투기꾼을 공격하는 '쌀 소동'이 일어났다. 일본 정부는 식민지 조선의 쌀을 가져다가 사태를 해결하려 했고, 그러자 조선의 쌀값도 폭등했다. 조선에서 굶어 죽는 사람이 속출했으며 생활고를 비관한 자살이 잇따랐다. 설상가상으로 에스파냐독감이 전국을 강타해 14만여 명이 사망했다. 굶주림에 최악의 전염병

까지 겹쳐 식민지 조선은 '폭풍 전야'였다.

1919년 1월 21일 새벽, 고종이 갑자기 세상을 떠났다. 측근들과 차를 마시고 잠자리에 들었는데 복통을 호소하다 숨이 멎었다. 고종이 독살됐다는 의혹이 불거지며 민심이 들끓었다. 고종의 의문스러운 죽음을 계기로 조선총독부 무단 통치 10년에 대한 조선인의 불만이 3·1운동으로 분출됐다. 3·1운동은 세계의 관심을 모았다. 미국, 영국, 프랑스에서 조선총독부의 강경 진압을 비난하는 여론이 일었다. 일본의 문예비평가 야나기 무네요시는 "저항하는 조선인보다 그들을 핍박하는 일본인이 더 어리석다"라고 비판했다.

그러나 동아시아에서 사회주의 러시아의 세력 확대를 우려하던 서방국가들에게 일본의 조선 지배는 현실적 필요악이었다. 가재는 게 편이다. 일본과 마찬가지로 곳곳에 식민지를 갖고 있던 그들로서는 일본의 '내정'을 간섭하기도 어려웠다. 특히 한일병합을 도왔던 미국은 "조선 문제(3·1운동)는 일본의 내정 문제이며 일본이 특별히 잔인하게 진압한다고 보지 않는다"라고 입장을 밝혔다.

3·1운동이 좌절되자 식민지 조선인들은 크게 실망했지만, 이것이 항일 독립운동의 확산에 자극제가 됐다. 중국 상하이에 독립운동의 구심체로서 대한민국임시정부가 수립됐고, 평화 시위로는 민족의 독립을 이루기 어렵다는 인식이 확산되면서 지사들이 만주로 건너가 항일 무장 투쟁에 투신했다.

한일병합 이후 서구 근대 문물이 더욱더 밀려들었다. 1910년대로 접어들면서 경성에 자동차가 본격 등장했다. 식민지 조선인에게 '쇠 당나귀'라고 불리던 자동차는 전차나 기차만큼이나 신기한 근대 문물이었다. 당시 총독부 고위 관리, 군 장성, 조선 최고 갑부 민영휘, 조선귀족 이완용, 박영효 등

이 자동차를 갖고 있었다. 천도교 지도자 손병희는 미국제 캐딜락을 타고 다녔다. 자동차가 점점 늘어나자 총독부는 〈자동차취체규칙〉(지금의 도로교통법)을 발표했다.

경성 시내에 공중전화도 등장했다. 행인들이 지켜보는 앞에서 기계에 대고 '혼잣말'을 하는 데는 배짱과 연기력이 필요했다. 가짜 동전을 전화기에 쑤셔 넣고 교환수를 불러대는 사람들 때문에 경찰이 잠복근무를 서야 했다. 전화는 전통 예법에도 변화를 가져왔다. 고종이 세상을 떠난 뒤 3년 동안 아들 순종은 아버지가 묻혀 있는 청량리 홍릉에 아침마다 전화를 걸었다. 홍릉 관리인이 수화기를 무덤 앞에 갖다 대면 순종은 전화기에 대고 "아이고, 데이고……" 곡을 했다. 부모 무덤 앞에 움막을 짓고 삼년상을 치르던 전통도 근대적 방식으로 바뀌어갔다.

노천극장 시대가 지나고 영화관 시대가 열렸다. 경성고등연예관을 시작으로 1910년대에는 황금관, 단성사, 우미관 등에서 본격적으로 영화가 상영됐다. 초기에는 우미관이 시장을 주도하다가 점차 우미관과 단성사의 경쟁 구도로 바뀌어갔다. 아직 조선인이 직접 영화를 제작하지 못했기 때문에 외국 영화를 들여와 상영했다. 유럽이 세계대전 중이어서 프랑스와 이탈리아의 영화가 주춤하고 유니버설, 폭스, 파라마운트 등에서 제작한 미국 할리우드 영화가 인기를 끌었다.

시계를 팝니다, 시간을 팝니다

진고개 목도평 시계포가 《제국신문》에 낸 광고(1902. 8. 25.)
"각국 시계와 자전거를 싸게 팔고 있으며 소비자가 원하면 자전거 개조를 해줍니다." 당시 시계점에서는 자전거를 함께 팔았으며 자전거 '튜닝'까지 이루어지고 있었다.

1911년 1월, 경성 시내 시계 상인들이 모여 '경성시계흥진회'를 조직했다. 이들은 시계를 전량 외국에서 수입해 팔았다(국내에서 시계 생산이 시작된 것은 1950년대의 일이다).

경성시계흥진회는 2월부터 11월까지 115원짜리 시계를 특별 할인가 95원에 판매한다고 광고했다. 당시 쌀 한 가마 값이 6원이었다고 하니 시계는 아무나 살 수 있는 물건이 아니었다. 그렇지만 시계 수요가 점차 늘어났는지 1910년대 후반에는 손목시계도 본격 판매됐다.

전근대 조선 사회에는 '시간'이라는 말조차 없었다. 개화기 때 일본인들이 영어 'time'을 번역한 말 '시간'이 들어와 조선어 '때'를 대체해갔다. 시계가 팔려 나갔다는 것은 근대의 시간 개념이 점차 일상화되었음을 의미한다. 전근대 사회에서 시간의 척도가 계절의 변화, 일출과 일몰이었다면 근대에는 시곗바늘이 척도가 됐다. 윤봉길이 거사 현장으로 떠나며 김구에게 시계를 선물로 준 것에서 식민지 조선인들에게도 근대적 시간 관념이 생겨났음을 엿볼 수 있다(1970~1980년대까지도 상급 학교에 진학하는 학생에게 시계를 선물하는 문화가 있었다).

학교와 공장, 철도와 전화 등이 늘어난 것도 근대적·자본주의적 시간 개념의 정착에 한몫했다. 일제 식민지하에서 조선인들은 시간의 지배를 받게 됐다. 이제 시간은 단순한 물리 현상이 아닌 일종의 사회 권력이 되어갔다. 등교 시간, 출근 시간에 쫓겨 정신없이 뛰어다니는 현대인들을 보라. 근대 이전에는 없던 풍경이다. ❋

조선총독부,
사찰을 장악하다

1911년

사찰령을 지지한 권상로
일제시대 대표적 학승(學僧)
으로 1911년 문경 대승사의
주지가 됐다. 해방 이후 동국
대학교 초대 총장으로 부임
했다. 《친일인명사전》에 등재
됐다.

6월 3일, 조선총독부가 〈사찰령〉을 발표했다. 〈사찰령〉은 총독부가 전국의 사찰을 통제하려고 만든 것이었다. 사찰이 병합, 이전, 폐사, 이름 변경, 재산 처분 등을 할 때 총독의 허가를 받게 하고, 종교 행사는 지방장관의 허가를 받도록 했다.

이어 총독부는 7월에 발표한 〈사찰령 시행규칙〉을 통해 전국의 사찰을 30본사로 통폐합했다. 조선 불교계의 실정을 고려하지 않은 사찰 통폐합이 졸속으로 추진되자 반발이 일었다. 경남 하동 쌍계사가 합천 해인사의 말사로 편입된 데 불복하여 총독부에 재심을 요청한 것을 비롯해 이후 전국의 여러 사찰과 조선총독부 사이에 갈등이 불거졌다.

〈사찰령 시행규칙〉으로 총독이 임기 3년의 30본사 사찰의 주지를 임명했다. 주지는 취임 5개월 안에 그 사찰의 토지, 삼림, 건물, 불상, 고문서, 범종, 석조물 등의 재산 목록을 총독에게 보고해야 했다. 30본사 이외 나머지 사찰의 주지는 지방장관의 관리를 받도록 했다. 결국 〈사찰령〉으로 전국 각 사찰의 주지가 당국의 지시에 따라 움직이는 '관료'가 된 셈이었고, 조선 불교는 총독부에 예속됐다.

반면에 총독의 임명을 받은 30본사 주지의 권한은 막강했다. 주지는 주임관(지금의 5급 사무관) 대우를 받았으며, 매년 1월 총독 관저에서 열린 신년 하례회를 비롯해 주요 행사에 초청받았다. 그뿐 아니라 주지를 모욕하고 풍기를 문란하게 한 자, 정치 활동을 하는 자는 승려 신분이 박탈됐다.

경북 문경 대승사 주지 권상로는 자신이 창간한 《조선불교월보》에 〈사찰령〉을 "총독의 밝은 정치(聖德明政)"라고 주장한 친일 승려 최취허의 글을 실었다. 권력에 아부하는 여느 친일 인사의 행태로 볼 수도 있지만, 조선시대에 온갖 핍박을 받던 불교계 입장에서 어쩌면 일제는 '해방군'으로 비쳤을지도 모른다.

실제로 그 전까지 승려는 토목공사를 비롯한 온갖 잡역에 시달렸으며, 양반들에게 갖은 멸시와 수모를 당했다. 심지어 도성 출입에도 제한을 받았다. 그런데 조선 왕조가 무너지면서 사찰을 도성 안에도 짓게 됐다. 조계종의 본산 조계사가 각황사라는 이름으로 서울 견지동에 지어진 것도 1910년의 일이다. 물론 국난에 처할 때마다 불교계가 항쟁에 나섰듯 항일 투쟁에서도 많은 승려가 선봉에 나섰지만 일제에 동조한 세력도 결코 적지 않았다. *

유림도 장악하라!
— 경학원으로 전락한 성균관

성균관 대성전
성균관 유생들이 문묘 제사를 올리고 있다.

학교에서 한국사를 가르치다 보면 조선시대 성균관과 오늘날의 성균관대학교가 서로 연관이 있느냐는 질문을 받곤 한다. 현재 성균관대학교 로고에 박힌 '1398'에 힌트가 있다. 조선 태조 이성계가 서울 명륜동에 성균관을 지은 때가 1398년이다.

6월 15일, 총독부는 조선의 국립대학 성균관을 경학원(經學院)으로 이름을 바꾸고 조직도 개편했다. 갑오개혁으로 과거제가 폐지되어 성균관은 사회적 지위를 잃었지만, 조선 왕조의 지배 이데올로기였던 유교의 사회적 영향력이 여전했기 때문이다. 게다가 조선 왕조 말기에 유림들이 항일 의병운동을 지도했던 것을 총독부는 기억하고 있었다.

경학원은 일본 천황의 하사금 25만 원과 총독부 보조금으로 운영됐다. 친일 유교 지식인을 길러내고 총독부의 유교 정책을 선전하는 것이 주요 임무였다. 총독부는 전국의 유력 유생들을 경학원 강사로 포섭했고, 경학원을 통해 유교적 충효 이념을 일제에 대한 순종으로 전환하려 했다. 경학원에 딸린 지방 향교는 행정 당국이 장악해 유림의 동향을 감시했다.

경학원의 주요 직책에 박제순, 이용직, 이인직 등 친일 인사들이 배치됐다. 이들은 유교 예법에 따라 제사를 지내고 전국을 다니며 강연회를 열었다. 소설 《혈의 누》의 작가로 이완용의 하수인이었던 이인직은 지방 강연에서 조선인이 일본 정신에 따라 변화해야 한다는 '일선동화'를 주장했다. 이것이 훗날 '황도유학'으로 발전했다.

총독부는 전국의 양반과 유림을 매수하는 작업에도 착수했는데, 그 효과가 꽤 컸던 모양이다. 유림 출신 독립운동가 김창숙의 자서전에 따르면 "왜정 당국이 관직에 있던 자, 고령자, 효자, 열녀에게 은사금이라고 돈을 주자 온 나라의 양반들이 뛸 듯이 좋아하며 따랐다"라고 한다. 3·1운동을 기획한 '33인' 가운데 유교 인사는 단 한 명도 없었다. ※

일제 말 경학원은 '명륜전문학교'가 되었다가 해방 이후 전국 유림에 의해 성균관대학교로 승격됐다. 초대 총장에 독립운동가 김창숙이 취임했다. 그는 독립운동을 하다가 일제 경찰에 고문을 당해 두 다리가 마비된 불구의 몸이었다.

〈조선교육령〉은 충량한 신민 양성이 목표

8월 23일, 총독부는 식민지 교육정책의 기조인 〈조선교육령〉을 발표했다. 총 30개 조항으로 이루어진 〈조선교육령〉은 '충량한 국민 양성'을 목표로 명시했다. 식민지 조선인을 식민 지배에 순응하는 '신민(臣民)'으로 기르겠다는 의미였다.

조선인 차별은 학제에서 구체적으로 나타났다. 일본인 학제는 총 15년으로 소학교 6년, 중학교 5년, 전문학교 4년인 데 비해, 조선인 학제는 총 11~12년으로 보통학교 4년, 고등보통학교 4년, 전문학교 3~4년(실업학교는 2~3년)이었다. 조선인 학제는 일본인 학제에 비해 기간도 짧았고, 대학교육 없이 전문학교 교육 중에서도 특히 실업교육이 강조됐다. 총독부는 식민지 조선인을 '지식인'보다 '기능인'으로 기르려 했다.

총독부는 식민지 차별교육을 추진하는 한편, 민족주의 성향이 짙은 사립학교를 탄압하며 공립학교를 확대해나갔다. 〈사립학교령〉을 통해 사립학교 인가 조건을 강화하고 기존의 사립학교들도 다시 인가받게 했다. 이에 수많은 사립학교가 문을 닫았다.

총독부는 '삼면일교제(三面一校制)'를 실시했다. 지방의 3개 면마다 보통학교를 1개씩 설치하는 제도였다. 이로써 보통학교가 식민 교육기관으로서 자리를 잡아갔다. 일주일에 일본어 수업은 10시간, 조선어 수업은 5~6시간이 배정됐다.

그러나 보통학교의 학비가 비쌀 뿐 아니라 학교가 없는 지역이 많아 서민들에게 공교육은 아직 먼 나라 이야기였다. 당시 식민지 조선의 보통학교 취학률은 겨우 5퍼센트였다. 반면 일본에서는 보통학교 6년이 무상 의무교육이었다. 식민지 조선에서는 아직 보통학교보다 서당에 다니는 학생이 더 많았다. 유교적 가풍이나 민족의식이 강한 집안에서는 서당을 선호했다. 보통학교가 조선인을 일본인으로 만든다고 여겼기 때문이다. ✳

보통학교는 일제 말 '심상소학교', '국민학교'로 이름이 바뀌었다가 "일제의 잔재를 깨끗이 청산하고 민족정기를 바로 세우기 위해" 1996년부터 '초등학교'로 고쳐 부르고 있다. '국민학교'는 국가권력에 일방적으로 복종하는 황국신민을 길러내는 학교라는 의미였다.

그러나 '국민'이라는 말은 오늘날에도 여전히 자주 사용되고 있다. 정치인들이 입에 달고 사는 말이 '국민'이다. 해방 이후 '인민'이라는 단어를 북한이 선점하는 바람에 아쉬운 대로 사용하다 결국 정착된 것이다.

이젠 한국의 위상에 걸맞게 '국민'을 '시민'으로 바꿔 불러보면 어떨까. 국가와 개인의 관계에 대한 본질적 성찰을 하며 사는 사람, 국가의 부당한 요구에 대해 개인의 권리를 주장할 수 있는 사람, 깨어 있는 사람이 바로 '시민'이다. 언어는 개념의 틀이다. 언어가 바뀌면 세상도 바뀐다.

서북 지방 기독교 세력을 진압하라

— 105인 사건

9월, 경성헌병대 취조실이 피와 땀, 똥오줌 냄새로 진동했다. 붙잡혀 온 이들은 팔다리가 부러지고, 눈알이 뽑히고, 심지어 성기가 파열됐다. 그들은 차라리 죽이라고 울부짖으며 삶과 죽음의 경계에서 신음했다. 105인 사건으로 체포된 민족 지사들이었다.

전해 겨울인 1910년 12월, 안명근(안중근의 사촌)이 황해도에서 독립운동 자금을 모으다 체포됐다. 안명근 사건(안악 사건)의 시작이었다. 그는 독립군 양성을 위해 압록강 너머 서간도에 무관학교를 세우려 했다. 안명근은 황해도 부호 이원식과 신효석에게 기부금을 받아냈으나 민병찬과 민영설에게는 거절당했다. 안명근은 민병찬과 민영설을 권총으로 위협하고 떠났다. 이에 민병찬과 민영설이 헌병대에 밀고했고 안명근은 평양역에서 체포됐다. 안명근은 경성으로 압송되어 조사를 받았다.

총독부는 안악 사건을 빌미로 서북 지방(황해도, 평안도) 민족주의 세력 탄압에 나섰다. 당시 서북 지방에서는 일찍이 자리 잡은 기독교를 바탕으로 민족주의운동이 일어나고 있었다. 남한 대토벌 작전으로 호남 지방 의병운동을 진압한 뒤 총독부는 칼날을 서북 지방으로 돌렸다.

안명근과 친분이 있던 김구는 황해도 양산학교에서 교사로 근무하다 체포됐다. 명성황후 살해 사건에 분노해 일본인을 살해하고 인천형무소에 '김창수'라는 이름으로 수감됐다가 탈옥한 지 13년 만에 다시 감옥신세를 지게 됐다. 김구는 자신이 옛날의 '김창수'라는 사실을 경찰이 눈치 챌까 봐 노심초사했다.

이들에 대한 재판은 미리 짜인 각본을 따랐다. 안명근이 종신형, 김구를 비롯한 일곱 명이 15년형을 선고받았다. 안명근은 감옥에서 굶어 죽을 생각으로 며칠 동안 식사를 거부했다. 그러자 형무소 당국은 의사를 불러 진찰한 뒤 안명근의 입을 강제로 벌려 밥을 집어넣었다. 그에게는 죽을 자유도 없었다.

총독부는 안명근이 신민회 회원이 아니었는데도, 항일 비밀결사 신민회가 안악 사건의 배후라고 몰아갔다. 전국에서 윤치호, 이승훈, 유동렬, 양기탁, 이동휘를 비롯한 민족지사 600여 명이 체포됐고, 그중 105명이 기소됐다. 이 '105인 사건'은 총독부가 항일 민족운동 세력과 그들을 뒤에서 돕던 미국인 선교사들을 탄압하려고 '조작'한 사건이었다.

가장 먼저 체포된 안명근은 10년 동안 복역하다 석방된 뒤 중국으로 망명해 독립운동을 계속하다가 병으로 사망했다. ✳

근대적 토지소유권 확립, 그러나…

오늘날 부동산을 살 때 가장 먼저 해야 할 일은 무엇일까? 아마도 해당 토지나 건물의 등기부 등본을 확인하는 일일 것이다. 대법원 등기소 사이트에 들어가면 누가 부동산을 어디에 얼마나 소유하고 있는지, 그 부동산에 무슨 문제는 없는지 한눈에 검색할 수 있다. 국가가 개인의 부동산 소유 현황을 속속들이 파악하고 있기에 가능한 일이다.

1912년 8월 13일, 총독부는 〈토지조사령〉을 발표하고 토지조사사업을 본격화했다. 농업국가인 식민지 조선을 더 효율적으로 지배하려면 무엇보다 농민의 토지 소유 현황을 명확히 파악하고 정리하는 일이 급선무였다. 누가 어디에 토지를 얼마나 소유하고 있는지를 알아야 세금을 잘 거두어 식민지를 원활히 통치할 수 있기 때문이다. 총독부는 1918년 11월까지 토지조사사업에 1만 2,388명을 동원했고, 예산도 2,000만 원 넘게 투자했다.

총독부는 〈조선민사령〉, 〈부동산등기령〉을 발표해 토지조사사업을 뒷받침했다. 이른바 '소유권 불가침과 무제한 보호' 원칙에 따라 식민지 조선에서도 근대적 토지소유권 개념이 정착돼갔다. 오늘날의 등기 제도는 이렇게 시작됐다.

그러나 토지조사사업이 실시되는 과정에 서 많은 조선 농민이 억울하게 토지를 빼앗겼다. 충북 영동군 황간면에 토지측량대 대원 13명이 나타났다. 그들은 마을 농민들에게 소유한 토지를 신고하라고 했지만, 신고하면 무거운 세금을 내야 한다는 소문 때문에 농민들은 신고하기를 꺼렸다. 이때 신고하지 않은 논과 밭, 산 등이 모두 총독부 소유가 됐다.

얼마 뒤 토지측량대가 다시 와서 자신들의 토지에 총독부 소유임을 표시하는 말뚝을 박는 모습을 보고 나서야 농민들은 사태를 파악했다. 총독부 소유가 된 토지는 '양가'라는 지주가 관리했다. 마을 사람들이 산에 들어가 땔감을 주워 모으자 양가가 당국에 신고했다. 땔감을 구하던 사람들은 헌병에 연행됐고, 산을 빼앗겼다는 사실도 알게 됐다.

1918년 토지조사사업이 끝났을 때 총독부와 동양척식주식회사가 전체 경작지의 4.2퍼센트를, 일본인 농민이 전체 경작지의 7.5퍼센트를 차지했다. 전체 경작지의 11퍼센트 이상을 일본인이 갖게 된 것이다. 당시 식민지 조선의 인구에서 일본인의 비율은 약 2퍼센트였다.

일제의 토지조사사업으로 조선시대부터 이어져온 지주소작제도 더욱 심화됐다. 전체 농가의 3퍼센트에 불과한 지주들이 전체 경작지의 50퍼센트를 소유했고 전체 농가의 77퍼센트는 소작농이었다. 먹고살기가 더 힘들어진 소작농민들은 도시빈민으로 전락했다. 이들은 도시 변두리에 토막을 짓고 살면서 공사장 인부나 지게꾼, 날품팔이꾼 등으로 생계를 이어갔다. ✽

조선 왕조여 부활하라!
— 고종의 비밀결사 '독립의군부'

**'독립의군부'를
조직한 임병찬**

1912년 9월 28일, 임병찬이 고종의 밀령을 받고 비밀결사 독립의군부를 조직했다. 그는 의병운동을 하다 붙잡혀 최익현과 함께 일본 쓰시마에 유배됐다가 돌아온 인물로, '왕정주의자'였다. '독립의군부'는 조선 왕조를 부활시키려고 결성된 복벽운동(復辟運動) 단체였다.

임병찬은 일제의 남한 대토벌 작전 이후 잠적한 호남 지방의 의병, 유생과 접촉하며 조직을 키워갔다. 이듬해 2월, 아들 임응철을 경성으로 급파해 전직 참판 이인순, 이명상, 곽한일, 전용규 등과 활동 전략을 협의하게 했고, 임응철이 고종의 밀령을 받아오자 독립의군부 조직을 전국으로 확대했다. 독립의군부 조직원은 전국적으로 329명에 이르렀다.

독립의군부는 일본 정부, 조선총독부, 각국 공사관에 국권 반환 요구서를 제출하여 한일 병합의 부당성을 지적했다. 당시 일본은 식민지 운영에 따른 재정난으로 행정부와 군부가 식민 통치에 대한 입장 차이를 보이고 있었다. 독립의군부는 이 부분을 파고들며 조선의 독립을 설파했다. 조선을 식민 통치하는 것이 일본에도 실질적 도움이 되지 않는다는 주장이었다. 이어 조선인이 일제의 식민 통치에 저항하고 있다는 사실을 해외에 알리려 전 국민투서운동을 준비했다.

그러나 독립의군부 조직원이 경찰에 체포되어 조직의 실체가 드러나고 말았다. 임병찬은 총독 데라우치에게 단독 면담을 요청했다. 총독대리로 온 경무총감에게 임병찬은 국권 반환과 일본군 철수를 요구하고 조선의 독립이 동양평화를 유지하는 길이라고 역설했다.

이후 경찰에 체포된 임병찬은 자결을 시도했으나 실패해 보안법 위반으로 거문도에 유배됐다. 보안법은 일제가 조선인들의 언론·집회·결사의 자유를 제한하기 위해 만든 악법이었다. 1년의 유배 기간이 끝나자 총독부는 임병찬의 사회적 영향력을 우려해 유배 기간을 2년 더 연장했다. 결국 임병찬은 유배지에서 사망했다. 그의 묘소는 잡초만 무성한 채 방치됐다. ✳

《정읍의병사》는 동학농민군 지도자 김개남을 전라관찰사에 밀고한 사람이 임병찬이라고 전한다. 2008년 역사작가 박도가 정읍문화원에서 전해 들은 비사에 따르면, 그렇게 붙잡힌 김개남이 결국 처형되자 두 집안의 관계가 몹시 나빠졌고 오늘날 그 후손들까지도 서로 사이가 좋지 않다고 한다. 박도는 수소문 끝에 임병찬의 후손을 만났지만 사진만 잠깐 찍고 깊은 대화는 나누지 못한 채 헤어졌다. 다들 사는 게 바빴다.

'우물 안 개구리'
YMCA야구단

1912년

YMCA야구단과 한성고등학교 야구단의 경기 모습

나라는 망했지만, 식민지 조선에서 야구의 인기는 갈수록 뜨거웠다. 1904년 창단된 YMCA야구단은 국내 최강팀이었다. 투수 유영탁을 앞세워 조선은행, 동양협회, 숭실학교 연합팀까지 무너뜨렸다. 조선 안에는 더 이상 YMCA야구단의 적수가 없었다.

YMCA야구단은 일본으로 눈을 돌렸다. 1912년 11월 2일, 역사적인 '한일전'이 성사됐다. 도쿄의 조선인 유학생까지 가세한 YMCA야구단과 와세다대학 야구단의 경기였다. 일제 식민지 치하이니 승부욕에 민족의식까지 더해져 YMCA야구단 선수들의 마음은 비장했다. 그러나 의욕만으로 실력 차이를 극복할 수는 없었다. 경기 결과는 23대 0 완패! 경기내용도 참담했다. YMCA야구단은 안타 1개, 실책 18개를 기록했다.

이틀 뒤에 당한 패배는 더욱 뼈저렸다. 일본 중학생 야구단에게 9대 1로 패한 것이다. YMCA야구단은 '우물 안 개구리'였음이 만천하에 드러났다. 패배의 충격이 컸던지 선수들은 몰래 귀국길에 올랐다. 이듬해 YMCA야구단은 결국 해체됐다.

YMCA야구단을 이끌고 일본원정을 다녀온 이는 흥미롭게도 독립운동가 여운형(26)이었다 여운형은 일제 식민지 시기 조선건국

동맹을 이끌었고, 해방 후에는 조선총독부로부터 식민지 조선의 행정권을 이양받아 조선건국준비위원회를 조직해 한국현대사의 한 페이지를 장식했다. ●**1945** 그는 호탕한 성격에 만능 스포츠맨이었다. YMCA야구단 해체 이후에도 조선체육회, 조선축구협회, 조선농구협회, 서울육상경기연맹 등 각종 체육단체에 관여하며 조선 체육 발전에 이바지했다. ❋

해방 이후에도 야구의 인기가 이어졌다. 1960년대에는 실업팀이, 1970년대에는 고등학교 야구팀이 인기를 끌었다. 1982년 프로야구가 출범하며 한국의 대중스포츠로 자리를 잡았다. 이해에 서울에서 열린 제27회 세계야구선수권대회 결승전에서는 일본팀을 극적으로 이기고 우승했다. 이후 한국 야구는 국제대회에서 화려한 성적을 올리며 100년 전 YMCA야구단이 뿌린 씨앗은 큰 열매를 맺고 있다.

조선국권회복단이 조직되다

1913년 1월 15일, 경북 달성의 안일사(安逸寺)에서 대보름 시회(詩會)를 연다며 달성친목회원들이 모였다. 국권 회복에 뜻을 같이하는 서상일, 이시영, 박영모, 윤창기 등이었다. 이 모임이 비밀결사 단체인 '조선국권회복단'의 시초가 됐다. 조직을 주도한 서상일은 보성전문학교를 졸업하고 대구 지역에서 애국계몽운동을 벌이던 인물이다. 훗날 영친왕과 일본 황녀의 결혼을 반대하며 폭탄을 던진 서상한이 그의 동생이다.

이날 모인 사람들 가운데 이시영은 대구 출신 부호였다. 서상일은 자산가 윤상태와 홍주일, 이영국, 서병룡, 김규, 정순영, 황병기 등도 영입했는데 변호사, 은행원, 선비 등 직업이 다양했다. 이들 중에는 대종교 신자들이 많아 단군 위패 앞에서 임의탈퇴 엄금, 비밀누설 엄금, 위반 시 단죄 등의 내용을 적은 서약서에 서명하고 국권 회복을 다짐했다. 1월 15일은 나철이 대종교를 창시한 날인 중광절이기도 하다.

조선국권회복단은 마산지부를 시작으로 경성, 밀양, 대구, 동래, 양산, 청도 등으로 지부를 확대했다. '대종교'라는 조직망이 세력 확대에 도움이 됐다. 또한 대규모 항일운동을 벌이려 만주와 연해주에도 단원을 파견하

서상일
일제시대에는 항일 투쟁을 했고, 해방 이후에는 제헌 국회의원에 당선되어 야당 정치인으로서 이승만 독재에 저항했다.

는 한편 군자금을 모아 독립운동을 지원했다. 서상일의 태궁상회(대구), 안희제의 백산상회(부산)가 모금의 거점이었다.

2년 뒤인 1915년, 조선국권회복단은 박상진의 '대한광복회'에 통합됐다. 조선국권회복단 단원이기도 했던 독립운동가 변상태는 3·1운동 때 경성 시위에 참여한 뒤 고향인 경상남도 창원으로 내려갔다. 그곳에서도 그는 수천 명을 이끌고 시위하며 헌병주재소를 습격했다.

조선국권회복단의 활동은 1910년대 국내 항일 민족운동의 침체 속에서 저항의 불씨가 됐고, 마침내 3·1운동이라는 커다란 불꽃으로 타오르게 된다. ✳

'뚱뚱'해지려면
이 약을 드세요!
― 신문에 등장한 영양제 광고

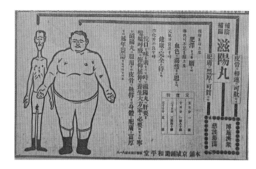

《매일신보》에 실린 '자양환' 광고(1913. 3. 19.)

2004년 세계보건기구(WHO)는 '다이어트·운동·건강에 대한 세계 전략'을 만장일치로 통과시켰다. 비만대국 미국은 국가 의료예산의 10퍼센트를 투자해 '비만과의 전쟁'을 선포했다. 비만이 암, 당뇨, 심장병 등 성인병의 원인이 되기 때문이다. 세계 여러 나라에서 비만은 매우 심각한 문제로 여겨지는 추세다.

한국에서도 '살빼기 전쟁'이 한창이다. 이제 남녀노소 가리지 않는다. 언론 매체도 온갖 살빼기 비법을 전하며 대중의 시선을 사로잡으려 한다. 그런데 식민지 조선에서는 이와 정반대 현상이 일어났다.

1913년 3월 19일 자《매일신보》에 실린 영양제 자양환 광고는 몸에 대한 식민지 조선인들의 관념을 보여준다. 이 광고에서는 배가 나오고 뚱뚱한 사람과 바짝 마른 사람을 대비시킨다. 뚱뚱한 배를 건강과 사회적 성공의 상징으로 설정하고 광고에 소개된 영양제를 먹으면 뚱뚱한 사람이 될 수 있다는 식으로 유혹한다. 여기서 말하는 '건강'이란 흔히 말하는 정력 증진, 곧 성(性) 기능과도 연관되어 있다.

돈과 시간을 들여 '뱃살과의 전쟁'을 벌이는 오늘날의 시선으로 보면 웃음이 절로 나온다. 그런데 뚱뚱한 배를 건강과 출세의 상징으로 보는 관념이 1970~1980년대에도 한국 사회에 존재했던 것을 생각하면 그리 옛날이야기도 아니다.

19세기 말 독일계 무역회사 세창양행이 신문에 광고를 내면서 조선에 상업광고가 처음 등장했고, 1910년 광고대행사 한성광고사가 문을 열며 한국의 광고 산업이 시작됐다. 일제 시대에 일본의 근대 광고 기법이 들어와 광고에 그림과 사진이 들어가며 본격적으로 상품 광고가 등장했다. 광고에 주로 등장한 상품은 약, 화장품, 비누, 치약, 책, 담배, 맥주, 옷, 신발 등이었다. 그중 약 광고가 가장 많았다.

광고는 자본주의의 첨병이다. 광고는 인간의 욕망을 자극하며, 소비자는 광고 내용이 거품임을 알면서도 속는다. 광고의 마술이다. 자본주의 경제에서 대량 생산된 상품은 광고를 통해 알려지고 팔려나간다. 그런 의미에서 광고의 역사는 자본주의의 역사다. ✳

경성유치원이 문을 열다

《매일신보》에 소개된 경성유치원 기사(1917. 9. 27.)

삶의 지혜는 대학원의 상아탑 꼭대기가 아니라 바로 유치원의 모래성 속에 있다.
– 로버트 풀검,《내가 정말 알아야 할 모든 것은 유치원에서 배웠다》

유치원은 19세기 독일의 교육사상가 프리드리히 프뢰벨이 처음 세웠다. 그는 스위스 교육학자 요한 페스탈로치의 영향을 받아 유아교육을 강조하고 아이들이 놀이를 통해 인간의 본성을 키울 수 있다고 주장했다. 어린이집이나 유치원을 가리키는 용어 '킨더가르텐(Kindergarten, 어린이의 정원이라는 뜻)'도 그가 만든 것이다.

4월 7일, 경성여자고등보통학교의 교실 한 칸을 빌려 경성유치원이 문을 열었다. 유치원의 기성회 감사에 민병석, 평의원에 이완용과 조중응이 선출됐고, 교장과 보모는 모두 일본인이었다. 자본금 1,300원은 경기도 은사금과 기부금으로 충당했다(당시 경성은 경기도의 일부였다).

식민지 조선에서 유치원 설립은 조선귀족이 주도했다. 이완용을 비롯한 조선귀족들은 "조선인의 일본어 보급이 만족치 못함은 어릴 때부터 학습치 못한 결과다. 이를 완전히 보급함에는 유치원 시대부터 양성함이 필요하다"라며 유치원교육을 강조했다. 유아기부터 조선인을 일본인으로 만들기 위한 동화교육이 필요하다는 주장이었다.

경성유치원은 조선귀족 및 상당한 재력을 가진 사람들의 자녀만 들어가는 귀족 유치원이었다. 대상 연령은 만 3~6세였으며, "창설비 및 유지비 100원 이상을 기부할 자의 자녀"로 입학 자격을 제한했고, 월사금은 2원이었다. 게다가 매년 1,200원씩 지원을 받아, 원생 1인당 교육비가 일본 내 유명 유치원과 비교해도 월등히 높았다.

이듬해인 1914년 1월 7일, 선교사 브라운리가 정동 손탁호텔에서 유아 16명을 모아 '이화유치원'을 설립했다. 이화유치원은 지금도 어린아이들을 돌보고 가르치며 전통을 이어가고 있다. ✳

자전거 영웅 엄복동,
세상을 놀래다!

식민지 조선의 자전거 영웅 엄복동

4월 13일, 경성일보사와 매일신보사가 공동 주최한 '전조선자전차경기대회'가 경성 용산 연병장에서 열렸다. 경성 인구가 30만 명이던 시절, 5만~6만 명 관객이 몰렸다. 일본인 선수도 참가한 이 대회의 우승자는 22세 조선인 청년 엄복동이었다. 식민지 조선에 '영웅'이자 '스포츠 스타'가 탄생하는 순간이었다.

엄복동은 일본인이 운영하는 자전거 수입 판매 대리점 '일미상회'에서 점원으로 일했다. 자전거 한 대 값이 공무원 월급보다도 많던 시절, 그는 자전거를 타고 여러 지역을 오가며 자전거를 수리하기도 하고 팔기도 했다. 이것이 그에게는 자전거 레이스 훈련이었다. 타고난 심폐기능과 승부 근성을 지닌 데다 술·담배를 하지 않는 등 자기 관리에도 철저했다.

4월 27일 평양에서 열린 대회에서도, 11월 2일 경성 동대문 훈련원에서 열린 대회에서도 엄복동이 우승했다. 그는 레이스 중반까지는 중간 그룹에 끼어 페이스를 조절하다가 종반에 이르면 갑자기 엉덩이를 추켜올리며 속도를 높여 승부를 걸었다. 마지막 한 바퀴를 남겨놓고 역전 우승하는 경기도 많았다. 식민지살이의 설움을 겪던 조선인들은 엄복동의 승리에 열광했다. 이 땅의 '스포츠 민족주의'는 그렇게 싹트고 있었다.

그로부터 몇 해가 지나 1920년 '경성시민대운동회'에서도 엄복동이 압도적으로 앞서 나가자 일본인 심판이 일몰(日沒)을 이유로 경기를 중단시켰다. 분노한 엄복동은 본부석으로 달려가 우승기를 꺾어버렸고, 이를 본 일본인 관중이 경기장에 난입해 엄복동을 구타했다. 그러자 조선인 관중이 엄복동을 구하려고 운동장으로 뛰어들었다. 순식간에 경기장은 아수라장이 됐고, 결국 경찰이 군중을 해산시켰다. 엄복동은 큰 부상을 입었다.

2년 뒤 오랜 재활훈련을 마친 엄복동이 '제2회 전조선자전차경기대회'에 출전해 일본 선수들을 제치고 다시 우승했다. 이후 몇 년 동안 엄복동은 각종 대회를 석권하며 '동양의 자전거 대왕'으로 군림했다. ✳

해방 후 엄복동은 궁핍하게 살다가 한국전쟁 때 동두천에서 폭격을 당해 사망했다. 2010년 문화재청은 엄복동이 탔던 영국산 자전거를 근대문화재로 등록했다.

"부르주아 유흥장"이거나 "청춘을 자랑하는 곳"이거나

— 해수욕장의 탄생

해마다 피서 철이 다가오면 누구나 낭만이 숨 쉬는 푸른 바다와 백사장이 있는 해수욕장을 마음속에 그린다. 그곳에 가면 왠지 좋은 일이 생길 것만 같아 설렘이 파도처럼 밀려온다.

한국인이 해수욕장이라는 근대 문화를 처음 만난 때는 1913년 7월로, 부산 송도 해변에 해수욕장이 문을 열었다. 19세기 말 개항 이후 부산에는 일본인들이 건너와 살았다. 습한 섬나라에 사는 일본인은 조선인과 달리 온천욕과 해수욕을 즐겼다. 그래서 일본인들이 모여 사는 중앙동, 부평동, 동광동에서 가까운 송도 해변에 해수욕장이 문을 열게 됐다(오늘날 전국 최대 규모의 해수욕장이 있는 해운대는 당시 부산에서 변두리였다).

송도(松島)는 말 그대로 '소나무섬'이라는 뜻이다. 해수욕장 앞의 거북섬에 소나무가 자생했기 때문이다. 한일병합 이후 더 많은 일본인이 부산으로 이주해 왔다. 그들은 거북섬에 휴게소 수정(水亭)을 세우고 그 일대를 유원지와 해수욕장으로 개발했다.

결과는 대성공이었다. 푸른 바다, 흰 모래, 푸른 소나무가 어우러진 송도해수욕장의 풍경이 관광객을 불러 모았다. 당시 부산 인구가 13만 명이었는데, 송도해수욕장에 연간 20만 명이 몰려들었다. 이후 식민지 조선에는 해수욕장이 줄지어 문을 열었다. 송도해수욕장이 생긴 지 10년이 지난 1923년 6월에는 원산해수욕장이, 7월에는 목포해수욕장이 문을 열었다. 식민지 조선에도 레저와 관광이라는 근대 문화가 보급되고 있었다.

그러나 한편에선 낯선 문화에 대한 거부감도 컸다. 충남 보령에서 군수가 무창포해수욕장 공사에 농민을 부역 동원하려 하자 농민들이 "해수욕장은 인민에게 아무 이익이 없는 일"이라며 반발했다. 실제로 당시 해수욕장은 몇몇 부유층을 위한 공간이었다. 일본제 고급 여성 수영복이 40원(지금 돈으로 70만~80만 원)이었다니 대다수가 농민이었던 보령 군민들이 반발한 데는 다 이유가 있었다.

언론도 해수욕장에 호의적이지 않았다. 밀매음녀나 기생 같은 불건전한 사람들이나 해수욕장에 간다는 것이었다. "피서라는 것은 할 일 없는 사람들의 노릇…… 미처 날뛰는 푸른 바다에, 입으나 마나 한 해수욕복을 입고서 물과 싸우는 것", "여성들의 타락을 유도하는 위험한 공간", "해수욕장은 불량배가 들끓는 곳", "부르주아 유흥장", "에로 100퍼센트 환락가" 등의 표현에서 해수욕장에 대한 당대의 부정적 여론을 엿볼 수 있다.

물론 해수욕장을 '진보적'으로 바라보는 시각도 없진 않았다. 소설가 이효석은 "해수욕장은 어지러운 꽃밭이다. 청춘을 자랑하는 곳이요, 건강을 경쟁하는 곳"이라며 옹호했다. 만해 한용운이 해수욕을 즐겼다는 점도 흥미롭다. ✳

"김중배의 다이아몬드 반지가 그렇게도 좋더냐"

— 〈장한몽〉과 신파극의 등장

조선 왕조가 사라질 무렵, 경성에 극장이 들어섰다. 종로의 단성사, 세종로의 원각사, 교동의 장안사, 사동의 연흥사 등이 그것이다. 이들 극장에서는 〈춘향전〉과 〈변강쇠〉 등 고전을 '적나라'하게 연출한 작품으로 관객을 불러 모았다. 그런데 적나라함은 무대 위에만 있지 않았다. 객석에서도 남녀 사이에 '은밀한 만남'이 이루어져 경찰이 골머리를 앓았다.

1910년대에는 일본의 신파극이 조선에서 유행했다. 신파극은 '새로운 물결의 연극'이라는 뜻으로, 과장된 분장·대사·연기와 눈물을 쥐어짜는 감상적인 이야기가 특징이다. 경성 사동의 연흥사가 신파극의 본산이었다. 인천에서는 신파극단이 가정집에 무대를 차려놓고 어린아이들까지 관객으로 동원해 공연을 하다 경찰에 적발됐다.

1913년 8월, 연흥사에서 신파극 〈장한몽〉을 공연했다. 〈장한몽〉은 오자키 고요의 《곤지키야샤(金色夜叉)》가 원작으로 조중환이 번안해 《매일신보》에 연재하던 신소설이었다(《곤지키야샤》는 영국 작가 버사 클레이의 《여자보다 약한(Weaker Than A Women)》을 번안한 것으로, 결국 《장한몽》은 번안 작품을 다시 번안한 작품이다). 흔히 '이수일과 심순애'라는 이름으로 알려진 《장한몽》의 줄거리는 이렇다.

이수일은 어린 나이에 고아가 되어 아버지의 친구 심택의 집에 맡겨진다. 이수일은 심택의 딸 심순애와 함께 성장했고 둘은 약혼한다. 어느 날 심순애는 부잣집 아들이며 도쿄 유학생인 김중배를 만난다. 심순애는 김중배의 재력에 마음이 흔들린다. 심순애는 이수일과 파혼하고 김중배와 결혼한다. 실연을 당한 이수일은 고리대금업자로 변신한다. 이수일에 대한 죄책감에 시달리던 심순애는 대동강에 뛰어들어 자살을 시도했으나 실패한다. 결국 이수일과 심순애는 과거의 아픔을 뒤로하고 재회한다.

연흥사가 무대에 올린 신파극 〈장한몽〉에 대한 관객 반응은 뜨거웠다. 극중 "김중배의 다이아몬드 반지가 그렇게도 좋더냐"라는 이수일의 대사가 회자됐다. 조중환은 《장한몽》을 번안하면서 "연애라 하는 것은 신성한 물건"이라면서 남녀 간의 사랑을 뜻하는 '연애(戀愛)'라는 외래어를 썼다. 이것이 조선에서 '연애'라는 단어가 최초로 쓰인 사례는 아니지만, 《장한몽》이 '연애'라는 용어를 소개한 초기 작품 중 하나인 것은 분명하다.

오늘날 '신파극'이라는 말은 '빤한 이야기'라는 의미로 쓰인다. 〈장한몽〉도 이런 평가에서 자유로울 수 없다. '사랑의 힘'이 물질만능주의보다 강하고 위대하다는, 어찌 보면 빤하디빤한 이야기다. 그럼에도 〈장한몽〉은 이후 신파극은 물론 통속 애정소설에도 영향을 끼쳤다. 오늘날 한국의 TV드라마 속에서도 신파극 〈장한몽〉은 여전히 살아 숨 쉰다. ※

소나무처럼, 대나무처럼!
— 여성비밀결사대 송죽회

항일 비밀결사 송죽회
1913년 평양 숭의여학교를 중심으로 조직된 송죽회 회원들. 앞줄 왼쪽이 초대 회장 김경희다.

9월, 평양 숭의여학교 교사 김경희와 황에스더(황애덕)는 재학생 박현숙, 황신덕, 이효덕, 송복신, 채광덕, 이마대 등 20명을 선발해 항일 비밀결사 '송죽회'를 조직했다. 조직의 이름 송죽(松竹)은 '지조'를 상징한다. 송죽회원들은 기숙사 방에 모여 정몽주의 〈단심가〉를 애송했다. 또 숭의여학교가 기독교계 학교였으므로 송죽회원들은 이스라엘 민족을 고난에서 구한 모세를 찬미하며 조선 민족의 구원을 기도했다.

송죽회는 회원 관리가 엄격했다. 회원 한 명의 추천을 받은 뒤 검증을 거쳐 만장일치 동의를 얻어야 신입 회원이 될 수 있었다. 회원은 매달 회비 30전을 냈다. 형편이 어려운 학생들은 삯바느질을 하거나 떡을 팔아 회비를 마련했다. 당시 평안도 지방에는 아기들에게 방한용 굴레를 만들어 씌우는 풍습이 있었다. 굴레는 비단실로 모란꽃과 '수복(壽福)' 글자를 수놓고 앞에는 둥근 옥판을 달고 그 위에 굵은 구슬을 얹는 고급품이었다. 굴레 하나만 만들어주면 1년 회비가 마련됐다. 이렇게 모은 자금은 해외 망명 지사들이 국내에 잠입했을 때 체류비로 사용하거나 국외 독립운동가들에게 보냈다.

송죽회원들은 졸업 후 가 지역에서 교사로 근무하며 학생들에게 항일 의식을 심어주었다. 회원들은 가족에게도 기밀을 유지할 만큼 철저히 조직을 관리했다. 독립운동가들이 가명을 사용하며 활동했던 것처럼 송죽회는 이문회, 유신회, 공주회 등 다양한 별칭을 써가며 점조직으로 운영했다.

평양 숭의여학교는 장로교-감리교계가 함께 설립했다. 학생들의 출신지가 전국에 골고루 퍼져 있었던 덕분에 조직을 확산시키기에 유용했다. 근대 여성 지식인들이 활동을 펼칠 수 있는 토대를 숭의여학교가 마련해준 셈이다. 훗날 3·1운동에 전국 여성들이 대거 참여한 데는 송죽회의 힘이 컸다.

송죽회 초대 회장 김경희는 3·1운동 이후 중국 상하이로 건너가 대한민국임시정부에 합류했다. 그는 애국부인회 조직에 앞장섰고 독립운동 자금 모집에도 열심이었으나 1920년 병사했다. 일제 말기 송죽회는 일본, 하와이, 미국까지 조직을 확대했다. ✳

출세하려면 운전수가 돼라

—'경성운전수양성소'와 조선인 자동차 운전수

1913년 가을, 남대문역 근처에 '경성운전수 양성소'가 세워졌다. '오리이자동차상회'라는 택시 회사에서 설립한 '운전학원'이었다. '오 리이자동차상회'는 일본인 오리이와 곤도 두 사람이 경성 낙산의 갑부 이봉래와 함께 차린 택시 회사다. 당시 조선인 중에는 자동차 운 전을 할 줄 아는 사람이 없었다(고종의 운전기 사 세 명은 모두 일본인이었다). 곤도는 운전수 를 직접 길러야겠다고 생각하고 '경성운전수 양성소'를 세운 것이다. 이로써 한국 최초의 자동차 운전학원이 탄생했다.

곤도가 신문에 운전 교습생 모집 공고를 냈지만 지원자가 없었다. 당시 조선인들에게 자동차는 낯선 기계였기 때문이다. 자동차가 미래에 '황금 알을 낳는 거위'가 될 거라는 사 실을 조선인들은 아직 몰랐다. 곤도는 고민 끝에 파격 조건을 내놓았다. 수강생에게 도리 어 봉급을 지불하고 수료하면 오리이자동차 상회 운전수로 고용한다는 내용이었다. 일본 인 아홉 명과 이용문이라는 조선인 청년이 지 원했다. 이용문은 곤도의 동업자 이봉래의 아 들이었다.

경성운전수양성소에서는 미국의 운전 교 재로 교육했다. 교육을 수료한 뒤 시험에 합 격한 교습생은 여섯 명이었다. 이때 이용문

도 합격해 한국 최초의 자동차 운전수가 됐다 (1905년 미국 유학생 이진구가 운전면허증을 취 득한 바 있다). 그때는 운전면허증을 민간에서 발행했던 것이다.

1915년에야 총독부에서 운전면허시험을 주관하고 오늘날의 '도로교통법'에 해당하는 〈자동차취체규칙〉을 발표했다.

1914년 오리이자동차상회는 버스 사업도 시작했다. 총독부의 허가를 받아 평양-진남 포, 사리원-해주, 신의주-의주, 천안-온양, 공주-조치원, 김천-상주 간 버스 정기노선 을 운행했다. 버스 운송업이 돈을 벌어들인다 는 소문이 퍼지자 지방의 부호들이 버스 사업 에 뛰어들었다. 1915년 충남 공주의 갑부 김 갑순은 공주-조치원 간 영업허가를 받아 8인 승 포드 자동차 두 대로 영업을 시작했고, 공 주-대전, 공주-예산으로 노선을 확대했다.

자동차 운송업이 성장하자 자동차 운전수 도 인기 직업으로 떠올랐다. 월급이 꽤 많았 고, 승객이 주로 부유층이던 때라 그들이 주 는 팁이 월급보다 많기도 했다. 또 자동차 운 전수는 양복 차림으로 영업을 했기 때문에 여 성들에게 인기가 많았다. "출세하려면 운전수 가 돼라"는 말까지 생겼다. ✳

오늘날 '운전수'는 '운전사'를 낮춰 이르는 말이지만, 당시 에는 '운전수'라 불렸다. 시대에 따라 언어도 변하기 마련 이다.

긴 잠에서 깨어난 석굴암

**1909년의
석굴암 모습**

"한국의 모든 문화재 중 석굴암만 있으면 세계 어떤 문화재에도 뒤지지 않는다."

미술평론가 유홍준의 말이다. 문화재에 우열을 둔다는 것은 우스운 일이지만, 그의 주장에는 일리가 있다. 석굴암에는 고도의 기하학과 고대 그리스, 인도, 중국, 신라 등 동서양의 문화가 녹아 있다. 석굴암에는 헬레니즘을 비롯해 당대 인류 문명의 문화와 기술적 역량이 집적되어 있다. 미술사학자 강우방은 석굴암에 수학의 루트(√) 개념이 담겨 있다는 사실을 발견하고 흥분한 나머지 밤잠을 이루지 못했다고 한다.

석굴암은 8세기에 축조되어 조선시대 문인들의 기행문에 종종 등장했고 숙종 때와 영조 때 보수공사를 했다고 전한다. 석굴암의 본래 이름은 '석불사'로 조선 후기까지도 경주 사람들이 자주 방문하는 사찰이라 비교적 보존이 잘됐던 것 같다. 그러나 조선시대 말기 정치 질서가 문란해지면서 백성들이 도탄에 빠지자 석굴암도 방치됐다.

석굴암이 역사의 전면에 재등장한 것은 망국의 기운이 엄습해오던 1907년이다. 어느 우편배달부가 석굴암을 우연히 발견하고 이를 우체국장 모리 바스케에게 말했는데, 이 과정에서 "토함산 동쪽에 큰 석불이 파묻혀 있다"라는 소문이 돌았다.

소문이 퍼지자 가장 먼저 도굴꾼들이 움직였다. 토함산에 숨어든 도굴꾼들이 석굴암 안의 열 개 불상 가운데 두 개를 훔쳐 달아났다. 석굴암 본존불 밑에 유물이 숨겨졌을 거라 생각하고 본존불의 엉덩이를 깨뜨리는 '만행'까지 저질렀다. 불국사 다보탑의 사자 조각상이 사라진 것도 이 무렵이다.

한일병합 이후 총독 데라우치가 석굴암을 직접 방문해 보수공사를 지시했다(총독부는 석굴암을 해체해 경성으로 옮기려 했으나 여론이 악화되면서 계획을 취소했다). 오랜 세월 방치된 탓에 석굴이 붕괴 직전이었기 때문이다.

1913년 10월, 석굴암을 해체했다. 이어 일제는 석굴암의 벽을 세우려 콘크리트를 쏟아부었는데, 이때 뿜어져 나온 이산화탄소 독성이 두고두고 석굴암 본존불에 치명상을 입혔다. 신라 불국토의 상징이던 석굴암이 '근대'를 가장한 군국주의에 질식돼갔다. 2년 후 석굴암 보수공사가 마무리됐다. 총공사비는 2만

석굴암을 보수공사 하는 모습(1913)
일제 식민지시대 큰 돈을 들여 석굴암을 보수했지만 이후 제대로 관리가 되지 않았다.

2,726원(현재 가치로 38억여 원)이었다.

이후 석굴암은 천장에서 물이 새고 이끼가 끼었다. 일제는 천장에 아스팔트를 발라 누수를 막고 본존불에 청소용 물총을 쏘는가 하면 석굴 안에 보일러를 설치하는 등 사력을 다했으나 문제를 해결하지 못했다.

신라인들은 석굴암의 습도를 조절하고자 석실 바닥 밑으로 물이 흐르게 했다. 석실 바닥의 온도를 낮추어 실내의 습기가 바닥에서 이슬로 변하도록 만든 것이다. 일제의 보수공사는 이 절묘한 원리를 깨닫지 못해 바닥의 샘을 없애고 콘크리트로 막아버렸다. 결국 석굴 안에 맺힌 물이 콘크리트 시멘트를 녹여 조각상들을 침식했다. 제국주의의 야만과 근대과학의 오만이 부른 참극이었다. ✱

해방 이후에도 석굴암의 수난은 계속됐다. 1961년 박정희 정부는 석굴암의 습도를 조절한다며 시멘트 구조물 위에 공간을 두고 그 위에 돔을 덧씌웠다. 이어 석굴암 입구에 목조 전각을 지었고 석실 안에 습기 제거 장치를 설치했다. 현재 석굴암 석실은 유리로 밀봉되어 있다. 에어컨 등 현대 기술을 활용해 가까스로 습기를 조절하고 있지만 중생과 소통해야 할 부처님이 박제된 듯 유리관 안에 갇혀 있다.

자혜의원,
야누스의 두 얼굴

진주 자혜의원
2013년 사회적 논란 끝에 폐쇄된 진주 도립병원(진주의료원)은 원래 진주 자혜의원이었다.

제1조 자혜의원은 내부대신의 관리에 속하야 빈궁자 질병의 진료에 관한 사무를 장(掌)홈. 자혜의원은 필요가 유할 시에는 빈궁자가 안인 병자의 진료함을 득(得)홈.
제2조 자혜의원의 진료는 무료로 홈. 단, 전조 제2항의 경우에는 차한에 재(在)치 아니홈. - 자혜의원 관제

평양에 사는 유보영은 1912년에 결혼했다. 결혼 몇 달 뒤 그의 아내는 배가 불러왔다. 당연히 임신한 것으로 생각했다. 그런데 웬일인지 입덧 같은 임신 증상은 나타나지 않고 호흡곤란이 잦아졌다.

그로부터 2년 뒤, 주위의 권유로 유보영의 아내는 평양 자혜의원에 가서 진찰을 받았다. 결과는 뜻밖이었다. 환자의 처녀막이 그대로 남아 있어 20개월 동안 생리혈이 몸 밖으로 나오지 못하고 자궁에 고여 있었다는 것이다.

1914년 1월 19일, 유보영의 아내는 수술을 받았다. 처녀막을 절개하자 자궁 안에 고여 있던 피가 쏟아져 나왔고, 환자는 이내 건강을 되찾았다. 가족과 주위 사람들은 서양의학의 신술(神術)에 감탄했다.

조선 왕조가 저물어갈 무렵, 일제는 의병운동을 진입해 남아돌게 된 군대 의료 인력과

장비, 유효기간이 지난 의약품을 활용해 진주와 청주를 시작으로 전국 주요 도시에 국립병원을 세웠다. 이것이 자혜의원이다. 조선인의 환심을 사기 위해 1910년대 중반까지 자혜의원은 진료비도 받지 않았다. 자혜의원에서 공짜 진료를 받은 조선인은 홍보용 소감문을 제출해야 했다. 공짜 진료는 신약 임상실험이기도 했다.

총독 데라우치는 "각 도에 자혜의원을 늘려 널리 인술을 받게 될 것"이라고 호언했다. 총독부 기관지 《매일신보》는 자혜의원에서 환자가 완쾌됐고 자혜로운 의술에 감사의 눈물을 흘렸다는 기사를 자주 내보냈다. 이른바 "내선인(內鮮人, 일본인과 조선인) 사이의 화친 등 일반정신상에 미치는 감화"를 노린 것이었다. ✳

1925년부터 자혜의원은 그 운영권이 총독부에서 도(道)로 넘어가 '도립병원'으로 불렸다. 1943년까지 분원(分院)을 포함해 49개 자혜의원이 설립됐다. 이로써 전국 거의 모든 도시(府)와 주요 읍에 자혜의원이 들어섰다. 오늘날에도 각 지역에서 도립병원 곧 자혜의원이 국민 보건 및 의료 활동을 하고 있다.

최초의 여성 대졸자들
— 이화학당 대학과정의 첫 졸업식

이화학당 대학과정의 첫 졸업생들
왼쪽부터 신마숙, 이화숙, 김애식이다.

1914년 어느 봄날, 경성의 정동교회에서 이화학당 '대학과정' 졸업식이 열렸다. 4년 전, 이화학당에 대학과정이 생긴 후 첫 졸업생이 탄생하는 순간이었다(당시 평양의 숭실학교, 서울의 배재학당에서 대학과정을 개설하고 있었다). 이날 역사적 졸업식의 주인공은 신마숙(신마실라)·이화숙·김애식으로, 입학생 15명 가운데 끝까지 남은 세 명이었다. 21세 동갑내기였다.

이화학당 대학과정은 강의실이 부족해 교수의 침실에 칠판을 걸어놓고 수업을 진행했다. 하지만 교수와 학생들의 학업 열정은 뜨거웠다. 오후에 편도선 수술을 한 학생이 그다음 날 오전 강의에 출석할 정도였다.

졸업식장에 오르간 연주가 흐르는 가운데 이상재, 윤치호를 비롯한 유명 인사들과 이화학당 전교생이 흰 치마저고리를 입고 줄지어 서 있었다(속칭 '유관순 교복'은 1920년대에 등장한다). 이윽고 검은 가운에 사각모를 쓴 주인공 셋이 식장에 들어서자 내빈과 하객들이 자리에서 일어나 축하 박수를 보냈다. 흥분과 감격의 박수였다.

여성이 학교 다니는 것을 '시간 낭비', '돈 낭비'로 여기던 시절이었으니, 이들의 졸업은 정말이지 감격스러운 일이었다. 이들은 졸업 축하 예배에서 각각 〈교육 요소로서의 놀이〉, 〈한국 미술 탐구〉, 〈미국 시인 롱펠로우〉라는 연구물을 영어와 조선어로 발표했다.

이후 신마숙은 미국 펜실베이니아대학을 졸업하고 김규식, 서재필 등과 함께 독립운동 자금 모금을 주도했다. 이화숙은 중국 상하이로 건너가 대한민국임시정부와 국내 지사들 사이에서 연락책을 맡았다. 김애식은 미국에서 음악을 공부하고 귀국해 이화학당 음악과에서 학생들을 가르쳤다. ※

2014년 2월 서울대학교 졸업식에서는 15개 단과대학 가운데 인문대학, 사회대학, 자연대학, 법학대학, 의과대학 등 여덟 개 단과대학의 수석 졸업생이 여성이었다. 법학전문대학원과 의학전문대학원의 수석 졸업도 여성이 차지했다. 졸업생 대표 연설은 서울대학교 학군단(ROTC) '여성 1호' 최주연 씨가 맡았다. 이렇듯 오늘날의 대학가에서는 여풍(女風)이 점점 더 거세지고 있다.

충청도 평택은 경기도로 편입되고 '논산'과 '고흥'은 새로 생겨나다
— 조선총독부의 지방행정구역 개편

현재, 경기도 성남시 심곡동 입구에는 이런 비문이 쓰인 표지석이 서 있다.

심곡동(深谷洞): 조선시대 한성부 광주군 대왕면 지역으로 1914년 심곡리라고 하였다. 심곡동은 인릉산 깊은 골짜기 안에 위치하였으므로…….

그런데 한국의 행정구역 변천사를 읽다 보면 유독 '1914년'이라는 연도가 자주 등장한다. 1914년에 무슨 일이 있었던 걸까?

1914년 4월 1일, 총독부는 지방행정구역 개편을 단행했다. 개편의 핵심은 종래 13도를 유지하고, 거점 도시로서 12부(府)를 두며, 317군을 220군으로, 4,322면을 2,522면으로 통폐합하는 것이었다. 갑오개혁 때 시도했다가 주민 반발로 무산된 사안이라 총독부는 개편안을 기습적으로 발표했다.

개편안에서 13도 체제는 유지됐지만, 도(道)의 경계는 약간 바뀌었다. 이를테면 충청남도 평택군이 경기도에, 경상남도 울도군(울릉도)이 경상북도에 편입됐다. 12부의 부(府)는 오늘날의 시(市)와 비슷한 개념으로, 12부는 경성부(서울시), 인천부, 군산부, 목포부, 대구부, 부산부, 마산부, 평양부, 진남포부, 신

의주부, 원산부, 청진부였다. 이로써 수도 경성은 경기도의 일개 도시로 전락했다.

기존의 군(郡)은 면적과 인구의 편차가 너무 컸고 군과 군의 경계가 "개의 어금니처럼 들쭉날쭉"했다. 그래서 총독부는 군의 면적은 40방리로, 가구 수는 1만 호를 기준으로 정해 기준에 미달하는 작은 군은 모두 폐지했다. 폐지된 군의 군수들은 하루아침에 실업자가 됐지만, 특별위로금 500원씩을 챙겼다.

사라진 군이 있는 반면 새로 생겨난 군도 있었다. 경기도 부천, 충청남도 대전·논산·홍성, 전라북도 옥구, 전라남도 무안·화순·고흥, 경상북도 달성·영일·김천·영주, 경상남도 동래·통영·창원, 황해도 연백, 평안남도 대동·평원, 평안북도 의주, 함경남도 덕원·신흥·풍산, 함경북도 부령 등 23개 군이다.

일제는 군수(수령)에게서 갑오개혁 때는 사법권을, 을사조약 뒤에는 징세권을 박탈해 군수를 단순 행정관으로 격하했으며, 지방행정의 기초 단위로서 면(面)의 기능을 강화했다. 1914년 지방행정구역 개편에서도 일제는 면을 식민 통치의 실질적 단위로서 주목했다. 이른바 '면제(面制)'를 실시한 것이다. 이제 군수는 "도장 찍는 일밖에 할 일이 없다"라고 말할 정도였다.

총독부는 지방을 효율적으로 통치하려면 지역 유지를 포섭하고 향촌 사회를 안정시킬 필요가 있다고 보았다. 그러나 면 단위까지 일본인 관리를 파견하지는 못했다. 게다가 면사무소보다 경찰주재소 힘이 더 강했다. 식민지 조선인들의 일상에서 '순사'는 국가권력의 화신이었다. '남의 집에 힘부로 출입한다',

현재 경기도 성남시 심곡동에
있는 표지석

'주민들을 못살게 굴려고 심심풀이로 순찰한다', '청결 검사를 한다며 머리를 때리거나 발로 걸어찬다' 등등 주민들은 순사에 대해 불만을 토로했다.

예상대로 지방행정구역 개편에 대한 반발이 여기저기서 일었다. 종래 조선인만 납부하던 가옥세·주세·연초세 등을 일본인과 외국인에게도 부과하자 일본인들이 총독에게 진정서를 제출하기도 했다. 군과 면이 폐지된 지역에서 살던 주민들의 반발이 가장 컸다. 군청과 면사무소가 없어지면 지역 경제가 위축될 것이 뻔했기 때문이다.

총독부가 민심 수습에 나섰다. 군과 면 단위 통폐합 심사의 공정성을 강화했고, 전라북도에서는 군수나 지역 유지 등이 산업조합을 조직하고 돈을 모아 농가에 부업용으로 명석 짜는 기계를 보급했다.

총독부가 단행한 이 지방행정구역 개편은 결국 효율적인 식민 통치를 위한 것이었으며, 이는 오늘날까지 남북한에서 지방행정구역의 기본 틀로 유지되고 있다. ✻

조선총독부가 개편한 이후 100년을 이어온 현행 지방행정구역은 행정의 효율성이 떨어지고 지식정보사회에 맞지 않는다는 지적이 많다. 이에 김영삼 정부에서 도(道) 해체 논의를 시작한 이래 행정구역 개편이 여러 번 논의됐지만 앞으로 나아가지 못했다. 침체된 농촌을 개발하기 위해 도·농 통합을 단행한 것이 전부다. 예를 들어 충청남도 천원군을 천안시에 통합하는 방식이었다.
이명박 정부 들어 16개 시·도를 폐지하고 230개 기초단체를 70여 개로 광역화하는 방안을 정치권에서 논의했지만 역시 결론을 내지 못했다. 행정구역 개편은 선거구 조정을 동반하기 때문이다. 한 여론조사에서 16개 시·도 단체장 중 지방행정구역 개편에 찬성한 사람은 네 명이었다. 결국 문제는 '기득권'이다.

조선을 사랑하고 조선의 흙이 된 일본인

18세기 조선은 인구가 증가함에 따라 산림이 점점 황폐화됐다. 산의 나무를 베어낸 뒤 밭을 만들고, 나무를 난방 연료로 사용한 탓이다. 19세기 말에는 한반도 북부 고원지대와 강원도 깊은 산속을 제외하면 대부분이 민둥산이었다. 산에 나무가 없으니 비가 조금만 내려도 토사가 흘러내려 논밭까지 엉망이 됐다. 이 때문에 19세기로 접어들 무렵에는 농업 생산성이 100여 년 전과 비교해 3분의 1로 줄었다는 연구 결과가 있다. 농업 생산성 저하가 민란으로 이어져, 결국 조선 왕조 멸망의 씨앗이 됐다는 가설도 있다.

1914년 일본인 아사카와 다쿠미가 조선으로 건너왔다. 그는 야마나시현 농림학교를 졸업하고 영림서에서 5년 동안 근무한 산림 전문가였다. 아사카와가 조선에서 자리를 잡은 곳은 총독부 산림과 임업시험장이었다. 그는 조선 각지에서 종자를 채집하며 양묘 실험에 몰두했다. 또한 그는 씨앗을 땅에 묻는 방식으로 저장해두었다가 쓰는 노천매장발아촉진법을 개발했는데, 이 혁명적 기술이 해방 이후 산림녹화사업에 크게 기여했다. 아사카와는 조선의 민둥산을 푸르게 만드는 일을 소명으로 생각했다. 오늘날 한국의 산에 침엽수 인공림이 조성된 것도 그의 노력이었다.

아사카와 다쿠미는 조선에 들어온 뒤 몇 해 만에 조선말을 익혔다. 흰색 바지저고리 차림에 나막신을 신었고 막걸리를 즐겨 마시며 조선인들과 어울려 지냈다. 경제 사정이 어려운 조선인 동료에게는 생활비와 장학금을 제공하기도 했다. 아사카와는 톨스토이를 좋아하는 기독교인이었다.

아사카와는 조선의 공예품에도 애정이 깊어 백자, 장롱, 병풍, 책상, 밥상 등을 수집했다. 휴일이나 지방 출장 때는 조선시대 관요를 찾아다니며 백자 파편을 수집했고 관련 논문을 쓰기도 했다. 아사카와가 수집한 공예품은 야나기 무네요시가 설립한 '조선민족미술관'에 전시됐다. ○1924

아사카와는 일본의 조선 지배를 점차 비판적인 눈으로 보게 됐다. "지쳐버린 조선인이여, 타인을 흉내 내는 것보다 가지고 있는 귀중한 것을 잃지 않는다면 결국 자신에 찬 날이 올 것이다."

그는 식민지 조선의 독립을 바랐다. 그러나 조선을 사랑한 일본인은 과로에 감기까지 겹쳐 1931년 41세의 나이로 사망했다. 그는 이문리 공동묘지에 묻혔다. ※

해방 후 일본인의 무덤은 보이는 대로 파괴됐다. 아사카와 다쿠미의 무덤도 화를 피하지 못했으나 1964년 한국임업시험장 직원들이 아사카와의 무덤을 찾아 복구했다. 1984년 세워진 기념비에는 "한국을 사랑하고, 한국인을 사랑하고, 한국의 산과 민예에 생애를 바친 일본인, 여기에 한국의 흙이 되었다"라고 적혀 있다.

한편 아사카와 다쿠미가 근무했던 임업시험장은 1922년 지금의 서울 북아현동에서 청량리로 옮겨 갔다. 이것이 현재의 홍릉수목원이다.

임시정부 자금줄, 안희제의 백산상회

1950년 8월, 기습 남침한 인민군이 낙동강까지 파죽지세로 밀고 내려왔다. 이때 남쪽으로 쳐들어온 인민군 일부가 경남 의령에 있는 안희제의 생가를 찾아왔다. 위대한 항일 애국지사 안희제를 만나게 해달라는 것이었다. 그러나 안희제는 이미 세상을 떠난 후였다. 그 이야기를 들은 인민군 병사들이 묘소를 찾아가 눈물을 흘리며 참배하고 돌아갔다. 이후에도 비슷한 일이 여러 번 있었다. 죽고 죽이는 전쟁의 와중에 이런 미담을 남긴 안희제는 어떤 인물일까?

지식인 안희제는 보성전문학교와 양정의숙에서 신학문을 익혔으며 고향인 경남 의령과 부산 동래에서 학교를 운영했다. 그는 3년 동안 만주와 시베리아에 머물 때 신해혁명을 목격했고, 일본과 러시아가 야합해 대한광복군 정부를 무너뜨리는 것을 지켜봐야 했다. 안희제는 김동삼, 신채호, 이동휘, 이시영 등과 《독립순보》를 발행했는데 독립운동을 하려면 자금이 필요함을 절감했다.

1914년 9월, 고향으로 돌아온 안희제는 전답 2,000마지기를 팔아 부산에 '백산상회'를 열었다. 곡물·면직물·해산물 등을 파는 상점이었다. 소규모 상회로 출발한 백산상회는 이후 경상도 지주들을 규합해 백산무역주식회사로 성장한다. 회사의 사장은 경주 부호 최준이 맡았다. 최준은 경주 최부잣집 12대손으로 여러 민족기업의 경영에 참여하고 있었다. 경주 최부잣집은 "사방 백리 안에 굶어 죽는 자가 없게 하라" 등 '최부잣집 육훈'을 바탕으로 '노블레스 오블리주'를 실천한 것으로 유명하다.

백산상회는 대한민국임시정부에 자금과 정보를 제공했다. 경남 하동의 지주이자 백산상회 대주주였던 정재완은 임시정부에 거금 5만 원을 기부했고, 문영빈은 안희제와 함께 독립운동 자금 모금에 앞장섰다. 백산상회는 대한민국임시정부 운영 자금의 50퍼센트 이상을 부담했을 뿐 아니라 부산 연통부 역할을 했다(만주 안동[지금의 단둥]에서는 영국인 조지 루이스 쇼가 운영하던 무역회사 이륭양행이 대한민국임시정부의 연통부 역할을 했다).

안희제는 첩보원이나 다름없었다. 일본식 옷차림에 금테 안경을 끼고 다니는가 하면 술을 마실 때도 일본인 기생을 곁에 앉혔고 어느 곳을 가든 일본인이 경영하는 고급 호텔에 묵어 총독부의 의심을 피했다. 총독부는 그의 정체를 좀처럼 파악하지 못했다.

백산상회는 날이 갈수록 사업이 번창해 경성, 대구, 원산, 중국 봉천 등지에 지점을 설치했다. 그러나 대한민국임시정부에 제공한 자금의 규모가 너무 커지고 총독부가 백산상회의 정체를 알게 되어, 1928년에 결국 문을 닫고 말았다. ✳

언더우드와 연희전문학교

1915년 3월, 미국 북장로교 선교사 호러스 그랜트 언더우드가 경성YMCA에 연희전문학교를 설립했다(개교 당시 이름은 조선기독교대학이었다). 언더우드는 갑신정변 직후 아펜젤러와 함께 조선에 들어왔다. 그는 다른 선교사들이 꺼리는 '은둔의 나라' 조선에 자청해 들어와 새문안교회를 세웠다. 국내 최초의 교회였다.

연희전문학교에는 문과, 수물과, 상과, 농과, 신과 등이 설치됐는데, 대다수 선교사들은 상과 설치에 반대했다. '사농공상'이라는 조선 특유의 유교적 직업관이 남아 있어 상업을 천시했기 때문이다. 그럼에도 언더우드는 새로운 시대에 조선이 성장해나가려면 상업적 역량을 가진 인재를 양성할 필요가 있다고 믿었다.

조선 북장로교 선교본부는 연희전문학교 설립을 반대했다. 평양에 이미 기독교 대학인 숭실전문학교가 있었기 때문이다. 평안도에서 활동하는 선교사들은 경성에 기독교 대학을 세우는 것이 평양에 대한 '도전', '불필요한 경쟁'이라고 여겼다. 대학 설립에 들어가는 막대한 자금과 인력도 문제였다. 결국 언더우드는 미국 내 선교본부, 조선 내 감리교 선교부, 캐나다 장로교 선교부의 도움을 받아 연희전문학교를 세웠다.

당시 조선에 파견된 미국 북장로교 선교사들은 '서울계'와 '평양계'로 갈라져 갈등을 빚고 있었다. 이 과정에서 언더우드는 평양계 선교사들에게 견디기 힘든 인신공격을 당했다. 언더우드가 감리교와 친하다는 점도 공격의 빌미가 됐다. 연희전문학교 개교 이후에도 그에 대한 공격은 계속되어 언더우드는 '교장서리'라는 굴욕적 직함을 사용해야 했다. 몸과 마음이 지친 언더우드는 이듬해에 세상을 떠났다.

그는 개인비서 김규식에게 현금 500달러와 주식을 남긴다는 유언을 남겼다. 언더우드는 고아인 김규식을 아들처럼 돌보며 근대식 교육을 받게 했으며 유언장에서도 친아들 원한경(영어 이름은 호러스 호턴 언더우드로, 훗날 연희전문학교 교장 역임)과 아내보다 김규식을 먼저 언급했다. 훗날 김규식은 대한민국임시정부 외무총장과 부주석을 지내며 독립운동에 헌신했다.

1920년 연희전문학교는 경기도 고양군 연희면 창천리(지금의 서울시 마포구 창천동)로 옮겨 갔고, 1922년에야 비로소 조선 선교본부의 공인을 받았다. ✱

해방 이후, 연희전문학교는 연희대학교로 승격됐다가 1957년 세브란스 의과대학과 합병해 연세대학교가 됐다(원래 이화여대도 합병 대상이었으나 졸업생들의 반대로 무산됐다). 두 대학 이름의 머리글자인 '연'과 '세'를 따서 현재의 이름으로 정한 것이다. 현재 연세대학교 로고에 있는 '1885'는 세브란스 의과대학의 전신인 제중원이 설립된 연도다.

언더우드는 미국에서 사망한 뒤 시신이 조선으로 옮겨져 서울 마포 양화진 묘지에 안장됐다. 이후 언더우드의 아들 원한경, 손자 원일한, 증손자 원한광은 한국에서 의료와 교육 발전에 이바지했다. 원일한은 1980년 광주민주화운동을 외국에 알린 일로 전두환 정권에 의해 강제 추방을 당했다.

"박가분 못 사주면 무능한 남자"

박승직상점
1920년 연지동으로 이전했던 박승직상점은 1934년 2층으로 증축해 새롭게 단장하고 1층에 소매부를 두었다.

"살빛이 고와지고 죽은 깨〔주근깨〕 없어지는 박가분……."

4월, 경성 종로 배오개 시장에서 포목점을 운영하던 박승직은 아내 정정숙과 함께 박가분을 제조했다. 박승직은 개항 이후 밀려들어 온 값싼 수입 면직물을 판매하며 종로와 동대문 일대에서 성공한 거상이었다.

박가분은 납가루와 활석가루를 반죽해 만든 화장품이다. 방물장수들이 집집마다 다니며 박가분을 팔았고, 박승직상점에서는 손님들에게 박가분을 사은품으로 주었다. 자연스레 입소문이 나면서 박가분은 대박을 터뜨렸다. "여자에게 박가분 하나 못 사주면 무능한 남자"라는 말까지 나돌 정도였다.

박승직은 총독부 특허국에서 박가분의 상표등록을 받았고(1918), 종로 연지동에 사옥을 지어 이전했다(1920). 직원은 30명까지 늘어났다.

박가분은 고루 잘 퍼지는 성분으로 만든 것이어서 얼굴에 바르기가 간편했다. 종래에 분꽃씨를 가루로 만들어 사용하던 여성들에게 박가분의 등장은 정말이지 반가운 소식이 아닐 수 없었다. 또한 박가분은 일본 화장품보다 훨씬 쌌다. 채 절반도 안 되는 가격이었다.

그러나 박가분에는 결정적 문제가 있었다. 주성분이 납이었기 때문에 피부에 부작용을 일으켜 소비자 불만이 일었다. 게다가 일본 화장품이 시장을 잠식해 오면서 박가분은 차츰 밀려났다. 결국 박승직상점은 박가분 생산을 중단했다. ✳

해방 이후 박승직상점은 맥주나 위스키 등의 주류로 취급 물품을 바꿨다. 1933년 소화기린맥주(지금의 OB맥주)를 창립했고, 이후 두산상회, 두산그룹으로 발전해나갔다.

닭똥을 칠하는지
고약을 바르는지…

— 서양화를 들여오다

5월, 일본에서 서양화를 공부하고 귀국한 고희동은 조선물산공진회 미술전에 응모하려고 작품을 준비했다. '미술'이라는 말이 조선에 들어온 것도 이 무렵이다. 그는 탁지부대신 고영희의 조카였으며 관료 생활을 해본 경험도 있었다.

고희동은 한성법어학교(관립 프랑스어학교)에 다닐 때 선교사가 그리는 그림, 곧 서양화를 처음 보고 흥미를 갖게 됐다. "바로 저런 게 진짜 그림이야!" 생생하게 살아 있는 느낌, 동양화에서는 느껴본 적 없는 충격이었다. 그러나 수백 년간 동양화만 보고 살았던 조선인들에게 서양화(유화)는 무척 생소했다. 고희동은 선구자로서 자신이 겪는 고충을 이렇게 토로했다.

이런 일 봤나! 스켓취 괴짝(궤짝)을 메고 나가서 뭘 좀 그려볼라니까 담배 장수니 엿장수니 놀려댄단 말이야. 그뿐인가. 달기똥을 칠하느니 고약(膏藥)을 바르느니 하고 조롱들을 하는데 어째꺼나 그때 사회는 양화(洋畵)에 대해서 하등의 향응(響應)이 없었어. 그래 그림 그릴 재미도 안 나고 해서 놀았지.

고희동은 서양화를 모르는 조선인들을 무지하다며 비난했다. 심지어 안중식과 조석진 같은 자기 스승을 두고 중국 그림이나 베끼는 이들이라고 몰아붙였다. 아닌 게 아니라 당시 조선 화단은 종래 화풍을 답습하고 있었다. 고희동은 서양화를 도입하면 죽어가는 조선 미술을 살릴 수 있다고 믿었다.

고희동은 미인도를 그리기로 하고 '모형'을 구했다(당시에는 모델을 모형이라 불렀다). 평양 기생 윤옥엽이 일본인 화가의 작품에 모형으로 등장한 바 있었으나 모형을 구하기가 쉽지는 않았다. 이때 경성 기생 채경이 모형을 자청하고 나섰다. 대가(大家)의 붓끝을 통해 다른 여성들의 부러움을 사고 싶었던 것이다. 고희동도 미인을 그리는 게 행복했다.

그런데 1920년대에 고희동은 동양화로 다시 전향했다. 서양화 기법을 도입해 전통 수묵산수화를 더욱 발전시켰다. 하지만 그는 식민지 조선이 해방을 맞을 때까지 술로 세월을 보냈다. 식민지 예술인의 울분이었을까? ◈

마지막 의병장
채응언

체포될 당시의 채응언

오호라, 용사는 그 머리가 없어질 것을 잊
지 않는다 하였으니, 어찌 구차하게 앉아
이 나라를 좀먹는 간사한 도적과 강토를
잠식해오는 왜적을 두고 있을 것인가.

－채응언 격문

1915년 7월 5일, 의병장 채응언이 평안남
도 성천에서 체포됐다. 항일 의병활동을 벌이
는 데 필요한 군자금을 구하러 갔다 지역 주
민의 밀고로 헌병수색대에 붙잡힌 것이다. 채
응언에게는 현상금이 걸려 있었다. 채응언은
일본 헌병수색대와 격투 끝에 체포됐는데, 후
에 헌병에게 "애썼다"고 말할 만큼 담대했다.

채응언 부대는 황해도, 평안남도, 함경남
도, 강원도 일대에서 유격전을 벌였다. 부대
원이 50명에서 많을 때는 300여 명에 이르렀
다. 1908년 황해도에서 순사주재소와 헌병파
견소 공격, 1910년 4월에는 함경남도 안변에
서 순사주재소 공격, 6월 13일에는 황해도에
서 헌병분건소 공격, 6월 22일에는 강원도에
서 토벌대와 전투를 벌이는 등 일제에 맹렬히
맞서 싸웠다.

7월 8일, 체포된 채응언은 평양 헌병대로
이송됐다. 체포 소식에 그를 보러 군중이 몰
려들었다. 그때 채응언의 눈에 비친 군중은

동족이었을까, 아니면 이방인이었을까? 체포
과정에서 벌어진 난투극으로 그의 얼굴은 심
하게 부어올라 있었다.

총독부 기관지 《매일신보》는 "폭도거괴는
전멸됐다"라고 보도했다. 채응언은 조선의 마
지막 의병장으로 역사에 기록됐다. 그가 붙잡
히면서 을미사변을 계기로 거세게 불붙었던
의병운동이 20년 만에 막을 내렸다.

8월 28일, 평양 지방법원에서 채응언 및 연
루자 아홉 명에 대한 재판이 열렸다. 500여
명이 참관한 재판에서 채응언은 사형을 선고
받았다. 죄목은 '살인·강도죄'였다. 항일 의병
장을 단순 잡범으로 취급하려는 일제 식민지
당국의 간계였다. 분노한 채응언은 자살을 시
도했다.

항소는 기각됐고, 11월 4일 평양감옥에서
교수형이 집행됐다. 최후의 순간까지 그는 의
연했다. ※

경복궁을 허물며 개최한 '조선물산공진회'
— 조선총독부가 기획한 과시용 이벤트

1851년 영국 런던에서 첫 만국박람회가 열렸다. '해가 지지 않는 나라'의 자신감이었다. 그 후 파리, 빈, 필라델피아, 시카고, 세인트루이스, 샌프란시스코 등지에서 만국박람회가 열렸다. 만국박람회는 자본주의의 발전상과 화려함을 과시하고 제국주의의 권위를 선전하는 장이자 정치적 이벤트였다.

1915년 조선총독부는 한일병합 5주년을 맞아 9월 11일부터 10월 말까지 경복궁에서 '조선물산공진회'라는 박람회를 열었다. 여기서 '공진(共進)'은 조선과 일본이 함께 나아간다는 뜻이다. 조선 왕조의 상징인 경복궁에서 일본인 총독이 조선물산공진회 행사 개회를 선언했다. 이 장면을 지켜본 식민지 조선인들은 이 땅의 '새 주인'이 누구인지 실감했다.

조선물산공진회는 생활에 필요한 물품을 한곳에 전시하고 일본이 자국의 첨단기술을 과시하는 박람회였다. 전시장을 만든다며 경복궁의 전각들을 헐었고 건축 비용도 24만 원이나 투입했다. 전시장 규모가 무려 7만 2,000평을 넘었다.

전시는 분야별로 이뤄졌다. 농업부에 곡식·과일·채소·담배·인삼·대마·양잠·가축·비료 등, 임업부에 묘목·종자·수액·임산물 제조법·조림·삼림보호 방법 등, 광업부에 광물·석재 등, 수산부에 수산물·어로 장비·양식장 설비·수산물 제조 등, 공업부에 직물·자기·광물 세공·종이·가죽·인쇄·사진·술·과자 등이 전시됐다. 경복궁은 4만~5만 점의 물건과 설비가 전시된 '테마파크'가 됐다. 그 밖에도 교육·토목·건축·철도·항만·상하수도·경제·금융·의료·위생·미술 등 여러 분야에서 발전이 있었다는 점이 강조됐다.

가장 눈에 띄는 것은 '위생' 관련 전시물이었다. 현미경, 해부 도구, 위생 수세기, 메틸알코올 검사기, 휴대용 진찰기, 기생충 표본, 결핵균, 장티푸스균 등 지난 50년 동안 세계 전염병의학의 성과를 한데 모은 것이다. 근대는 한마디로 말하면 위생의 시대라 할 수 있다. 일본이 위생 관련 전시장을 마련한 것 역시 일본이 조선에 들어와 이처럼 일을 잘하고 있으니 식민 통치에 불만을 갖지 말라는 메시지였다. 당시 총독부는 조선인의 복리를 증진시키고 있다고 선전하며 '일선동화(日鮮同化)'를 강조했다.

조선물산공진회는 밤중까지 계속되어 기생들의 춤과 노래, 마술쇼, 불꽃놀이가 펼쳐졌다. 휘황찬란한 야경도 볼거리의 하나로 선전됐다. 《매일신보》는 이것을 "채광의 용궁"이라 극찬했다. 경복궁 밖에서도 행사가 있었다. 행사를 축하하는 꽃전차가 경성 시내 거리를 누볐고, 남대문에 거대한 축하 부조물이 세워졌으며, 세종로 갓길에 석탑이 들어섰다. 그 밖에 포스터와 팸플릿이 제작되어 행사 분위기를 띄웠다.

조선총독부는 조선물산공진회에 전국의 농민들을 관람객으로 동원했다. 행사가 진행

조선물산공진회 기념 포스터
조선총독부는 1915년 시정 5주년을 기념하여 경복궁에서 조선물산공진회를 개최했다.

된 50일 동안 무려 116만 명이 박람회장을 방문했다(이 가운데 절반이 무료 입장객이었다). 당시 식민지 조선 인구의 7퍼센트가 행사장을 방문한 셈이다.

조선물산공진회는 총독부 신청사를 광화문에 짓기 위한 사전 포석이기도 했다. 실제로 훗날 새로운 청사가 준공되어 남산에 있던 총독부는 광화문으로 옮겨 왔다. 조선물산공진회 전시장이 있던 바로 그 자리였다. ○1926 ✳

조선인의 일상을 파고든 일본의 카드놀이 화투

일본 화투 '하나후다'
한국식 화투와 달리 테두리와 뒷면이 검정색이다.

한 설문조사에 따르면 한국인이 일상에서 가장 많이 즐기는 놀이는 단연 '고스톱'이다. 명절 때 온 가족이 모여 회포를 풀 때도, 마을 회관이나 경로당에 주민들이 모여 점심 내기를 할 때도 고스톱이 이용된다. 한국인은 언제부터 화투놀이를 즐겼을까?

16세기 일본에 포르투갈의 카드놀이가 전해졌다. 카드놀이 도박이 사회문제가 되자 에도막부는 카드놀이 금지령을 내렸다. 이때 단속을 피하려고 카드에 다른 그림을 그려 만들어낸 것이 '하나후다(花札)'인데, 이것이 19세기 조선에 들어와 화투(花鬪)가 됐다.

조선의 개항장을 중심으로 화투가 보급됐는데 특유의 도박성으로 인해 파산하는 사람들이 속출했다. 화투는 조선의 도박이었던 투전, 골패, 마작 등을 밀어내고 노름판을 장악해갔다. 총독부는 화투를 비롯한 도박을 엄격히 단속했다.

1916년 1월 7일, 경성 효자동 김경수의 집에 모여 화투 도박을 벌이던 일당이 적발됐다. 종로경찰서는 이명수, 조봉근, 전중호에게 태형(볼기 때리기), 임창호에게 벌금 40원을 부과했다. 조선인들의 화투 도박은 '건전'한 사회를 지향하던 총독부에 골칫거리였다.

을사오적 이완용도 화투를 좋아했다. 평소 심한 근육통을 앓았던 그는 통증을 잊으려고 지인들과 화투를 즐겼다. 경기도 광주에서 신동 소리를 들으며 자란 이완용인지라 역시나 화투에서도 명석한 두뇌로 발군의 실력을 보였다. 이완용은 화투를 취미로 즐겼지만 또 다른 을사오적 이지용(고종의 조카)은 전문 '타짜'였다. 그는 자신의 집에서 고관들과 거액의 판돈을 걸고 화투판을 벌였다. 나라 팔아먹은 대가로 받은 돈도 화투판에서 날리고 헌병에 체포되어 재판을 받기도 했다. 이지용은 도박으로 패가망신했다.

화투의 유래가 일본이니만큼 화투 48장 그림에는 일본의 전통 세시풍속이 녹아 있다. 그런데 정작 화투의 본고장 일본에서는 오늘날 하나후다 카드놀이가 거의 사라졌다고 한다. ✳

박중빈,
원불교를 창시하다

조선이 망하자 오랫동안 억눌렸던 종교적 욕구가 봇물처럼 터져 나와 신흥종교로 나타났다. 조선 왕조의 성리학은 고도의 합리주의와 현세주의를 강조한 탓에 인간의 영혼을 달래주지 못했다. 구한말 새로이 발흥한 종교들이 여러 종파로 분화되어 교세를 키웠고 새로운 종교들도 등장했다. 천도교, 증산교, 청림교, 보천교, 태을교 등이 대표적이다. 바야흐로 신흥종교 전성시대가 열리고 있었다.

4월 28일 아침, 전남 영광에 사는 박중빈(26)은 문득 생각이 밝아지고 온몸이 상쾌해지면서 깨달음을 얻었다. 어릴 적부터 비범한 모습을 보였다는 그는 7세 때부터 20여 년간 폐인 취급까지 받으며 구도(求道)를 이어왔는데, 드디어 결실을 맺은 것이었다. 어느새 번뇌도 사라졌다. 원불교가 탄생하는 순간이었다.

박중빈이 "내가 스승의 지도 없이 도를 얻었으나 발심한 동기로부터 도를 얻은 경로를 돌아본다면 모든 일이 은연중 부처님의 행적과 말씀에 부합되는 바 많으므로 나의 연원을 부처님에게 정하노라"라고 했듯이, 원불교는 불교에 뿌리를 두고 있다. 원(圓, 동그라미)은 우주 만물의 근원이자 실재를 의미한다.

그러나 원불교 교리는 실상 동학과 증산교의 영향을 받았다. 동학의 창시자 최제우, 증

산교 창시자 강증산이 원불교의 출현을 예언했다고도 한다. 박중빈은 세계 문명의 중심이 동방으로 이동할 것이며 조선이 그 중심에 있을 것이라고 예견했다. 동학의 개벽사상이 엿보인다. 또 물질문명에 맞서 인간 정신의 회복을 강조했다.

그런데 왜 박중빈은 신흥종교의 뿌리를 불교에 둔 것일까? 당시 조선총독부는 신도(神道), 불교, 기독교만 종교로 인정했다. 게다가 〈사찰령〉(1911)에서 볼 수 있듯 불교를 식민 통치에 이용하려 했다. 박중빈이 불교에 뿌리를 둔 것은 '현실적' 판단이었다. 실제로 원불교는 식민지 조선에서 동학(천도교), 증산교, 대종교에 비해 포교 활동이 자유로웠다. 또한 원불교는 근검절약, 허례 폐지, 금주·금연, 간척사업 등 생활운동에도 매진했다.

박중빈은 정치와 종교를 각각 엄한 아버지와 자상한 어머니에 비유하며 정교(政敎) 분리를 주장했다. 천주교가 그랬듯 식민지 현실에서 정교 분리는 민족문제와 거리를 두겠다는 뜻이다.

박중빈의 세계관은 특정 민족에 국한되지 않고 인류의 미래를 지향했다. 박중빈은 강자와 약자가 마음을 합치면 세상이 영원한 평화를 이룰 것이라고 말했다. 여기서 강자와 약자는 일본과 식민지 조선으로 볼 수도 있고, 부자와 빈자 또는 남성과 여성으로도 볼 수 있다. ✳

소록도에 격리 수용된 한센병 환자들

나병 환자가 나와 절하며 이르되 주여 원하시면 저를 깨끗하게 하실 수 있나이다 하거늘 예수께서 손을 내밀어 그에게 대시며 이르시되 내가 원하노니 깨끗함을 받으라 하시니 즉시 그의 나병이 깨끗하여진지라.

— 〈마태복음〉 8장 2~3절

성경에는 나병 환자가 자주 등장한다. 나병은 피부가 세균에 감염되어 뭉개지는 질병이다. 의학 수준이 낮았던 근대 이전, 나병은 끔찍한 질병이었으며 나병 환자들에 대한 사회적 냉대도 심했다.

1913년 5월 경남 고성에 사는 13세 소년 노계만이 산길에서 나병 환자에게 봉변을 당했다. 숲속에서 나병 환자 세 명이 뛰어나와 소년을 넘어뜨렸다. 한 명은 헝겊으로 노계만의 입을 틀어막고 나머지 두 명은 팔과 다리를 결박했다. 사람의 쓸개를 먹으면 나병이 낫는다는 미신을 믿고 이 소년을 희생양으로 삼으려 했던 것이다. 세 명에게 깔린 소년은 죽을힘을 다해 소리를 질렀다. 멀리서 인기척이 느껴지자 나병 환자들이 달아나 소년은 가까스로 목숨을 구했다. 헌병대가 현장에 출동해 탐문 수사에 나섰다.

그런 일이 있고 3년 뒤인 1916년 5월 17일, 전남 고흥 앞바다 소록도에 자혜의원이 설립되어 이듬해부터 나병 환자를 수용했다. 구걸 생활로 '사회 불안'을 일으키는 나병 환자들을 격리해야 한다는 이유로 취한 조치였다. 소록도 주민들이 강력하게 반발했지만 총독부는 이를 무시하고 거주민을 추방한 뒤 섬 면적의

소록도의 자혜병원(국립소록도병원)
왼쪽 사진은 1950~1960년대 소록도에서 행해진 월례 전기 면회 모습이다. 환자들은 병사 지대와 직원 지대 사이에 있는 도로에서 한 달에 한 번 가족을 만날 수 있었다.

5분의 1을 강제로 매입해 병원을 지었다.

총독부가 소록도를 선택한 것은 고심 끝에 내린 결론이었다. 소록도는 남해안에 있어 기온이 따뜻하고, 육지에서 겨우 1.2킬로미터 떨어졌을 뿐이어서 나병 환자들을 격리 수용해 관리하기에 편리했으며, 무엇보다 운영비를 절약할 수 있었다.

소록도는 섬 모양이 어린 사슴(小鹿)을 닮았다고 해서 붙인 이름이다. 그러나 귀여운 이름과 달리 나병 환자들이 수용된 소록도에서는 온갖 인권 유린이 자행됐다. 나병 환자들은 시설 확장 공사와 전쟁 물자 생산에 강제 동원됐다. 사망자 시신은 유족의 동의 없이 해부되고 나서 화장됐다. 심지어 강제로 단종수술(斷種手術, 사람의 생식기능을 제거하는 수술)을 하기도 했다. 일본인 병원장의 지시를 어겼다는 이유로 단종수술을 받은 이동(李東)은 〈단종대〉라는 시에서 이렇게 절규했다.

장래 손자를 보겠다던 어머니의 모습
내 수술대 위에서 가물거린다.
정관을 자극하는 차가운 메스가
내 국부에 닿을 때

소록도에 수용된 나병 환자들은 한 달에 한 번 가족을 만날 수 있었다. 그러나 세균 감염을 우려해 서로 손도 못 잡고 눈물만 글썽거리다 헤어졌다. 소록도는 '식민지 안의 식민지'였다.

소록도 나병 환자들에게 인술을 베푼 일본인도 있었다. 1921년부터 1929년까지 병원장으로 근무한 하나이 젠키치다. 그는 조선인 나병 환자들을 위해 의복과 식사 개선, 중증환자실 신설, 통신과 면회의 자유를 보장해주고 환자들을 가족처럼 보살피다 소록도에서 사망했다. 그가 사망하자 소록도의 나병 환자들이 크게 슬퍼하며 추모비를 세웠다. 하나이는 '소록도의 슈바이처'였다. ✻

해방 직후 소록도 나병 환자들은 자치권을 요구하다가 84명이 학살당하는 비극을 겪었다. '문둥병'으로 불리며 사회적 냉대를 받던 나병은 오늘날 '한센병'으로 명칭이 바뀌었다. 나병 연구에서 업적을 남긴 19세기 노르웨이 의사 게르하르 한센(A. G. Hansen)에서 따온 말이다. 사회적 통념과 달리 한센병은 신체 접촉을 해도 전염되지 않기 때문에 환자를 격리할 필요가 없다. 정작 무서운 것은 세균이 아니라 사회적 편견이다. 오늘날에도 국립소록도병원에는 한센병 환자 600여 명이 살고 있다. 2009년 소록대교가 개통되어 소록도에는 해마다 약 50만 명의 관광객이 찾고 있다.

"어이, 호랭이 있는가?"
— 〈주세령〉 시행과 식민지 수탈 기반의 강화

오늘날 한국인들은 제사상에 으레 정종을 올린다. 그런데 정종은 일본 청주다. 한국인의 정체성을 확인하는 경건한 의식에 일본 술이라니…… 뭔가 이상하다. 어쩌다 이런 황당한 전통이 생겼을까?

9월 1일, 조선총독부는 〈주세령〉을 시행했다. 〈주세법〉(1909)을 더욱 강화한 법령이었다. 당국의 허가 없이 술을 제조하는 자에게는 벌금을 물리고 각 마을마다 지정된 양조업체에 술 제조 면허를 준 뒤 거기서 세금을 거두어들이고자 한 정책이었다. 한마디로 더 효율적인 조세 징수 방법이었다. 이로써 가정에서는 술을 만들 수 없게 됐고, 심지어 주막에서도 술을 사다가 팔아야 했다.

조선 사회는 가정에서 술을 직접 빚어 마시는 것이 당연한 일이라 술에 세금을 매기지 않았다. 민간에서는 수백 가지 전통술 주조 비법이 전해 내려오고 있었다. 서울의 약산춘, 평양의 벽향주, 양평의 호랭이술, 한산의 소곡주, 충주의 청명주, 전주의 이강고, 정읍의 죽력고, 진도의 홍주, 안동의 소주, 경주의 법주, 제주도의 초정주 등이 명주로 꼽혔으며 청주, 증류소주, 삼해주, 잎새곡주, 이화주, 과하주, 두견주, 도화주, 송순주 등은 서민들의 사랑을 받았다. 이 가운데 잎새곡주는 머리를 맑게 하는 효능이 있다고 해서 과거시험 전날 선비들이 즐겨 마셨고, 이화주는 영양 많고 단맛이 나 아기에게 젖 대신 먹였다는 이야기가 전한다.

강원도 영월에서는 옥수수술과 메밀술을 담가 먹었다. 안주는 두부와 들기름으로 부친 부침개였다. 집집마다 술을 담가 이웃을 초대해 함께 마셨고, 제사를 마치고 나면 며칠 동안 마을 사람들이 모여 술을 마셨다.

그러나 〈주세령〉 시행에 따라 조선 사회의 이런 전통은 사라졌고 전통술 역시 자취를 감췄다. 대신 양조업체가 일본에서 수입한 주정(酒精, 에탄올)을 섞어 술을 제조했다. 각 지역에서 다양하게 생산되던 독특한 전통술이 사라지면서 전국의 모든 술맛이 획일화됐다. 이틈을 타서 일본 청주가 조선 술꾼들의 입맛을 사로잡았고, 청주 상표 가운데 하나인 '정종'이 청주의 대명사가 됐다. 결국 조선인의 조상을 모시는 제사상에까지 '정종'을 올리는 이상한 풍속이 생겨났다.

한편 각 가정에서 은밀히 제조된 전통술은 '밀주'라는 오명을 뒤집어쓰게 됐다. 해마다 수천 명이 밀주 단속에 적발됐고 전통술 제조법은 점차 명맥이 끊겼다. 막걸리, 약주, 소주는 제조가 허용됐으나 제조량을 제한했고 그 제한을 넘기면 주세의 다섯 배에 이르는 벌금을 부과했다. 이에 민간에서는 밀주 단속을 피하려고 "술 있는가?"라는 말 대신 "호랭이 있는가?" 하는 은어를 사용하기도 했다. ✽

그들은 왜 전차를 전복했을까

부산 매립지 거리의 전차
당시 전차는 시속 40킬로미터 정도로 운행되었는데도 인명 사고가 끊이지 않았다.

개화기에 도입된 전차는 조선인들의 넋을 빼놓았다. 당시 조선인들은 전차를 통해 서구 과학문명의 위력을 실감했다. 전차는 "전깃불 잡아먹고 달리는 괴물"로 불렸다. 그러나 근대사회는 '위험 사회'이기도 했다. 실제로 전차가 교통수단으로 등장한 이후 인명 사고가 끊이지 않았다.

9월 13일 저녁, 부산과 동래를 오가는 전차가 부산 쪽에서 행인 다섯 명을 치었다. 일본인 전차 운전수가 함께 타고 있던 부산경찰서 소속 순사와 잡담하느라 앞을 제대로 보지 않았기 때문이다. 이 사고로 김춘실이 그 자리에서 숨졌고 김춘근 등 네 명은 무릎과 어깨에 중상을 입었다. 이날은 추석 다음 날이어서 사고 현장 부근에는 술 마시며 밤을 보낸 주민들이 많았다.

사람이 죽었다는 말에 흥분한 주민들이 전차 운전수를 끌어내 마구잡이로 때렸고 그래도 분이 풀리지 않아 수백 명이 전차에 달려들어 파괴하고 전복시켰다. 성난 군중의 '난동'은 여기서 그치지 않았다. 사고 사실을 모른 채 뒤따라오던 전차까지 파괴했다. 부산경찰서는 주동자 30여 명을 체포했다.

부산 전차는 사실상 일본인을 위해 운행했다. 관부연락선을 타고 부산에 도착한 일본인들이 동래온천을 많이 찾았는데 이들을 온천까지 수송하는 데 전차가 필요했던 것이다. 일본인 전차 운전수는 조선인 승객들에게 불친절했다. 고압적 말투에 잦은 무정차, 여성 승객에게는 성희롱까지 일삼았다. 9월 13일에 일어난 사건은 그동안 쌓인 조선인의 불만이 한꺼번에 폭발한 것이었다.

6개월 뒤 부산지방법원에서 재판이 열렸다. 재판장, 검사, 변호사 모두 일본인이었고 피고인과 방청객은 조선인이었다. 가담 정도에 따라 피고인들에게 징역 2년, 1년, 6개월이 내려졌다. 일본 황족이 열차를 타고 부산역으로 오다가 전차 전복 사고 때문에 30분이 지체됐는데 이 또한 형량에 영향을 준 것으로 보인다. 그런데 정작 '살인'을 저지른 일본인 운전수는 200원 벌금형만 선고받았다. 식민지살이의 설움은 정의를 추구한다는 법정에서도 예외가 없었다. ❋

'번개다리' 이진룡,
현금 수송마차를 습격하다

을사조약이 체결된 후 이진룡은 청년들을 모아 의병운동을 벌였다. 국내 활동이 막히자 남만주로 망명한 후 1911년 중국 관전에서 홍범도·조맹선 등과 함께 이른바 '포수단'을 조직해 군사훈련을 하면서 새로운 활동을 모색하고 있었다.

이진룡은 만주에 흩어져 있던 조선인들을 규합한 뒤 국내 세력과 연계해 애국청년 모집과 군자금 모금 활동을 했다(1909년 안중근은 독립운동가 이석산의 돈을 훔쳐 이토 히로부미 처단 자금을 마련했다. 현재 몇몇 학자는 이석산을 이진룡의 가명으로 보고 있다). 이진룡은 수시로 국내에 잠입해 주재소(지금의 파출소)를 습격하고는 민첩하게 달아났기 때문에 '번개다리'라는 별명이 붙었다.

1916년 10월 5일, 이진룡이 이끄는 의병 여섯이 평양에서 운산금광으로 가는 현금 수송마차를 습격했다. 당시 운산금광은 조선 제일의 금광으로 미국인이 운영하고 있었다. 이진룡의 의병부대는 현금 수송마차 세 대 가운데 두 번째 마차를 습격했다. 일반적으로 현금을 마차로 수송할 때는 그중 진짜 수송마차가 가운데에 배치되고 경비용 마차가 앞뒤로 호위하기 때문이다. 하지만 일제 당국은 노련하게도 마차의 순서를 바꿔놓았다. 이진룡 부대는

군자금 확보에 실패하고 경찰의 추적을 피해 만주로 달아났다.

경찰의 집요한 수사 끝에 이듬해 5월 이진룡이 체포됐다. 소식을 들은 동지 10여 명이 그를 구하려 호송대를 덮쳤으나 실패했다.

이진룡은 직업을 묻는 경찰의 심문에 "왜적을 토멸하여 나라를 구함이 업(業)이다"라고 답했다. 이어 "나는 자발적으로 거사를 도모하였으되 여타 인들은 강제로 끌려왔다"라고 주장하며 부하들의 목숨을 구하려 애썼다. 그는 평양복심법원에서 사형선고를 받았다.

교수형 집행 직전, 교도소장의 교회(敎誨, 지난날의 잘못을 뉘우치도록 함)에 "그런 말은 귀가 닳도록 들었으니 얼른 사형이나 집행하라"하며 태연히 최후를 맞았다. 남편의 사망 소식을 들은 아내도 그 뒤를 따랐다. ✻

식민지 조선의 베스트셀러 연애소설 《무정》

> 내가 《무정》을 쓸 때 의도한 것은 그 시대 신청년의 이상과 고민 그리고 조선 청년의 진로에 한 암시를 주자는 것이었다.
>
> ─ 이광수

1917년 1월 1일부터 6월 14일까지 25세의 이광수가 조선총독부 기관지 《매일신보》에 소설 《무정》을 연재했다. 당시 그는 일본 와세다 대학에서 유학을 하고 있었는데 학비에 쪼들리다 매일신보사의 청탁으로 소설을 쓰기 시작한 것이다.

식민지 조선에는 아직 창작소설이 별로 없어 외국 번안소설이 붐을 이루었다. 그 가운데 톨스토이의 《부활》을 번안한 《해당화》가 인기를 끌었다. 청년 이광수도 톨스토이 마니아였다. 톨스토이의 비폭력·무저항주의가 이광수의 사상적 원천이었다. 최남선과 함께 이광수가 편집하던 잡지 《소년》은 1909년 7월호에서 톨스토이가 병들어 아프다는 소식을 전하며 〈현시대 대도사(大導師) 톨스토이 선생의 교시〉라는 권두언을 실었다. 이 글에서 톨스토이는 "그리스도 이후 최대 인격"으로 추앙받는다. 이듬해인 1910년 톨스토이가 세상을 떠나자 오산학교 선생으로 있던 이광수는 학생들과 함께 추도회를 열었다.

조선시대에 소설은 바둑, 담배, 여색과 함께 젊은이들에게 금기 사항이었다. 우주와 천하의 도리를 탐구하는 성리학적 세계관에서 소설은 '꾸며낸 이야기', '세상을 어지럽히는 사기술'이었다. 예를 들어 중국에서 들어온 '19금' 소설 《금병매》는 청소년의 음란을 조장한다는 이유로 조선의 부모들 사이에선 적잖은 걱정거리가 됐다. 조선 후기의 개혁 군주 정조조차 "소설은 사람의 마음을 현혹시키는 이단"이라고 말했다. 더욱이 이광수의 《무정》은 봉건적 사랑을 거부하는 남자와 여자의 자유연애를 다룬 소설이었다.

그러나 식민지 조선의 젊은 지식인들은 《무정》에 열광했다. 신문사에 여학생들의 편지가 쇄도했고 이광수의 집으로도 작가의 친필 서명을 받으려는 독자들이 몰려들었다. 심지어 그의 집 앞에서 노숙을 하는 독자들도 있었다.

그러나 보수적인 중장년층의 반응은 차가웠다. 이광수를 "부모 없이 자란 상놈"이라 말하며 소설 연재를 중지하라는 진정서가 접수됐고, 유림들은 규탄 집회까지 열었다(이광수는 5세 때 한글과 천자문을 깨친 천재였으나 10세 때 부모가 모두 콜레라로 사망했다). 남녀 간의 삼각관계, 동성애를 연상시키는 행위 등 부도덕한 내용을 담은 《무정》이 인륜을 파괴한다는 게 이유였다. 실제로 이광수에게는 여성 편력이 없지 않았다. 고향의 아내를 버리고 도쿄로 유학을 떠나더니 거기서 세 명의 여성과 연애를 했다. 그중 의대생 허영숙은 훗날 이광수의 둘째 부인이 된다.

어쨌든 《무정》을 둘러싼 논란으로 이광수

1917년 1월 1일 자 《매일신보》에 실린 《무정》
1월 1일부터 6월 14일까지 연재된 이 소설의 첫 문장은 이러하다. "경성학교 영어 교사 이형식은 오후 두 시 사 년 급 영어 시간을 마치고, 내리쬐는 유월 볕에 땀을 흘리면서 안동 김 장로의 집으로 간다."

는 더 유명해졌고 몸값 또한 올라갔다. 이듬해 《무정》은 단행본으로 출간되어 1만 부가 팔려 나갔다. 당시 조선 사회의 문맹률 80퍼센트와 구매력을 생각하면 엄청난 판매량이었다. 그 시절 이광수는 "모든 조선 여성의 연인"으로 불렸다.

《무정》은 연애소설이지만 등장인물들이 유학을 떠나면서 "국가 발전에 이바지하자"라고 다짐하는 장면으로 마무리된다. 여기서 말하는 '국가'가 어느 나라를 뜻하는지도 의문

이지만, 무엇보다 계몽소설이 가진 한계가 엿보이는 대목이다.

그럼에도 《무정》은 기존의 관념과 새로운 조류가 충돌하는 시대상을 과감하게 담아냈다는 점, 자유연애를 통해 '개인의 발견'과 '자아의 각성'을 표현해냈다는 점에서 한국 최초의 근대소설로 인정받는다. 이후 1920년대 식민지 조선에 불어닥치는 연애 열풍의 진원지도 소설 《무정》이었다. ❋

일상 속 쉼터로
자리 잡은 창경원

아프리카 고향을 떠나 만 리 밖에 손이 된
하마는 전신을 물속에 숨기고 얼굴만 수
면에 내놓아 눈을 껌적이고 코를 벌룩거
리는 모양, 참 장관이라……. 코끼리, 사자,
어리석은 곰, 미련한 도야지, 늑대, 여우,
캉가루, 노루, 산양, 고슴도치, 빛 좋은 공
작…….
－1917년 《신문계》 제5권 2호에 게재된 벽종거사
의 소설 〈경성유람기〉

4월 22일 일요일, 화창한 봄을 맞아 경성
시민들이 산과 들로 떠났다. 북한산 우이동
계곡, 청량리, 인천 앞바다 등이 주말 나들이
인기 코스였다.

이날 경성 시민들이 가장 많이
찾은 곳은 8년 전 문을 연 창경원의
동물원이었다. 무려 1만 3,000명이
몰려들었다. 당시 경성 인구가 26만
명 정도였으니 대략 20명 중 1명꼴
로 창경원에 놀러 온 셈이다.

사람이 동물을 구경한 걸까, 동물
이 사람을 구경한 걸까? 밀려드는
사람 물결에 창경원 동물들도 고생
이 이만저만이 아니었다. "구경거리
가 된다"라는 의미로 쓰이는 말 "창

경원 원숭이꼴"도 이 무렵 생긴 게 아닐까.

창경원에서도 특히 동물원에 관람객이 너
무 많이 몰린 탓에 공간이 비좁았다. 그래서
이날 하루는 특별히 창경원 잔디밭에 들어가
서 쉬는 게 허용됐다. 유원지가 된 창경원에선
이제 구중궁궐 창경궁의 모습은 찾아보기 어
려웠다. 식민지 근대화는 왕조의 근엄함을 해
체했고 뿌리 없는 자본주의를 이식했다.

창경원 관람객 1만 3,000명 가운데는 을사
오적 권중현을 비롯한 고위 인사, 호떡 파는
중국 상인, 얼굴에 그물을 쓴 기생, 부랑자, 성
매매 여성, 호객꾼 등 온갖 인간 군상이 뒤섞
여 있었다. 오후 3시경에는 이왕 전하(순종)도
창경원을 찾았다. 비록 역사 속으로 사라진
제국의 마지막 황제였지만, '나라님'을 직접
만났다는 사실에 나들이객들은 감읍했다. 그
것은 유교적 충군의식이었을까, 아니면 인간
적 동정이었을까?

이 무렵 창경원의 사슴이 새끼를 낳아 장
안의 화제가 됐다. ※

창경원의 동물원

"우리 임금님이
일본으로 잡혀간다"

성상 폐하, 신 이척〔순종의 이름〕, 좀 더 일찍 방문하여 알현해야 했지만 숙병에 시달리는 병약한 몸이어서 날을 미루다 보니 지금에 이르렀습니다. …… 이번에 이척의 도쿄 방문에 즈음하여 폐하의 극진하고 융숭한 대접에 송구스럽고 감격하여 이에 삼가 감사를 드립니다.

– 일본 천황을 '알현'한 순종의 말

한일병합조약을 통해 일제는 조선을 장악했지만 조선인의 마음까지 지배할 수는 없었다. 조선인들은 여전히 일본을 '오랑캐 섬나라'로 여겼다. 일제는 옛 조선 국왕이 일본 본토에 건너가 천황을 '알현'할 필요가 있다고 판단했다. 그런데 조선시대에도 국왕이 중국 황제를 직접 만나러 가는 일은 없었기에 이는 보통 일이 아니었다. 초대 조선 총독 데라우치가 '이벤트'를 성사시키지 못하자 2대 총독 하세가와에게 공이 넘어갔다. 하세가와는 백작 이완용에게 이 임무를 맡겼다.

이완용은 순종의 마음을 움직이려면 아버지 고종의 허락을 먼저 받아야 한다고 판단했다. 그는 덕수궁으로 고종을 찾아가 순종이 일본을 방문해야 한다고 말했다. 고종은 "나는 이미 세상일에서 손을 뗀 몸이다. 그 일은

창덕궁(순종)의 생각에 달린 것 아닌가?"라고 답했다. 당황한 이완용은 창덕궁으로 순종을 찾아가 일본 방문을 건의했다. 그런데 순종답지 않게 강경한 발언이 돌아왔다. "그대는 총독의 권위를 빙자하여 나에게 어려운 일을 강요하는가? 나의 병약한 건강은 여행을 허락하지 않는다. 그런데도 나를 괴롭히려 하니 불충의 극치로다." 결국 이완용은 뜻을 이루지 못한 채 체면만 구기고 말았다.

이완용에게 실망한 총독 하세가와는 순종의 처백부이자 희대의 사기꾼 윤덕영에게 임무를 맡겼다. 똑같이 경술국적(庚戌國賊)이지만 윤덕영은 이완용보다 더 대담하고 집요했다. 그는 고종에게 가서 "직접 일본을 방문하라"라고 강수를 놓았다. 고종에게서 '나 대신 아들을 보내겠다'는 대답을 얻어내려는 술수였다. 윤덕영은 고종의 여자 문제까지 들춰내며 압박했고, 밤늦은 시각까지 고종 옆에 붙어 괴롭혔다. 결국 고종은 백기를 들었다. "나는 이미 늙어 저세상에 가까워진 사람이다. 창덕궁(순종)에 뜻을 전하고 대신 가게 하라." 아버지의 뜻이니 순종도 어쩔 수 없었다.

6월 8일 아침, 창덕궁에서 순종의 일본 방문 출정식이 열렸다. 순종은 육군대장 군복 차림이었고, 일본군 기병대가 도열해 있었다. 학생과 일반인 수천 명이 거리로 나와 그를 환송했다. 경성 시내에는 순종이 일본에 잡혀가면 돌아오지 못할 것이라는 소문이 이미 돌았다. 조선인들은 10년 전 순종의 이복동생 영친왕이 일본으로 끌려간 일을 떠올렸다. 일제는 순종의 일본 방문을 서기 65년 대가야 왕자 우사기의 일본 방문에 비유하며 선전에

열을 올렸다. 《매일신보》는 "이는 두 나라 병합 때부터 전하가 원하시던 것으로 그동안 환후로 인해 뜻을 이루지 못하다가 이번에 가능하게 된 것"이라고 보도했다.

아침 7시 50분, 순종이 탄 경부선 열차가 남대문역을 출발했다. 조선 총독 하세가와를 비롯해 군 장교, 조선귀족, 상궁, 통역관, 의사, 요리사, 이발사 등 50여 명이 동행했다. 열차는 수원, 대전, 대구를 거쳐 오후 5시 40분 부산에 도착했다. 이날 순종은 급히 개조한 철도 호텔에서 하룻밤을 묵었다. 당국은 부산 주민들의 집회를 금지했다.

이틀날인 6월 9일 오전 8시 30분, 순종 일행은 부산항에 대기 중이던 일본 군함을 타고 출발했다. 배의 이름은 '히젠(肥前)', 1만 2,000급 군함으로 러일전쟁 때 일본이 획득한 전리품이었다. 순종 일행은 저녁 8시 무렵 시모노세키에 도착했다. 일본군은 예포를 발사하며 순종 일행을 성대하게 맞았다. 숙소는 시모노세키 최고의 호텔 '슌판로(春帆樓)', 10년 전 영친왕이 일본으로 갈 때 머물렀던 그곳이었다. 슌판로는 바다가 한눈에 들어와 전망이 무척 좋았다.

10일 순종 일행은 열차를 타고 시모노세키를 출발해 마이코에서 하룻밤을 묵고 11일 나고야에 도착했다. 나고야 거리는 온통 일장기가 펄럭이고 화려한 초롱으로 꾸며져 있었다. 고위 인사와 학생 등 수천 명이 환영을 나왔는데 그중에는 영친왕도 있었다. 형제는 감격의 만남을 가졌다.

12일 오전 9시, 순종 일행은 열차를 타고 최종 목적지 도쿄로 향했다. 차장 밖으로 바다 풍경이 펼쳐졌고 후지산의 웅장함은 과연 소문대로였다. 오후 5시 30분 열차는 마침내 도쿄에 도착했다. 도쿄역에서 군악대 연주가 울려 퍼졌고, 조선인 유학생 수백 명이 모여 "만세"를 외쳤다. 순종이 걸어갈 통로에 붉은색 융단이 깔려 있었고, 일본 총리 데라우치를 비롯해 고위 인사 1,000여 명이 나와 있었다. 데라우치는 초대 조선 총독을 지냈으니 조선왕실과 '인연'이 있었다.

13일에는 휴식을 취했고, 14일에 순종은 '목욕재계'를 한 뒤 천황을 '알현'하기 위해 마차를 타고 황궁으로 향했다. 오전 11시 30분, 순종이 다이쇼 천황을 만났다. 이 만남은 두 나라 정상 간의 회담이 아니라 '천황과 신하'의 만남이었다. 순종은 허리를 깊이 숙여 인사를 올렸다. 엄밀히 말하자면, '얼굴마담'이라는 점에서 두 사람의 처지는 실상 다르지 않았다. 일본 천황도 군국주의자들이 세워놓은 꼭두각시에 지나지 않았다.

일본의 천황 다이쇼와 조선의 초대 총독을 지낸 총리 데라우치는 순종 일행에게 성대한 만찬회를 열어주었다. 이후 순종은 5년 전 사망한 메이지 천황의 묘소를 찾아 참배하고 일본의 천년고도 교토를 방문했다. 오사카는 조선인이 많이 살고 있는 도시여서 소란을 우려해 그냥 지나쳤다.

6월 26일, 순종 일행은 다시 시모노세키에서 부산으로 귀국길에 올랐다. 귀국 경로는 일본으로 온 경로의 역순이었다. 27일 오전 부산을 출발해 초저녁 무렵 경성 남대문역에 도착했다. 순종은 곧바로 덕수궁으로 가 고종에게 귀국 인사를 올렸다. ✽

정신병엔
사람 두개골이 특효약?

1917년 12월 13일 자 《매일신보》에 실린 기사

영화 〈양들의 침묵〉(1991)의 정신과 의사 한니발 렉터(앤서니 홉킨스 분)는 사람을 살해한 뒤 두개골을 파서 프라이팬에 요리해 먹는다. 이 장면은 보는 이들을 경악하게 만든다. 그런데 공포 영화에나 나올 법한 이 같은 일이 식민지 조선에서 종종 벌어졌다면 과연 믿을 수 있을까?

7월의 어느 날, 황해도 해주에 사는 49세 강원경은 옹진에 사는 67세 김만옥을 살해했다. 정신병을 앓고 있는 아내를 위한 '약'을 구하려고 저지른 범행이었다. 당시에는 사람의 두개골을 먹으면 정신병이 낫는다는 미신이 있었다.

강원경은 잠자던 김만옥을 몽둥이로 때린 뒤 새끼줄로 목을 졸라 살해했다. 예리한 칼로 시신의 머리를 갈라 두개골을 꺼내려는데 갑자기 공포가 밀려왔다. 결국 그는 김만옥의 돈만 훔치고는 시신을 집 근처에 파묻고 달아났다가 5개월 만에 체포됐다. 근거 없는 미신이 빚은 참극이었다.

메이지시대(1868~1912)에 일본은 구습을 타파하고자 〈미신금지령〉을 내렸다. 서양의 문화와 근대 문물을 받아들이기 시작하던 때라 토착 미신은 미개하고 구질구질한 것으로, 곧 타파와 배격의 대상으로 전락했다.

식민지 조선에선 정신병 환자에게 경을 읽어주며 복숭아나무로 때리면 치료가 된다든지, 두개골을 먹으면 정신병과 폐병이 낫는다든지 하는 미신이 여전히 돌고 있어 사람 무덤을 파헤치는 일이 빈발했다. 더군다나 이런 미신을 이용해 서민들에게서 돈을 뜯어내는 파렴치한 무속인이 기승을 부렸다. 메이지시대에 조선을 강제 병합한 일제는 식민지 조선의 이런 전근대적 미신에 골머리를 앓았다. 물론 사람까지 잡아먹는 미신을 타파하는 것은 근대화의 과정에서 당연히 겪어야 할 일이겠으나 그 주체가 일제 식민지 권력이라니 씁쓸하고 또 혼란스럽기도 하다. ✳

만약 조선 상인에게서 돈을 갈취하는 조선인 건달을 일본 경찰들이 단속했다고 가정해보자. 조선인은 이 일본 경찰들을 어떻게 봐야 할까. 과연 정의(justice)란 무엇인가?

사라진 왕조,
불타버린 왕궁

― 창덕궁 대조전의 화재

화재가 나기 전의 창덕궁 대조전
대조전은 중궁전으로 국왕 부부가 잠을 자는 건물이었다.

11월 10일 오후 5시, 창덕궁 대조전에 화재가 발생했다. 대조전 화재에 대해서는 궁내부 사무관 곤도 시스로케의 회고록에 자세히 나와 있다.

대조전은 왕과 왕비가 잠을 자는 건물이다. 발화 지점은 궁녀들의 갱의실(탈의실)이었다고도 하고 침실 아궁이였다고도 한다. 불이 나자 궁녀들은 갈팡질팡하느라 제대로 대처하지 못했고, 순종과 왕비는 옷도 갖춰 입지 못한 채 대조전을 빠져나왔다.

경찰과 소방대와 육군 공병대가 출동했다. 그러나 오래된 목조 건물은 이미 화마(火魔)에 휩싸여 있었다. 대조전만이 아니라 희정당, 경훈각, 흥복헌 등 다른 전각까지 불에 타 사라졌다. 창덕궁의 정전이며 '조선 건축의 정수'라는 인정전이 화를 모면한 것이 불행 중 다행이었다. 총독부 정무총감을 비롯해 소식을 들은 고위 관리들과 이완용, 윤택영, 박영효 같은 조선귀족들이 창덕궁으로 모여들었다.

이튿날, 화재의 참상이 드러났다. 왕과 왕비가 사용할 이불, 밥그릇, 옷…… 뭐 하나 제대로 남아 있는 게 없었다. 11월 초겨울에 순종 부부는 오갈 데 없는 신세가 되었다. 잿더미가 된 대조전을 정리하는 데만도 열흘이 걸

렸다. 폐허 속에서 귀금속과 도자기 등 값비싼 물건들이 '출토'됐다. 고종이 살던 덕수궁과 왕비의 친정인 윤택영 집안에서는 순종 부부에게 당장 필요한 물건들을 자동차로 실어 날랐다.

순종과 왕비의 임시 거처는 창덕궁 동쪽 낙선재로 결정됐다. 낙선재는 규모가 작고 공간이 비좁아 이만저만 불편한 게 아니었다. 궁녀들 방을 배정하는 데도 애를 먹었다.

곧 대조전 복원공사가 시작됐다. 총독부는 복원 재료를 구하기 어렵다는 이유로 경복궁 교태전을 해체해 그것으로 대조전을 지었다. 교태전은 고종과 명성황후가 잠을 자던 건물이다.

2년 만에 대조전이 완공됐는데, 교태전을 옮긴 것이라 다소 우스꽝스러운 모습이 되고 말았다. 대조전의 돌 기단 위에 교태전을 옮겨 얹어놓는 바람에 건물의 균형과 조화는 기대하기 어려웠다. 어색해진 대조전의 모습이 당시 조선 왕실의 처지를 대변했다. ❋

대한광복회, 세상을 떠들썩하게 하다

— 칠곡 지주 암살 사건과 도고면장 처단 사건

대한광복회 총사령 박상진

박상진은 중국 신해혁명에 감명을 받아 항일운동에 투신했다. 1906년 신돌석과 의형제를 맺기도 했다.

11월 10일 저녁 6시경 경북 칠곡, 경북 관찰사를 지낸 악덕 지주 장승원의 집에 괴한 다섯 명이 들이닥쳤다. 그 가운데 한 명은 이틀 전 장승원의 집에서 유숙한 자였다.

이날 괴한들은 장승원에게 "우리가 국권회복운동 비용으로 작년에 6만 원을 청구했던바 어찌 보내지 않았더냐? 지금 당장 3,000원만 내라"라고 요구했다(대한광복회는 부호들에게 배당금 통고문을 미리 보내고 나중에 찾아가 의연금을 거두는 방식으로 군자금을 모았다). 장승원이 "현금이 없다"라고 답하자 곧바로 세 개의 권총이 불을 뿜었다. 목과 다리에 총을 맞은 장승원은 대구 자혜의원으로 실려가 치료를 받았으나 12일 숨졌다.

사건 현장에서는 '광복회원의 경고'라고 쓰인 짧막한 글이 발견됐다. "오로지 광복을 외치는 것은 하늘과 사람이 모두 도리에 부합하는 일이다. 너의 큰 죄를 꾸짖고 우리 동포에게 경고를 주노라."

수사에 착수한 경찰은 전국 수십 곳으로 거액을 요구하는 편지가 배달됐다는 사실을 알아냈다. 발신지는 경성, 신의주, 대전, 중국 등이었고, 수신자는 대부호들이었다. 수신자의 재산 규모에 따라 요구액이 다른 점도 주목됐다. 그러나 경찰은 '대한광복회'의 실체를 전혀 파악하지 못한 상태라 장승원 피습을 '단순 강도 사건'으로 서둘러 마무리 지으려 했다. 그것은 경찰의 희망사항이기도 했다.

대한광복회는 2년 전 박상진, 채기중, 유창순 등이 조직한 비밀결사였다. 대한광복회 총사령 박상진은 서울 진공 작전(1908)에서 선봉에 섰던 의병장 허위의 제자다. 허위가 서대문형무소에서 순국하자 배짱 좋게 스승의 시신을 흰 천으로 감싸 안고 나온 인물이다. 그는 고등문관시험(사법시험)에 합격해 판사 발령까지 받았으나 식민지 권력의 노예가 될 수 없다며 모든 직위를 포기하고 항일 민족운동에 투신했다.

대한광복회는 '비밀', '암살', '폭동', '명령'을 원칙으로 삼아 활동했다. "일본인이 불법 징수한 세금은 압수한다", "일본인 고관 및 민족반역자를 처단한다", "만주에 군관학교를 세워 독립전사를 양성한다", "국내로 진공하여 전면전을 단행해 민족의 독립을 달성한다" 등의 강령을 세우고, 8도와 만주에 지부를 설치했다. 만주지부장이 바로 이진룡, 1916년 운산금광으로 가는 현금 수송마차 습격 사건의 주동자였다.

대한광복회는 총사령에 박상진, 재무부장에 최준(경주 최부잣집 종손, 영남대학교 설립자)을 선임하고 전국 조직망을 구축했다. 박상진은 전국 곳곳에 곡물상과 여관 등을 세우고 이를 점조직 삼아 암살이나 폭동 등 명령을 시달했다. 곡물상은 유통망이 넓어 경찰의 감시를 피해 자금을 운송하기에 유리했기 때문이다. 더욱이 박상진은 군자금 모급에 앞장선 백산상회 주인 안희제와 양정의숙 동기였다. 폭압적 무단 통치기에 대한광복회는 국내 최대의 비밀결사로 성장해 전국에 회원이 200여 명에 이르렀다. **○1914**

장승원 암살 이후에도 대한광복회는 군자금을 확보하기 위해 친일 부호들을 처단했다. 그리고 이듬해, 전국을 떠들썩하게 만드는 사건이 일어난다.

1918년 1월 24일 저녁, 충남 아산 도고면장 박용하의 집에 '괴한' 둘이 찾아왔다. 도고면장 박용하는 주민들을 괴롭히고 면서기의 사택을 빼앗는 등 온갖 악행을 저질러 지탄을 받던 인물이었다.

괴한 한 사람이 통고문을 받았느냐고 박용하에게 물었다. 박용하가 "읽고 나서 헌병대에 넘겼다"라고 답하자 괴한들은 박용하에게 '사형선고문'을 읽게 했다. 이어 괴한 한 사람이 박용하의 오른쪽 가슴을 향해, 다른 한 사람은 박용하의 복부를 향해 권총을 쐈다. '사형선고문'은 눈에 잘 띄도록 처마 끝에 붙여놓고 달아났다. 박용하는 피를 많이 흘려 이

내 사망했다.

조용한 시골에서 일어난 '면장 살해 사건'이 사회적 이목을 끌었다. 괴한들은 자신들이 누구인지, 박용하를 왜 처단했는지 등 사건의 진상을 '사형선고문'에 낱낱이 적어놓았다. 이날 박용하를 처단한 '괴한' 두 사람은 대한광복회 회원 김경태와 임세규였다.

대한광복회가 박용하를 지목해 처단한 이유는 세 가지였다. 대한광복회 취지에 반대한 것, 대한광복회에서 보낸 통고문을 헌병대에 넘긴 것, 지역사회에 온갖 악행을 저지른 것. 앞서 말했듯 대한광복회는 독립운동 자금을 확보하고 친일 세력에 경각심을 심어주는 것을 목표로 삼은 조직이었다. 당시 아산 지역에는 대한광복회 충청지부 회원들이 활발히 활동하고 있었다. 아산은 충무공의 고장이다.

박용하 처단 사건으로 비밀결사 대한광복회의 존재가 세상에 드러났다. 본격적으로 일제의 추적이 시작되자 회원들이 하나둘 붙잡혔다. 결국 조직이 무너졌고, 대한광복회 총사령 박상진은 어머니 장례식에 갔다가 경찰에 체포됐다. 1921년 박상진은 대구형무소에서 순국했다. 《동아일보》는 그가 교수대 위에서도 의연했으며 형 집행 13분 만에 절명했다고 보도했다. ✳

1961년 3월 5일, 《부산일보》는 81세 노파가 차가운 방에서 추위와 굶주림에 고통받으며 살고 있다고 보도했다. 그 노파는 바로 대한광복회 총사령 박상진의 부인 최영백이었다. 경주 최부잣집의 딸, 울산 만석꾼의 맏며느리, 독립운동가의 아내였던 사람의 인생 말년은 그리도 쓸쓸했다. 그것도 해방된 조국에서……. 반면에 광복회의 경고 총탄을 맞은 장승원의 아들 장택상은 훗날 국무총리가 됐다.

대한민국임시정부의 모태, 신한청년당

1918년 8월 20일, 중국 상하이에서 여운형, 선우혁, 한진교, 장덕수, 김철, 조동호 등 여섯 명을 발기인으로 하여, 터키 정치인 케말 파샤의 터키청년당(청년튀르크당)을 모델로 삼은 신한청년당이 조직됐다(당시 상하이에서는 터키청년당원 10여 명이 활동하고 있었다). 신한청년당은 소수 정예주의에 따라 '죽음으로써 맹약'한 동지들로 구성되어 이듬해 당원 수가

쉰 명 가까이로 늘었고, 이후로도 계속해서 증가했다. 신민회 계열의 공화주의자와 기독교 인사들이 주류를 이루었다. 김구와 이광수도 참여했다.

신한청년당은 제1차 세계대전 종식과 함께 식민지 조선의 독립을 국제사회에 요구하고자 했다. 국제 정세의 변화를 독립운동에 유리하게 활용해야 한다는 판단이었다. 11월 11일 제1차 세계대전의 종전이 선언되었고, 이후 미국 대통령 윌슨의 특사 찰스 크레인이 상하이에 왔다. 그는 "곧 개최될 파리강화회의는 약소민족의 해방을 위해 절호의 기회가 될 것이니 대표를 파견하라"라고 말했다. 이에 여운형과 신한청년당은 파리강화회의를 계기로 독립운동을 일으키는 한편 민족자결

1918년 파리강화회의에 참석한 신한청년당 당원들
국제사회에 조선의 독립을 호소하기 위해 신한청년당은 김규식(앞줄 맨 오른쪽)을 대표로 파견했다.

주의를 승전국의 식민지에도 적용하도록 유도하자는 방침을 세웠다.

11월 28일, 신한청년당은 대표 여운형의 명의로 작성된 〈독립청원서〉를 미국 대통령 윌슨에게 보냈다. 〈독립청원서〉는 "조선이 고대부터 일본에 선진 문명을 전해준 문명국이었으나 일본의 침략으로 인해 정신적·정치적·경제적 방면에서 억압받고 있음"을 폭로하고, "장차 일본은 세계 제국을 꿈꾸며 미국과의 혈전도 불사할 것"이라며 미국의 원조를 요청했다.

신한청년당은 파리강화회의에 김규식을 대표로 파견했다. 그가 미국 유학생 출신으로 영어를 잘했기 때문이다. 문제는 경비였다. 장덕수가 조선에서 3,000원을 구해다 줬고, 김규식 본인이 2,000원을 부담했다. 이듬해 3월 13일, 김규식은 파리에 도착했다. 며칠 뒤에는 "조선인보다 더 조선을 사랑하는" 미국인 헐버트와 이관용과 여운홍 등이 도착해 대표단에 합류하여 〈한국독립항고서〉를 준비했다.

신한청년당은 파리강화회의에 제출한 문서에서 일본의 조선 침략 과정과 조선인의 저항, 일제 식민 지배 아래 놓인 조선인의 참상 등을 밝히고, 한일병합조약의 무효 선언과 식민지 조선 문제에 대한 토의를 요구했다. 그러나 일본은 제1차 세계대전 승전국이었기에 일본의 식민지가 외교를 통해 독립을 쟁취하기란 현실적으로 불가능했다. 신한청년당이 국제 정세를 오판한 것이었다.

신한청년당은 이후 상하이의 프랑스 조계지 내에 독립임시사무소를 설치했고 이것이 대한민국임시정부의 토대가 됐다. 상하이에는 아직 조선인 사회가 형성되어 있지 않았으나 신한청년당이 거기 있었기에 가능했던 일이다. ✳

"조선 독립 만세! 볼셰비키당 만세!"

— 혁명가 김알렉산드라의 외침과 죽음

9월 16일, 러시아에서는 혁명군과 반혁명군 사이에 내전이 한창이었다. 아무르강 옆 하바롭스크에서는 사회주의운동가 수십 명이 반혁명군(백색군)에 총살당했다. 이 가운데는 조선인 여성도 있었다. 그의 이름은 김알렉산드라 스탄케비치였다.

김알렉산드라는 러시아 연해주에서 함경북도 출신 통역관 김두서의 딸로 태어났다. 어릴 때 부모를 여의고 아버지의 친구였던 폴란드인 스탄케비치에게 맡겨져 성장했고, 교사 생활을 하다가 그의 아들과 결혼했다. 그러나 남편이 술과 도박에 빠져 살아 그녀의 결혼생활은 순탄하지 않았다. 1914년 이혼 후 1915년부터는 우랄 지역으로 옮겨 갔다.

아버지의 영향으로 여러 외국어를 구사했던 김알렉산드라는 우랄 지역 벌목장에서 혹사당하는 조선인과 중국인 노동자들의 권익을 위해 통역 일을 하면서 명성을 얻었다. 여기서 그녀는 "우리 5,000명 조선인·중국인 노동자들은 오늘부터 더는 제정러시아의 노예가 아니다"라고 주장했다. 1917년 초 그녀는 러시아사회민주당(훗날 소련공산당)에 입당했다. 이때부터 그녀의 사회주의혁명 활동이 시작된다. 그녀는 하바롭스크 소비에트 정부에서 외무와 새정 업무를 맡았다.

1918년 5월, 연해주에서 활동하던 독립운동가 이동휘, 김립, 유동열 등이 한인사회당을 조직했다. 당시 일본군은 러시아에 출병해 제정러시아의 반혁명군을 돕고 있었다. 유동열과 김알렉산드라를 비롯한 조선인 100여 명은 조선인 적색군을 조직해 싸웠고 삐라를 이용한 선전 활동도 벌였다. 그러나 9월 8일 반혁명군이 하바롭스크를 점령했고 이틀 뒤 유동열, 김립, 김알렉산드라 등은 탈출하다 체포됐다.

즉결심판에서 유동열과 김립은 석방되고 김알렉산드라를 비롯한 18명에게는 사형이 내려졌다. 당시 한인사회당에서 김알렉산드라의 비중이 어땠는지 짐작할 수 있다. 반혁명군 장교가 "조선인인 그대가 왜 러시아혁명에 참가했는가?"라고 묻자 그는 "나는 볼셰비키다. 조선 인민과 러시아 인민이 함께 사회주의 혁명을 성공시켜야 (조선의) 독립을 달성할 수 있다고 믿는다"라고 답했다.

총살이 집행되기 직전 김알렉산드라는 눈가리개를 거부하고는 이렇게 외쳤다.

"조선 13도의 젊은이들이여, 조선의 자유와 독립을 쟁취하라. …… 조선 독립 만세! 소비에트 만세! 볼셰비키당 만세! 세계혁명 만세!"

곧이어 총성이 울렸고, 김알렉산드라는 절벽 아래 아무르강으로 떨어졌다. 이 일이 있고 나서 오래도록 하바롭스크 주민들은 아무르강에서 물고기를 잡지 않았다. ✳

무오년독감, 14만 명의 목숨을 앗아가다
— 전 세계를 강타한 에스파냐독감

> 병원이란 곳에는 혹을 떼러 제중원에 1개
> 월, 상하이에 온 후 서반아감기[에스파냐
> 독감]로 20일 동안 치료한 것뿐이다.
>
> — 김구, 《백범일지》

제1차 세계대전이 끝나갈 무렵 정체불명의 전염병이 전 세계를 강타했다. 첫 번째 환자는 프랑스 주둔 미군부대에서 나왔는데, 에스파냐 신문에서 처음 보도하는 바람에 '에스파냐독감'으로 불리게 됐다. 전쟁 중 군부대에서 식용으로 기르던 조류와 돼지에서 바이러스가 발생했던 것으로 보인다.

에스파냐독감은 인류 역사상 최악의 전염병으로, 수천만 명이 사망한 것으로 '추산'된다. 병을 진단할 겨를도 없이 전쟁터에서 죽은 군인들, 세균성 폐렴이 겹쳐 합병증으로 죽은 사람들, 통계조차 낼 수 없는 저개발 국가의 사망자 등등 그 수가 너무 많아 정확한 수치는 알 수 없다. 하지만 14세기 유럽을 공포에 떨게 했던 흑사병이나 제1차 세계대전으로 사망한 사람의 수보다 훨씬 많았다. 1918년부터 1919년까지 겨우 1년간 벌어진 일이었다. 몇몇 학자는 에스파냐독감이 제1차 세계대전의 종전을 앞당겼다고 말한다.

식민지 조선도 안전지대가 아니었다. 1918년 9월 평안도에서 에스파냐독감 환자가 나오더니(식민지 조선에서는 '무오년독감'이라 불렀다) 이듬해까지 전체 인구 약 1,700만 명 가운데 740만 명가량이 감염되어 그중 약 14만 명이 사망했다. 총독부의 통계이니 실제 사망자 수는 이보다 더 많았을 것이다(이때 백범 김구도 감염되어 20여 일 동안 치료를 받았다). 일제의 무단 통치에 살인적 전염병까지 덮쳐 당시 식민지 조선의 민심은 폭발 직전이었다. 바로 이때 3·1운동이 일어났다.

평안남도 대동군에 사는 이 아무개는 에스파냐독감으로 아내, 며느리, 손녀 등 가족을 모두 잃었다. 이 아무개는 망연자실 이곳저곳을 방랑하다가 결국 정신이상자가 되어 주위 사람들을 안타깝게 했다. 이것 말고도 가슴 아픈 사연은 셀 수 없이 많았다.

에스파냐독감의 피해가 가장 큰 지역은 충청남도였다. 특히 예산과 홍성, 서산에서 많은 희생자가 나왔다. 유례없는 대재앙으로 시신 치우기가 일상이 됐고 그해 농사는 거의 접어야 했다. 일본인들이 많이 거주하는 경성은 사망자 268명으로 비교적 피해가 적었다. 대도시에서는 위생과 방역에 신경을 더 썼기 때문이다. 일본 본토에서는 1만 3,000여 명이 에스파냐독감으로 사망했다.

에스파냐독감의 위세는 여기서 끝나지 않았다. 1919년 겨울부터 이듬해 봄 사이 43만 명의 에스파냐독감 환자가 추가로 발생해 4만 4,000여 명이 사망했다. 아직 전자현미경이 발명되기 전이라 바이러스의 정체를 알지 못해 속수무책이었다. ✳

민족의 함성 3·1운동, 그 뒷이야기

고종 황제 장례 행렬
고종 황제의 대여가 대한문을 나서고 있다.

1919년 3월 1일 토요일 오후 2시, 경성 탑골공원에 5,000여 명의 학생들이 모여 있었다. 약속 시간이 지나도록 '33인'이 나타나지 않자 학생들은 당황하며 술렁였다. 자칫 '거사'가 무산될 수 있는 상황이었다.

이때 황해도 해주에서 온 경신학교 졸업생 정재용이 갑자기 팔각정으로 뛰어올랐다. 팔각정 위에는 준비된 단상이나 의자가 없었다. 흰 두루마기 차림의 정재용은 〈독립선언서〉를 10분가량 낭독한 뒤 "조선 독립 만세!"를 외쳤다. 모여 있던 학생들이 모자를 벗어 하늘로 날리며 환호했다. 3·1운동은 그렇게 시작됐다.

3·1운동을 준비할 때 천도교 지도자 최린은 이완용을 찾아가 거사에 민족 대표로 참여해줄 것을 요청했다. 이완용은 "사람들이 나를 매국노라고 욕하는데 지금 독립운동에 참가한다고 해서 애국자라 하겠는가? 거사 기밀은 지켜주겠소" 하며 거절했다. 그 밖에 박영효, 윤치호, 한규설도 참여해달라는 요청을 거절했다. 서구적 합리주의자 윤치호는 '선동가'들이 어리석은 군중을 사지로 몰아넣는다며 비판했다. 그는 "만세를 외치는 거지들"이 조선의 독립을 이룰 수 없다고 믿었다.

3·1운동을 준비하는 과정에는 우여곡절도 많았다. 최남선이 집필한 〈독립선언서〉에 대해 오세창은 "요즘 젊은 놈들은 한문을 제대로 몰라서 큰일"이라며 혀를 찼고, 한용운은 "논조가 미온적이고 문장이 어렵고 장황"하다고 비판했다. 이어 거사에서 요구하는 바를 강경하게 '독립선언'으로 할 것인지, 온건하게 '독립청원'으로 할 것인지에 관한 논쟁도 벌어졌다.

〈독립선언서〉에 올릴 '33인'의 이름 순서를 놓고는 종교계 사이에서 갈등이 빚어졌다. 이에 이승훈이 중재에 나섰다. "순서는 무슨 순서요. 이것은 죽는 순서요. 누구를 먼저 쓰면 어떻소?" 결국 1번 손병희(천도교), 2번 길선주(기독교 장로교), 3번 이필주(기독교 감리교), 4번 백용성(불교)으로 종교 간 균형을 맞추고 나머지 인사들은 가나다순으로 배열하기로 했다.

2월 27일 밤, 천도교에서 운영하는 보성사에서 〈독립선언서〉를 인쇄하는 중이었다. 불빛이 밖으로 새어 나가지 않게 안에서 창문을 가렸지만 종로경찰서 형사 신철의 눈을 피할 수 없었다. 신철은 민족을 탄압한 대가로 잘 나가던 베테랑 형사였다. 보성사 안으로 들어온 그는 〈독립선언서〉를 읽어보고는 사라졌다. 최린은 신철을 만나 단 며칠만이라도 이 일을 누설하지 말아달라며 설득했다. 돈을 건넸다는 이야기도 있지만 신철이 받았는지는 확실치 않다. 어쨌든 신철은 이 일을 함구하고 만주로 떠났다가 체포령이 떨어져 붙잡혔는데 호송되던 중 자살했다.

정재용의 〈독립선언서〉 낭독으로 3·1운동이 불붙자 탑골공원의 학생들은 품속에서 태극기를 꺼내 들고 종로 거리로 뛰쳐나갔다. 고종 장례식에 참가하려고 경성에 올라온 군중들까지 가세하면서 시위는 경성 시내 전역으로 번졌다. 덕수궁 대한문 앞으로 군중이 몰려와 고종 시신이 안치된 빈전을 향해 절했고, '대한독립 만세'를 외치기도 했다. 군중은 질서정연하고 평화로웠으며, 총소리 한 번 울리지 않았다. 이 광경을 목격한 궁내부 사무관 곤도 시로스케는 "흥미로운 현상"이라고 표현했다.

덕수궁 밖에서 들려오는 "만세" 소리에 궁녀들이 순종에게 "전하, 이제 조선은 독립이 됐습니다. 경하드립니다"라고 말하자, 순종은 경거망동하지 말라며 나무랐다. 이완용과 송병준을 비롯한 매국노들은 바짝 긴장하고 있었다(송병준은 국장이 끝나자마자 일본으로 도망갔다). 덕수궁 안에는 기대와 불안이 뒤섞인 적막이 흘렀다.

3월 3일, 고종의 국장(國葬)이 거행됐다. 총독부가 고종의 장례의식을 일본식으로 치르게 하자 조선인들이 반발해 장례식장에 빈자리가 많았다. 아무리 식민지라 해도 조선 국왕의 장례를 일본식 상복을 입고 치른다는 건 도저히 받아들이기 어려웠다. 체신대신 노다마저 일본의 국장의식을 조선인에게 적용하는 것은 불교 신자에게 기독교 의식을 강요하는 것과 같다고 비판했다.

현순 목사의 아들 피터 현도 역사의 현장을 목격했다. 당시 상황을 상세히 기록한 그의 자서전에는 그날의 장면이 남아 있다. 경성에 살던 13세 피터 현(당시 이름 현준섭)은 시위에 참여하고 싶어 작심하고 나와서는 형과 누나들을 따라 창덕궁으로 향했다. 형과 누나들은 사망한 고종에게 비난을 퍼부었다. "왕은 바보였대", "왕의 속옷은 항상 젖어 있었대", "그가 나라를 일본에 뺏긴 건 놀랍지도 않아! 아들(영친왕)도 일본에 빼앗긴 게 더 한심해". 3·1운동에는 분명 유교적 충군의식이 담겨 있었지만, 어린 학생들이 갖고 있던 의식은 좀 달랐던 것 같다.

피터 현 일행이 창덕궁에 도착했을 때 젊은이들이 "만세!"를 외쳤고 태극기가 물결을 이루고 있었다. 현준섭은 인파에 떠밀려 숨을 쉬기도 버거웠다. 그 순간 일본 기마경찰이 긴 칼을 휘두르며 군중을 향해 돌진해왔다. 사람들이 비명을 지르며 쓰러졌다. 겁에 질린 소년 현준섭은 본능적으로 달렸다. 지친 몸을 이끌고 집에 돌아왔을 때는 이미 날이 어두워져 있었다. ✳

대한민국임시정부가 열어젖힌 새로운 시대정신

> 유구한 역사와 전통에 빛나는 우리 대한국민은 3·1운동으로 건립된 대한민국임시정부의 법통과 불의에 항거한 4·19 민주이념을 계승하고…….
> ─〈대한민국 헌법〉

3·1운동으로 독립운동의 기운이 고양된 가운데 국내외 곳곳에 임시정부가 들어섰다. 민족의 역량을 집결시킬 구심체가 필요했기 때문이다.

3월 17일, 러시아 연해주 블라디보스토크에서 대한국민의회가 조직됐다. 대한국민의회는 대통령에 손병희, 국무총리에 이승만, 군무총장에 이동휘를 선임하고 일본에 대한 혈전을 선언했다. 연해주에는 구한말 의병 세력이 망명해 있었기에 대한국민의회는 무력투쟁 노선을 지향했다.

4월 11일, 중국 상하이에서 대한민국임시정부 수립이 선포됐다. 대한민국임시정부는 내각책임제로 출범했다. 국무총리에 이승만, 내무총장에 안창호, 외무총장에 김규식을 선임했다. 이들은 교육 수준이 높은 엘리트들로 외교 독립 노선을 지향했다. 국호 '대한민국'은 그 전날인 4월 10일에 열린 임시의정원 회의에서 신석우(훗날 조선일보사 사장)가 제안

했다. 이에 대해 여운형은 망한 나라 '대한제국'이 떠오른다며 반대했다. 그러자 신석우는 '대한'으로 나라가 망했으니 '대한'으로 다시 흥해보자는 의미라고 설명했고, 이에 만장일치로 채택됐다.

4월 23일에는 국내에서 13도 대표가 모여 한성정부를 수립했다. 이들은 집정관 총재에 이승만, 국무총리에 이동휘를 선임했다.

하나의 민족에 정부가 여러 개 있을 수 없다. 게다가 제1차 세계대전 뒤처리를 위한 파리강화회의에서 정식 정부로 승인받으려면 통합 정부가 필요했다. 대한국민의회의 제안으로 세 임시정부를 하나로 통합하려는 운동이 일었다. 미국에 있던 안창호가 상하이로 건너와 통합 운동에 힘을 보탰다.

일제가 지배하는 경성에 정부를 두는 것은 불가능했다. 따라서 대한국민의회와 대한민국임시정부 사이에 통합 논의가 진행됐다. 통합 정부의 위치를 놓고 양측 간에 진통이 있었다. 논의 끝에 한성정부의 정통성을 계승하고 대한국민의회 의원이 대한민국임시정부의 의정원(의회)에 들어가기로 했으며 통합 정부의 소재지는 상하이로 결정했다. 이렇게 해서 통합된 '대한민국임시정부'가 태어났다. 대한국민의회 이동휘가 사회주의자였으므로 대한민국임시정부는 외형상 좌우합작 정부로 출발한 셈이다.

그런데 대한민국임시정부가 상하이에 터를 잡은 것은 두고두고 문제가 됐다. 상하이는 국제도시로서 정보가 빠르기는 했지만, 만주나 연해주처럼 조선인이 많이 거주하는 지역도 아니었고, 미국처럼 독립운동 자금을 수

대한민국 임시의정원 제6회 기념사진(1919. 9. 17.)
앞줄 중앙에 앉은 이가 안창호, 두 번째 줄 맨 오른쪽에 서 있는
이가 김구다.

월하게 거둘 수 있는 곳도 아니었다. 게다가 대한민국임시정부는 만주와 연해주의 항일 무장 투쟁 세력을 지휘할 수 없었고 여러 지역에서 모여든 '외인부대'여서 언제든 분열할 수 있었다.

9월에 대한민국임시정부는 '민주공화주의'가 담긴 헌법을 공포했다. 이는 중국의 신해혁명, 제1차 세계대전, 러시아혁명 등 세계사 조류의 영향이 컸다. 또 대한민국임시정부가 상하이의 프랑스 조계지 안에 있으면서 프랑스 당국에 세금(보호료)을 내고 있었기 때문에 프랑스혁명의 이념 세례도 받았다.

11월에는 임시대통령에 이승만, 국무총리에 이동휘를 선임했다. 이승만을 대통령에 추대한 것은 그가 미국에서 영향력을 갖고 있다고 판단했기 때문이다. 하지만 그건 착각이었다. 조선이 망하는 데 일조한 미국은 식민지 조선의 독립에 전혀 관심이 없었다. 게다가

이승만은 상하이에 머무르지도 않았다.

한편 3·1운동 직후 은신해 있다가 상하이로 망명한 김구는 문지기를 자처하며 대한민국임시정부의 경비 업무를 맡았다. 다른 거물들에 비해 학식이나 지명도에서 중량감이 떨어진다는 사실을 그 스스로 잘 알고 있었다. 이에 덕망 있는 교육자 안창호는 김구에게 '경무국장'이라는 직함을 주어 격려했다. 김구가 존재감을 드러낸 것은 윤봉길 의거(1932) 이후의 일이다.

대한민국임시정부가 수립되면서 독립운동 세력 안에서는 왕정 대신 국민주권을 바탕으로 한 민주공화정이 시대정신으로 받아들여졌다. 백성의 고혈을 쥐어짜던 왕정으로 되돌아가자는 주장, 즉 복벽주의는 설 자리를 잃었다. 한국의 독립운동사는 항일 투쟁의 역사이며 민주주의 쟁취의 역사가 됐다. ✳

명월관 기생 홍련과
일제의 만행

광화문 황토고개에 자리 잡았던 고급 요릿집 명월관

5월 23일 오전 6시, 경성 돈의동에 있던 고급 요릿집 명월관에 화재가 났다. 소방대를 불렀으나, 화재 발생 30분 만에 목조 건물은 모두 타버렸다. 화재의 원인은 알 수 없었다. 명월관 기생에게 모욕을 당한 어느 고관이 홧김에 불을 질렀다는 소문이 돌았다.

불행 중 다행으로 명월관은 화재 발생 전날, 풍국보험회사에 보험계약을 해둔 상태였다. 화재로 건물이 사라지자 명월관은 종로(지금의 CGV 피카디리 자리)로 옮겨 갔다. 이후 명월관은 역사의 굽이굽이마다 등장한다.

명월관은 1903년 안순환이 광화문 황토고개(지금의 동아일보사 사옥 자리)에 문을 연 고급 요릿집이었다. 초기에는 박영효, 이완용, 송병준 등 고관대작들이 주요 고객이었다. 정재계 권력층 인사들이 모여 밀실정치의 공간으로 활용했다. 그러나 점차 돈만 있으면 누구나 드나들 수 있는 장소가 됐다. 3·1운동 때 민족 대표들이 모였던 '태화관'은 명월관의 인사동지점이다. 이후 명월관 뒤를 이어 식도원, 국일관, 봉천관, 영흥관, 혜천관, 세심관, 장춘관 등의 요릿집이 문을 열었다.

명월관은 신문에 "국내외의 각종 술과 엄선한 국내외 각종 요리를 새롭게 준비하고, 밤낮으로 손님을 맞으려 합니다. 각 단체의 회식이나 시내외 관광, 회갑연과 관혼례연 등에 필요한 음식을 마련해두고 있습니다"라는 광고를 냈다. 명월관은 궁중 음식과 외국 음식을 고루 제공했으며 기생과 인력거꾼까지 갖추고 있었다. "땅을 팔아서라도 명월관 기생 노래를 들으며 취해봤으면 여한이 없겠다"라는 농이 있을 만큼 당시 명월관은 남자들 사이에서 인기를 끌었다.

명월관에는 '홍련'이라는 천하일색 기생이 있었다. 그녀를 만나려고 남자들이 명월관으로 몰려들었다. 그런데 어찌 된 일인지 그녀와 하룻밤을 보낸 남성들이 잇따라 목숨을 잃었다. 총독부 고위 인사도 복상사(腹上死)의 희생양이 됐다는 소문이 돌면서 홍련의 '명성'은 더욱 높아졌다. 그러나 기생 홍련은 30대 나이에 요절했다. 이때 경찰은 남성들이 복상사를 당한 원인을 밝히겠다며 홍련의 시신에서 생식기를 떼어내 보관했다. 근대과학의 탈을 쓴 제국주의 만행이었다. ✳

해방 이후까지 기생 홍련의 생식기는 국립과학수사연구소에 보관되었는데, 인권단체가 문제를 제기하자 2010년에 폐기했다.

"내가 죽어 청년들의 가슴에 조그마한 충격이라도 줄 수 있다면!"

— 64세 노인 강우규의 폭탄 투척

사형대에 홀로 서니 봄바람이 감도는구나.
몸은 있으되 나라가 없으니 어찌 감회가
없으리오.

　－사형 집행 당일 강우규가 일제 검사에게 읊은 시

3·1운동의 함성은 국경을 넘어 해외로까지 퍼졌다. 북간도에서 활동하던 강우규도 이무렵 의열 투쟁을 결심하게 된다. 북간도로 망명 가기 전 강우규는 함경남도 홍원에서 한약방을 운영하며 환자를 치료하던 의사였다. 그는 상당한 재산을 모아 홍원 읍내에 사립 학교와 교회를 세워 계몽운동을 펼쳤다. 망명 뒤에는 이동휘, 박은식 등 민족 지사들과 만나 독립운동 전략을 모색했다.

의열 투쟁을 계획한 64세 노인 강우규는 러시아 블라디보스토크로 건너가 대한국민노인동맹단원으로 가입한 뒤 6월 14일 배를 타고 원산으로 잠입했다. 이때 그는 사타구니에 폭탄을 붙이고 검문을 통과했다. 러시아 군인에게서 구입한 영국제 폭탄이었다.

8월 5일 경성에 도착한 강우규는 안국동 김종호의 집에 머무르며 신임 총독 사이토가 9월 2일에 부임한다는 소식을 접했다. 강우규는 신문에 난 사이토의 사진을 오려서 들고 다니며 그의 얼굴을 익히는 한편, 남대문역

부근 여인숙에서 숙박하며 매일 역 앞으로 나가 주변을 답사하고 어디서 폭탄을 던질지 적당한 지점을 탐색했다.

9월 2일 저녁, 남대문 앞 중국음식집에서 식사를 마친 강우규는 환영 행사를 마치고 관저로 떠나는 사이토를 향해 폭탄을 던졌다. 강우규 열사의 폭탄 투척은 '문화 통치의 술수에 속지 말라'는 외침이었다. 그러나 폭탄은 빗나갔다. 총독 사이토는 옷이 약간 불붙었을 뿐 다치지 않았다. 그 대신 정무총감 미즈노, 뉴욕시장의 딸 해리슨, 수행원, 경찰, 신문기자 등 37명이 중경상을 입었다. 경찰은 현장에서 강우규를 체포했으나 이내 풀어줬다. 설마 60대 노인이 거사를 감행했으리라고는 상상하지 못했다.

강우규는 동지들 집에 숨어 또다시 거사를 준비했으나 17일 친일 경찰 김태석에게 체포되고 말았다. 옥중에서 그는 아들에게 "내가 죽어서 청년들의 가슴에 조그마한 충격이라도 줄 수 있다면 그것은 내가 소원하는 일이다"라는 말을 남겼다. 이듬해 그는 서대문형무소에서 순국했다.

악명 높은 친일 경찰 김태석은 항일 독립운동을 탄압한 '공로'를 인정받아 가평군수, 연천군수, 중추원 참의 등에 오르며 승승장구했다. 대한민국임시정부는 그를 '흉적'으로 규정했다. ✻

해방 이후 김태석은 일본으로 달아나려다 반민특위에 체포돼 무기징역을 선고받았으나 이승만 정부에 의해 석방됐다.

경성방직의 창립과 성장, 민족기업과 친일기업 사이

1919년 10월 5일, 중앙학교 교장을 지낸 김성수가 경성방직회사를 설립했다. 설립 이념은 '우리 옷감은 우리 손으로'였다. 도쿄 고등공업학교에서 방직을 전공한 중앙학교 교사 이강현이 김성수에게 방직사업을 권유했다. 조선인들의 공업 수준을 얕잡아본 총독부는 쉽게 사업 허가를 내주었다.

경성방직을 설립하면서 김성수는 주식회사제를 도입했다. 그는 전국을 돌아다니며 '1인 1주 갖기 운동'을 벌였다. 1주의 값은 50원이었다. 주식의 개념조차 없던 시절이었지만, 지역 유지들은 김성수의 명망을 믿고 민족운동에 기부하는 마음으로 경성방직 주식을 샀다. 3·1운동 직후 고조된 민족의식도 도움이 됐다.

그러나 곧 시련이 닥쳤다. 지배인 이강현이 오사카에서 면제품 선물투자를 한답시고 회사 자금 10만 원을 날린 것이다. 10만 원은 경성방직 설립 자금의 10퍼센트에 이르는 거금이었다. 김성수를 비롯한 경성방직 관계자들은 경악했다. 사업 시작도 못해보고 회사 문을 닫아야 할 판이었다.

김성수의 집안은 19세기 개항 이후 일본에 쌀을 수출해 성장한 전북 고창의 만석꾼이었다. 김성수는 고향으로 내려가 아버지에게 상황을 보고하고 노움을 청했다. 아버지 김기중은 고심 끝에 아들에게 땅문서를 내주었다. 경성으로 올라온 김성수는 땅문서를 담보로 조선식산은행에서 8만 원을 융자받아 이듬해 3월 영등포에 경성방직 사옥과 공장을 짓기 시작했다. 경성방직은 '애국심 마케팅' 전략으로 태극무늬를 상품의 상표로 사용했다.

이후 경성방직은 식민지 조선에서 대표적 조선인 소유 기업으로 성장했다. 그러나 경성방직을 민족기업으로만 보는 것은 식민지 현실과 거리가 멀다. 당시 사용한 기계는 총독부와 일본계 은행의 지원을 받아 구입한 도요타 방직기였고, 원사(原絲)는 오사카의 야기상회에서 공급받았다. 훗날 자매회사 동아일보사의 일본인 광고주들에게 금강산 관광과 기생 관광 등을 제공하기도 했다.

조선 총독 사이토가 임기를 마치고 일본으로 돌아갈 때 김성수는 "각하가 조선에 계시는 동안 여러 가지 후정(厚情)을 입었습니다. 그중에서도 경성방직회사를 위해 특별한 배려를 받은 것은 감명해 마지않으며 깊이 감사 말씀 올립니다"라는 내용의 편지를 보냈다. 경성방직 초대 사장에 친일 인사 박영효를 앉힌 것도 총독부와 교섭하려는 사업 전략이었다. 1922년부터는 김성수의 동생 김연수가 일본에서 공부를 마치고 돌아와 경성방직을 경영했다. ❋

해방 이후 남북 분단과 한국전쟁으로 타격을 입은 경성방직은 1970년 상호를 주식회사 '경방'으로 바꿨다. 1990년대 들어 방직업이 쇠퇴하자 경방은 패션과 백화점, 케이블 TV 분야로 진출했다.

최초의 한국영화, 〈의리적 구토〉가 개봉하다

단성사
1934년 단성사의 모습이다.

10월 27일은 한국영화인협회가 정한 '영화의 날'이다. 미국 할리우드 영화에 맞서 거의 해마다 천만 관객 영화를 내놓는 오늘날 한국영화의 저력을 생각하면 의미 있게 다가오는 기념일이다. 그런데 왜 10월 27일일까?

3·1운동의 여운이 남아 있던 1919년 10월 27일, 경성 종로 단성사에서 영화 〈의리적 구토〉가 상영됐다. 감독은 극단을 운영하던 김도산이었다. 〈의리적 구토〉는 한국인이 제작한 최초의 영화로, 아버지의 재산을 가로채려는 사악한 계모를 주인공이 응징한다는 내용이다.

엄밀히 말해 〈의리적 구토〉는 연극과 영화가 결합된 연쇄극(키노드라마)이었다. 연극으로 표현할 수 없는 장면을 동영상으로 만들어 연극 장면 사이사이에 상영하는 방식이었다. 장면이 바뀔 때마다 호루라기로 신호를 알렸다. 오늘날의 시선으로 보면 웃음이 절로 나올 일이지만, 당시에는 혁신적 기법이었다.

그 시절 신파극은 소재 빈곤과 외국영화의 인기몰이로 위기를 맞고 있었다. 이때 김도산이 일본의 연쇄극 〈세토나이카이〉를 보고 깊은 인상을 받아 각색한 작품이 바로 〈의리적 구토〉였다. 단성사 사장 박승필이 제작비 5,000원을 투자해 〈의리적 구토〉를 영화로 만들었다. 주연배우는 김도산, 촬영기사는 일본인 미야카와 소노스케였다. 명월관, 한강철교, 장충단, 홍릉 등 경성 곳곳에서 촬영했다. 촬영지로 구경꾼들이 모여들어 장사진을 쳤다.

관객들은 눈앞의 배우들을 동영상으로도 볼 수 있다는 게 신기했다. 관객들은 열광했고 단성사는 연일 만원이었다. 입장료는 특등석 1원 50전, 1등석 1원, 2등석 60전으로, 보통의 극장 1등석이 40전인 데 비하면 비싼 가격이었다(당시 설렁탕 한 그릇 값은 10전이었다).

〈의리적 구토〉는 흥행에 성공했고 이후 연쇄극 붐이 일었다. 연쇄극은 "연극도 영화도 아닌 통조림 연극", "신파극의 변태"라는 혹평도 들었지만, 이 연쇄극에서 훗날 조선 영화계를 이끌어갈 인재들이 성장했다. ❋

1990년대 중반, 멀티플렉스 영화관이 등장하면서 단성사는 경영난에 빠졌다. 단성사가 지닌 문화사적 의미 때문에 회생시켜야 한다는 사회적 목소리가 있었으나, 2015년에 결국 역사 속으로 사라지고 말았다.

김원봉과 의열단, '멋쟁이' 테러리스트들!

1919년

"재중 한인 독립운동자들은 거의 전부가 의열단원인 것으로 고찰되나 일면으로 보면 김원봉 1인의 의열단이라고 말할 수 있다. 의열단은 김원봉이란 인물을 중심으로 모인 죽음을 무릅쓰는 불평배의 집합단체로 동단의 진상을 아는 자는 김원봉 1인뿐이다."

영화 〈암살〉을 통해 재조명된 독립운동가 김원봉에 대해 일제 공안당국은 이렇게 파악했다. 일제 공안당국의 보고에 김원봉이라는 이름이 등장하는 대목이다.

3·1운동이 일제의 무력으로 진압되자 민족운동가들은 항일 무력투쟁을 주장했다. 비폭력 투쟁으로는 민족의 독립을 쟁취할 수 없다고 판단했기 때문이다. 이에 만주 일대에서 항일 무장 투쟁 조직이 나타났다.

11월 9일, 중국 만주 지린성의 한 집에 13명의 젊은이가 모였다. 김원봉, 윤세주, 이성우, 이종암, 한봉근, 한봉인, 곽재기, 권준, 김상윤, 신철휴, 배동선, 서상락, 강세우 등 13명은 신흥무관학교를 나왔거나 경남 밀양 출신 20대 젊은이들이었다.

이날 모인 13명은 일제 고관을 처단하고 일제 기관을 파괴하기 위한 단체를 조직했다. '의열단', 곧 '의로운 일을 맹렬히 실행한다'는 뜻을 지닌 단체였다. 조직 대표에 김원봉

의열단 단원들
의열단 단원들은 하루하루를 마지막 날처럼 살았다. 그래서 언제나 옷을 멋지게 차려입는 '멋쟁이' 테러리스트들이었다.

을 만장일치로 선출했다. 이들은 손가락을 깨물어 찻잔에 피를 모은 뒤 나누어 마심으로써 결의를 다졌다. 22세 개띠 청년 김원봉의 파란만장한 항일 투쟁은 그렇게 시작됐다.

의열단은 폭탄부와 권총부로 나뉘어 활동했다. 폭탄부는 폭탄 제조법 및 투척법을 훈련했고, 권총부는 암살 저격 훈련을 했다. 활동 초기에는 조악한 폭탄을 만들었으나 헝가리 출신 마자르가 가세하면서 가공할 위력을 지닌 폭탄을 제조했다. 의열단은 이 폭탄을 상하이 앞바다의 무인도로 가져가 실험에 성공했다. 권총부가 단원의 머리 위에 과일을 올려놓고 사격 훈련을 했다는 '영웅담'이 언론에 보도되기도 했다.

의열단의 공격 대상은 조선총독부, 동양척식주식회사, 총독부 기관지를 발간하는 매일신보사, 경찰서 및 일제 주요 기관과 일제 고위 관료, 군 수뇌부, 매국노, 거물 친일파, 밀정, 친일 자산가 등이었다. 김원봉은 평소 "조선 총독을 계속해서 대여섯 명 죽이면 후계자가 나타나지 않을 것이고, 도쿄를 공포에 떨게 하면 일본 국민 스스로 조선 통치를 포기할 것"이라고 말했다.

그러나 초창기 의열단은 암살 조직으로서는 아마추어였다. 전문적 암살 교육을 받은 이가 없었던 탓에 작전 수행 능력이 부족했다. 심지어 암살해야 할 인물을 집 앞에서 기다리다 곯아떨어져 거사를 그르치는 일도 있었다.

이후 의열단에는 박재혁, 최수봉, 김익상, 김상옥, 나석주, 오성륜, 김시현, 김산 등 전설적 아나키스트들이 가세했다. 의열단에는 민족주의자, 공산주의자, 아나키스트까지 다양한 이데올로그가 공존했다. 1920년대 중반 일제 당국은 의열단원의 수가 1,000여 명에 이른다고 파악했다.

의열단 단원들은 항상 죽음을 생각하며 하루하루 마지막 날처럼 살았다. 그래서 언제나 옷을 멋지게 차려입었고, 수영과 테니스를 즐겼으며, 사진 찍기를 좋아했다. 민족 해방을 위해 투쟁하는 '멋쟁이' 테러리스트들은 많은 여성들에게 선망의 대상이 됐고, 단장 김원봉은 항일 투쟁의 상징적 존재로 떠올랐다. 일제는 '수괴' 김원봉을 체포하려 혈안이 됐다. 김원봉은 현상금이 가장 비싼 독립운동가였다. ✽

2018년 3월 7일, 경남 밀양시 내이동 김원봉 생가 터에 '의열기념관'이 문을 열었다. 사업비 12억 원, 지상 2층, 전시 공간 304제곱미터 규모다.
의열단 창립 단원 13명 중 김원봉을 비롯해 다섯 명이 밀양 출신이었다. 11세 김원봉, 8세 윤세주는 일본 천황의 생일 축하 행사에 쓸 일장기를 변소에 집어넣었다가 학교에서 퇴학을 당했다. 조선 사림파의 거두 김종직, 임진왜란 때 승장 사명대사가 밀양 사람인 것이 우연일까?
밀양시는 "의열기념관이 독립운동의 성지 밀양을 알리고 역사교육 현장이 되길 바란다"고 밝혔다. 의열단의 항일 투쟁이 재평가를 받는 데 꼬박 100년이 걸린 셈이다.

의친왕 망명 미수 사건과 대동단

의친왕 이강
영친왕 이은의 배다른 형제로 고종의 다섯째 아들이다.

11월 11일 11시, 경성에서 출발한 기차가 중국 안둥에 도착했다. 기차 안에는 턱에 가짜 수염을 붙이고 양복 차림에 중절모를 쓴 남성이 타고 있었다. 이제 역에서 내려 30분만 걸어가면 목적지에 도착할 것이었다. 거기에 이륭양행이 있었다. 그가 기차에서 내리려는데 안둥 역장이 다가오더니 말을 걸었다.

"전하, 귀빈실로 모시겠습니다."

"무슨 말이오? 사람을 잘못 보셨소."

곧이어 일본 경찰이 따라왔다. 이로써 남성의 정체가 드러났다. 놀랍게도 이 40대 남성은 의친왕 이강, 즉 고종의 다섯째 아들이었다. 그를 호위하던 이을규, 정남용, 한기동, 송세호 등도 함께 연행됐다.

의친왕 이강은 중국 상하이의 대한민국임시정부로 망명하려다 실패한 것이었다. 두 달전 강우규를 체포했던 친일 경찰 김태석이 이사건에서도 맹활약을 했다.

일제가 '조선 왕족이 한일병합에 찬성했다'며 선전하고 있을 때 대한민국임시정부는 의친왕을 영입하려 애썼다. 의친왕이 임시정부에 합류한다면 한일병합의 부당성을 전 세계에 알려 일제에 타격을 줄 수 있었기 때문이다. 의친왕 이강은 상하이 소재 외국계 은행에 맡겨둔 고종의 돈을 찾으려는 목적도 있었다.

'의친왕 망명'은 비밀결사 대동단(조선민족대동단)이 기획했다. 대동단은 3·1운동이 전국으로 퍼져나가던 4월 초 한강의 배 위에서 조직됐다. 일제의 눈을 피하려고 기생 20여 명이 배의 갑판 위에서 술판을 벌이고 있었고, 갑판 아래에선 전국 각지의 대표 40여 명이 조직의 활동 방향을 논의했다. 전협이 단장으로 선출됐다. 그는 한때 일진회 소속 친일파였다 독립운동에 투신한 인물이었다. 이어 박영효, 김가진, 민영달, 장현식 등이 대동단에 참여했고, 전국 각지에 지부를 설치하고 단원을 모집했다. 전북 김제의 지주 장현식은 대동단에 3,000원을 기부해 체포됐다. 그는 교육사업에도 뜻을 두어 보성전문학교에 거액을 기부했는데, 해방 이후 그에게 남은 땅은 한 평도 없었다고 한다.

온 세상이 평등하게 하나가 된다는 '대동(大同)'의 뜻에 걸맞게 대동단은 '사회주의를 실행한다'는 강령을 정했다.

그런데 의친왕 이강을 투철한 민족주의자로만 보는 것은 곤란하다. 고종, 순종, 영친왕 등 다른 왕족에 비해 민족운동에 적극 나서기는 했으나 그 역시 지탄받을 행적을 남겼다. 조선 왕조가 망해가던 시기, 그는 일본 도쿄에 머물며 방탕한 생활을 하다 이토 히로부미에게 질책을 당하는가 하면, 이토가 조선 통감으로 근무할 때는 통감부에 얹혀 살기도 했다.

망명 미수 사건 이후 의친왕 이강은 작위를 박탈당하고 총독부의 감시를 받으며 살아야 했다. 그런 그에게도 '인생의 봄'이 또다시 찾아왔는데 창덕궁 전화교환수였던 신여성 홍정순과 사랑에 빠진 것이다. 이강은 그녀를 일곱 번째 부인으로 맞아들였다. 의친왕은 61세, 홍정순은 19세였다. ✳

해방 이후 이강은 사동궁(寺洞宮, 대한제국 별궁)에 칩거했다. 이승만 정부가 조선 황실 세력을 견제했기 때문에 정치 활동을 할 수 없었다. 심지어 이강은 이승만 정부가 황실 재산을 몰수할 것이라는 사기꾼의 말에 속아 사동궁을 헐값에 팔았다. 이후 그는 주로 소실들의 집에서 살았다. 한국전쟁은 이강에게 혹독한 시련이었다. 개전 사흘 만에 인민군이 서울을 점령하자 영양실조를 견디며 숨죽여 살았다. 이듬해 1·4후퇴 때는 열차 화물칸을 겨우 얻어 타고 부산으로 피난을 떠났다. 그의 나이 74세였다. 결국 이강은 1955년 8월 15일, 광복 10주년 기념일에 세상을 떠났다. 장례식에 문상객도 별로 없었고, 신문들은 "사동궁 주인 이강이 졸했다"라고 짧막하게 보도했다. 현재 서울 종로 사동궁 터에는 수자상이 들어서 있다.

3부   1920년대

교활한 문화 통치, 움트는 대중사회

3·1운동은 일본의 식민 통치 방식에 변화를 가져왔다. 일본은 조선에 대한 무단 통치가 오히려 '불온'한 정세를 조성한다고 판단해 비교적 온화한 성향의 사이토 마코토를 조선 총독에 임명해 유화정책을 폈다. 부드러우면서 교활한 정책을 쓴 것이다. 이른바 '문화 통치'가 시작됐다. '문화'는 '야만'의 반대말로서 교화와 계몽의 의미도 있다. 일본 제국주의자들은 식민지 조선의 정치적·사회적 모순과 갈등을 덮고자 '문화'를 식민지 지배 정책에 갖다 붙였다. 문화 통치는 이광수를 비롯한 개량적 민족주의자들을 포섭하는 데 유용했다.

일제가 문화 통치를 실시한 데는 일본 국내 정치의 영향도 있었다. 당시 일본에서는 자본주의가 성장하고, 기독교 사회주의자 요시노 사쿠조의 민본주의 사상이 보급됐다. 스물다섯 살 이상의 모든 남성에게 선거권이 주어졌고, 정당 내각에 의한 의회정치가 이루어졌다. 여성들은 아직 선거권을 갖지 못했지만 정치 연설회에 참여할 수 있었다. 이른바 '다이쇼 데모크라시'이다(1912~1925).

문화 통치는 종래의 '무단 통치'가 정교하고 교활하게 바뀐 것이었다. 총독부는 1910년대보다 경찰의 규모를 세 배로 늘려 식민 지배를 강화했으며 확산되는 사회주의를 탄압하려 치안유지법을 제정했다. 친일파를 정책적으로 길러 조선 민족의 분열을 획책했다. "분열시켜놓고 지배하라!(Divide And Rule!)" 제국주의자들의 식민지 통치 원칙 그대로였다.

3·1운동 이후 만주와 조선의 국경지대에는 긴장감이 흘렀다. 만주에서 활동하는 조선인 항일 독립군이 여러 차례 국내 진공 작전을 감행했다. 1920년 3월 15일에는 독립군 250여 명이 함경북도 온성 풍리동에서 일본군과 교전을 벌여 그 지역 일대를 점령했다. 일본군은 만주 일대의 항일 독립군 소탕에 나섰고 이 과정에서 봉오동전투·간도참변·청산리전투가 일어났다. 일제는 조선인으로 구성된 정예부대가 존재한다는 사실에 경악했다.

간도참변(경신참변)은 만주 일대 항일 무장 투쟁 세력의 토대를 무너뜨렸다. 대한독립군, 북로군정서를 비롯한 독립군 단체들은 국경을 넘어 러시아 자유시로 집결했다. 그러나 이들은 자유시에서 러시아 혁명군의 공격을 받아 수많은 희생자를 낸 뒤 만주로 돌아와 3부(참의부·정의부·신민부)를 조직했다. 3부는 만주의 조선인 사회를 관리하며 정부 기능을 수행했다. 만주의 조선 농민들은 중국 당국에 세금을 내고 3부에도 '또 다른 세금'을 내야 해서 불만이 쌓였다. 이에 3부를 비롯한 민족주의 세력에 대한 비판이 커졌고 한편에서는 사회주의 세력이 성장했다.

이 무렵 중국 상하이의 대한민국임시정부는 지역·이념·노선 갈등으로 내분에 휩싸였다. 1923년 창조파와 개조파가 '결투'를 벌인 국민대표회의는 그 절정이었다. 이후 임시대통령 이승만이 탄핵됐고, 이동휘는 연해주로 떠났으며, 안창호는 미국으로, 이상룡은 만주로 떠났다. 상하이에는 김구, 이시영, 이동녕, 조소앙 등이 남아 임시정부는 이름만 유지됐다. 그들은 정부 청사도 없이 셋방을 전전하며 밥을 빌어먹고 살았다.

1925년 조선총독부 경무국장(지금의 경찰청장) 미쓰야 미야마쓰와 만주 군벌 장쭤린이 '미쓰야 협정'을 맺고 3부를 탄압했다. 조선인 항일 독립군에게 현상금을 걸자 중국인들은 '죄' 없는 조선인까지 마구잡이로 신고했다. 이에 대응해 3부 통합운동이 일어나 혁신의회와 국민부가 조직됐다.

만주 대륙에서 항일 독립 투쟁이 한창일 때, 서구 근대문물이 식민지 조선인의 일상을 파고들었다. 1920년 봄, 경성 명동에 경성주식현물취인소(지금의 증권거래소)가 문을 열었다. 경성주식현물취인소는 제1차 세계대전 특수로 1년 만에 주가가 열 배가까이 폭등했다. 식민지 조선의 '월가' 명동은 인생역전을 꿈꾸는 사나이들로 북새통을 이루었다.

이 무렵 일본으로부터 부산을 통해 콜레라가 상륙해 전국에서 1만 3,000여 명이 목숨을 잃었다. 인구 밀도가 높은 도시일수록 희생자가 많이 나왔다. 경찰은 환자가 발생한 지역의 오염원을 불태워버렸다. 머슴 하나가 콜레라에 걸리면 주인 양반집 곳간을 태워버리는 식이었다. 근대화는 전염병을 세계화했지만 영아 사망률이 낮아져 식민지 조선의 인구는 꾸준히 늘었다. 1925년 가을, 최초로 국세조사(인구센서스)가 실시됐고, 1930년 무렵에는 인구가 2,000만 명을 돌파했다.

문화 통치가 실시되면서 언론·출판·집회·결사의 자유가 허용됐다. 사전 검열, 경찰 입회 등의 조건이 붙기는 했지만 1910년대와 비교하면 큰 변화였다. 《조선일보》, 《동아일보》, 《시사신문》 창간에 이어 《개벽》, 《신천지》, 《신생활》, 《신여성》, 《동명》, 《조선지광》, 《현대평론》, 《삼천리》, 《별건곤》 등 잡지가 홍수를 이루었다. 이들을 통해 낭만주의, 자연주의, 허무주의 등 신사조가 소개됐고 문학, 연극, 영화, 음악 등 여러 분야에서 예술 활동이 활발해졌다. 1926년 〈아리랑〉과 〈사의 찬미〉가 크게 흥행하면서 영화와 대중가요가 학생과 도시 중산층의 문화로 자리를 잡아갔다. 이듬해 경성방송국(JODK, 지금의 KBS)이 개국해 공중파 방송이 시작됐다.

'사회주의'는 식민지 조선의 학생과 지식인에게 희망이 됐다. 한용운은 "사회주의는 조선 독립을 위한 정의"라고 말했다. 1900년대의 조선 지식인들을 량치차오가 지배했다면 1920년대에는 카를 마르크스가 지배했다. '마르크스 신도'가 아니면 지식인 행세를 할 수 없었고 '시대의 낙오자'로 여겨졌다. 1925년에는 '조선의 레닌'을 꿈꾸는 청년들이 모여 조선공산당을 조직했다.

노동자와 농민의 의식도 깨어났다. 이들은 파업과 소작쟁의로 식민 지배의 모순에 맞섰다. 1921년 부산 부두 노동자들의 파업을 시작으로 곳곳에서 노동자들이 임금 인상 및 노동 조건 개선 등을 주장하며 투쟁에 나섰다. 투쟁의 대상은 자본가와 그들을 비호하는 식민지 권력이었다. 1929년 원산총파업은 노동운동의 절정이었다.

식민지 조선의 농민 80퍼센트는 소작농이었다. 그들의 삶은 버거웠다. 겨울이 들어설 때 이미 식량이 떨어져 이듬해 봄, 보리 수확철까지 '보릿고개'를 견뎌야 했다. 소나무 껍질을 벗겨내고 그 속의 부드러운 속을 먹거나, 보리가 익기도 전에 푸른 이삭을 뜯어 죽을 쑤어 먹거나, 심지어 흙을 먹기도 했다. 농민들은 농사를 지을수록 배가 더 고파졌고 빚이 늘어갔다. 결국 이들은 '소작료 인하', '토지세 부담 전가 반대' 등을 주장하며 투쟁에 나섰다. 투쟁 대상은 지주와 그들을 비호하는 식민지 권력이었다. 소작쟁의는 쌀 생산량이 많고 지주제가 발달한 전라도, 경상도, 황해도에서 주로 일어났다. 1924년 한 해에만 전국에서 164건의 소작쟁의가 일어났다. 소작쟁의가 산미증식계획에 타격을 주자 일제는 농민운동을 탄압했다.

산업화, 도시화에 따라 서비스업도 등장했다. 일부 여성들이 봉건적 질곡을 박차고 나와 서비스업에 진출했다. 카페 걸(다방 여급), 데파트 걸(백화점 여직원), 엘리베이터 걸(엘리베이터 안내원), 티켓 걸(극장표 판매원), 가솔린 걸(주유소 여직원), 뻐스 걸(버스 안내양), 할로 걸(전화 교환수), 빌리어드 걸(당구장 여직원) 등이었다. 1920년대 식민지 조선의 도시에서 가장 종사자가 많은 직업은 '가사 사용인'이었다. 주인집에 얹혀살면서 남자는 머슴 노릇을 하고 여성은 식모 노릇을 하는 것이었다. 지게꾼을 비롯한 일용직이 그 뒤를 이었다. 이들이 고된 노동의 대가로 받은 일당은 30~40전이었다(설렁탕 한 그릇이 15전이던 시절이다).

일본을 거쳐 서양의 근대 연애론도 들어왔다. 식민지 조선의 청춘 남녀도 '자유연애'를 꿈꿨다. 심지어 이루지 못한 사랑 때문에 자살하는 일이 유행처럼 번졌다. '남녀칠세부동석' 운운하던 유교적 남녀관이 무너져갔다. 노자영이 연애편지를 모아 출간한 《사랑의 불꽃》(1923)은 50일 만에 초판이 모두 팔리며 베스트셀러가 됐다.

스포츠에 대한 관심도 고조되면서 조선체육회(지금의 대한체육회)가 조직됐다. 조선체육회는 각종 체육단체를 후원하며 제1회 전조선야구대회(1920), 제1회 전조선축구대회(1921), 전조선정구대회(1921), 전조선육상경기(1924) 등을 주최했다. 또한 스포츠의 필요성과 각종 스포츠 규칙을 대중에게 소개했다. 대중은 스포츠를 통해 근대적 규율을 학습했다.

의식주에도 변화가 나타났다. 도시에 양복·양장 차림의 남녀가 많아졌고 셔츠, 속옷, 조끼, 장갑, 고무신, 양말 등이 보급됐다. 중국인 노동자들이 결구배추(속이 꽉 찬 통배추)를 들여왔다. 결구배추는 수확량이 많아 총독부도 재배를 권장했다. 이때부터 배추김치가 보급되어 오늘날 한국인의 밥상을 지배하게 됐다. 전통 한옥에 유리문을 달고 페인트와 니스를 칠한 개량 한옥이 등장했고, 이른바 '문화주택'이 서울 교외에 등장해 주거 형태의 변화를 예고했다. 토지조사사업으로 인해 몰락해 도시로 올라온 빈민들은 변두리의 자투리땅에 토막(움막)을 짓고 고단한 삶을 살았다.

식민지 조선에서 최고 신랑감이었던 '사라리맨'(샐러리맨, 도시에 사는 월급쟁이)의 생활은 오늘날과 크게 다르지 않았다. 출퇴근 시간이면 만원 전차나 만원 버스에 시달렸고, 전차의 좌석에 다리를 쩍 벌리고 앉거나 드러눕는 얌체족에게 눈살을 찌푸렸다. 직장에 지각을 하면 상사의 호된 질책이 떨어졌고, 상사보다 먼저 퇴근하려면 배짱이 필요했다. 퇴근 후에도 직장 상사나 동료들과 술을 마시는 일이 잦았고 연말이면 망년회가 많았다. 보너스는 아내 몰래 외상값을 갚는 데 썼다. 평범하지만 고단한 일상에 치여 사는 그들에게 만주 대륙의 항일 투사들은 어떤 의미였을까?

조선총독부의 현금 마차를 털다

— 15만 원 탈취 사건

북로군정서 소속 철혈광복단 최봉설·임국정·윤준희·박웅세·한상호·김준은 조선총독부가 조선은행 회령지점에서 만주 용정출장소로 반일 투쟁 탄압 경비 15만 원을 수송한다는 정보를 입수했다. 용정출장소에 근무하던 전홍섭에게서 들은 이야기였다. 전홍섭은 "(현금)수송대에 내가 편입될 수도 있으니 그럴 경우 가차 없이 나의 다리에 총을 쏴라"라고 말했다.

1920년 1월 4일 저녁 8시경, 현금 수송 마차가 용정 입구에 나타나자 철혈광복단원들이 사격을 시작했다. 박웅세와 김준은 총에 맞아 말에서 떨어진 순사들을 향해 철봉을 휘둘렀다. 총소리에 놀란 말이 현금을 실은 채 달아나자 윤준희와 최봉설이 다른 말을 잡아타고 수 킬로미터를 쫓아가 산 중턱에서 마차를 멈춰 세웠다. 마차 안에는 10원짜리 지폐 5만 원, 5원짜리 지폐 10만 원이 실려 있었다. 부대원들은 환호했다. 소총 한 자루가 30원이던 시절이었으니 15만 원은 독립군 수천 명을 무장시킬 정도의 거금이었다(한일병합 대가로 일제로부터 이완용이 받은 돈이 15만 원이었다. 현재 가치로 약 150억 원).

철혈광복단원들은 돈 자루를 메고 얼음이 떠 있는 하이란강을 건너 최봉설의 집으로 가 잠시 휴식을 취했다. 이어 무기를 사기 위해 소달구지에 현금을 싣고 러시아 블라디보스토크로 향했다. 당시 러시아내전(적백내전)에서 반(反)혁명군(백군)을 지원하던 체코군이 패전을 예감하고 무기를 헐값에 내놓았기 때문이다. 철혈광복단원들은 소총 3만 자루를 구입하고자 무기상들과 은밀히 이야기를 주고받았다. 성사 직전, 실무를 담당하던 엄인섭이 철혈광복단과 15만 원의 행방을 조선총독부 당국에 밀고했다. 그는 한때 안중근과 의병운동을 했으나 한일병합 뒤 변절하여 일제 스파이로 활동하고 있었다.

엄인섭의 밀고를 받은 일본군은 조선 나진항에 정박해 있던 군함을 블라디보스토크로 급히 보냈다. 철혈광복단원들은 작전 성공을 자축하며 술을 마시고 잠들어 있다가 급습당했다. 윤준희·한상호·임국정이 체포되고, 최봉설은 일본군의 총을 맞고 달아났다. 체포된 세 사람은 이듬해 서대문형무소에서 순국했고, 도주한 최봉설은 북간도 일대에서 항일 투쟁을 이어갔다. 한편 밀고자 엄인섭은 이후 어느 술자리에서 사소한 다툼을 벌이다 누군가의 주먹에 맞아 죽었다고 한다. 그 주먹에 민족의 울분이 담겨 있었을지도 모를 일이다.

15만 원 탈취 사건이 무기 구입까지 성공적으로 이어졌다면 몇 개월 뒤 일어난 봉오동전투, 청산리전투의 양상은 달라졌을까? ✳

15만 원 탈취 사건은 여러 차례 영화의 소재가 됐는데, 그 중 하나가 2008년 7월에 개봉한 〈좋은 놈 나쁜 놈 이상한 놈〉이다.

"아이고, 망측해라"

— 일본의 목욕 문화에 놀란 조선 사람들

〈시모다의 공중목욕탕〉

1854년 미일화친조약을 체결한 페리 제독이 쓴 《일본 원정기》 (1856)에 수록된 그림이다. 에도시대에 남녀혼욕이 성행했으나 개방 후 메이지시대에 금지령이 내려지면서 그 모습이 점차 사려져 갔다.

예부터 일본은 목욕 문화가 발달했다. 섬나라라는 특성상 습도가 높아 목욕을 자주 해야 했고, 화산 지형이어서 온천수를 이용한 공중목욕탕이 발달했다. 에도시대에는 남녀 혼욕도 성행하여, 19세기에 일본을 방문한 미군 제독 페리는 이를 보고 큰 충격을 받았다. 결국 일본의 혼욕 문화는 매춘과 퇴폐의 온상이라는 비판에 직면해 메이지시대에 '남녀혼욕 금지령'이 내려졌다.

일본과 달리 조선은 부엌이나 사랑방, 헛간에서 목간통에 물을 채워 가끔 몸을 씻는 정도로만 목욕을 했다(1970~1980년대만 해도 시골에선 대중목욕탕 가는 게 명절에나 있는 연례행사였다). 어떤 경우에는 몸에 있는 때를 하얗게 불려 마른 수건으로 문질러 털어내는 데 그치기도 했다. 목욕하기 좋아하는 일본인들이 보기에 조선인은 지저분했고, 조선인들이 보기에 일본인의 목욕 문화는 야만이었다.

1905년 한성 서린방(지금의 서울 서린동)에 최초로 공중목욕탕이 생겼으나 손님이 없어 문을 닫았다. 부산에서도 온천이 개발되었는데, 이는 부산에 거주하는 일본인들을 위한 것이었다. 반발하는 조선인들도 있었다. "사람들 앞에서 옷을 벗다니! 망측해라." 이후 도시마다 상수도 시설이 갖춰지면서 1920년대부터 공중목욕탕이 점차 늘어났다.

1920년 4월 3일 자 《동아일보》 기사에 따르면, 3월 그믐날 경성 종로의 공중목욕탕에서 한바탕 소동이 일었다. 경성부청(지금의 서울시청)에서 근무하는 한 일본인 남성이 옷을 모두 벗고 여탕으로 들어갔다. 그는 일본의 혼욕 문화에 익숙한 사람이었고, 목욕탕 주인(일본인)도 이 행동을 묵인했던 것 같다. 잠시 후 여탕에서 비명이 들리자 남탕에 있던 조선인 남성들이 달려왔다. 이 일본인 남성은 남탕으로 끌려가 혼쭐이 났고, 목욕탕 뒷문으로 달아났다. 유교 전통이 남아 있던 식민지 조선에 공중 목욕이라는 이색 문화가 들어오던 시기에 있었던 해프닝이다. ✳

문화 정치의 시작을 알린
《조선일보》,
《동아일보》 창간

1926년 준공 당시 동아일보사 광화문 사옥

아닌 밤중에 홍두깨 격으로 별안간 "독립 만세!" 민중의 분노가 폭발된 것이 3·1운동인데 그때까지 언론의 자유를 박탈하여 어두운 면이나 자신들에게 안 좋은 일은 전혀 쓰지 못하게 하고 스파이들의 말만 듣고 안심하고 있었으니…….

– 어느 일본 경찰 간부의 회고

3·1운동 이후 식민지 조선에서는 민족 신문이 나와야 한다는 여론이 들끓었다. 이때 언론인 이상협과 장덕준은 중앙학교 교장 최두선을 통해 전(前) 교장 김성수에게 신문 창간을 건의했다. 그러나 경성방직 경영에 몰두하느라 여력이 없던 김성수는 시큰둥했다. 이에 이상협과 장덕준은 황성신문사 사장을 지낸 유근을 통해 다시 한 번 김성수를 설득했다. 삼고초려, 그제야 김성수는 총독부에 신문 창간 신청서를 냈다.

3·1운동 이후 문화 통치를 표방한 총독부는 창간 신청 10여 건 가운데 동아일보사, 조선일보사, 시사신문사(설립자 민원식)에 허가를 내주었다. 조선인들의 한글 신문을 발행하도록 허락한 뒤 식민지 조선의 민심을 파악하려는 속셈이었다.

1920년 3월 5일, 《조선일보》가 창간됐다.

창간 주도자는 친일 경제단체 대정실업친목회 이사 예종석이, 1대 사장은 친목회 회원 조진태가 맡았다. 《조선일보》 창간호를 배달했던 엄명섭이 "신문 배달원도 애국 투사로 대우를 받았다"라고 말했을 만큼 식민지 조선인은 한글 신문, 곧 민족 언론의 태동을 기다렸다. 그러나 《조선일보》는 3월 7일에 2호를, 9일에 3호를 낸 뒤 50여 일 동안 휴간에 들어갔다. 돈이 없었기 때문이다. 예종석은 대정실업친목회로부터 도움을 기대했으나 예상은 빗나갔다. 예종석은 《조선일보》를 '산을 짊어진 모기'에 비유했다.

한편 김성수는 경성방직처럼 동아일보사도 주식회사로 운영하려 했다. 그는 100만 원을 목표로 6개월 동안 전국을 돌아다니며 지역 유지들에게 동아일보사 주식을 사라고 설득했다. 이때 민족운동에 뜻이 있는 지사들이 주식을 사주어 70만 원이 모였다.

4월 1일, 《동아일보》가 창간호를 냈다. 애초 3월 1일에 창간할 계획이었으나 자본금을 마련하느라 한 달 늦어졌다. 사옥은 경성 화동의 옛 중앙학교 건물을 사용했다. 창간호는

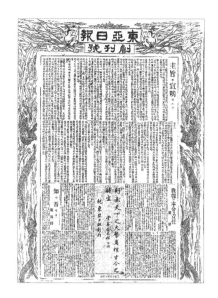

1920년 4월 1일, 《동아일보》 창간호 1면
화가 고희동은 강서대묘 벽화의 이미지를 형상화해 창간호 제목과 도안을 만
들어 민족혼을 고취하려 했다. 4월 2일 자 신문부터는 서예가 김돈희의 '東亞日
報' 글씨를 사용했고, 이것이 오늘날까지 이어지고 있다.

전지판 여덟 면으로 1만 부를 발행했다. 3·1
운동으로 구속됐던 송진우가 풀려나오자 김
성수는 그에게 동아일보사 운영을 맡겼다. 송
진우는 김성수와 어린 시절 함께 한학을 배우
다 도쿄 유학까지 같이 다녀온 오랜 벗이었
다. 귀국해서는 김성수의 중앙학교 인수를 도
왔다.

《동아일보》는 창간 초기부터 총독부의 무
단 통치를 비판하다가 신문 윤전기를 압수당
했다. 9월 25일에는 일본 황실의 상징인 3종
신기(三種神器, 구사나기의 칼, 야타의 거울, 야
사카니의 굽은 구슬)를 비판했다가 무기 정간
을 당했다. 《조선일보》도 여러 차례 신문 지
면을 압수당했는데, 조선일보사의 경우 일부
러 압수당할 만한 기사를 내기도 했다. 신문
에 하얀 지면이 많을수록, 즉 총독부의 탄압

을 더 많이 받을수록 '민족 언론' 이미지를 얻
었기 때문이다. 당시 조선일보사는 자본과 인
적 구성에서 동아일보사에 밀렸던 탓에 이런
고육지책까지 동원했다.

그러나 이듬해 조선일보사는 매국노 송병
준에게 소유권이 넘어갔다. 1924년 민족주의
자 신석우가 다시 경영권을 인수했으나 1933
년 금광왕 방응모에게 넘어가면서 민족 언론
의 명성을 더는 이어가지 못했다. **♦1933**

두 신문이 창간될 무렵만 해도 아직 한글
맞춤법통일안(1933)이 나오기 전이어서 두
신문의 표기법에 차이가 있었다. 이를테면
《조선일보》는 '아래아(·)'를 썼으나 《동아일
보》는 쓰지 않았다. 전근대와 근대가 공존하
는 풍경이다. 그러나 20년 뒤 두 신문은 같은
운명을 맞게 된다. **♦1940** ✳

혁명가의 가족은
어떻게 살았을까
— 독립운동가 현순 가족의 이야기

경성 정동제일교회 목사였던 현순은 3·1 운동 모의에 참여한 뒤 중국 상하이로 건너가 대한민국임시정부 수립에 참여했다. 서울에는 그의 아내와 여덟 남매가 남았다. 독립운동가의 가족이 대개 그렇듯 현순의 가족도 살아가기가 팍팍했다. 아내 현마리아는 경찰의 감시를 피해가며 남편의 동지들을 찾아가 생활비를 마련했다.

1920년 4월, 현마리아는 여덟 남매를 데리고 남편이 있는 상하이로 향했다. 감시와 배고픔을 더는 견디기 어려웠기 때문이다. 미국인 선교사의 도움으로 통행허가증을 구해 기차를 타고 평양과 신의주를 지나 압록강을 건넜다. 현마리아와 자녀들은 운 좋게 일본 경찰의 검문을 통과해 펑톈, 톈진, 난징을 거쳐 드디어 상하이에 도착했다. 빌딩과 자동차 등 근대 문물이 즐비한 상하이는 신천지였다. 이 거대한 문명의 도시에서 현마리아는 1년 만에 극적으로 남편과 상봉했다. 당시 현순은 임시정부에서 외교 업무를 맡고 있었다. 영어와 일본어 실력이 뛰어났기 때문이다.

조선 명문가 출신 현순은 근대 교육기관인 육영공원에서 공부하며 미국인 선교사를 통해 기독교를 비롯한 서양 문물을 접했다. 일본 유학을 그만두고 귀국한 뒤에는 배재학당에서 영어를 가르치고 선교사들과 교류하는 가운데 조선인 하와이 이민 업무에 관여했다. 당시 미국은 하와이 사탕수수 산업을 키우려고 아시아 노동자를 받아들였다.

1903년 2월, 현순은 이민자 64명을 이끌고 가족과 함께 배에 올라 하와이 오아후섬 가후쿠 농장에 도착했다. 그는 조선인 이민자들이 정착하도록 도우며 감리교회 전도사가 됐다. 이후 일제의 방해로 하와이 이민이 진행되지 못하자 1907년 조선으로 돌아왔다. 그가 목사 안수를 받은 것은 한일병합 뒤의 일이다. 1914년 현순은 경성 정동제일교회 담임목사로 부임했다. 교회는 관리, 학생, 상인, 외국인 등 수천 명이 몰려들어 성황을 이루었다.

상봉의 감격도 잠시, 상하이 현순 가족에겐 고단한 일상이 기다리고 있었다. 남의 나라에 망명해 활동하는 혁명가니 생활이 넉넉할 리 없었다. 아들 피터 현의 자서전에 따르면, 현순 부부는 생활고로 자주 싸웠다고 한다. 아내는 "왜 당신은 (임시정부에서) 항상 가장 늦게 돈을 받나요?", "왜 당신은 아이들이 굶주리고 있으니 받아야 할 몫은 받아야 한다고 주장하지 않나요?" 하며 남편을 책망했다. 이에 현순도 참다못해 폭발하고 말았다. "나는 거지가 아니야!"

집안은 가까이 있어 어렵고 천하는 멀리 있어 쉽다. 남편의 성품을 모를 리 없는 현마리아는 임시정부 회계 담당자를 직접 찾아가 생활비를 받아 오곤 했다. 그러나 이마저 오래가지 못했다. 임시정부의 형편도 빠듯했기 때문이다. 결국 현순 가족은 빈민가로 옮겨가 하루 한 끼만 먹으며 생활해야 했다. ✳

영친왕의
강제 파혼과 강제 결혼

영친왕·마사코 부부의 결혼 사진(1920)

"울 밑에 선 봉선화야, 네 모양이 처량하다."

홍난파가 〈봉선화〉(원제목 '애수')를 만들고 있던 4월 28일, 영친왕 이은과 일본 왕족 나시모토노미야 마사코(이방자)의 결혼식이 일본에서 열렸다. 1년 전 고종이 갑자기 세상을 떠나 미뤄졌던 결혼이다. 일본은 이 결혼으로 조선 황실의 정체성을 말살하려 했다. 그래도 결혼은 결혼인지라 영친왕은 결혼식 내내 싱글벙글했다. 결혼 예물은 스위스제 금시계였다.

그러나 결혼식장 밖 상황은 험악했다. 도쿄 유학생 서상일이 마사코가 탄 가마에 폭탄을 던졌으나 불발됐고, 도쿄 시내 전차 운전수들이 파업해 경찰이 주동자를 검거하려고 나섰다. 한편 경성에서는 만일의 사태에 대비해 경찰들이 삼엄한 경계 태세에 들어갔다. 또다시 3·1운동 같은 거센 저항 시위가 일어날지 모른다는 두려움 때문이었다.

영친왕과 마사코의 결혼을 기념해 식민지 조선에서는 '시국사범' 500여 명이 특별사면 됐다. 감옥에서도 만세 시위를 이어가던 유관순도 사면령으로 형량이 절반으로 줄었다. 하지만 모진 고문에 온몸이 만신창이가 되고 영양실조까지 겹쳐 감옥에서 사망했다. 유관순의 시신은 석유통에 담겨 모교 이화학당으로 운반됐다. 석유통을 열자 악취가 코를 찔렀다.

일본인과 결혼한 영친왕은 조선인에게 '민족의 역적'이 됐다. 대한민국임시정부 기관지 《독립신문》은 영친왕이 긴 칼을 차고 일본 천황 앞에 설 수 있는데도 원한을 갚지 않고 요망한 여자에게 미혹됐다며 비난했다. 영친왕 본인도 결혼 후 정체성을 고민했는지 마사코에게 "나는 이것도 저것도 아닌 존재밖에 될 수 없다"라고 털어놓았다.

그런데 두 사람이 결혼에 이르는 과정을 눈물로 바라봐야 했던 '봉선화 같은' 여인이 있었다. 대한제국 외교관을 지낸 민영돈의 딸 민갑완이었다. 민갑완은 13년 전 150대 1의 경쟁을 뚫고 이미 황태자비로 간택됐으나 영친왕이 일본으로 강제 유학을 떠나게 된 탓에 혼례를 치르지 못했다. 그녀는 황태자의 정혼자라는 이유로 13년간 외출도 마음대로 못하고 사람도 제대로 만나지 못하며 감옥 같은 세월을 살아야 했다. 그러다 자신의 정혼자가 다른 여성, 그것도 일본 여성과 결혼한다는 사실을 신문에서 접했으니, 1916년 8월의 일이었다. 그로부터 2년 뒤 정혼 예물로 받았던 반지를 궁중 상궁들이 강제로 가져가면서 민갑완은 파혼을 맞았다. 게다가 "금년 내 다른 가문으로 시집을 가지 않으면 중죄를 받을 수 있다"라는 서약까지 썼다.

파혼으로 하루아침에 날벼락을 맞은 민갑완의 집안은 그 후로 무너져갔다. 할머니는 식음을 전폐하다가, 또 아버지 민영돈은 화병으로 술만 마시다가 세상을 떴다. 민갑완도 신체의 마비 증세가 나타나 1년 동안 병상에 누워 지냈다. 결국 민갑완은 생활고와 일본의 핍박을 견디다 못해 중국 상하이로 망명했다. 그 뒤 몇몇 남성에게 청혼을 받았지만 "왕실과 정혼한 몸이기에 왕실의 법도를 지켜야 한다"라면서 모두 거절했다. 또한 그는 죽을 때까지 영친왕을 원망하지 않았다. ✽

민갑완
상하이에 망명했을 때의 모습(29세)이다.

해방 이후 영친왕은 이승만 정부의 견제로 귀국하지 못했다. 이승만은 영친왕을 정치적 라이벌로 생각했기 때문이다. 반면 박정희 정부는 영친왕에게 호의적이었다. 1963년 영친왕은 고혈압과 뇌일혈로 혼수상태에 빠진 채 마사코와 함께 귀국해 국가보조금으로 근근이 생활해나가다 1970년 사망했다.
민갑완도 해방 이후 귀국해 남동생 집에서 살았다. 1958년 민갑완의 안타까운 사연이 알려지자 그녀를 돕겠다는 손길이 이어졌다. 이에 부산 해운대 채석장을 임대받았으나 현장 책임자에게 사기를 당해 큰 빚을 졌다. 해방된 조국도 그에게 안식처가 되지 못했다. 이후 민갑완은 고혈압과 심장병에 암까지 겹쳐 고통스럽게 살다가 1968년 세상을 떠났다.

학창 시절의 추억
'수학여행'의 시작
— 대구와 경주, 금강산과 만주까지…

수학여행의 목적은 평소 교내에서 배울 수 없던 탐구를 하고 괴로움과 결핍을 이길 수 있는 습관을 기르는 것이다. 행로의 험악함과 숙박상의 불편이 많을수록 얻는 것도 많다.

　–〈오사카 부립 심상중학교의 수학여행 규칙〉

　　　　　　　　　　　　　　　　　　　（1894）

'수학여행'은 1886년 도쿄사범학교(훗날 도쿄고등사범학교)에서 처음 시작됐다. 〈오사카 부립 심상중학교의 수학여행 규칙〉에서 드러나듯 초창기 수학여행은 말이 '여행'이지 극기 훈련에 가까웠다.

수학여행은 20세기 초 조선에 도입되어, 1920년 무렵 각 학교에 보급됐다. '식민지 조선'이라는 특수성이 작용한 것인지 3·1운동으로 달아오른 민족주의 정서는 수학여행에도 영향을 끼쳤다. 수학여행은 전국의 유적지를 순례하며 민족의 역사를 직접 체험하는 기회가 됐다.

5월 21일, 보성고등보통학교 학생들이 4박 5일간 대구로 수학여행을 떠났다. 이들은 아침 7시 50분 기차를 타고 경성을 출발해 대구에 도착해서는 달성공원을 둘러보았다. 숙소는 조선인이 운영하는 대구여관이었는데, 숙

박비는 싸지만 불친절했고 난방과 음식 등 서비스도 엉망이었다. 이튿날 학생들은 경주로 이동해 불국사·첨성대·성덕대왕신종(에밀레종) 등 고대 신라의 유물과 유적을 관람했다. 당시에는 첨성대 위에 올라가 기념 촬영을 할 수 있었다. 마지막 날에는 토함산에 올라 "우리 졌던 천년 고화(枯花) 다시 피는 그날까지 잘 있어라"라는 인사를 남겼다.

며칠 뒤, 휘문고등보통학교 학생들이 두 팀으로 나뉘어 경주와 개성으로 각각 수학여행을 떠났다. 1922년에는 보성전문학교 상과 학생들이 경주, 금강산, 개성으로, 1924년에는 만주로 수학여행을 떠났다. 1928년에는 진명여자고등보통학교 학생들이 기차를 타고 금강산으로 여행을 떠났다. 경주, 부여, 개성, 평양, 경성, 인천(강화도), 금강산 등이 수학여행지로 인기였다.

여가 문화가 거의 없던 시절, 수학여행은 특별한 경험이었다. 그러나 여행 경비가 수업료의 네다섯 배에 이르러 부유층 자제가 아니면 갈 수 없는 여행이기도 했다.

예나 지금이나 학교 단체 활동에서 가장 신경 쓰이는 일은 안전사고다. 수학여행 도중 잔교(棧橋)가 무너지거나 기차에서 추락하는 등 안전사고가 속출했다. 인솔 교사의 감시를 피해 쇼핑, 음주가무, 미팅 등을 즐기는 학생들은 식민지 조선에도 있었다. 일본이나 만주로 수학여행을 가는 학교가 늘어 수학여행 비용이 점점 올라가자 수학여행을 폐지하자는 여론도 일었다. ✳

일본군을 상대해 얻은 위대한 승리

— 홍범도와 봉오동전투

6월 6일, 야스카와 지로 소좌가 이끄는 일본군 300여 명이 두만강을 건너왔다. 물론 당국의 허가 없이 무단으로 중국 땅을 침입한 것이다. 이들의 공격 목표는 조선인 독립군의 근거지 봉오동이었다. 당시 봉오동에는 대한북로독군부(大韓北路督軍府)가 주둔해 있었다. 홍범도가 이끄는 대한독립군과 안무가 지휘하는 국민회군에 최진동이 통솔하는 군무도독부가 합류한 연합 부대였다. 이들은 정치, 행정과 군사, 지휘로 조직을 나눈 뒤 국내 진공 작전을 계획하고 있었다.

일본군의 기습은 이틀 전 일 때문이었다. 6월 4일, 홍범도 부대와 최진동 부대 소속인 소대 하나가 함경북도 종성군 강양동에 주둔해 있던 일본군 헌병 국경 초소 지대를 기습 공격해 몰살했던 것이다.

봉오동은 사방이 산으로 둘러싸인 분지 지형이어서 입구에서 마을까지 거리가 10킬로미터가량 됐다. 일본군의 기습 정보를 접한 홍범도는 마을에 살던 150여 가구의 주민들을 대피시켰다. 그러고는 부대원 700여 명을 네 부대로 나누어 봉오동 골짜기에 매복시킨 뒤 일본군을 기다렸다. 부대원들은 원래 맹수를 사냥하는 포수들이었다. 이제 포수의 사냥감은 제국주의 침략군이었다. 분대장 이화일

은 후퇴하는 척하며 일본군을 포위망 안으로 유인하는 임무를 맡았다.

6월 7일 오후 1시경, 일본군은 홍범도 부대가 매복한 지점까지 접근해왔다. 홍범도가 총을 쏘자 부대원들도 일본군을 향해 집중사격을 퍼부었다. 분지에 갇혀 기습을 당한 일본군은 홍범도 부대의 포위망을 벗어나지 못해 속수무책으로 무너졌다. 그런데 오후 4시경, 갑자기 천둥·번개와 폭풍이 몰아치며 비와 우박이 쏟아졌다. 이에 홍범도는 나팔을 불어 철군 명령을 내렸다. 살아남은 일본군은 미처 대피하지 못한 조선의 부녀자와 어린이들을 학살하고는 두만강을 건너 도주했다. 이 사건이 바로 '봉오동전투'로, 조선인 독립군이 일본 정규군과 벌인 첫 번째 대규모 전투다. 일제 당국은 독립군이 군복을 입고 정식 군대 편제를 갖추고 있다는 사실에 경악했다.

대한민국임시정부는 봉오동전투에서 일본군 157명이 전사했다고 발표했으나, 이는 독립군의 사기를 높이려 과장한 것으로 보인다. 실제 전사자는 50여 명으로 추산된다.

홍범도 부대는 군기가 엄하기로 유명했다. 그의 부대가 북간도에 주둔하고 있었을 때 한 병사가 마을 여성과 눈이 맞아 물의를 일으켰다. 여성의 남편이 찾아와 항의하자, 홍범도는 부대원들과 주민들을 불러 모은 뒤 그 앞에서 '죄'를 지은 병사가 자백하도록 했다. 그러고는 병사를 향해 방아쇠를 당겼다. 홍범도는 자신의 상의를 벗어 죽은 병사의 얼굴을 덮어주며 눈물을 흘렸다. 다른 부대원과 주민들도 그 모습을 보며 함께 울었다. ※

세계 평화를 희망하는 언어, 에스페란토

시인 김억은 6월 21일부터 7월 29일까지 경성YMCA에서 에스페란토(esperanto, '희망하는 사람'이라는 뜻) 강좌를 열었다. 회비는 3원이었다. 7월 31일에는 1회 수료생과 에스페란토를 쓰는 사람들이 모여 조선에스페란토협회를 창립했다. 회장은 김억이 맡았고, 부회장에 김찬영과 이병조가 선임됐다. 이후 식민지 조선에 세계 공용어 에스페란토 붐이 일었다.

'에스페란토'는 19세기 말 폴란드 안과 의사 자멘호프가 창안한 인공어다. 여러 언어에 능통했던 자멘호프는 민족 간 언어 장벽을 극복하는 것이 세계 평화를 가져오는 길이라 믿었다. 그는 공로를 인정받아 노벨 평화상 후보에 올랐다.

에스페란토는 배우기 쉽고 사용하기도 쉬운 것이 장점이다. 단어가 모두 915개뿐이고 'a·e·i·o·u' 다섯 개 모음 외에 변형 모음이 없으며 문법의 예외도 없다. 에스페란토 운동가 장석태는 서너 달만 배우면 소설 한 권을 읽는 데 무리가 없다고 주장했다. 1907년 열린 국제 아나키스트 대회에서는 에스페란토를 아나키즘의 공식 언어로 채택했다. 에스페란토를 보급하기 위해서였다.

조선에스페란토협회에 박헌영과 홍명희 등 '불온'한 인물들이 이름을 올렸다. 최남선,

이광수와 함께 조선 3대 천재로 불린 홍명희는 조선 최초의 에스페란티스토(Esperantisto, 에스페란토를 사용하는 사람)를 자임했다. 그의 호 벽초(碧初)는 '푸른 빛의 언어(에스페란토)를 처음 배운 조선인'이라는 뜻이다.

조선에 에스페란토를 보급한 데는 김억의 공이 컸다. 에스페란토 교본을 발행하는가 하면 현진건·김동인·전영택의 문학작품을 에스페란토로 번역했으며, 《조선일보》에 넉 달간 '에스페란토 강좌'를 연재했다. 그는 《조선일보》(1924. 5. 4)에 에스페란토어 예문으로 "나는 가슴에 불길을 피워놓았습니다. 그것은 죽은 이라도 끄지 못합니다. …… 그 불의 이름은 인류애이며 그 불의 이름은 자유에 대한 사랑입니다"라는 내용의 글을 번역문과 함께 소개했다. 조선어 대신 일본어를 권장하던 시대에 에스페란토를 보급하는 것은 일제에 대한 저항이기도 했다. 자신들의 언어를 피정복자에게 강제로 사용하게 함으로써 고유의 정신을 빼앗으려는 정복자에게 에스페란토는 반갑지 않은 언어였다.

당시 신문에는 에스페란토로 쓴 기사가 별도의 번역문 없이 그대로 실리기도 했다. 에스페란토를 해석할 수 있는 독자들이 꽤 있었다는 의미다. 젊은 지식인들은 명함이나 명패에 자신이 에스페란티스토임을 밝혔다. ✻

해방 이후 이재현과 이종률 등이 조선에스페란토학회를 창립하고 에스페란토 보급에 힘썼다. 1975년에는 기존의 여러 관련 단체가 한국에스페란토협회(회장 최덕신)로 통합됐다. 현재 서울 마포에 에스페란토협회 사무실이 있다.

항일 무장 투쟁의 신화, 청산리전투

교전은 아침부터 저녁까지 계속되었다. 굶주림! 그러나 이를 의식할 시간도 먹을 시간도 없었다. 마을 아낙네들이 치마폭에 밥을 싸서 가지고 빗발치는 총알 사이로 산에 올라와 한 덩이 두 덩이 동지들의 입에 넣어주었다.

— 이범석의 회고록 《우등불》(1971)

봉오동전투 이후 홍범도 부대는 화룡현 청산리에 주둔하며 국내 진공 기회를 엿보고 있었다. 10월 12일경, 청년 이범석이 중대장으로 있던 김좌진 부대도 청산리로 이동해왔다(김좌진은 대한광복회 활동을 하다가 체포되어 서대문형무소에서 3년 옥고를 치렀다). 김좌진의 부대 '북로군정서'는 대종교 단체였고 청산리 일대에 대종교인들이 많이 살고 있었기 때문이다. 대종교 지도자 서일이 체코산과 러시아산 무기를 들여와 병사들에게 지급했다. 이로써 청산리에는 홍범도 부대, 한민회, 신민단 등까지 모여 2,000여 명의 독립군이 주둔하게 됐다.

홍범도 부대와 김좌진 부대는 청산리전투 이전에 연합 작전을 감행한 일이 없었다. 사이가 썩 좋지 않았기 때문이다. 독자적으로 항일 투쟁을 벌이던 두 부대는 일본군의 토벌 작전으로 인해 백두산 지역까지 밀려왔고, 결국 청산리에서 자연스럽게 연합했다.

김좌진 장군과 북로군정서 대원들
김좌진 부대가 청산리전투에서 승리한 것을 기념하여 찍은 사진이다. 많은 사람들이 '청산리전투' 하면 김좌진과 북로군정서를 떠올리지만 홍범도 부대와의 연합 작전으로 승리할 수 있었다.

홍범도와 김좌진이 상대할 적은 육군 소장 아즈마가 이끄는 부대였다. 아즈마 부대는 10월 15일부터 작전에 들어갔다. 이에 홍범도 부대와 김좌진 부대는 대책 회의를 열었다. 김좌진 부대가 전투를 뒤로 미루자고 주장했다. 김좌진 부대에는 전투원뿐 아니라 그들의 가족까지 함께 있었기 때문이다. 그러나 일본군의 대공세 앞에 김좌진 부대도 어쩔 수 없이 전투태세를 갖춰야 했다.

'청산리전투'는 1920년 10월 21일부터 26일까지 벌어진 10여 차례의 전투를 일컫는다. 이 가운데 완루구전투와 고동하곡전투는 홍범도 부대가, 백운평전투와 샘물골전투, 맹개골전투 등은 김좌진 부대가 치렀다. 어랑촌전투와 천보산전투는 두 부대가 함께 치렀다.

청산리전투의 절정은 22일 벌어진 '어랑촌전투'였다. 어랑촌은 함경북도 경성군 어랑면 주민들이 이주해 개척한 마을이었다. 김좌진 부대원 600여 명은 874미터 고지를 점령하고, 22일 아침부터 저녁까지 아즈마 부대와 교전을 펼쳤다. 전투 초기에는 유리한 지형을 이용해 김좌진 부대가 기선을 잡았으나 점점 숫자가 불어나 결국 1,500명 가까워진 일본군에 밀리기 시작했다. 게다가 김좌진 부대는 백운평전투를 치른 뒤 조선인 동포들이 준 끼니로 겨우 허기를 달래며 100리 길을 행군해온 터라 몹시 지쳐 있었다.

바로 이때 홍범도 부대 700여 명이 일본군의 배후를 공격해 들어왔다. 양쪽에서 협공을 당하자 일본군도 무너지기 시작했고, 날이 어두워지자 퇴각했다. 대한민국임시정부는 어랑촌전투에서 일본군 300여 명이 전사했다고 발표했다. 26년 전 청일전쟁에서 완패해 주눅이 들어 있던 중국은 청산리전투를 지켜보며 용기를 얻었다.

이범석의 회고록 《우등불》에서 알 수 있듯 간도에 사는 조선인들은 청산리전투의 숨은 주역이다. 이들은 독립군에게 군자금은 물론 식량과 옷을 제공했다. 일본군의 통신선을 절단하고 독립군에게 정보를 전달했으며 지형·지리를 안내했다. "독립군은 무기도 갖추지 못한 채 모두 도망갔다"라는 허위 정보를 일본군에 퍼뜨려 방심하게 만든 것도 이들이었다. 이에 대한 보복으로 일본군이 간도참변을 일으켰다는 시각도 있다. ✳

스무 살에 청산리전투에 참전했던 이범석은 훗날 한국광복군 참모장을 거쳐 해방 이후 대한민국 초대 국무총리를 지냈다. 그런데 그는 《우등불》에서 청산리전투 때 북로군정서의 활약을 과장하고 대한독립군(홍범도)의 활약을 축소했다. 이범석 자신이 북로군정서 소속이었고 홍범도가 소련공산당에 가입했다는 이유에서다. 이에 청산리전투를 김좌진과 북로군정서의 단독 작전으로 오해하는 사람들이 아직도 적지 않다.

마을마다 사람 타는 냄새가…
— 일제의 민간인 학살, '간도참변'

날이 밝자마자 무장한 일본 보병부대는 야소촌(耶蘇村)을 빈틈없이 포위하고 골 안에 높이 쌓인 낟가리에 불을 질렀다. 그리고는 전체 촌민더러 밖으로 나오라고 호령하였다. 촌민들이 밖으로 나오니 아버지고 아들이고 헤아리지 않고 눈에 띄면 사격하였다. 아직 숨이 채 떨어지지 않은 부상자도 관계치 않고 그저 총에 맞아 쓰러진 사람이면 마른 짚을 덮어놓고 알아보지 못할 정도로 불태웠다.

　– 간도참변을 목격한 선교사 마틴의 증언

봉오동전투에서 참패를 당한 일본군은 10월 2일, 마적단을 매수해 중국 훈춘에 있는 일본 영사관을 습격해 방화를 저지르도록 사주했다. 이 사건으로 일본 영사관 직원과 가족 11명이 목숨을 잃었고, 일본군은 이를 조선인의 소행이라 주장했다(훈춘 사건). 이어 일본 영사관을 보호한다는 명분을 내세워 함경북도 나남에 주둔하던 일본군 19사단을 간도로 출병시켰다. 또한 시베리아와 만주에 주둔하던 일본군까지 총 2만 5,000여 명을 출병시켰다. 조선인 독립군을 섬멸하려는 '참빗' 작전이 그렇게 시작됐다.

10월 9일부터 일본군은 간도의 조선인 마을을 뒤지며 방화와 학살, 강간을 자행했다. 남녀노소 가리지 않고 사람을 죽였고, 마을마다 불을 질러 어디를 가나 사람 타는 냄새가 코를 찔렀다. "사람이 목이 잘린 채 펄떡펄떡 뛰었다. 일본군도 놀라 칼을 버리고 도망갔다"라는 증언도 나왔다. 학살한 시신을 무덤에서 꺼내 석유를 붓고 불태워버리기도 했다. 이른바 간도참변(경신참변)이다.

1920년 10월 초부터 12월까지 세 달가량 거듭된 일본군의 만행으로 조선인 3,400여 명이 죽고 5만여 명이 살 곳을 잃었다. 이 와중에도 일본군 앞잡이 노릇을 하는 조선인이 있었다. 그들이 양심과 영혼을 포기한 대가로 받은 것은 옥수수와 좁쌀 몇 말이었다.

간도는 중국의 영토였으나 중국은 일본군의 만행을 방조했다. 명분은 '엄정중립'이었지만 조선인의 만주 이주를 꺼리는 중국의 속내가 작용했다. 중국에 식민지 조선인은 '제2의 일본인'이었기 때문이다. 당시 간도에 사는 조선인은 법적으로 일본 국민도, 중국 국민도 아니었다.

끔찍한 간도참변의 실상이 정작 식민지 조선에는 거의 알려지지 않았다. 중국 상하이를 경유해 국내 신문사로 일부 정보가 입수된 것이 전부였다. 이때《동아일보》기자 장덕준은 "신문은 정간 중이지만 기자 활동은 중지할 수 없다"라며 주변의 만류를 뿌리치고 간도참변의 실상을 취재하려고 북간도에 잠입했다가 실종되고 말았다. 간도에서 저지른 만행이 바깥세상에 알려질까 두려웠던 일제가 그를 암살했을 가능성이 크다. 장덕준은 한국 최초의 순직 기자였다. ※

'민족의 반역자' 민원식을 처단한 양근환

1921년 2월 16일 오전 10시, 도쿄 제국호텔 14호실에서 양근환(27세)과 민원식(34세)이 언쟁을 벌였다.

"지금 3,000만이 총궐기하여 독립을 요구하고 있는 터에 ……그대 같은 자야말로 민족반역자다."

"독립운동?! 상하이에 있는 놈들은 모두 불량 폭도들이야! 그자들의 힘으로 조선 독립이 될 수 없어……."

민원식의 말에 격분한 양근환이 칼을 뽑아 민원식의 배를 찔렀다. 민원식은 그 자리에서 숨을 거두었다.

이날 숨진 민원식은 시사신문사 사장으로 친일 단체 국민협회를 이끌고 있었다(친일 신문인 《시사신문》은 독자들에게 외면을 당해 별명이 '불견신문'이었다). 당시 그는 일본 제국의회에 조선인 참정권을 청원하기 위해 도쿄에 와 있었다. 조선인에게 참정권을 부여하려면 일본의 조선 지배를 인정하고 식민지 조선인을 일본인으로 인정한다는 전제가 깔려 있어야 했다. 즉 '참정권 청원'은 조선 민족의 독립 열기를 무마하려는 기만책이었다. 민족주의자 양근환은 그런 술수를 용납할 수 없었다.

양근환은 황해도 연백 출신으로 천도교인이었다. 3·1운동 때 고향에서 시위에 참여한 뒤 일본 니혼대학으로 유학을 떠났다. 그는 국수 장사, 인삼 행상, 인력거꾼, 신문 배달, 공장 노동 등을 병행하며 공부했다. 고단한 삶이었지만, 일본 여성과 결혼해 두 딸을 낳았다.

민원식을 처단한 다음 날, 귀가한 양근환은 아내에게 친구 집에 다녀오겠다고 말한 뒤 옷을 갈아입고 나가사키항으로 갔다. 배를 타고 상하이로 떠날 계획이었다. 그러나 그의 몽타주를 보고 쫓아온 경찰에게 체포되어 도쿄로 압송됐다. 이 과정에서 어린이운동가 방정환이 양근환과 비슷하게 생겼다는 '죄'로 체포되어 고초를 겪기도 했다. 양근환은 재판에서 무기징역을 선고받고 복역하다가 1933년에 석방됐다.

양근환의 손에 처단된 친일파 민원식은 경기도 여주 출신으로 어려서 일본에 살다가 스무 살 때 귀국했다. 비록 친일파였지만 미담도 전한다. 1907년 도쿄 우에노 공원에서 '일본 메이지 40년 박람회'가 열렸다. 이때 '조선관'도 설치됐는데, 실제로 조선인 남녀 한 쌍이 '전시'됐다. 부산 남성 정덕규는 상투머리에 갓을 쓰고 도포를 입고 있었고, 대구 여성 박 씨는 쪽머리에 장옷 차림이었다. 일본인 관람객들은 이들을 보고 "조선 동물 두 개가 있어 우습다"라고 숙덕거렸다. 조선인 유학생들이 이 조선인 전시에 발끈하자 재력가 민원식이 나서서 주최 측에 비용을 지불하고는 두 남녀를 조선으로 돌려보내주었다. 일본만이 아니라 당시 제국주의자들은 이렇게 '식민지인'을 박람회에 '전시'하는 만행을 저질렀다. ✻

"미술이란 조선 서생들의 한 장난거리…"

— 나혜석의 첫 번째 개인전

나혜석, 〈자화상〉
조선 최초의 여성 서양화 화가이며 신여성의 대표 주자였던 나혜석이 그린 자화상으로 서양 야수파의 화풍이 가미되었다.

경성일보사 내청각에서 3월 19일부터 20일까지 이틀 동안 개인전을 열기로 한 서양화가 나혜석은 언론 인터뷰에서 다음과 같이 말했다. "미술이란 조선 서생들의 한 장난거리에 지나지 못하였으므로 퇴보에 퇴보를 더하여 금일에 우리 민족은 미술에 대한 사상이 아주 없다." 당시 서양화가, 특히 여성 화가는 매우 드물었다. 나혜석 개인전은 하나의 '사건'이었다. 조선 여성 최초의 그림 전시회인 이 개인전을 통해 나혜석은 조선에서 서양화를 널리 보급하고 대중에게 미술에 대한 인식을 심어주려 했다.

나혜석은 경기도 수원에서 부호 나기정의 딸로 태어났다. 그는 진명여자보통고등학교를 수석으로 졸업하고 일본으로 유학을 가, 도쿄 소재 사립 여자미술학교 유화과에 입학하여 서양화를 배웠다. 1918년에는 〈경희〉라는 단편소설을 발표했다. 조혼을 거부하는 진보적인 여성의 이야기였다. 1919년 3·1운동에 적극 가담해 다섯 달 동안 옥고를 치렀다. 그녀는 유학 시절 약혼한 시인 최승구가 죽자 친일파 변호사 김우영과 1920년에 결혼했다.

결혼 이듬해에 열린 이 전시회에서 나혜석은 70여 점의 작품을 선보였고, 언론의 홍보에 힘입어 대성황을 이뤘다. 이틀 동안 무려

5,000여 명이 관람했고 작품 20여 점이 팔려 나갔다. 그중 〈신춘(新春)〉은 350원에 팔렸다. 당시 나혜석은 경성 혜화동의 고급 기와집에 살면서 그림을 그렸다.

《동아일보》 1921년 3월 23일 자 기사에서는 나혜석의 개인전을 보고 온 관람객이 "조선에 유화를 수입한 지 10년이 되었는데 유화를 그리는 화가가 일고여덟 명밖에 안 되"는 현실을 안타까워하며 나혜석의 "지(志)의 고상함과 재(才)의 탁월함"을 극찬했다. 식민지 조선에서 나혜석은 서양화 화단의 신데렐라였다. 그러나 그녀에게는 어두운 운명이 기다리고 있었다. ❶1927 ✳

잔혹한 입시 전쟁의 서막
— 1920년대의 고등보통학교 입학시험

1980년대 미국 TV 프로그램 〈믿거나 말거나(Believe It Or Not)〉(세계 여러 나라를 돌며 상상 초월의 기이한 현상이나 인물들의 이야기를 소개하는 프로그램)에 한국 고등학생들의 일과가 소개됐다. 새벽에 별을 보고 학교에 갔다가 한밤중 다시 별을 보며 집으로 돌아와 잠만 자고 이튿날 다시 학교로 가는 모습에 미국인들은 놀랐다. 이러한 한국의 '엽기적' 교육열은 대체 언제 시작됐을까?

3·1운동 이후 1920년대에는 교육운동이 일어났다. 민족의 실력을 길러야 한다는 거대 담론이 형성되었고, 조선인들은 교육을 사회적 신분 상승의 수단으로 생각하게 됐다. 이에 보통학교는 말할 것도 없고 상급 학교 입시 경쟁이 치열해졌다. 입학시험 예상문제집이 불티나게 팔리고 기출문제가 잡지에 실렸다. 오늘날의 중·고등학교에 해당하는 고등보통학교 입학 경쟁률은 평균 10대 1이었다. 보통학교 졸업생 가운데 20퍼센트만이 고등보통학교에 진학할 수 있었다. 당시 고등보통학교 입학시험은 오늘날 대입수학능력시험에 버금가는 거국 행사였다.

3월 26일, 경성 종로 소재 보성고등보통학교의 입학시험이 있었다(당시에는 신학기가 4월에 시작됐다). 200명 모집에 1,200여 명이 지원했다. 고사장이 모자라 이웃에 있는 중동고등보통학교와 종로의 소학교 교실까지 빌려야 했다. 수험생들은 긴장된 표정으로 고사장에 들어섰다. 1,000명 넘는 지원자들을 제쳐야 했으니 나란히 걸어 들어가는 학생들 모두가 경쟁자였다. 문제지가 배부되자 수험생들은 날카롭게 깎은 연필로 시험지에 수험번호와 이름을 쓰고 '운명의 결전'에 들어갔다.

당시 경성 시내 고등보통학교는 대부분이 입학 경쟁률 10대 1을 넘었다. 경쟁이 치열하다 보니 부작용도 나타났다. 해마다 수십 명이 입시 실패를 비관해 스스로 목숨을 끊은 것이다. 이런 비극은 남과 여, 경성과 지방이 다르지 않았다. ✳

해방 이후 입시 과열을 막기 위해 온갖 정책이 난무했다. 이제 더는 내놓을 정책이 없어 포장만 바꿔 재탕 삼탕을 되풀이하고 있다. 정부가 바뀔 때마다 입시 제도에 칼을 들이댈 게 아니라 이제는 체질 개선에 나서야 한다. 대졸자와 고졸자의 임금격차(1.6대 1)를 지금처럼 벌려놓은 채로는 교육 문제를 해결할 수 없다. 한국의 교육 문제 해법은 '임금체계 개선'에서 출발해야 한다.

파리를 죽이고 애기를 살리자

"파리를 잡아 오세요. 파리 열 마리를 잡아 오면 3전을 드립니다." 경성부(서울시)가 파리를 잡아 오면 돈을 주겠다는 광고를 냈다. 파리가 콜레라(호열자)를 비롯한 온갖 전염병을 옮긴다고 판단한 것이다.

그때만 해도 사람 몸에 설사와 구토를 일으키는 콜레라가 어떤 원인으로 발병하는지 알 수 없어 '괴질'이라 했고, 호랑이가 살점을 찢어내는 것처럼 아파 '호열자(호열랄)'라고도 불렀다. 《대한매일신보》에는 "(콜레라가) 한 집에 들어가면 한 집 사람이 거의 다 죽고, 이 고을에서 저 고을로 칡덩굴같이 뻗어가며 일거에 일어난 불과 같이 퍼져간다"라는 기사가 실리기도 했다. 과장이 아니었다. 당시 콜레라의 치사율은 80~90퍼센트에 이르렀다. 상점들은 콜레라를 피해 문을 닫았고 기차역은 전염병 지역을 벗어나려는 사람들로 북새통을 이뤘다.

경성부는 파리가 각종 질병을 옮기는 매개체일 뿐 아니라 식민지 조선인 대부분이 몸에 지니고 살았던 기생충의 주범이라고 생각하고, 이를 사들이기로 결정했다.

당시 파리 열 마리 매입금으로 내건 돈 3전은 성인 한 사람이 먹을 한 끼 쌀을 살 수 있는 돈이었다. 시민들의 반응은 기내 이상으로 뜨거웠다. 하루 만에 너무 많은 파리를 잡아 오는 바람에 경성부는 파리 매입비를 낮춰야 했다. '파리 시세'를 재빨리 파악한 사람들은 다른 사람들에게 파리를 '할인' 판매하기도 했다. 그러나 애당초 예산 1,200원으로는 엄청난 수의 파리 값을 감당할 수 없었다. 결국 경성부는 광고 이틀 만에 계획 자체를 취소했다.

친일 지식인이자 계몽운동가인 윤치호는 "당국은 조선인들이 밀집해 사는 동네에서 오물과 쓰레기가 몇 주 동안 쌓여 넘쳐나는데도 불구하고 이를 치우지 않고 있다. 파리 박멸에 대해서는 보상을 하겠다면서 파리의 온상은 손대지 않고 방치하는 정책을 가지고, 이 세상을 우롱할 수 있다고 생각하나 보다"라고 일기에 썼다. 윤치호의 지적은 설득력이 있다. 콜레라 발병 원인은 파리가 아니라 오염된 물이기 때문이다. 애꿎은 파리가 억울한 누명을 뒤집어썼는지도 모른다.

그럼에도 파리 잡기 운동은 계속됐다. 각 학교에서는 학생들에게 파리 잡기를 독려했다. '파리는 우리의 원수', '파리를 죽이고 애기를 살리자' 같은 과격한(?) 문구도 등장했다. 소독약과 끈끈이 사용이 권장됐고, 변소와 외양간을 자주 청소하자고 홍보했다. 적어도 질병이나 위생 문제에서는 조선인과 일본인, 친일과 반일이 따로 없어 너나없이 빈대 잡기 운동, 기생충 박멸 운동에 열심이었다. ✱

청년 갑부 반복창의 일장춘몽

19세기 말, 일본 상인들이 인천에 미두취인소(米豆取引所, 곡물거래소)를 설립했다. 곡물의 품질과 가격을 표준화하여 자본주의 거래 질서를 구축한다는 것이 설립 취지였다. 이후 부산, 군산, 목포, 진남포, 강경, 대구 등에도 미두취인소가 생겼다. 채만식의 소설 《탁류》의 배경이 군산 미두취인소다.

그러나 미두취인소는 점차 투기꾼 소굴로 변해갔다. 이들은 미두취인소에 증거금을 예치해 곡물을 사고팔 권리를 확보함으로써 시세 차익을 노렸다. 즉 미두취인소에서는 선물(先物) 거래가 이루어졌다. 도박성이 강한 미두취인소에서 이른바 '투자자'들은 재산을 날리고 눈물을 흘리기 일쑤였다. 오죽했으면 "인천 바다는 미두로 전답을 날린 자들의 한숨으로 파인 것이요, 인천 바닷물은 그들이 흘린 눈물이 고인 것"이라는 말이 유행어처럼 번져나갔을까. 하지만 이 와중에도 일확천금을 거머쥐는 행운아가 있기는 있었다.

5월 28일 오전, 경성 소선호텔에서 호화 결혼식이 열렸다. 결혼식 하객들이 편리하게 이동할 수 있도록 인천-경성 간 특별 열차가 대절됐고 남대문역에선 자동차 수십 대가 대기 중이었다. 이 화려한 결혼식의 주인공은 청년 갑부 반복창(22세)과 경성여고보 출신 미녀 김후동(22세)이었다. 주례는 인천시장 요시마쓰가 맡았다. 결혼식 비용은 3만 원이었다(현재 가치로 약 30억 원).

반복창은 인천 미두취인소 선물 거래 시장에 뛰어든 지 1년 만에 밑천 400원을 40만 원으로 불려 인생 역전에 성공한 백만장자로, '미두신(米豆神)'이라 불리며 전국구 유명인사가 됐다. 그를 보며 '제2의 반복창'을 꿈꾸는 사나이들이 미두 시장으로 몰려들었다.

미두에 투자해 번 돈으로 반복창은 고향 인천의 논밭과 산을 샀고, 호화주택을 지으려고 대지도 매입했다. 이 호화주택의 안주인으로 재색을 겸비한 김후동이 낙점된 것이다. 김후동은 미모가 빼어나 '여신'이라 불릴 정도로 장안에 명성이 자자했다. 결국 두 사람의 결혼은 '돈'과 '미모'의 결합이었다.

하지만 반복창의 행운은 거기까지였다. 쉽게 들어온 돈은 쉽게 나가는 법. 결혼 이후 반복창은 미두 투자에서 거듭 실패하며 무너지기 시작했다. 그를 따르던 수십 명의 부하들은 뿔뿔이 흩어졌고 반복창 본인도 당장 생계를 걱정해야 할 처지가 되고 말았다. 인천에 짓기로 했던 호화주택도 물 건너간 상황이었다.

그럼에도 반복창은 욕심을 버리지 않았다. 무리하게 돈을 빌려 미두 시장에 계속 쏟아붓다가 사기 혐의로 구속되기도 했다. 남편의 거듭된 실패에 몸과 마음이 지쳐버린 아내는 이혼을 요구하며 세 아이를 남겨둔 채 떠났다. 상실감이 컸던지 반복창은 중풍으로 쓰러졌고 정신이상 증세까지 보이다가 네 칸짜리 움막에서 마흔 살의 나이로 세상을 떠났다. ❋

"조선인이 야만인이라는 증거를 대라!"

— 경성의전 학생들의 동맹휴학과 가두시위

6월 4일, 경성의학전문학교(이하 '경성의전')의 조선인 학생들이 동맹휴학에 들어갔다. 이 학교의 일본인 교수 구보 다케시의 망언 때문이었다. "너희 조선 사람들은 해부학상으로 야만에 가까울 뿐 아니라 너희 역사를 보더라도 너희들 중 누군가가 (두개골을) 가져간 게 분명하다!"

일주일 전, 구보 다케시는 해부학 교실에 있던 두개골 표본이 사라졌다며 조선인 학생들을 범인으로 지목했다. '조선인은 야만인'이라는 모욕을 서슴지 않았고, 몇몇 일본인 학생도 맞장구를 쳤다. 이에 조선인 학생 194명은 조선인이 야만인이라는 학술적 증거를 제시하라며 격분했다. 이어 구보 다케시의 강의를 거부했고, 적절한 조치가 없으면 동맹휴학에 들어가기로 결의했다. 조선인 학생들의 거센 반발에 당황한 학교 당국은 구보 다케시의 말이 와전됐다며 무마하려 했으나, 이미 사태가 커진 뒤였다.

학교 당국은 학부모들을 소집해 자제들을 설득해 학교로 보내달라고 요청했다. 그러나 학부모들은 "우리도 조선 사람인 이상 자기 민족을 모욕한다고 분개한 자제들을 어떻게 나무라겠습니까?"라며 학생들을 옹호했다. 그러자 학교 당국은 동맹휴학에 참가한 학생 아홉 명에게 퇴학, 185명에게 무기정학 처분을 내리고 교내에 경찰을 배치했다. 학생 194명은 자퇴서를 내고 총독부를 향해 가두시위에 나섰다. 총독부가 학생 대표를 불러 타협하자고 설득했으나 소용이 없었다.

경성의전 사태는 언론에 보도되면서 점차 사회적 이슈가 됐다. 사회 각계에서 학생들을 격려하는 메시지가 쇄도했다. 《동아일보》는 사설에서 "조선인이 열등하다면 조선의 문화를 수입한 자는 어떤가? …… 교수라는 자가 자기가 키우는 학생들에게 도적이라는 누명을 씌우는 것을 생각이나 할 수 있는 일인가?"라며 구보 다케시를 비난했다. 경성의전과 구보의 집에 항의 전화가 빗발쳤다.

경성의전 사태가 다른 학교로 번지며 반일운동이 펼쳐질 기미가 보이자 총독부는 구보 다케시에게 사과문을 발표하도록 지시하고 학교 당국에는 자퇴서를 낸 학생 전원을 복교시키도록 했다. 결국 구보 다케시가 《동아일보》에 "성격적인 흥분 탓으로 인한 실수"라는 내용의 사과문을 내면서 사태는 20여 일 만에 마무리됐다. 이 사건으로 충격을 받은 구보 다케시는 정신이상 증세를 보이다가 이듬해 학교에서 쫓겨났다. ✻

경성의학전문학교는 경성제국대학 의학부가 됐다가 해방 이후 '국립서울대학교 설립안'에 따라 서울대학교 의과대학에 흡수됐다.

자유시사변, 왜 일어났나

대한민국임시정부의 기관지 《독립신문》이 보도한 자유시사변(흑하사변) 관련 기사(1922. 5. 6.)

간도참변으로 위기를 맞은 항일 독립운동 세력은 백두산으로 거점을 옮겨 독립운동을 이어가려 했지만 쉽지 않았다. 이에 그들은 러시아의 국경 지역인 밀산부 한흥동으로 이동한 뒤 부대를 재편성해 대한독립군단을 조직했다. 총재는 서일, 부총재는 홍범도, 참모부장은 김좌진이었고, 병력 규모는 3,500여 명이었다.

1921년 1월 중순부터 3월 중순에 걸쳐 대한독립군단은 국경을 넘어 러시아 자유시(스보보드니, 러시아어로 '자유'라는 뜻)로 이동했다. 볼셰비키 혁명정부, 곧 적색군이 대한독립군단의 러시아 입국을 허용해준 것이었다. 김좌진은 러시아가 내전 중이라는 이유로 만주로 돌아왔다.

당시 러시아에서는 볼셰비키 혁명 이후 혁명파(적군)와 반혁명파(백군)가 내전을 벌이고 있었다. 대한독립군단의 입국을 허락한 것은 적색군이 내전에서 지원 세력을 얻으려는 의도였다. 그리고 대한독립군단 입장에서는 분산된 독립군 부대들이 힘을 모아 하나의 통일된 조직 아래서 일본군과 싸우려는 목적이 있었다. 반면 일본군은 이미 러시아에 들어가 백색군을 지원하고 있었다.

자유시에서는 대한독립군단만이 아니라 러시아에서 활동하던 조선인 공산주의자들도 이미 활동 중이었다. 오하묵이 이끄는 자유대대, 박일리야가 이끄는 사할린 부대(니항군)가 대표적이다. 이들은 자유시에 집결한 조선인 항일 세력에 대한 군 통수권을 놓고 대립했다.

자유대대는 러시아 적색군을 지지하는 세력으로 '이르쿠츠크파(반이동휘파)'로 분류됐다. 이들은 민족주의자들을 배척하며 민족 해방과 공산주의 혁명을 동시에 추구했다. 이에 반해 사할린 부대는 '상하이파(이동휘파)'로 분류됐으며 대한민국임시정부를 지지했다. 사할린 부대는 민족 해방이 최우선 과제라고 보고 민족주의 세력과 협력하는 데 적극적이었다. 요컨대 이르쿠츠크파는 '골수 공산주의자'들이고, 상하이파는 '개량 공산주의자'들이었다.

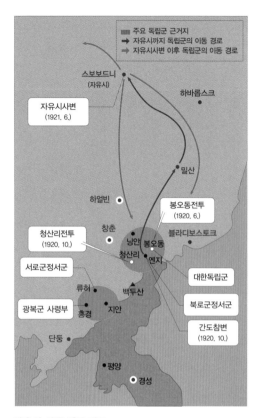

자유시 이동 경로 지도

이때 대한독립군단은 '상하이파'를 지지했다. 처음에는 러시아 볼셰비키 정부가 나서서 이르쿠츠크파와 상하이파의 화해를 촉구했지만 별 소용이 없었다.

6월 27일 아침, 러시아 적색군과 이르쿠츠크파는 상하이파와 대한독립군단에 무장해제를 요구했다. 상하이파와 대한독립군단 투사

들이 "무기를 버리라"라는 러시아어를 알아듣지 못해 달아나자 적색군은 이들을 집중 공격했고 수많은 희생자가 나왔다. 아무르강을 헤엄쳐 도망치려다 익사한 병사들도 있었다. 살아남은 자들은 무장해제를 당한 채 적색군의 포로가 됐으며 대한독립군단은 해체됐다.

자유시사변은 누구의 책임일까? 우선 러시아 볼셰비키 정부의 배신을 지적하지 않을 수 없다. 당시 볼셰비키 정부는 일본과 휴전 협정을 진행하고 있어 자유시 주둔 조선인 항일 세력이 눈엣가시였다. 이에 볼셰비키 정부는 종래의 입장을 바꿔 "일본과의 전쟁을 피하는 게 필요하다. 조선인들의 무모한 작전을 반대한다"라고 밝혔다.

그러나 러시아의 입장도 생각해봐야 한다. 총칼로 무장한 외부 세력이 자국 영토 안에 들어와 편을 갈라 으르렁대는 것을 구경만 할 나라는 없다. 부산에서 같은 사태가 벌어진다면 대한민국 정부가 보고만 있어야 할까? 자유시사변의 불씨는 조선인 독립운동 세력의 분열과 갈등에 있었다.

대한독립군단 해체와 함께 총재 서일은 자신이 책임지겠다며 스스로 목숨을 끊었다. 살아남은 독립운동 세력은 만주로 돌아왔다. 자유시사변의 여파로 1920년대 항일 무장 투쟁은 침체기로 들어섰다. ※

조선총독부에 폭탄을 던진 사나이

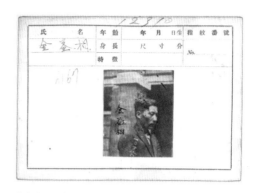

김익상에 관한 일제 신상 기록 카드

일제 주요 감시 대상 인물 카드에 기록된 김익상. 당시 일제는 조선총독부의 감시 대상이었던 인물 4,858명에 대한 신상 카드를 제작해 개인 정보와 활동, 검거 등에 관한 사실을 기재했다.

9월 11일, 의열단원 김익상이 중국 베이징에서 경성으로 잠입했다. 의열단장 김원봉에게서 폭탄도 받아 왔다. '조선총독부 폭파'라는 거사를 앞둔 그에게 단원들이 《사기》〈자객열전〉에 나오는 한 구절을 읊으며 의기를 돋우었다. "장사는 한번 가면 돌아오지 않으리." 김익상이 호기롭게 응수했다. "무슨 소리! 일주일이면 돌아오리다."

경찰이 다가오자 김익상은 검문을 피하려고 아이를 안은 일본 여성에게 다정하게 말을 건네며 대화를 나눴다. 이 모습을 본 경찰은 두 사람을 부부로 착각했고, 김익상은 무사히 검문을 빠져나갔다.

다음 날 오전 10시경, 김익상은 카페에서 맥주를 마신 뒤 전기수리공으로 위장해 조선총독부로 들어갔다(당시 총독부는 남산에 있었다). 곧바로 2층으로 올라가 창문 너머 비서과 안으로 폭탄을 던졌다. 비서과 직원 스즈키의 뺨을 뭔가가 스쳐 지나갔으나 그는 그저 누가 장난을 쳤다고 생각했다. 잠시 뒤 이번에는 회계과장실에서 '쾅!' 하는 소리와 함께 폭탄이 터졌다. 사무실은 아수라장이 됐다. 사무실이 비어 있어 인명 피해는 없었다.

굉음에 놀란 헌병들이 2층으로 허겁지겁 뛰어올라갈 때 김익상은 일본어로 "2층은 위험하다"라고 외치며 계단을 내려갔다. 경비가 삼엄하기로 유명한 조선총독부가 김익상의 기지에 맥없이 뚫려버린 것이다.

폭탄을 던진 뒤 1층 쪽문으로 총독부를 빠져나온 김익상은 가게에서 옷을 사 한강변에서 갈아입고 이태원의 동생 집에 숨어들었다. 다음 날 평양으로 피신한 그는 다시 일본인으로 변장하고는 베이징행 열차를 탔다. 유창한 일본어로 국경 신의주 초소를 통과하고 톈진을 거쳐 17일 무사히 베이징에 도착했다.

출발 전의 호언장담대로 김익상은 일주일 만에 돌아와 단장 김원봉에게 거사 성공을 보고했다. 그러나 6개월 뒤 김익상은 또 다른 거사를 감행하다 결국 체포되고 만다. ●1922 ✻

경주 금관총,
그 우연한 발견과
수난의 역사

9월 24일, 경주 노서리에서 주막을 운영하는 박문환이 건물 증축을 위해 뒤뜰 언덕을 파내고 있었다. 이때 심상찮은 푸른빛 구슬을 발견했다. 동네 아이들이 터 파기 공사 현장에서 나온 이 구슬(초자옥)을 갖고 놀았다. 경주경찰서 순사 미야케 고조가 아이들을 심문했고 구슬이 나왔다는 현장을 찾아가 공사를 중지시켰다. 신라시대의 왕이나 귀족의 무덤으로 추정된다는 것이었다. 당시 조선인들은 경주에 분포해 있는 고분의 봉분을 그저 야산이겠거니 생각했다. 집주인 박문환도 뒤뜰 언덕이 신라시대 고분이라고는 상상하지 못했다.

순사 미야케는 경찰서장 이와미 히사미쓰에게 보고를 올렸고 발굴단이 조직됐다. 총독부 박물관 관원들의 파견이 늦어져 임시로 급조된 발굴단이었다. 그러다 보니 단원 가운데 고고학자나 유적 발굴 전문가가 한 명도 없었다. 인근 학교 교장, 경찰 등이 유물 수습에 나섰는데, 거기엔 조선총독부 박물관 촉탁이자 희대의 도굴꾼 모로가 히데오도 끼어 있었다. ➊1933

27일, 고분 발굴이 시작됐다. 발굴이 진행되는 동안 만주에서 모래바람이 불어와 하늘이 침침해졌다. "저것은 왕의 무덤이다. 이를 일본인이 팠기 때문에 하늘이 어두워진 것이다"라는 소문이 돌았다. 한 일흔 살 노파는 순사의 제지를 뿌리치고 발굴 현장에 들어와 "임금님의 무덤을 파헤치는 것이 웬일이냐?" 하며 통곡했다. 발굴 작업은 정식 기록 작업도 없이 9월 30일 마무리됐다. 겨우 나흘 만에 끝난 졸속 발굴이었다.

이 고분에서는 신라 금관을 비롯해 장신구,

**1921년 금관총에서
금관을 발굴하는 모습**

무기, 말갖춤, 용기 등 4만여 점의 유물이 출토됐다. 한반도에서 최초로 출토된 금관은 화려한 장식이 압권이었고, 발굴된 고분의 명칭도 '금관총'이 됐다.

총독부는 금관총에서 출토된 유물을 경성에 있는 조선총독부 박물관으로 가져가 보관하려 했다. 이에 경주에서 반대 여론이 들끓었고, 급기야 경주의 유지를 비롯한 주민들이 나서서 돈을 모아 '금관총 출토 유물 전시관'을 세우기로 했다. 1921년 12월 5일 자《동아일보》는 당시 상황을 이렇게 전했다.

경주유물보존기성회에서 과일 가사무소(假事務所)에서 유물 진열관 건축에 취하야 위원회를 개최하고, 동관 건축공사를 약 1만 원으로 예정하야 기출자(其出資)의 배정(排定)을 동군 11면으로부터 약 5,500여 원, 그 잔여를 경주면으로부터 갹출하기로 하는데, 동 공사는 명춘조(明春早)에 착수하리라더라.

1923년 10월 전시관이 완공됐다. 총독부는 이를 조선총독부 박물관 경주분관(지금의 국립경주박물관)으로 승격시켰다. 그러나 금관총 유물의 수난은 이제부터 시작이었다. 1927년 12월 박물관에 도둑이 들어 진열관 자물쇠를 부수고 금관을 제외한 모든 유물을 훔쳐 달아났다.

사건이 알려지자 경주는 물론 전국이 발칵 뒤집혔다. 다시 경주 주민들이 나서서 유물을 찾아주는 이에게 사례금으로 무려 1,000원(현재 가치로 1억~2억 원)을 걸었다. 그럼에도 범인과 도난된 유물의 행방은 몇 해가 지나도록 찾을 수 없었다.

경찰이 심리전에 들어갔다. "천 년하고도 수백 년 전에 만들어진 금세공품은 아무리 녹여서 갖고 있어도 요즘의 금과 달라 금방 알아볼 수 있다", "무덤에서 나온 물건을 집 안에 두면 식구들에게 변고가 생긴다" 같은 헛소문을 퍼뜨린 것이다.

심리전의 효력이었을까? 1928년 5월 21일 새벽, 경주 시내 변소를 치러 다니던 노인이 경찰서장 관사 앞을 지나다 보따리 하나를 발견했다. 그 안에 도난당한 금관총 유물이 고스란히 들어 있었다. ✳

해방 이후에도 금관총 유물의 수난은 이어졌다. 1956년 유물 전시실에 도둑이 들어 국보로 지정된 금관을 훔쳐 달아났다. 다행히도 도난당한 금관은 모조품이었다. 이 사실이 신문에 보도되자 범인은 크게 실망해 훔친 (모조)금관을 땅에 묻었다가 경찰에 체포됐다.

춘약, 그 뿌리칠 수 없는 유혹

― 식민지 조선에도 등장한 '정력제' 광고

《동아일보》에 실린 '춘약' 광고(1921. 12. 24.)

노소 물론하고 제 원인으로 신장 기력이 부족하여 방사 불능한 데 복용하면 칠십 노인이라도 불가상의의 대쾌락을 얻게 될 것이다. 다시 소년이 될지어다.

―《동아일보》(1921. 12. 24.) 1면 하단에 실린 '춘약' 광고

인간에게 식욕과 성욕은 가장 원초적인 본능이라 한다. 실제로 인간 뇌의 한 부분에서 식욕과 성욕을 '함께' 관장한다는 연구 결과도 나와 있다. 이는 식욕과 성욕의 연관성을 보여준다. 이를테면 전설적인 바람둥이 카사노바는 굴, 버섯, 양파, 거위 간 등을 즐겨 먹는 미식가이자 대식가였다.

그런데 언제부턴가 인간(남성)은 정력을 강화하고 유지하는 데 음식만으로는 만족하지 못했다. '특별 조제'된 약을 찾기 시작한 것이다. 식민지 조선에서도 신문에 광고를 낼 정도로 정력제가 버젓이 시판되면서 정력제의 '처절한' 역사가 시작됐다.

12월 24일 제세약방의 정력제 광고가 《동아일보》 1면에 실렸다. 이름하여 '춘약(春藥)' 광고였다. '춘(春)'에는 '성욕'이라는 뜻이 담겨 있으니, 춘약은 성욕을 일으키는 약이었다. 이 광고는 "몸의 기력이 약해 성행위를 제대로 못할 때 춘약을 먹으면 칠십 노인도 소년이 되어 쾌락을 얻는다"라고 '선동'하고 있다. 여기에 자신들이 만든 이 약이 "프랑스 의학박사 아니랑 씨의 발명품"이라는 문구도 덧붙이고 있다.

이후 식민지 조선에는 백보환, 팔미환, 자음홍양환, 태양조경환 등 온갖 정력제가 등장했다. "썩은 나무에 꽃이 피게 한다"라는 홍보 문구가 수많은 남성의 가슴에 파도를 일게 했다. 심지어 화학조미료 '아지노모토'가 정력제로 둔갑해 팔리기도 했다. **◑1927** ✳

20세기 말 비아그라가 등장하면서 정력제 시장의 군웅할거 시대는 사실상 막을 내렸다. 의사들은 "비아그라는 정력제가 아니라 발기부전 치료제"라고 강조한다.

김구는 왜 독립운동가를 암살했을까

1922년

— 김립 피살 사건

김립과 그의 동료들(1920, 상하이)
앞줄 맨 오른쪽이 김립이다. 김립의 왼쪽으로 박진순, 이동휘가 있고 뒷줄 왼쪽부터 김철수와 계봉우도 보인다.

2월 8일 수요일 아침, 중국 상하이 길거리에서 독립운동가 김립(42세)이 머리와 몸에 총알을 여러 발 맞고 사망했다(시신에는 모두 열두 발의 총상이 있었다). 그는 대한민국임시정부(이하 '임시정부') 국무총리 이동휘의 참모였고, 암살범은 임시정부 경무국 직원 오면직과 노종균이었다. 독립운동가가 독립운동가를 암살한 것이었다. 이 암살을 지시한 사람은 다름 아닌 김구였다.

국무총리 이동휘는 임시정부가 한인사회당의 정부이고 한인사회당은 임시정부의 여당이라고 생각했다(한인사회당은 이동휘가 이끄는 사회주의 정당이었다). 러시아의 통치권자였던 레닌에게도 그렇게 보고했다. 이에 레닌은 이동휘에게 항일 투쟁 자금 200만 루블과 금괴를 제공했다(금괴는 어른 50명의 무게였다). 이동휘는 그 돈을 상하이에서 활동하는 사회주의 혁명가들에게만 지급했고, 임시정부에는 전달하지 않았다. 이에 임시정부와 김구는 이동휘가 독립운동 자금을 횡령했다고 판단하고 '의로운 테러'를 가한 것이다.

당시 임시정부는 민족주의자와 사회주의자 간의 이념 대립이 극심했다. 이동휘와 김립 등은 외무총장 신규식을 '반동 괴수'라며 공격했고, 신규식·이동녕·누백린·손정두·

이시영 등은 "김립이 이동휘와 결탁하여 국금을 횡령하니…… 그 죄가 극형에 처할 만하다"라는 포고문을 발표했다. 자유시사변 이후 상하이파(이동휘파) 사회주의자들이 대부분 러시아로 건너간 상황에서 김립은 상하이에 머물러 있었는데 바로 그때 변을 당했다.

김구는 《백범일지》에서 김립이 레닌에게서 받은 자금을 횡령해 북간도에 땅을 사고 중국인 기생을 첩으로 들여 향락을 즐겼다고 주장했다. 김립 암살은 '정당한 응징'이었다는 것이다. 결국 이 사건은 임시정부 안에서 곪아 있던 이념 갈등이 레닌의 자금을 계기로 폭발해 김립이 그 희생양이 된 것이다. ✳

의열단의 불발탄과 〈조선혁명선언〉

— 다나카 암살 미수 사건

폭력은 우리 혁명의 유일 무기이다. 우리는 민중 속에 가서 민중과 손을 잡고 끊임없는 폭력·암살·파괴·폭동으로써, 강도 일본의 통치를 타도하고, 우리 생활에 불합리한 일체 제도를 개조하여, 인류로써 인류를 압박치 못하며, 사회로써 사회를 수탈하지 못하는 이상적 조선을 건설할지니라.

— 신채호, 〈조선혁명선언(의열단선언)〉(1923. 1.)

3월, 의열단 김원봉은 또 다른 거사를 준비하고 있었다. 일본 육군대장 다나카 기이치가 필리핀을 거쳐 상하이로 온다는 첩보를 수집했기 때문이다. 다나카는 일본 군부의 실세였다. 이에 오성륜, 김익상, 이종암이 다나카를

저격하겠다며 자청하고 나섰다. 김원봉은 거사를 세 단계로 기획하고 이들에게 각각 임무를 분담시켰다.

29일, 상하이에 다나카가 탄 배가 들어왔다. 그가 환영 나온 사람들과 악수를 나누고 있을 때 오성륜의 총소리가 공기를 갈랐다. 그는 거사가 성공한 것으로 착각하고 "독립만세"를 외쳤다. 그러나 불행히도 총에 맞은 것은 다나카 옆에 서 있던 영국인 여성이었다. 당황한 다나카가 승용차 안으로 몸을 피하려 하자 이번엔 김익상이 총을 쏘았다. 그런데 총알이 또 빗나가 다나카의 머리카락을 스쳤을 뿐이다. 김익상이 급히 폭탄을 던졌지만 터지지 않았다.

이제 마지막 남은 희망은 이종암이었다. 그가 군중 속에서 뛰쳐나와 다나카가 탄 승용차 안으로 폭탄을 던졌다. 그러나 다나카에게 천운이 남아 있었던 것인지, 또 불발! 이종암이 던진 폭탄은 옆에 있던 미군 병사가 발로 걷어차 바닷물에 빠져버렸다.

의열단 거사에 관한 이야기를 읽다 보면

《동아일보》 다나카 암살 미수 사건 관련 기사에 실린 김익상의 사진(1922. 7. 2.)

불발탄이 자주 등장한다. 경찰의 감시를 피하려 깊숙한 곳에 숨겨 운반하다 보니 아무래도 폭탄에 습기가 차거나 녹이 슬기 쉬웠다.

거사가 실패하자 이종암은 재빨리 군중 속으로 사라졌다. 오성륜과 김익상은 총을 쏘며 도망가다가 막다른 골목에서 체포됐다. 두 사람은 일본 영사관으로 연행돼 모진 고문을 당하며 조사를 받았다. 여섯 달 전 조선총독부를 아수라장으로 만든 범인이 바로 김익상이라는 사실이 밝혀지자 경찰은 경악했다.

더 경악할 일은 2개월 뒤에 일어났다. 5월 2일 새벽, 오성륜은 함께 수감된 일본인 다무라의 아내가 들여보낸 칼로 수갑을 풀고 탈옥했다. 조선으로 압송되기 바로 전날이었다. 그는 만주, 독일을 거쳐 러시아 모스크바로 갔다. 거기서 동방노동자공산대학에 입학하는데, 이때 무정부주의에서 공산주의로 전향한다. 훗날 오성륜은 광둥코뮌에 참여하고 만주에서 조국광복회 조직을 주도한다.

오성륜이 탈옥하자 그 불똥이 김익상에게 튀었다. 암살이 미수에 그쳤는데도 김익상에게 사형이 내려진 것이다. 다나카 저격 때 오성륜의 오발탄에 아내를 잃은 영국인 톰슨은 저격자들이 독립운동가임을 알고는 김익상을 선처해달라고 사법부에 탄원했다. 그래서인지 김익상은 무기징역으로 감형됐다.

애꿎은 희생자가 생긴 탓에 다나카 암살 미수 사건 이후 의열단 활동에 대한 비판 여론이 일었다. 상하이 주재 미국 공사는 의열단의 '테러'를 비판했다. 심지어 임시정부까지 의열단을 비판했다. 이에 격분한 김원봉은 신채호에게 의열단을 위한 선언문을 써달라고 부탁했다. 그래서 나온 것이 〈조선혁명선언〉이다.

당시 김원봉과 신채호는 이승만의 국제연맹 위임 통치론을 비판하며 무장 투쟁 노선을 함께 걷고 있었다. 하지만 다나카 암살 미수 사건에서 볼 수 있듯이 '선전' 없는 암살과 파괴는 민중의 호응을 이끌어내지 못한다. 〈조선혁명선언〉은 민중 폭력 혁명에 의한 민족 해방을 주장했다.

의열단은 1931년 김구가 임시정부 산하의 비밀결사단체 한인애국단을 조직하는 데 역할 모델이 됐다. 훗날 조선의용대와 한국광복군 조직 과정에서도 알 수 있듯이 항일 무력 투쟁에서 김원봉은 김구를 한발 앞서갔다.

◑1938 ◑1940 ✳

보통학교 입학시험은 '명태알 테스트'

'배워야 사람 노릇 한다'라는 인식이 확산되면서 보통학교 입학 경쟁도 치열해졌다. 식민지 조선인들은 아무리 먹고살기 힘들어도 만아들은 학교에 보내고 싶어 했다.

3월 26일, 경성에서 교동공립보통학교 입학시험이 있었다(최초의 근대 초등교육기관인 관립교동왕실소학교가 1910년 교동공립보통학교로 이름을 바꾸었다). 9시 이전부터 이미 취학 아동과 부모들이 밀려들어 시험 시간인 9시 30분 무렵에는 교내에 발 디딜 틈이 없었다. 이날 교동보통학교에는 입학 정원 150명에 685명이 지원했고, 강당에서 입학시험을 치렀다.

말이 시험이지 신체검사 후 부모의 이름을 물어보는 등 간단한 지력 테스트였다. 그럼에도 어린 자식을 경쟁 속에 몰아넣은 부모 마음이 편할 리 없었다. 강당 밖에서 유리창 너머로 자식을 바라보는 부모들의 눈빛에는 애처로움이 가득했다.

보통학교 입학시험은 어린이의 판단력, 기억력, 상식 등을 확인하는 구두시험이었다. 이를테면 작지만 무거운 물건과 크지만 가벼운 물건을 주면서 어느 것이 더 무겁냐고 묻는 식이었다. 이른바 '멘탈 테스트'인데 당시 사람들은 '명태알 테스트'라고 불렀다.

훗날 만화가 최영수는 이렇게 비판했다. "'명태알 테스트'인지 '멘탈 테스트'인지 천진난만한 유아를 앞에다 놓고 마흔 넘은 선생들이 마주 앉아 질문하는 게 20세기 문명한 시대에 가당키나 한 소리인가. 아동 심리에 대해 얼마나 연구를 철저히 했다고 그 몇 분 동안에 묻는 말로 구만리 같은 인생의 앞날을 내다본단 말인가."

자칫 계급 갈등을 불러올 수 있는 문제도 나왔다. 100원짜리 지폐를 보여주며 무엇인지 알아맞히라는 문제였다. 보통학교 교사 월급이 50원이던 시절이니 서민층 아이들은 100원짜리 지폐라고는 아예 본 적이 없을 터였다. 이에 학부모들이 거세게 항의했지만 소용이 없었다. 시험문제의 '변별력'을 확보하기 위해 어쩔 수 없다는 답변이었다.

입시철이 다가오면, 각 신문은 '명태알 테스트' 예상 문제를 실어 학부모들의 경쟁 심리를 부추겼다. 입시 과열은 식민지 권력에 싫지 않은 일이었다. '경쟁'이 사회 모순을 은폐하는 역할을 해줬기 때문이다. 보통 사람들에게는 아무래도 '내 자식의 출세'가 '민족 해방'보다 중요했다.

1922년 경성 시내 보통학교 입학시험에는 2,000명 정원에 2만 2,000명이 지원해 11대 1의 경쟁률을 보였다. 이를 두고 언론은 '참상'이라고 표현했다. 그러나 식민지 조선의 교육열이 보편적 현상은 아니었다. 당시 전국 아동의 보통학교 취학률은 20퍼센트가 안 됐다. 대부분의 아동은 학교가 아닌 논과 밭, 공장 등 생산 현장에 있었다. ❶1923 ✳

"단발머리는 일상의 상식"

단발한 김활란(1928)
여성운동가 김활란도 단발은 일상의 상식이라며 단발로 변신했다. 해방 이후 이화여대 초대 총장을 지냈고 평생 독신으로 살았다.

1970년대까지도 한국에서 여성의 '단발머리'는 흔한 머리모양이 아니었다. 단발머리의 역사는 1920년대로 거슬러 올라간다.

1920년대에 세계경제는 호황이었다. 제1차 세계대전의 승전국 미국과 일본은 그 어느 나라보다 최대 호황을 맞고 있었다. 여성의 사회 진출이 늘어나고 문화예술계에선 모더니즘이 등장해 실용성과 합리성을 추구했다. 이런 흐름이 머리모양에도 영향을 미쳐 '밥 스타일(Bob Style)', 즉 '단발머리'가 유행했다.

당시 미국 뉴욕에서는 매주 3,500여 명이 단발로 머리를 잘랐다. 단발로 변신한 자기 모습을 보고 기절하는 여성이 많아 미용실에 산소호흡기를 비치하기도 했다. 단발머리 여성이 지나가면 시민들이 돌을 던졌다는 얘기도 있다. 그만큼 단발머리는 미국에서도 '파격'이었다.

1922년 식민지 조선에도 단발머리 모양이 들어왔다. 여성들이 머리를 틀어 올려 비녀를 꽂던 시대에 단발머리는 충격 그 자체였다. 선구자는 기생 출신의 강향란이었다. 세간에서는 그녀가 어느 청년 변호사를 사랑하다가 실연을 당해 그 충격으로 머리카락을 잘랐다며 쑥덕거렸다. 사실이었다.

실연의 상처가 컸던지 강향란은 한강 철교

위에서 자살을 시도하다 행인에 의해 극적으로 구출된다. 이후 그녀는 남자에게 동정을 구하느니 차라리 남자와 똑같이 살겠다며 이발소에서 머리카락을 자르고 남장을 한 채 정치 강습원에 나타나 남학생들과 함께 공부를 시작했다. 단발을 했다는 이유로 다니던 배화여학교에선 퇴학을 당했다(그녀는 청년 변호사를 사랑하게 되면서 기생을 그만두고 그에게 글을 배워 배화여학교에 입학했다). 단발은 기성 문화에 대한 반발이요, '모단(毛斷)'은 곧 '모던(modern)'이었다.

1922년 7월호 《시사평론》에는 부춘생이라는 사람이 다음과 같은 글을 실었다.

강향란이라는 기생이 돌연히 머리를 깎고 남자 옷을 입고 정치 강습원에 통학 중이라 한다. 암탉이 새벽에 우는 것도 그 집안이 기우는 장본이라 하였다. 하물며 여자가 남자로 환형한 그것이야 변괴가 아니고 무엇이리오. 이렇게 천한 물건은 우리 사회에서 하루라도 빨리 매장해버려야 될 것을……

또 한 번 마음에 상처를 입은 강향란은 양잿물을 마시고 자살을 시도했다가 다시 한 번 살아난다. 훗날 강향란은 영화배우로 변신했고, 근우회 회원으로서 여성운동에도 참여했다.

한편 여성의 단발머리를 옹호하는 목소리도 나왔다. 남성도 단발을 했으니 여성이라고 못할 이유가 없으며 단발은 경제적이고 위생적이며 생활을 편리하게 한다는 게 이유였다.

단발을 감행한 여성들은 주로 기생, 배우, 지식인이었다. 기존의 가부장적 인습에 비판 의식을 가진 신여성들이었다. 여성운동가 김활란은 국제회의에 참석하러 가던 도중 프랑스 마르세유에 들렀다가 긴 머리를 잘랐다. 그녀는 "손톱이 자라면 손톱을 깎고, 손이 더러우면 손을 씻는 것처럼 단발은 일상생활의 상식"이라고 말했다. 일본 유학에서 돌아온 무용가 최승희가 단발머리를 한 것도 사람들에게 큰 충격과 함께 깊은 인상을 남겼다.

아직 여성의 단발에 대한 사회적 시선이 곱지 않았지만, 당시 단발머리는 깨어 있는 여성의 상징이기도 했다. 흥미롭게도 남성들 사이에선 거꾸로 장발이 유행했다. 프랑스의 어느 가난한 화가가 돈이 없어 머리를 못 깎아 기르게 된 것이 유행이 됐다는 후일담이 돌았다.

1932년, 시인 김기림은 "누구인가 현대를 3S 시대(스포츠·섹스·스피드)라고 부른 일이 있지만 나는 차라리 우리들의 세기의 첫 30년은 단발시대라고 부르렵니다" 하는 내용의 글을 잡지에 기고한다. 그의 말대로 단발머리 시대가 열리면서 옛 시대는 조금씩 저물어갔다. ✸

고무신은
강철보다 강하다?!

19세기 말 경인선이 완공되어 경성 노량진에서 인천 제물포까지 걸어서 10시간 걸리던 거리를 기차로 1시간 40분에 갈 수 있게 됐다. 그러나 새로운 기술이 등장하면 생계에 타격을 받는 업종도 생겨나게 마련이다. 경성의 짚신 장수들은 먹고살 길이 막막해졌다며 짚신을 쌓아놓고 불을 지르며 철도 개통에 반대했다. 그런데 짚신 장수들에게 기차보다 훨씬 위협적인 신문물이 식민지 조선에 들어왔다. 바로 고무신이었다.

고무신은 1910년대에 일본 상인들이 조선으로 들여왔다. 당시 고무신은 바닥창만 고무였고, 나머지 부분은 가죽이나 천으로 만들어진 단화였다. 이에 일본인 잡화상에서 일하던 이병두는 일본식 고무신을 개량해 조선식 고무신을 만들었다. 일본식 고무신보다 폭을 넓히고 굽은 낮추며 발등이 드러나게 했다. 시장 반응은 폭발적이었다.

고무신은 착화감이 좋고 물이 들어오지 않으며 오래 신을 수 있었다. 게다가 양반들이 신던 신과 비슷하게 생겨 조선인들의 마음을 사로잡았다. 며칠만 신어도 닳아 너덜너덜해지는 짚신과 비교되지 않을뿐더러 고무신을 신음으로써 신분 상승을 한 듯한 심리적 효과도 얻었다. 시장에서는 물건이 없어 못 팔 정도로 그 수요가 늘어났다. 고무신을 구입한 사람들은 신기가 아까워 손에 들고 다니기도 했다.

이후 식민지 조선에는 고무신 공장이 수십 개 들어섰다. 여성들은 고무신 공장에 노동자로 취직했다. 고무신 공장이 늘어가자 업체 사이에 경쟁이 치열해졌다. 그중 업계 선두는 이하영의 '대륙 고무신'이었다. 이하영은 농부의 아들로 태어나 영어 실력 하나로 외교관을 거쳐 법무대신까지 오른 인물이다(대한민국 육군 참모총장을 지낸 이종찬의 할아버지다).

1922년 9월 21일, 대륙 고무신은 자사 제품을 이왕 전하(순종)가 이용한다고 《동아일보》에 광고를 냈다. 이하영의 권세를 짐작하게 한다. 이에 질세라 경쟁사 '만월표 고무신'은 순종의 동생 이강(의친왕)이 만월표 고무신을 신는다며 광고에 끌어들였다. 두 업체의 '애국심 마케팅'에 맞서 김연수의 '별표 고무신'은 '6개월 품질보증 판매'를 들고나왔다. 최종 승자는 별표 고무신이었다. 소비자에게는 애국심보다 품질이 먼저였다.

한편에서는 고무신 불매운동도 일어났다. 1931년 3월에는 보통학교 학생들이 "조선 사람 손으로 만든 신을 벗고 고무신을 신는 것은 민족경제의 파멸을 조장하고 있는 것"이라며 시위에 나섰다.

그러나 고무신은 이미 대세였다. '민족경제'를 위해 불편한 짚신을 계속 신어줄 이는 그리 많지 않았다. 식민지 조선에도 자본주의 경제가 서서히 자리를 잡아가고 있었다. ✳

미국 프로야구팀, 경성에 오다

1922년 최초 방한한 미국 직업야구단

12월 8일, 경성 용산 철도운동장에서 역사적인 야구 경기가 열렸다. 미국 직업야구단(미국 프로야구팀)과 전조선야구단(조선의 대표팀)의 경기였다. 입장료가 비쌌는데도 관중석은 만원이었다. 식민지 조선에서 야구와 축구는 인기가 대단했다.

당초 미국 직업야구단은 일본 도쿄에서 만주를 거쳐 상하이로 가기로 했다. 야구 열기가 한창이던 식민지 조선에는 무척 섭섭한 이야기였다. 이에 YMCA 야구단 선수 출신이며 조선체육회 이사였던 이원용과 도쿄 유학생 야구부 박석윤(최남선의 매제)이 미국 직업야구단과 교섭해 경기 일정을 잡았다.

미국 직업야구단은 마이너리그 트리플A 선수만이 아니라 메이저리그 선수도 세 명 포함됐다. 웨이트 호이트(뉴욕 양키스 투수), 허브 페낙(보스턴 레드삭스 투수), 조지 켈리(뉴욕 자이언츠 1루수)가 그들이다.

조선의 대표팀은 미국 직업야구단의 상대가 되지 못했다. 선발투수 허브 페낙이 뿌리는 공은 조선인 야구 선수들의 예상을 뛰어넘는 강속구였다. 경기 결과는 '23대 3', 8회에 교체 투입된 투수에게서 3점을 뽑았으니 그나마 다행이었다. 조선인 야구 선수들은 '세계의 벽'을 절감했다. 그러나 경기의 승패가

전부는 아니었다. 관중은 수준 높은 선수들의 플레이를 직접 봤다는 점에 만족했다.

저녁 9시, 경기가 끝나고 명월관에서 화려한 뒤풀이가 열렸다. 이번엔 조선의 미녀들을 만난 미국의 야구 선수들이 감탄을 금치 못했다. 헌터 감독은 "성대한 환영까지 베풀어주시니 우리는 여러분의 열성에 감사하고 앞으로도 변치 말고 오늘 모임과 같은 시간이 다시 있기를 바란다"라고 화답했다. 명월관 뒤풀이는 10시경에 끝났다. 다음 날 미국 직업야구단은 추억을 간직한 채 열차를 타고 중국으로 떠났다. ✺

2006년 3월 14일, 제1회 월드베이스볼클래식(WBC)에서 한국 대표팀은 이승엽, 최희섭의 홈런포를 앞세워 미국 대표팀을 7대 3으로 격파했다. 1905년 미국인 선교사 필립 질레트가 야구를 소개한 지 101년 만에 한국이 야구 종주국 미국을 물리친 쾌거였다.

여의도에서 펼쳐진 청년 비행사의 '모국 방문 대비행회'!

안 군(安君)은 그저 다른 사람이 발명한 비행기의 조종술을 배운 1,000명 중 한 명일 뿐이다. 따라서 호들갑을 떨 만한 일은 아니다.

–《윤치호 일기》(1922. 12. 9.)

미국 직업야구단이 조선을 떠나고 이틀 뒤인 12월 10일, 또 다른 '빅 이벤트'가 여의도에서 벌어졌다(1916년 조선총독부는 당시 경기도 고양군 용강면에 간이비행장을 건설했는데, 이곳이 지금의 여의도다). 이름하여, 조선 청년 안

창남의 '모국 방문 대비행회'! 요즘 표현으로 하면 '에어쇼'다. 경성 인구가 30만이던 시절, 안창남의 에어쇼를 보려고 여의도에 5만 명이 모였다. 학생들이 단체로 동원됐고 기생들도 인파 행렬에 참여했다. 지방에서 올라오는 사람들을 위해 임시열차가 추가로 운행됐다. 비행기는 외국에서 밀려드는 근대 문물 가운데 단연 압권이며 최첨단 기기였다.

6년 전 소년 안창남은 미국인 조종사 아트 스미스가 용산 연병장에서 곡예비행 하는 것을 보고 비행기 조종사의 꿈을 키웠다. 그는 비행기 제작소에서 조종법을 배우고, 오쿠리 비행학교를 다녔으며, 1921년 일본 민간 비행사 시험에 합격했다. 곧 민간 항공 대회에서 2등으로 입상했다.《동아일보》가 안창남에 관한 기사를 냈고, 여론이 들끓었다. 이에 박영효를 비롯한 저명인사들이 '안창남 모국 방문 비행 후원회'를 조직해 '안창남 모국 방문 대비

《동아일보》(1921. 7. 11.)에 실린 안창남 관련 기사
'신비행가 안창남'이라는 제목 옆 '소율비행학교의 조교수, 금년 20세의 조선 청년'이라는 부제가 눈에 띈다.

행회'를 기획했다. 《동아일보》는 '누구든지 무료로 관람'이라는 문구로 행사 홍보에 나섰다.

이날 행사는 안창남의 귀국 인사로 시작됐다. 청년 안창남은 떨리는 목소리로 관중에게 감사를 전했다. 이어 총독 사이토의 축사가 이어졌다. "오늘 조선이 낳은 천재 비행사 안창남 군이 향토 방문 비행을 하게 됨에 이 사람도 무한히 기쁘게 생각하며……." 노회한 총독 사이토의 '립서비스'에서 문화 통치의 교활함이 풍겨 나왔다.

사실 이날은 아침부터 강한 바람이 불어 비행을 하기에는 위험천만한 날씨였다. 게다가 안창남이 비행학교에서 빌려 온 '금강호'는 길이 6.1미터짜리 경비행기였다. 조종사들이 잘 타지 않는 기종으로, 그마저도 거의 버려진 것을 수리해 가져온 것이었다. 그러나 안창남은 자신을 기다려준 동포들을 실망시킬 수 없었다. "이와 같이 추운 날, 수만의 동포들을 더는 기다리게 할 순 없어. 비행기를 꺼내시오."

12시 20분, 경성악대의 연주와 함께 드디어 안창남의 에어쇼가 펼쳐졌다. 조선의 비행

역사가 시작되는 순간이었다. 비행기가 굉음을 울리며 창공을 가르자 관중들이 탄성을 질렀다. 비행기가 땅에 곤두박질치듯 내려올 때는 가슴 졸이며 지켜봐야 했다. 안창남은 창덕궁 상공에서 마지막 황제 순종에게 인사를 올렸다. 서대문형무소 위를 날 때는 그 안에 갇힌 동포들을 생각했다. 12시 40분, 경성과 인천을 오가는 비행이 마무리되자 관중은 박수갈채를 아끼지 않았다.

이날 저녁 경성 시내는 흥분의 도가니에 빠졌고, 안창남은 식민지 조선인들 사이에서 민족의 영웅이 됐다. 만해 한용운은 "안창남에게 완전한 비행기를 사주어 세계 비행계에 새로운 기록을 짓고 조선인도 문명한 사람의 행렬에 들게 하여야 하겠습니다"라고 말했다. 실제로 성금 4만 원이 모였다. 식민지 조선에 "하늘에 안창남, 땅에 엄복동"이라는 말이 유행했다.

이후 안창남은 출세의 길을 버리고 중국으로 가서 항일 독립운동에 투신했다. 그는 몽양 여운형의 권유를 받아 중국 산서 비행학교장으로 활동했다. 독립운동단체 '대한독립공명단'에 거액을 제공했다. ◐1929 ❋

1916년 여의도에 간이비행장을 만든 후 조선 땅에서 항공 수요가 증가하자 1929년 일제는 간이비행장을 확장해 여의도공항을 지었다. 여의도공항은 1939년 김포공항이 생기기 전까지 조선 유일의 공항이었다.
해방 이후 1958년부터 김포공항이 민간 공항으로 자리 잡으면서 여의도공항은 공군기지로 이용됐으나. 이마저도 1971년 경기도 광주에 서울공항이 건설되면서 역사 속으로 사라졌다. 이어 "소련의 크렘린 광장, 중국 텐안먼 광장에 버금가는 광장을 만들라"라는 박정희 대통령의 지시에 따라 여의도공항 부지는 12만 평 넓이의 여의도광장(당시 5·16광장)으로 조성됐다. 1999년 여의도광장은 아스팔트가 제서되고 여의도공원으로 다시 태어났다.

"자결할지언정 적의 포로가 되지 않겠다"
— 김상옥의 영화 같은 의열 투쟁

1923년 1월 12일 금요일 밤 8시 10분경, 경성 종로경찰서로 폭탄이 날아들었다. 폭탄은 경찰서 창틀에 부딪혀 앞마당에 떨어진 뒤 폭발했다. 골목을 지나가던 행인 남성 여섯 명과 여성 한 명이 파편에 맞아 병원에 실려 갔다.

종로경찰서는 식민지 조선인들에게 공포의 대상이었다. 이날 폭탄 투척 사건이 있기 몇 달 전 종로경찰서 소속 순사 임수창이 "물건 값을 깎아주지 않는다"라며 한 상인을 잡아다가 마구 때려 장 파열로 죽음에 이르게 한 일이 있었다. 안창호, 이상재, 한용운 같은 독립운동가들은 종로경찰서를 '무덤'이라고 불렀다. 바로 그 종로경찰서에 누군가 용감히 폭탄을 투척한 것이다.

경찰은 특별수사대를 설치하고 범인 색출에 나섰다. 수사 책임자는 미와 와사부로 경부였다. 영화 〈장군의 아들〉, 드라마 〈야인시대〉 등에서 건달 김두한을 괴롭히는 고등계 형사로 각색되어 나오는 인물이다.

몇 달 전부터 의열단이 조선에 들어와 '테러'를 감행할 것이라는 첩보가 총독부에 들어왔다. 이에 미와는 종로경찰서 폭탄 투척 사건의 범인으로 의열단원 김상옥을 주목했다. 3년 전 총독 사이토를 암살하려다 실패하고 중국으로 달아난 '테러리스트'였다. 그 김상

김상옥의 의열 투쟁을 보도한 《동아일보》(1923. 3. 15. 호외 1면)

옥이 조선으로 돌아온 낌새가 보였다.

과연 미와는 베테랑 형사였다. 중국 상하이로 망명했던 김상옥이 이후 의열단에 들어갔고, 3년이 지난 이해에 총독 사이토가 일본 제국 의회에 참석한다는 정보를 입수해 다시 그를 암살하려 신의주를 거쳐 경성에 잠입해 있었던 것이다. 그는 임시정부로부터 권총 네 정과 총알 800발을 받았다. 당시 임시정부와 의열단은 함께 거사를 도모해 총독 사이토 마코토를 비롯한 일제 요인을 처단하고, 부호들에게서 군자금을 거두려는 계획을 갖고 있었다. 이에 김원봉은 경성에서 활동하던 김한(국회의원 우원식의 외할아버지)을 통해 김상옥에게 폭탄을 전달하려고 했다.

그러나 거사 계획에 차질이 생겼다. 김한이 일제의 밀정이라는 '거짓 정보'가 의열단으로

흘러들어가 폭탄 운송 작업이 중지된 것이다. 이때 종로경찰서 폭탄 투척 사건이 일어나 경찰의 경계는 더욱 삼엄해졌다. 의열단원들은 신변에 위협을 느꼈다.

여기서 의문이 하나 떠오른다. 총독 암살이라는 거사를 앞두고 있던 김상옥이 정말로 종로경찰서에 폭탄을 던진 것일까? 혹 다른 인물이 폭탄을 투척했던 것은 아닐까?

종로경찰서 폭탄 투척 사건 이후 검문검색이 강화되자 김상옥은 남산 아래 삼판동(지금의 용산구 후암동)에 있는 여동생 부부의 집으로 피신했다. 일본으로 출국하는 총독 사이토를 사살하려면 경성역과 가까운 곳에 숨을 필요가 있었다.

그러나 1월 17일, 경찰이 삼판동을 포위해 왔다. 김상옥과 경찰이 총격전을 벌였다. 그 과정에서 김상옥은 종로경찰서 유도 사범이자 형사부장인 다무라를 사살했다. 김상옥은 신발도 신지 못한 채 눈 쌓인 남산을 넘어 "노름하다 쫓겨 왔으니 하룻밤 재워달라" 하며 금호동 안장사에 숨어들었다.

다음 날 김상옥은 주지스님에게 짚신을 얻어 신고 길을 나섰다. 그는 눈길을 뛰어 경찰을 따돌린 뒤 동대문 근처 본가에 들렀다. 대장간을 운영하던 형이 죽고 동생이 가업을 이어가고 있었다. 경찰 수사에 지친 노모는 "너 때문에 우리 집안 사람이 모두 살 수가 없으니 이제는 잡혀 죽어라" 하며 울음을 터뜨렸다. 조국과 가족 사이에서 혁명가의 마음은

어땠을까?

1월 19일, 김상옥은 쓰개치마를 뒤집어쓰고 여자로 변장한 뒤 효제동에 있는 친구 이혜수의 집에 숨었다. 그곳에서 동지들을 모아 총독 암살을 다시 모의했다. 김상옥이 장충단공원에 파묻어놓은 총을 이혜수가 무사히 찾아왔다. 이때 미와는 김상옥의 오랜 동지 전우진(우체부)을 잡아다 고문해 김상옥의 은신처를 알아냈다.

22일 새벽, 경찰 수백 명이 효제동 이혜수의 집을 포위해 왔다. 이어 서울 한복판에서 김상옥과 경찰들 사이에 전대미문의 총격전이 벌어졌다. 김상옥은 양손에 권총을 들고 이웃집 지붕을 넘나들며 어려운 싸움을 이어갔다. 결국 그는 세 시간 삼십 분 만에 총알이 거의 바닥나 이웃집 변소로 숨어들었다. 김상옥은 마지막 한 발이 남은 총구를 자신의 머리를 향해 쐈다.

상하이를 떠날 때 김상옥은 동지들에게 말했다. "나는 자결할지언정 적의 포로가 되지 않겠다." 경찰이 김상옥을 발견했을 때 숨은 끊어졌지만 두 눈을 동그랗게 뜬 채 방아쇠를 잡은 손가락이 까딱까딱 움직이고 있었다. 경찰은 그에게 쉽사리 다가가지 못했다.

김상옥은 동상에 걸려 왼발 발가락 하나가 떨어져 나간 상태였고 몸에는 총알 열한 발이 박혀 있었다. 서른네 살 망자의 설움을 아는 듯 겨울비가 내렸다. ✳

황옥은 독립운동가인가, 밀정인가

재판받고 있는 황옥(1923)
《동아일보》에 황옥 경부 폭탄 사건의 공판이 진행된 경성지방법원 재판정 모습이 실렸다. 맨 왼쪽 ×표시한 사람이 황옥이다.

이번 사건을 교묘히 운용해 대대적 검거를 하면 경무국장도 나를 칭찬하고 경시까지 진급도 시켜주리라 믿었소. …… 의열단을 이용하려던 내가 공범자라는 말을 듣게 됐소.
– 황옥의 법정 최후진술

종로경찰서 폭탄 투척 사건 이후 의열단은 재정비를 거쳐 다시금 거사 준비에 들어갔다. 이번 거사의 책임자는 공산주의자 김시현이었다. 그런데 김시현이 김원봉에게 뜻밖의 건의를 한다. 평소 친분이 있던 경찰 황옥(경기도 경찰부 경부)을 거사에 끌어들이자는 것이었다. 마침 황옥은 경기도 경찰부 지시로 중국에 건너가 종로경찰서 폭탄 투척 사건의 범인과 배후 세력을 캐내라는 지시를 받은 상태였다.

2월 8일, 황옥은 동료 경찰 하시모토와 함께 경성역을 출발했다. 그는 김원봉에게 "만나고 싶다"라고 전보를 쳤다. 다른 의열단원들이 반대했지만 김원봉은 황옥의 요청을 받아들였다. 김시현의 건의대로 황옥의 경찰 신분을 작전에 활용해보려는 생각이었다. 당시 독립운동 세력 내부에는 일제 밀정이 적지 않아 이는 모험이었다.

11일, 황옥 일행이 중국 톈진에 도착했다.

의열단원 남영득이 이들을 마중했다. 하시모토는 남영득의 정체를 알지 못했을뿐더러 황옥의 속내 또한 읽지 못하고 있었다.

당시 황옥은 프랑스 조계지 내 중국 여관에서 베일에 쌓여 있던 스물여섯 살의 김원봉을 드디어 만났다. 심지어 일제에 두려움의 대상이던 의열단장 김원봉과 만난 황옥은 술을 마시며 깊은 대화를 나눴다. 황옥은 자신이 비록 일제 앞잡이 노릇을 하고 있지만 독립운동을 돕고 싶다고 말했다. 이에 김원봉은 황옥을 믿을 만한 인물로 판단하고 거사에 참여시켰다. 황옥에게 조선으로의 폭탄 반입을 도와달라고 한 것이다. 거액의 현상금이 걸린 의열단장과 악명 높은 일제 고등계 경찰……좀처럼 보기 드문 조합이었다.

3월 4일, 김시현과 황옥은 김원봉에게서 폭탄 36개를 받았다. 헝가리인 마자르가 제작해 상하이 앞바다 무인도에서 실험까지 마친 폭탄이었다. 이들은 가방 여러 개에 폭탄을 나눠 담고 신의주를 거쳐 경성으로 들어왔다. 김원봉의 예상대로 황옥이 경찰인 더분에 검문을 무사히 통과할 수 있었다. 거사를 감행할 의열단원들도 뒤이어 경성으로 잠입했다. 이제 2차 거사가 눈앞으로 다가오는 듯했다.

그러나 3월 15일, 황옥을 비롯한 단원들이 체포됐다. 달아났던 김시현마저 며칠 뒤 체포됐다. 신의주에 비상용으로 남겨놓았던 폭탄이 평안북도 경찰부에 발각이 난 탓이었다. 평안북도 경찰부는 경기도 경찰부가 의열단 소탕 작전을 수행하는 중임을 알면서도 공적을 빼앗기지 않으려 선수를 쳤다.

재판에 불려나온 황옥은 자신이 의열단 소탕 작전에 투입된 일제의 밀정이라며 울먹였다. 의열단원들이 경성에 들어오면 일망타진하려 했다는 이야기였다. 황옥을 믿은 의열단원들은 분노했고 밀정을 이용한 경찰의 수사 기법에 대해 비난 여론이 일었다. 일제 경찰이 곧 조선 독립운동 기관이라며 비꼬는 신문도 있었다. 입장이 난처해진 경찰은 여론의 비난을 피하기 위해 황옥을 의열단원, 즉 독립운동가로 몰아갔다. 결국 황옥과 김시현 모두 10년형을 선고받았다.

흥미롭게도 의열단장 김원봉은 황옥이 일제의 밀정이 아니라고 끝까지 굳게 믿었다. 황옥이 의열단의 내부 기밀을 지키려 '밀정', '이중 스파이'의 오명을 뒤집어썼다는 것이다. 경찰의 수사망이 좁혀오자 황옥이 김시현에게 달아나라고 귀띔을 해준 정황을 볼 때 김원봉의 판단에도 일리는 있다. 황옥의 정체는 무엇이었을까? 종로경찰서 폭탄 투척 사건과 뒤이은 황옥 사건은 역사의 미스테리로 남아 있다. ✱

김시현과 황옥의 이야기는 2016년 영화 〈밀정〉으로 재탄생했다. 해방 이후 김시현은 이승만 자유당 독재에 반발해 이승만 암살을 시도하다 실패하고 수감됐다가 4·19혁명 이후 석방됐다. 그는 두 차례 국회의원에 당선됐다. 한편 황옥은 한국전쟁 때 납북됐다.

백정도 사람이다

— 형평사와 형평운동

공평은 사회의 근본이고 애정은 인류의 본령이다. 그런고로 아등(我等)은 계급을 타파하고 모욕적 칭호를 폐지하여 교육을 장려하며 아등도 참다운 인간이 되는 것을 기(期)하는 것은 본사의 주지(主旨)이다. 지금까지 조선의 백정은 어떠한 지위와 어떠한 압박을 받아왔던가?

　　　– 〈형평운동 취지문〉(1923. 4. 25.)

4월 25일, 경남 진주에서 양반 출신 강상호

·신현수·천석구와 백정 출신 이학찬·장지필 등이 합심해 백정들의 신분 해방 단체 '형평사'를 조직했다. 백정에 대한 사회적 차별을 타파하고 저울(衡)처럼 평등(平)한 세상을 만들자는 취지였다. 일본의 수평사(일본의 백정 계급 에다족이 1922년에 만든 단체)를 본보기 삼은 이 모임은 도축업자인 백정들이 흔히 쓰는 저울을 뜻하는 '형(衡)' 자를 써서 이름을 지었다. 진주는 큰 우시장이 있어 백정들이 모여 살던 곳이었다.

전근대 사회에서 백정에 대한 차별은 이루 말할 수 없었다. 백정들은 기와집에 사는 것, 명주옷을 입거나 망건을 쓰는 것, 가죽신을 신는 것, 상투를 틀거나 비녀를 꽂는 것, 이름에 인의충효(仁義忠孝) 등 고상한 글자를 쓰는 것, 결혼식에서 말이나 가마를 타는 것, 장례식에서 상여를 사용하는 것, 상민 앞에서

형평사 제6회 전 조선 정기 대회 포스터(왼쪽)와 수평사를 방문한 형평사 중앙위원들(오른쪽)
'형평사'는 백정들이 사용하던 저울을 가리키는 '형(衡)' 자를 써서 지은 이름으로, "저울처럼 평등한 사회를 만들자"라는 의미다. 형평사는 일본의 수평사와도 연대하며 차별 철폐 투쟁을 벌였다.

술 마시고 담배를 피우는 것 등이 관습적으로 금지됐다. 백정이 이를 어기면 마을 주민들이 이들을 감금하거나 폭행할 수 있었다. 법에도 없는 사형(私刑)이었다.

갑오개혁으로 신분제가 폐지되어 '천민' 계급이 사라졌다지만 일상에서는 백정에 대한 차별이 여전했다. 상대적으로 더 개화된 기독교인들조차 백정과 함께 예배 보는 것을 거부했으며, 기생들도 백정은 손님으로 받지 않았다.

형평운동이 구체적으로 어떤 사건을 계기로 시작됐는지는 확실치 않다. 진주에 살던 이학찬의 자녀들이 백정의 자식이라는 이유로 입학을 거부당하자 이에 격분해 운동을 일으켰다는 설도 있고, 사회운동가 신현수가 백정조합에서 학교 설립 자금을 빌리면서 신분해방 운동을 전개했다는 설도 있다. 어쨌든 3·1운동 이후 교육운동이 번져가는 사회 분위기 속에서 형평운동이 일어난 것으로 보인다. 형평사 조직을 주도한 신현수·강상호·천석구 등은 직업이 사회운동가였다.

5월 13일 일요일 오전, 형평사 간부들은 자동차 세 대에 나누어 타고 진주 시내를 돌며 선전지 7,000장을 뿌렸다. 이어진 축하 행사에선 전국 각지에서 도착한 축전을 낭독했다.

사회주의 단체, 일본 유학생 단체도 형평사를 지지했다. 당시 사회주의 성향의 기자들이 많았던 《조선일보》가 형평운동을 지지한 반면, 부르주아 민족지라 할 수 있었던 《동아일보》는 반응이 시큰둥했다.

형평운동에 대한 반발도 만만치 않았다. 진주 지역사회의 몇몇 농민 단체를 중심으로 쇠고기를 사 먹지 말자는 여론이 일었고, 꼭 백정이 아니더라도 형평사 관련자는 모두 이들의 공격 대상이 됐다. 총독부는 구체적 반응을 내놓지 않았다. 다만 형평운동이 사회주의에 '오염'되지 않을까 신경을 곤두세웠다.

형평사는 회비로 운영됐다. 회원들은 가입비로 1원, 매달 20전씩을 회비로 냈다. 당시 백정 중에는 수완을 발휘해 부를 축적한 사람들이 꽤 있어 운영비의 규모도 결코 작지 않았다. 형평사 출범 초기에 이미 2,200원(현재 가치로 약 2억~3억 원)을 모금할 정도였다.

형평사는 진주에 본부를 두고 곳곳에 지부를 설치했다. 회원 100명마다 한 명씩 대표를 뽑아 정기 총회를 열었다. 그러나 형평사 본부를 진주에서 경성으로 옮기자는 주장이 나오면서 파벌이 생기고 갈등이 빚어져 점차 동력을 잃었다. ❋

방정환의 외침, "어린 혼을 구하자!"

방정환이 만든 잡지 《어린이》
어린이운동을 이끈 방정환은 천도교 교주 손병희의 제자이자 사위였다. 그의 '어린이 존중'은 동학사상에 뿌리를 두고 있다.

5월 1일 오후 3시, 경성 종로 천도교 중앙대교당에서 소년운동 단체 인사 1,000여 명이 모여 제1회 '어린이날' 행사를 열었다('어린이'라는 말은 1914년 최남선이 창안했다). 원래 대규모 시가행진을 예정했으나 경찰이 허가해주지 않았다. 이날 방정환은 도쿄에서 색동회 발대식에 참석 중이었다.

오후 4시부터는 어린이날 선전대가 "씩씩하고 참된 소년이 됩시다"라는 구호를 외치며 서울 시내에 전단 12만 장을 뿌렸다. 개성과 김해 등 지방 도시에도 수만 장의 전단이 뿌려졌다. 선전대는 전단을 뿌릴 때 붉은 글씨로 '어린이날'이라고 쓴 어깨띠를 착용하기로 했지만 경찰의 제지로 무산됐다. 붉은색이 불온하다는 게 이유였다. 공교롭게도 그날이 노동절(May Day)이라는 이유도 있었다(1928년부터 어린이날은 5월 5일로 바뀌었다). 식민지 조선에 사회주의가 확산되던 시기였기에 총독부는 붉은색에 민감했다.

어린이운동 관계자들은 어른들에게 어린이에게 존댓말을 쓰라고 권했다. 《동아일보》는 "조선에도 어린이에게 사람의 권리를 주는 날이 왔다"라며 분위기를 띄웠다.

'어린이 존중'은 동학사상에 뿌리를 두고 있다. 2대 동학 교주 최시형은 "아이를 때리지 마라. 아이를 때리는 것은 한울님(하느님)을 때리는 것이다"라고 말했다. 이런 정신은 3대 동학 교주 손병희로 이어졌고, 그의 제자이자 사위인 방정환이 이 사상을 바탕으로 어린이날을 제정한 것이다. 방정환은 조선 사회에서 자행되던 아동 학대를 비판했다.

방정환은 《어린이》라는 잡지를 창간했으며, 이것이 이후 아동문학의 요람이 됐다. 마해송, 윤극영, 이원수 등 1세대 아동문학가들이 이 잡지에 글을 썼다. 오늘날에도 애창하는 동요 〈오빠 생각〉, 〈고향의 봄〉, 〈반달〉, 〈까치까치 설날은〉, 〈고드름〉 등이 모두 《어린이》를 통해 세상에 알려졌다. 방정환 자신도 이 잡지에 실은 글에서 "짓밟히고 학대받고 쓸쓸하게 자라는 어린 혼을 구하자!"라고 외쳤다.

방정환은 보기 드문 달변가였다. 매년 수십

차례 전국을 다니며 어린이들에게 동화를 구연했다. 동화 구연이 어찌나 맛깔났던지 어린이들은 물론 함께 있던 교사들까지 눈물을 흘렸다. 심지어 그를 감시하던 경찰과 감옥의 죄수들까지 그의 이야기에 감동해 눈시울을 적셨다. 종로경찰서 고등계 형사 미와 와사부로는 방정환에 대해 이렇게 말했다고 전한다. "흉악한 놈인데 밉지 않은 구석이 있어. 이놈이 일본인으로 태어났으면 나 같은 경찰 나부랭이에게 불려 다니지 않았을 거야. 아까운 놈이야."

어린이운동이 큰 반향을 일으킨 데는 1920년대의 변화된 사회 환경도 한몫했다. 어린이날이 제정된 1923년은 서당에 다니는 학생보다 보통학교(초등학교)에 다니는 학생이 더 많아진 해였다. 학부모들 사이에 자식을 가르쳐야 한다는 교육열이 일기 시작했다. 그 전해인 1922년 10월에는 조선소년군이 창설됐는데 '보이스카우트'의 전신이다.

그러나 '어린이날'은 먹고살 만한 가정의 어린이에게나 의미 있는 날이었다. 식민지 조선의 대다수 어린이들은 여전히 학교교육을 제대로 받지 못한 채 생산 현장으로 내몰렸다. 방정환이 꿈꾸었던 '티 없이 맑고 순수하며 마음껏 놀고 걱정 없이 지내는 어린이'는 현실과는 다소 먼 이야기였다. 이에 사회주의 세력은 방정환 계열의 어린이운동을 비판하며 독자적으로 '오월회'를 조직했다. 오월회는 무산소년운동을 지향했다. 이후 양측은 계속해서 갈등을 빚었고 어린이날 행사도 따로 열었다. ✳

오늘날 한국의 어린이들은 방정환이 꿈꾸던 세상에서 마음껏 뛰어놀며 살고 있을까? 부모의 욕심이 낳은 '공부 스트레스' 때문에 또 다른 '괴로움'을 견디고 있지는 않은지 돌아봐야 한다. 어쩌면 제2의 어린이운동이 필요한지도 모르겠다.

이룰 수 없는 사랑,
강명화의 순애보

강명화
기생이었던 그녀는 장병천과의 이루어질 수 없는 사랑으로 괴로워하다 자살로 생을 마감했다.

6월 11일, 충남 온양의 어느 여관에서 한 여인이 스스로 목숨을 끊었다. 경성 화류계에서 이름난 기생 강명화(23세)였다.

평안남도 대동군의 가난한 집안에서 태어나 열한 살에 평양 기생으로 팔려간 강명화는 외모가 빼어났을 뿐 아니라 노래와 무용에 능했다. 열일곱 살 때 경성으로 올라왔는데, 경성의 풍류객치고 강명화를 모르는 이가 없을 정도로 뭇 남성의 시선을 받았다. 김억, 김동인, 나도향 등 유명 문인도 그녀를 자주 찾았다.

열아홉 되던 해에 강명화는 운명적으로 장병천을 만난다. 장병천은 경상북도 대구의 대지주 장길상의 아들이었다(대한광복회에 암살당한 장승원이 장병천의 할아버지고, 훗날 국무총리를 지내는 장택상은 그의 숙부다). 사랑에 빠진 장병천은 아버지 몰래 휴학하고, 강명화와 동거에 들어갔다. 이 사실을 안 아버지 장길상이 아들을 집으로 불러들여 외출을 금했다. 집으로 찾아온 강명화를 문전 박대하기도 했다. 당시 신문들은 강명화를 장씨 집안의 재산을 노리는 '요부'라고 보도했다.

강명화는 장길상의 냉대와 세상의 따가운 시선, 사랑하는 이를 걱정하는 마음으로 괴로워하다 결국 자살을 결심했다. 장병천과 함께 떠난 온양온천 여행에서 그녀는 쥐약을 마시고 사랑하는 이의 품 안에서 눈을 감았다. 넉 달 뒤 장병천도 강명화의 뒤를 따랐다.

남녀의 동반 자살은 당시 낯선 일이어서 사회적으로 큰 반향을 일으켰다. 신여성 나혜석은 추도사를 지어 강명화를 추모했다. 이후 비슷한 사건이 유행처럼 번지기도 했다. 강명화와 장병천의 비극적 순애보는 달라진 사회상을 보여주었다.

이후 두 사람의 이야기는 연극과 출판의 소재가 됐다. 그 작품들 속에서 강명화는 '요부'가 아니라 '비련의 주인공'으로 그려졌다. 그러자 역사학자 신채호는 "자살귀(鬼) 강명화가 열녀가 되는 문예가 무슨 예술이냐?" 하며 강하게 비난했다. 신채호가 쏜 비난의 화살은 무엇을 겨냥했던 것일까? ✷

1967년 신성일과 윤정희 주연의 영화 〈강명화〉가 제작됐다. 그때만 해도 '기생'이라는 직업이 사라지지 않아 기생들이 영화를 보려고 몰려들었다. 대학생, 고등학생까지 관람한 덕분에 영화는 크게 흥행했다.

아나키스트 박열과 가네코 후미코의 사랑

1923년

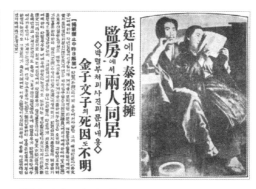

박열과 가네코 후미코를 다룬 《동아일보》 기사(1927. 1. 21.)

9월 1일 정오, 역사상 최악의 지진이 수도 도쿄를 강타했다. 리히터 규모 7.9, '간토대지진'이었다. 이 사건으로 무려 40만 명이 죽거나 실종됐고 가옥 수십만 채가 무너지고 불에 탔다. 간토대지진은 화려하던 도쿄를 폐허로 만들었다. 이에 야마모토 정부는 계엄령을 선포하여 사태 수습에 나섰으나 혼란은 걷잡을 수 없이 커져갔다. 정부는 언론을 통해 "조선인이 우물에 독약을 탔다", "조선이 방화했다"라는 유언비어를 퍼뜨렸다. 지진으로 인한 공황 상태를 이용해 평소 눈엣가시였던 재일 조선인, 사회주의자, 아나키스트 들을 제거하려 했다.

일본 국민의 불만을 다른 곳으로 돌리기 위해 재향군인들로 이루어진 자경단이 조선인 학살에 나섰다. 광기의 학살극에 조선인 3,000여 명이 희생됐다. 심지어 일본인을 조선인으로 오인해 죽이는 일도 있었다.

9월 3일, 경찰은 불온한 조선인 곧 '불령선인' 검거에 나섰다. 박열은 동거녀 가네코 후미코와 함께 새벽에 구속됐다. 그가 이끌던 불령사 회원들도 구속됐다. 박열은 경찰 조사 과정에서 자신이 일본 황족을 폭탄으로 제거하려 했음을 당당히 밝혔다.

변호사 후세 다쓰지가 박열의 무죄를 주장했지만 법원은 박열과 가네코에게 사형선고를 내렸다. 이때 판사는 박열의 기세에 눌려 눈을 들지 못하고 판결문을 우물쭈물 읽어 내려갔다. 이에 박열은 "재판장, 수고했네. 내 육체는 자네들이 죽일 수 있겠지만 내 정신이야 어찌하겠나?"라고 말했고, 가네코는 "만세!"를 외쳤다. 무적자(無籍者)라 사형 후 시신을 인도받을 가족이 없었던 가네코는 옥중에서 박열과 혼인서약서에 서명을 했고, 그렇게 그들은 공식 부부가 됐다.

박열과 가네코가 각기 다른 형무소에 수감되기 직전, 박열 부부의 정의로운 저항에 마음이 움직인 판사가 두 사람이 함께 사진을 찍게 해주었다. 이에 '대역죄인 우대'라는 비난 여론이 거세게 일어 결국 내각이 총사퇴하고 해당 판사는 파면을 당했다.

그러던 중 가네코 후미코가 의문의 죽임을 당했다. 그 시신은 급하게 가매장됐지만, 후에 그 유골이 비밀리에 박열의 형에게 전해져 경북 문경 팔령산에 묻혔다. 문경은 박열의 고향이다. ✽

경성제국대학의 개교와
조선 엘리트의 탄생

1924년

1930년대의 경성제국대학

> 저놈들이 우리나라에 관립대학이라도 만
> 들어줄 놈들인가? 우리가 민립대학을 만들
> 겠다고 하니까 그것이 될까 봐 선수를 친
> 것이지. 그러니까 경성제국대학은 우리 민
> 립대학이란 말이야.
>
> – 월남 이상재

식민지 조선에는 일본인 38만 명이 살고
있었으나 조선에 대학이 없어 일본인이 대학
에 진학하려면 일본 본토로 건너가야 했다.
이에 대한 불만이 커져가자 일본은 본토의 도
쿄대, 교토대, 규슈대, 도호쿠대, 홋카이도대
같은 제국대학을 식민지 조선에도 설립하기
로 했다. 여기엔 월남 이상재를 중심으로 결
성된 조선민립대학기성회의 민립대학 설립
운동에 따른 여론을 무마하려는 뜻도 있었다.

경성제국대학은 일제 당국의 전폭적 지원
을 받았다. 경성제국대학의 운영비는 당시 보
성전문학교(고려대), 연희전문학교(연세대),
이화여자전문학교(이화여대) 등 전문학교 10
개교의 운영비를 합친 것보다 많았다. 이 비
용은 식민지 조선인이 낸 혈세에서 나왔다.
그런데도 경성제국대학 교수 57명 가운데 조
선인은 겨우 다섯 명이었다. 또한 의학부에서
조선인 학생은 3분의 1 정도였으며, 법문학부

에서는 4분의 1뿐이었다. 졸업생 수로 따져도
마찬가지여서 그 격차가 상당했다.

1924년 3월 18일부터 21일까지 경성제국대
학 입학시험이 치러졌다. 모든 문제가 일본어
로 출제되고 일본어로 답을 서술해야 하는 이
시험에 647명이 응시했다. 돈이 없어 외국 유
학을 떠나지 못한 조선인 학생, 간토대지진 때
문에 일본에서 돌아온 유학생들도 응시했다.
합격자 180명 가운데 조선인은 45명이었다.
경성제1고보 열 명, 평양고보 여섯 명, 대구고
보 다섯 명, 휘문고보 세 명 등이었다. 수석 합
격자는 훗날 대한민국헌법을 기초하고 고려
대 총장을 지낸 유진오였다. 입학식과 개교식
은 6월 12일에 있었다. 한국인의 파란만장한
대학 입시 전쟁사는 이렇게 시작됐다.

경성제국대학은 2년제 예과만 개설했다가
2년 뒤 3년제 법문학부(법학과·철학과·사학
과·문과)와 4년제 의학부를 개설했다. 예과는
서울 공릉동에, 본과는 동숭동에 있었다. 경
성제국대학은 식민지 조선에 단 하나뿐인 정
식 대학이었고, 식민지 엘리트를 길러내는 국
가기관이었다. 친일파는 이미 조선인들에게

매국노로 낙인 찍혀 활용 가치에 한계가 있었기에 새로운 일본 제국 엘리트를 양성할 필요가 있었다. 따라서 조선인이 경성제국대학에 입학하려면 공부 잘하고 신분과 사상이 '건전'해야 했다. 경성제국대학 졸업장은 식민지 조선에서 출세의 지름길이 됐다. 한국의 학벌 문화가 이렇게 시작됐다.

경성제국대학의 인기 학과를 졸업한 엘리트들이 사회 상류층을 형성했다. 그들은 판검사·변호사·의사·교수가 되기도 했고 은행원이나 회사원이 되어 부와 명예를 누렸다. 보성전문학교, 연희전문학교 출신도 사회적 지위가 높았으나 경성제국대학 출신에는 상대

가 되지 못했다.

그러나 경성제국대학 졸업생들도 취업난을 피해가지는 못했는지, 졸업 철이 다가오면 여기저기에 인맥을 동원해 취업 청탁을 하곤 했다. 오늘날과 마찬가지로 문학·역사·철학 등 인문학 전공자에게 취직이란 하늘의 별 따기였다.

경성제국대학의 사회적 위상이 워낙 높다 보니 이 학교 학생을 사칭하는 사기꾼도 기승을 부렸다. 경성제국대학 교복을 입고 다니며 식당이나 여관, 서점에서 사기 행각을 벌이는가 하면, 심지어 순진한 처녀들에게 '몹쓸 짓'을 하기도 했다. ✳

해방 이후 경성제국대학은 경성대학으로 이름이 바뀌었다가 1946년 '국립서울대학교 설립안(국대안)'에 따라 아홉 개 전문학교와 통폐합되어 종합대학 서울대학교로 재탄생했다. 경성제국대학의 사회적 위상은 오늘날 서울대학교로 이어지고 있다.

일본인이 발견한 조선의 미

— 야나기 무네요시의 '조선민족미술관' 설립

4월 9일, 경복궁 집경당(후궁들이 살던 건물)에 조선민족미술관이 세워졌다. 식민지 조선에서 '민족'이라는 '불순 용어'를 사용한 기관이 문을 연 것이다. 이 엄청난 일을 저지른 주인공은 일본의 문예비평가 야나기 무네요시였다. 그는 3·1운동 때 경찰의 강경 진압을 비판했던 사람으로, 일제가 보기에는 위험인물이었다. 그럼에도 야나기 무네요시는 자신의 아버지 야나기 나라요시가 총독 사이토의 해군 선배라는 점을 활용해 당국을 설득했고, 결국 조선민족미술관을 열 수 있었다.

야나기 무네요시가 조선의 공예품에 관심을 두게 된 데는 아사카와 다쿠미의 영향이 컸다. 아사카와 다쿠미는 조선총독부 산림과 임업시험장에 근무하던 산림학자로, 조선의 공예품에 남다른 관심이 있었다. 서울 아현동 그의 집에는 백자와 밥상, 장롱, 병풍, 문방구 등이 쌓여 있었다. 아사카와 다쿠미는 식민지배와 서구 문물에 떠밀려 조선 민중이 사용하던 생활용품이 사라져가는 현실을 안타까워했다. 야나기는 이런 아사카와에게 청화백자를 선물받은 것을 계기로 조선의 민예에 주목하게 됐다. ○1914

도쿄제국대학 출신으로 서구 사상을 공부한 야나기 무네요시에게 조선의 공예품은 시상적 전환을 가져왔다. 레오나르도 다빈치, 톨스토이, 윌리엄 블레이크, 고흐에 심취했던 근대 지식인이 조선의 막사발에서 새로운 가치를 발견한 것이다. 그에게 조선 공예품은 작위적이지 않아 마치 저절로 빚어진 것처럼 보였다. 그는 천재에 의한 미술, 귀족을 위한 미술보다 '민중공예'를 예찬했다. 일상과 동떨어진 미술보다 삶 속의 미술을 지향했다. 이른바 '민예론'이다.

어느 날 야나기는 아사카와에게 뜻밖의 제안을 했다. "아사카와 씨, 당신이 수집하는 것과 같은 조선의 공예품들을 모아 전문적으로 보관할 미술관을 만들면 어떨까요?" 아사카와가 동의했다. 유명 성악가였던 야나기의 아내는 기금을 마련하려 1920년과 1921년에 경성에서 자선 음악회를 열었다. 독립운동가 백남훈, 김준연, 백관수, 동아일보사의 장덕수, 기독교 지도자 조만식 등이 기부금을 내는 등 호응이 좋았다.

그렇게 조선민족미술관이 탄생했다. 미술관 운영은 아사카와 다쿠미가 맡았으나 방문객이 있을 때에만 문을 열었다. 대중을 위한 상시 관람보다는 공예품 보관에 중점을 둔 것이다. 야나기 무네요시는 (조선인도 찾지 못했던) 조선의 미와 조선인의 정체성을 조선의 예술 속에서 찾아냈다. ✱

해방 이후 조선민족미술관은 국립민속박물관으로 발전해 오늘날에 이르고 있다. 현재 국립민속박물관 홈페이지에는 야나기 무네요시와 조선민족미술관에 대한 언급 없이 해방 이후 역사만 기록하고 있다. 있는 사실을 외면하는 게 민족 자긍심은 아니다. 1984년, 대한민국 정부는 야나기 무네요시에게 문화훈장을 추서했다.

총독 사이토를 사살하라!

— 참의부의 조선 총독 암살 시도와 고마령 참변

조선 총독 사이토 마코토
1919년 8월 3대 조선 총독으로 임명된 사이토는 문화 통치 정책으로 조선 통치를 안정시키려 했다. 1927년 총독직에서 물러났다가 1929년부터 2년 동안 5대 총독으로 재임했다.

5월 19일 12시경, 조선 총독 사이토가 국경 지방의 치안 상태를 시찰하려고 경비정을 타고 압록강 하류로 내려오고 있었다. 다음 달 일본 제국의회 출석을 앞두고 실적 보고를 하기 위해 위험한 시찰에 나섰던 것이다. 그때 강 너머 조국 산천을 바라보며 새벽부터 매복해 있던 이들이 있었으니 장창헌 휘하 참의부 대원들이었다. 이들은 사이토가 탄 경비정을 향해 총격을 가했다. 5년 전 강우규의 폭탄을 피했던 사이토는 이번에도 급히 도주해 목숨을 부지했다.

참의부는 8개월 전 남만주에서 대한민국임시정부 산하 조직을 자처하며 출범한 항일 무장 운동 단체다. 참의부는 민정 조직과 군사 조직으로 이루어졌다. 민정 조직은 남만주 동포 사회를 관리하며 독립운동 자금을 모았다. 군사 조직은 여섯 개 중대와 훈련대로 이루어졌고, 일제 국경수비대와 교전을 벌이는가 하면 국내로 잠입해 주재소를 공격하고 친일파를 숙청하기도했다. 1924년 한 해에 감행한 국내 진공 작전만 해도 560여 회에 이르렀다.

총독 사이토를 사살하려는 거사는 성공하지 못했으나 대한민국임시정부의 직속부대가 조선 식민 통치의 수괴를 응징했다는 점에서 이 사건은 의의가 크다.

총독이 국경지대에서 습격당하자 경찰은 비상경계령을 내리고 참의부 소탕에 혈안이 됐다. 이 과정에서 장창헌은 조선인 밀정 홍인화에 의해 밀고당해 일본 경찰에 사살됐다. 홍인화는 그 '공로'를 인정받아 순사로 특채됐다가 분노한 군중에 의해 주막거리에서 맞아 죽었다.

이듬해 3월, 일본 경찰은 참의부 지휘관들이 만주 집안현 고마령 골짜기의 비밀 근거지에서 작전회의를 열고 있다는 첩보를 입수했다(내부 변절자가 밀고했다는 의혹이 일었다). 군경 200여 명은 고마령에 사는 참의부 대원 김명준을 붙잡아 길잡이로 앞세우고 참의부 회의 장소를 급습했다. 네 시간 동안의 전투로 선임 중대장 최석순을 비롯한 참의부 대원 29명이 전사했다. '고마령 참변'으로 참의부 세력은 점차 위축되어 훗날 한국독립군(지청천), 조선혁명군(양세봉)에 통합됐다. ○1932 ✷

'천하절색' 김정필이 정말로 남편을 독살했을까

10월 어느 날, 경성복심법원에서 재판이 열렸다(일제 재판은 1심 지방법원, 2심 복심법원, 3심 고등법원 순으로 진행됐다). 함경북도 명천에 사는 여성 김정필(19세)이 남편을 독살했다는 혐의로 재판을 받고 있었다. 피고 김정필은 1심에서 혐의가 인정돼 사형을 선고받았지만, 2심에서 혐의를 부인했다. 경찰의 강압 수사로 1심에서 허위 자백을 했다는 것이다. 이날 검찰은 1심과 마찬가지로 김정필에게 사형을 구형했고, 재판장은 추가 조사가 필요하다며 판결을 미루고 폐정했다.

그런데 이 사건을 둘러싸고 대중은 엉뚱한 곳에 관심이 가 있었다. 피고 김정필이 '미인'이라는 점이었다. 당시 한 신문은 김정필을 "키와 눈이 크고, 살결이 배꽃처럼 희며, 얼굴은 약간 길다"라고 묘사했다. 아마도 김정필은 서구형 미인이었던 것 같다. 언론이 너무 호들갑을 떨었을 뿐 소문에 비해 실물은 별로 미인이 아니라는 반응도 나왔다.

급기야 미인 김정필에 대한 동정 여론이 일었다. 법원과 언론사에 김정필을 사형시키지 말라는 투서가 쇄도했다. 변호사 이인은 무료 변론을 자청했다(당시 이인은 신출내기 변호사였으나 훗날 의열단 사건, 광주학생운동 사건, 안창호 사건, 6·10 만세 사건 등을 변호했으며 대

한민국 초대 법무부장관을 지냈다). 그러자 일개 살인 사건에 온 사회가 과잉 반응을 보인다는 비판도 일었다.

김정필의 운명이 결정될 10월 10일이 밝았다. 재판을 구경하려고 군중 2,000명이 법원으로 몰려들었다. 종로경찰서가 병력을 풀어 군중을 해산하려 했으나 역부족이었다. 《동아일보》1924년 10월 20일 자에는 다음과 같은 공판 방청객 수기가 실렸다.

밀어라 당겨라 비벼라 들어가자 애개개 죽겠네 여보 가만있소 소리를 지르며 엉겼다 무너지고 무너졌다 들러붙어 이리 밀리고 저리 밀리기를 약 한 시간 반. …… 나오려니 헤치고 나갈 수 없어 야단. 숨이 막혀 야단. 가슴이 결려 야단. 옷고름이 떨어졌네. 모자가 도망갔네. 발등을 밟네. 허방에 빠졌네. 별별 현상 갖은 일이 다 일어났다.

치열한 법리 공방이 이어졌고, 판결은 10월 22일에 내려졌다. 형량은 '무기징역'이었다. 김정필은 판결에 강하게 반발했으나 상고하지 않았다.

이후 김정필은 모범적인 수감 생활을 이어갔다. 바느질 솜씨가 뛰어났던 그녀는 감옥에서 일본 상류층이 입을 기모노를 지었고, 글도 깨우쳤다. 이에 감형을 받아 1935년에 석방됐다. 11년 전 있었던 사건의 진실은 하늘과 김정필 본인만 알 터이다. ✷

'국민소주' 진로의 탄생

10월 3일, 장학엽은 평안남도 용강에서 '진로소주'의 전신인 '진천양조상회'를 설립했다. 그는 안창호를 존경하며 보통학교에서 학생을 가르치던 교사였다. 일본인 교장에게 미운털이 박혀 교단에서 쫓겨난 그는 소주 사업에 뛰어들었다. 일본 자본이 투자된 업체가 평양에서 '조선소주'를, 인천에서 '조일양조'를 운영하고 있었지만, 소주보다 막걸리를 즐겨 마시던 시절이었다.

식민지 조선에서는 곡물 발효주를 가열해 수증기를 만든 뒤 냉각시켜 소주를 만들었다. 물과 알코올의 끓는점이 다르다는 점을 이용한 것으로, 고려시대에 중국 원나라에서 들어온 전통 소주 제조 방식이다. 이렇게 제조한 소주를 '증류식 소주'라고 부른다. 증류식 소주는 곡물의 천연향이 살아 있어 술맛이 좋지만 그 추출량이 적어 값이 비싸다. 당시 진천양조상회가 생산한 소주는 알코올 농도가 35도였다.

그럼에도 장학엽은 이런 재래식 주조 방식을 고집했다. 회사를 차린 첫해에 진천양조상회는 700석(1석=180리터)의 소주를 생산했다. 점차 생산량을 늘렸으나 그럴수록 술 만드는 데 쓰는 곡물의 양이 늘어 적자가 쌓였다. 결국 진천양조상회는 문을 닫았다가 새로운 자본을 투자받아 고비를 넘겨야 했다.

1920년대의 진로 술병 디자인
초창기 진로 소주는 알코올 농도가 35도로 높았다.

장학엽의 재기를 도운 술은 흑국 소주였다. 좋은 술을 만들면서도 생산량을 늘릴 방법을 고민하던 끝에 흑국(누룩의 씨가 되는 곡식)을 이용하는 방법을 찾아냈다. 이로써 그는 당시 일본인 양조업자들의 희석식 소주(에탄올에 물을 섞어 만드는 방식)와도 차별화할 수 있었다. 특유의 쌉쌀한 맛을 지닌 이 술은 애주가들에게 큰 인기를 얻었다.

본래 진천양조상회에서 쓴 제품의 상징 이미지는 원숭이였다. 장학엽의 고향 평안도에선 원숭이가 복(福)을 상징하는 동물이었다. 원숭이 그림 양쪽에 쌀을 그려 넣음으로써 쌀로 빚은 소주를 마시면 복을 누리고 장수한다는 의미를 새겼다. ❋

해방 이후 장학엽은 월남해 서울 영등포에 회사를 세웠다. 이때 회사의 상징을 원숭이에서 두꺼비로, 상호를 '진로'로 바꾸었다. 1965년 정부가 식량 부족을 이유로 증류식 소주 제조를 금지하자 진로에서도 처음으로 '희석식 소주'를 내놓았다. 1970년대 들어서는 알코올 도수를 25도로 낮추면서 소비가 늘어 '삼학소주'를 제치고 시장점유율 1위에 올라 오늘날에 이르고 있다.

살인적인 소작료와
일본으로 팔려 가는 쌀

10월 13일, 동양척식주식회사 황해도 사리원 지점 앞에 농민 100여 명이 모여 시위를 벌였다. 이들은 동양척식주식회사 소유의 농지를 소작하는 농민들로서 살인적인 소작료에 울분을 토하고 있었다. 흉년이 들어 수확량이 세 석 여섯 말인데 소작료로 평년처럼 여섯 석이 부과됐다는 토로였다. 제국주의자들은 풍년이든 흉년이든 그저 더 많은 소작료를 징수하는 데만 관심이 있었다. 소작인 이

홍점이 동양척식주식회사의 횡포에 강력히 항의하다 직원에게 폭행까지 당한 마당이라 농민들은 더욱 격앙돼 있었다.

동양척식주식회사는 대표 곡창지대인 전북 정읍에서도(황해도와 전라도는 땅이 기름져 쌀 생산량이 많았기 때문에 동양척식주식회사가 눈독을 들였다) 소작농민들에게 수확량의 70~80퍼센트를 소작료로 부과해 큰 반발을 샀다. 농민들은 소작료를 없애달라고 요구한 게 아니다. 이를테면 1920년대 농민조합들은 '소작료 40퍼센트'를 목표로 삼았다. 농민들의 꿈은 수확량의 60퍼센트만이라도 갖는 것이었다.

조선인 지주라고 해서 소작농에게 너그럽지 않았다. 조선 왕조 시대와 마찬가지로 수확량의 50퍼센트를 소작료로 받는 게 일반적

동양척식주식회사(1930)
1908년 서울 을지로에 동양척식주식회사가 들어섰다. 이듬해인 1909년 곡창지대인 황해도 사리원, 전라남도 영산포, 경상남도 마산에 가장 먼저 지점을 냈다.

이었다. 물값, 비료 값, 마름에게 주는 수당, 운반비 등 온갖 비용을 소작민이 부담한다는 점을 감안하면 실제 소작료 비율은 70~80퍼센트에 이르렀다. 농사를 지을 때 화학비료를 쓰지 않으면 소작을 주지 않겠다고 협박하는 지주들도 있었다. 심지어 전라남도 함평에 사는 지주 장 아무개는 수확량보다 더 많은 소작료를 징수했다.

식민지 치하로 들어가면서 지주소작제의 모순은 더욱 심화됐다. 농민들은 생산 의욕을 잃었고 토지의 질도 떨어졌다. 살인적인 소작료는 조선 전역에 휘몰아친 비극이었다. 소작료를 견디지 못하고 야반도주하는 농민이 속출했다. 이에 지주들은 연대보증제를 강화했다. 한 마을의 농민들을 서로 연대보증인으로 세워 소작 계약을 함으로써 그중 한 사람이 소작료를 내지 못하고 도주하면 나머지 농민들이 책임지는 방식이었다.

19세기 말 이래 산업국가로 변신한 일본은 조선을 식량 공급처로 여겼다. 일본 내에서 농업인구가 줄어들었으나 도시 노동자의 저임금을 유지하려면 안정적으로 식량을 공급해야 했기 때문이다. 이에 식민지 조선의 지주들이 소작료로 거두어 간 쌀이 일본으로 팔려 나갔다. 조선에서 생산된 쌀 생산량 가운데 일본으로 팔려 나간 쌀의 비율이 1910년대에 10퍼센트, 1920년대에 40퍼센트이더니 1930년대에는 50퍼센트를 넘었다. 반면 식민지 조선인들의 쌀 소비량은 점점 줄 수밖에 없었다. 조선 사람들은 만주산 잡곡으로 배를 채웠다.

일제가 식민지 조선의 쌀을 일본으로 가져간 것이 '수탈'인지 '수출'인지를 놓고 요즘도 간혹 논쟁이 벌어진다. 돈을 주고 쌀을 사 갔으니 겉보기에 '수출'인 것은 맞다. 그런데 중요한 것은 그 '수출'이 조선 사회에 끼친 경제적 영향이다. 일본 쌀을 '수출'하느라 식민지 조선에서는 쌀농사를 짓는 농민 자신조차 쌀밥을 먹기가 힘들었다. 따라서 일본으로 쌀을 가져간 것은 굳이 말하자면 '수탈적 수출', '약탈적 수출'이었다.

또한 '수출'을 통해 배를 불린 것은 지주였다. 국내 시세보다 더 비싼 값에 쌀을 일본으로 '수출'한 그들은 소작농을 이용해 자신들의 배를 채웠다. 경성방직·동아일보사 설립자 김성수가 그 대표적 인물이다. 전체 농가 3퍼센트에 불과한 지주가 전체 농지의 50퍼센트 이상을 차지하던 시절이었다. 식민지 권력과 지주소작제는 쌍생아였다. ✻

해방 이후 38도선 이남과 이북에 들어선 정권은 각각 농지개혁과 토지개혁을 단행했다. 식민지 시기에 심화된 지주제의 모순을 해결하지 않고서는 인구 대다수가 농민이던 시설에 권력을 상악하기 어려웠을 터이다.

남자 의사에게 진료받는 산모들

― 최초로 산부인과를 개업한 신필호

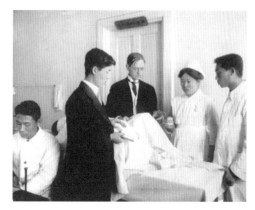

신필호와 그의 스승 허스트
왼쪽에 서 있는 남성이 진료 중인 신필호다.

1925년 3월 초, 황해도 연안에 산부인과 의원이 문을 열었다. 조선 최초의 산부인과를 연 주인공은 세브란스 의전 교수를 지낸 신필호였다. 왜 하필 그 지역에 산부인과를 개업했을까? 황해도 연안은 일찌감치 기독교를 받아들여 비교적 '깨어' 있다고 판단했기 때문이다.

그러나 식민지 조선에는 '남녀칠세부동석'의 유교 윤리가 여전히 남아 있었다. 남성 앞에서 여성이 옷을 벗는다는 것, 더 나아가 남성이 여성의 출산을 돕는다는 것은 해괴망측하고 상상조차 할 수 없는 일이었다. 그럼에도 신필호는 뛰어난 의술과 특유의 사교력으로 의료 활동을 완수해냈다. 그의 노력에 힘입어 가정에서 산파가 아이를 받던 관습이 병원에서 분만하는 방식으로 서서히 바뀌어갔다.

3년 뒤 신필호는 경성으로 돌아와 인사동에 산부인과 의원을 개업했다. 경성에서도 산부인과는 이것이 최초였기에 개업 초기에는 오해와 비난도 일었지만, 신필호는 특유의 성실함으로 극복해나갔다. 황해도에서 그랬듯 형편이 어려운 환자에게는 진료비를 받지 않았다.

신필호의 인술(仁術)은 일제의 폭압 아래서도 흔들림이 없었다. 그는 조선공산당의 핵심 간부 신철의 척수염을 치료하며 일제 고등계 형사에게 "이 환자를 계속 치료할 수 있도록 해주시오. 내가 책임지겠소"라고 말할 만큼 강단 있고 의연했다. 당시 '치안유지법'은 공산주의자를 숨겨주거나 돕는 행위를 처벌했다. 신필호의 이러한 행동은 결코 쉬운 일이 아니었다. 그의 처남이자 유명한 의사 박서양이 만주에서 부상당한 독립운동가들을 무료로 진료해주었듯 신필호도 그와 같은 길을 걸었다.

신필호의 명성이 알려지자 그의 병원으로 환자들이 몰려들었다. 지방에서도 환자들이 올라와 여관에 투숙까지 해가며 그에게 진료를 받는가 하면, 일본인 환자들도 그의 병원을 찾았다. 신필호의 뒤를 이어 또 다른 조선인 산부인과 의사가 나오기까지 10년이 걸렸다. 그만큼 신필호는 이 분야의 선구자였다. 신필호는 한국전쟁 중 심장마비로 사망했지만 그의 아들 신한수, 손자 신희철이 뒤를 이어 산부인과 전문의로 활약했다. ✳

열네 살 덕혜옹주, 일본으로 끌려가다

3월 27일 덕혜옹주 일행이 서울을 출발해 사흘 뒤 일본 도쿄에 도착했다. 영친왕의 부인 마사코(이방자)가 도쿄역에서 덕혜옹주 일행을 맞았다. 어린 나이에 낯선 나라로 끌려온 덕혜옹주에 대한 안쓰러운 마음에 마사코는 눈가가 촉촉이 젖어 있었다.

덕혜옹주는 고종이 회갑의 나이에 궁녀 양씨에게서 얻은 고명딸이다. 고종은 늦둥이 딸을 각별히 사랑했다. 하루는 고종이 덕혜옹주를 보려고 머무는 곳으로 가니 유모 변복동이 젖을 먹이며 재우고 있었다. 변복동이 깜짝 놀라 일어서려 하자 고종은 "아기가 깨면 어찌하느냐, 그대로 있거라" 하며 그대로 앉아 있게 했다. 덕혜옹주가 네 살 되던 해에는 덕수궁에 유치원을 지어 주었다. 나라 잃은 군주는 그 공허한 마음을 어린 덕혜옹주를 보며 달랬던 것일까.

총독부는 고종이 딸을 낳았다는 사실을 알고도 모른 척했다. 황실 가족이 늘어나면 그만큼 더 비용이 들어가기 때문이었다. 이에 고종은 총독 데라우치를 불러 "이 아이가 바로 내가 망년에 은거하며 유일한 낙으로 삼고 있는 내 딸 덕혜옹주요"라고 말했다. 고종에게 기습을 당한 데라우치는 "내가 고종에게 당했다"라면서 덕혜옹주를 황적(皇籍, 황실 가족 명부)에 올려주었다.

그러나 이것이 비극의 시작이었다. 총독부

소 다케유키와 덕혜옹주(1931)

덕혜옹주 회갑 기념사진
맨 왼쪽이 덕혜옹주의 유모 변복동이고 그 옆이 덕혜옹주다. 유모 변복동은 여든 살 나이로 별세하기 전까지 덕혜옹주의 곁을 지켰다.

는 "황족은 일본에서 교육을 받아야 한다"라며 어린 덕혜옹주를 일본으로 데려가려 했다. 18년 전, 고종의 아들 영친왕(이은)을 일본으로 데려갈 때와 똑같은 이유였다. 소심한 성품의 순종도 발끈하며 여동생을 일본으로 데려가는 데 강하게 반대했다. 어린 덕혜옹주는 어머니 양 귀인과 부둥켜안고 울었다.

결국 일본으로 건너간 덕혜옹주는 오빠 영친왕의 집에 살며 도쿄여자학습원에 다녔다. 영친왕은 자신과 같은 처지가 되어버린 동생을 보며 한탄했다. 덕혜옹주의 학교생활은 원만하지 못했다. 일본인 학생들에게 따돌림을 받았던 것으로 보인다.

6년 뒤 덕혜옹주는 도쿄여자학습원을 졸업하자마자 도쿄제국대학 출신 소 다케유키와 결혼했다. 영친왕과 마사코의 결혼과 마찬가지로 이 역시 일본이 미리 짜놓은 시나리오였다. 조선 황실 혈통에 일본인의 피를 섞어 정체성을 희석시키려는 의도였다.

결혼 전부터 덕혜옹주는 조현병을 앓고 있었는데, 소 다케유키는 이 사실을 몰랐던 것 같다. 그럼에도 소 다케유키는 아내 간병에 최선을 다했다고 한다. 간혹 영화나 드라마 등에서 덕혜옹주의 비극적 삶을 부각하느라 소 다케유키를 '악한'으로 묘사하는데, 이는 사실 왜곡이다. ✳

해방 뒤인 1955년, 덕혜옹주의 조현병으로 정상적인 부부생활이 어려워지자 영친왕의 합의하에 덕혜옹주와 소 다케유키는 이혼했다. 이듬해에는 두 사람 사이에서 태어난 딸 정혜가 의문의 죽임을 당했다. 덕혜옹주는 대한민국으로 귀국하려 했으나 조선 황실에 대한 이승만 정부의 견제로 미루어지다가 5·16 군사 쿠데타가 일어난 다음 해인 1962년에야 38년간의 긴긴 일본 생활을 끝내고 귀국할 수 있었다. 그날 김포공항에서는 70대 노인이 되어버린 유모 변복동이 나와 눈물로 덕혜옹주를 맞았다. 이후 덕혜옹주는 조현병에 실어증까지 겹쳐 병원 입원을 반복하며 힘겨운 생활을 하다가, 1989년 창덕궁 수강재에서 굴곡 많은 삶을 마감했다.

불온사상을 박멸하라!

— 일제의 사상 통제 수단 '치안유지법'

국체를 변혁하거나 사유재산제도를 부인
하는 것을 목적으로 결사를 조직하거나 이
에 가입한 자는 10년 이하의 징역 또는 금
고에 처한다.

－치안유지법 제1조 1항

5월 12일, 일본은 '국체 변혁'과 '사유재산
부정'을 금지한다는 내용의 치안유지법을 시
행했다. '국체 변혁'이란 한마디로 조선의 독
립운동을 가리켰다. 그중 사유재산을 부정
하는 사회주의가 표적이 됐다. 본래 일본에
서 치안유지법은 아나키즘 처벌법이었는데,
1920년대 조선에서 확산되던 사회주의사상
은 아나키즘과 구분하기 어려웠고, 이에 유사
한 모든 사상운동이 치안유지법에 적용되어
탄압을 받았다.

치안유지법은 사회주의 활동을 한 당사자
만이 아니라 이를 알고도 신고하지 않은 사람
까지 불고지죄라는 이름으로 처벌했다. 근대
문명사회의 기본 축인 '사상과 양심의 자유'
를 짓밟는 악법이었다. 일제는 이 법을 적용
하기 위해 사상범 전담 공안검사와 고등계 경
찰을 배치했다. 치안유지법에 의해 검거된 사
상범들은 모진 고문과 취조를 당했다. 이를테
면 고춧가루 탄 물을 콧구멍에 들이붓거나 천

장에 매달아놓고 채찍으로 때리거나 경찰 일
고여덟이 돌아가며 주먹과 발로 구타했다. 피
의자가 의식을 잃을 때까지 고문은 이어졌다.
한국에 만연한 '반공 이데올로기'는 제2차 세
계대전 이후 냉전시대의 유물이기 전에 일제
식민지시대에 만들어진 것이다.

총독부는 사상범에 사상 전향 공작을 폈다.
'불온사상'을 포기하고 일본 천황에 대한 충
성을 맹세하면 석방해주거나 형량을 줄여주
었다. 끝까지 사상 전향을 거부하면 더 가혹
하게 고문했다.

치안유지법은 사회주의 운동가 탄압에 그
치지 않았다. 사회주의 처단이라는 이름하에
점차 신흥종교인과 민족운동가로 적용 대상
이 확대됐다. 시행 초기에는 10년 이하의 징
역이 최고 형량이었던 것이 개악을 통해 사형
까지 가능하게 됐다. ✳

해방 이후인 1945년 10월 연합군은 치안유지법을 폐지했
다. 그러나 1948년 여수·순천 반란 사건(10·19사태)을 겪
으며 같은 해 12월 반국가 단체 구성을 처벌한다면서 '국
가보안법'이 새로이 제정되는데, '치안유지법의 부활'이라
며 비판이 많았다. 이후 국가보안법이 실제로 반체제 인사
탄압의 도구로 악용되자 이를 폐지해야 한다는 여론이 거
세게 일었다. 한편에서는 남한과 북한이 서로 대치하고 있
는 '특수 상황'이기 때문에 국가보안법을 유지해야 한다는
반론도 만만치 않다. 남북 분단이 식민지 청산을 가로막고
있다.

역사상 최악의 폭우, 을축년 대홍수

을축년 대홍수가 송파 지역을 휩쓸고 간 뒤의 모습

1925년은 을축년이었다. 이해 7월 초, 역사상 최악의 태풍이 식민지 조선을 강타했다(전해에는 가뭄이 극심했다). 당시에도 일기예보가 있었지만, 태풍을 대비하는 데는 별 도움이 되지 못했다. 고작 몇 시간 뒤의 상황을 알려주는 수준이었다.

여드레 동안 경성에 무려 750밀리미터의 비가 쏟아졌다. 이에 한강물이 넘쳐 용산·이촌동·뚝섬·송파·잠실·풍납동 일대가 물에 잠겼으며 인도교가 떠내려갔다. 나무판자에 매달려 물에 떠내려가는 사람, 지붕 위에서 발만 동동거리는 사람, 부지런히 사람을 구하느라 정신없는 뱃사공 등 지옥이 따로 없었다. 주민 2,000여 명이 뚝섬에 고립됐고 시체 200구가 낙동강으로 떠내려왔다는 소문이 퍼졌다. 8월에는 또 다른 태풍이 영호남 지방을 휩쓸었다. 평안도 압록강 일대에도 폭우가 쏟아졌다. 바로 '을축년 대홍수'다. 그래서 일제시대를 경험한 세대는 큰비가 내릴 때면 "을축년 장마 때에 비하면 이 정도 비는 아무것도 아니야"라고 말하곤 한다.

을축년 대홍수는 큰 피해를 남겼다. 전국에서 647명이 사망했고, 1억 3,000만 원(당시 조선총독부 1년 예산의 58퍼센트)의 재산 피해가 났다. 가옥 수만 채가 떠내려갔고 이재민 수

십만 명이 발생했다. 경성의 이재민들은 마포 합정동, 경기도 광주 신촌리·도촌리(지금의 성남시 신촌동·도촌동) 등으로 이주했다.

재앙이 닥치자 사회 인사 70여 명은 조선기근구제회를 조직해 왕십리·동막·경성역 등에서 모금 활동을 벌였다. 세 달 전 조직된 조선공산당도 이재민 돕기에 나섰다. 그러나 총독부는 당초의 태도를 바꿔 모금 활동을 금지했다. 이재민 구호 활동으로 자칫 조선인의 민족의식이 자극될 수 있다는 게 이유였다.

을축년 대홍수는 경성의 지형까지 바꿔놓았다. 잠실 북쪽으로 새로운 하천(신천)이 생겨나면서 강북에 있던 잠실이 강남이 됐다. 잠실 아래를 흐르던 강은 그 기능을 상실했다. 그 강의 일부가 남아 지금의 '석촌 호수'가 됐다. 또한 총독부는 한강 범람을 막으려고 한강 옆 선유봉을 깎아 둑을 쌓았다. 이 때문에 선유봉은 '선유도'가 됐다.

을축년 대홍수는 뜻밖의 '선물'도 남겼다. 홍수가 휩쓸고 가며 땅속에 묻혔던 서울 암사동 선사 유적지와 풍납토성이 2,000년 만에 드러났다. 귀중한 역사 유적이 발견된 것은 반가운 일이지만 그 기회비용이 너무 컸다. ✳

식민지 근대의 상징적 공간, 경성역

경성역(1925)
경성역은 일본 본토와 대륙을 잇는 철도 노선의 기착지였다.

9월 30일, 경성역이 착공 3년 만에 완공됐다. 경성역이 생기기 전에는 경인선 개통 때 지은 남대문역이 중앙역 역할을 담당했으나 15평 남짓한 규모여서 나날이 늘어나는 승객과 화물을 감당할 수 없었다.

경성역은 도쿄제국대학 건축과 교수 쓰카모토 야스시가 설계했다. 그의 스승이며 일본 근대 건축의 거장인 다쓰노 긴고가 네덜란드 암스테르담역을 모방해 설계한 도쿄역을 다시 모방한 것이었다. 경성역은 국적 없는 건축물이나 마찬가지였다(경성역이 스위스의 루체른역을 모방했다는 주장도 있다). 부산역과 조선은행(지금의 한국은행)도 쓰카모토가 설계했다.

경성역은 간토대지진(1923)의 피해 수습 때문에 완공이 계획보다 1년 늦어졌고, 규모도 축소됐다. 그러나 7만 평 대지 위에 들어선 2,000평 규모의 경성역은 식민지 조선인들의 입이 쩍 벌어지게 했다. 르네상스 양식과 바로크 양식, 네오비잔틴 양식을 절충해 외벽을 붉은 벽돌로 마감했고, 1층 중앙에 넓은 홀을 만들었으며, 돔 지붕을 얹었다. 2층의 서양식 레스토랑과 티룸(다방)은 지식인이나 고급 한량들이 서구 부르주아 문화를 느낄 수 있는 공간이었다. 다방을 굳이 '티룸(tea room)'이라고 불렀듯 경성역은 그들에게 '노년' 그 자체였다.

그러나 경성역이 항상 낭만적인 공간은 아니었다. 일본 본토와 대륙을 잇는 철도 노선의 기착지로서, 일본인들은 "동양 최고는 도쿄역, 그다음은 경성역"이라 호언했다. 경성역에서 기차를 타면 거침없이 압록강을 건너 만주 대륙으로 내달릴 수 있었다. 경성역은 수많은 사연을 실은 기차를 삼키고 토해냈으며, 훗날 일제의 대륙 침략을 위한 남만주철도 건설의 발판이 됐다.

경성역 정문 아치에 걸린 시계는 식민지 근대의 표상이었다. 이 시곗바늘은 경성부민의 생활을 규율하고 새롭게 설계했다. 경성역 시계탑은 식민 지배의 또 다른 지휘소였는지 모른다. ※

해방 이후 경성역은 서울역으로 이름이 바뀌었다. 2003년 KTX 개통으로 새로운 역사(驛舍)가 건설되면서 잠시 폐쇄됐다가 현재는 '문화역서울 284'라는 복합 문화 공간(전시실·공연장·세미나실 등)으로 운영되고 있다. 284는 서울역의 사적 번호다.

실체가 드러난 조선공산당

— 제1차 공산당 사건

11월 22일 밤, 평안북도 신의주 노송동 경성식당 2층에서 신만청년회 김득린과 김경서를 비롯한 28명이 결혼식 피로연을 즐기고 있었다. 이때 1층에서는 신의주 경찰서 순사 스즈키 도모요시와 김운섭, 변호사 박유정, 의사 송계하 등이 식사 중이었다.

신만청년회 회원들이 아래층에 있던 스즈키 도모요시 일행에게 시비를 걸었다. 술김에 실랑이가 벌어지자 청년회원들은 "일본 경찰을 때려라. 잘난 체하는 변호사, 자산가를 때려 부수자"하며 집단으로 구타했다. 청년회원들은 일본인 상점으로 도망가 숨은 스즈키를 쫓아가 다시 구타했다. 상점 주인이 신고해 경찰이 출동했지만, 청년회원들은 달아났다.

단순 폭행 사건으로 끝날 수도 있었던 이 사건은 엉뚱한 곳으로 불똥이 튀었다. 김득린이 변호사 박유정을 때릴 때 오른쪽 팔에 차고 있던 '붉은 완장'이 문제가 됐다. 경찰은 '붉은 완장'을 수상쩍게 여겨 수사에 들어갔고, 청년회원 김경서의 집을 수색하다 충격적인 내용이 담긴 문서를 발견했다. 조선공산당 박헌영이 상하이에 있는 여운형과 조봉암을 통해 국제공산당 본부 코민테른으로 보내는 비밀문서였다(박헌영의 공식 직책은 고려공산청년회 책임비서였다). 이 비밀문서로 조선공산

당의 존재가 세상에 드러났다.

신의주 사건이 일어나기 일곱 달 전, 경성 황금정(지금의 을지로)의 중국음식점 아서원 2층 방에서 김재봉, 박헌영, 김단야, 조봉암 등 19명이 모여 조선공산당을 조직했다. 이들은 전국 각 지역 비밀조직의 대표자들로서 '조선의 볼셰비키'를 꿈꾸는 청년들이었다.

이날 경성에서는 '전조선기자대회'가 열리고 있었다. 조선일보사 기자 네 명, 동아일보사 기자 한 명, 시대일보사 기자 세 명이 조선공산당원이었으니, 전조선기자대회가 이날 열린 것도 우연이 아니었다. 전조선기자대회는 각 언론사 기자 500여 명이 모여 성황을 이루었고, 20일에는 전조선민중운동자대회까지 계획돼 있었다. 경찰의 시선이 두 대회에 쏠려 있었기 때문에 경성 한복판에서 조선공산당 창당대회가 열릴 수 있었다. 이날 행사는 세 시간 만에 끝나 당 강령을 정하지는 못했다.

이튿날 경성 종묘 앞 박헌영의 방 두 칸짜리 신혼집에서 조선공산당의 청년 전위 조직인 고려공산청년회가 조직됐다. 열다섯 살부터 서른 살까지로 나이 제한이 있었다. 조선공산당의 전체 당원 수는 120명 정도였다.

조선공산당은 국내 자생적 사회주의 세력인 서울청년회를 배제한 채 일본 유학생들이 모인 북풍회와 코민테른 극동지부에서 파견한 사람들이 모인 화요회가 연합해 탄생했다. 특히 '화요회 3인방'으로 불리던 박헌영, 김단야, 임원근이 두각을 나타냈다.

신의주 사건으로 조선공산당의 실체가 드러나자 경찰은 대대적 검거에 나섰다. 박헌영·주세죽 부부, 허헌, 김약수, 김경서 등 220

모스크바 국제레닌학교 재학생들(1929)
앞줄 왼쪽 두 번째부터 김단야, 박헌영, 양명이며, 가운뎃줄 오른쪽에서 세 번째가 주세죽이다. 뒷줄 맨 오른쪽이 호찌민이다.

명이 구속되고(김단야는 재빨리 외국으로 도피했다), 그 가운데 101명이 재판에 넘겨져 83명이 유죄판결을 받아 조선공산당은 붕괴됐다(제1차 공산당 사건).

이 사건으로 당 간부들이 체포됐지만 새 책임비서 강달영은 곧 위기를 수습했다. 이듬해 3월에는 코민테른의 공식 승인을 받았다. 이어 발표된 '조선공산당선언'은 직접·비밀 투표, 1일 여덟 시간 노동, 아동노동 금지, 산모의 산전 2주·산후 4주 노동 금지, 토지 몰수 및 농민에게 분배, 소작료 30퍼센트 이하 등을 명시했다.

한편 두뇌가 명석하고 순발력이 좋았던 박헌영은 감옥에서 정신장애인 행세를 했다. 밥을 먹지 않고 간수들에게 달려드는가 하면 자신의 똥을 집어 먹기도 했다. 그의 연극이 어찌나 완벽했던지 담당 의사도 속아 넘어갔다. 결국 그는 병보석으로 풀려났다.

유난히 혹독한 감옥 생활을 했던 터라 석방 직후 박헌영은 몰골이 차마 눈뜨고 볼 수 없을 지경이었다. 박헌영의 친구 심훈(소설 《상록수》의 저자, 박헌영과 경기고보 동기)이 〈박 군의 얼굴〉이라는 시에서 "여보게 박군, 이게 정말 자네의 얼굴인가?"라며 울분을 토했다. ✳

조선공산당은 잦은 분열과 일본의 탄압으로 해산됐다가 해방 직후 서울에서 재건됐다. 38도선 이북에 들어선 김일성 빨치산 세력(갑산파)은 '조선공산당 북조선분국'으로 출발해 '북조선로동당(북로당)'을 조직했다. 38도선 이남 서울에서는 박헌영을 중심으로 '남조선로동당(남로당)'이 조직됐다. 1949년 북로당과 남로당은 '조선로동당'으로 통합됐고, 한국전쟁 이후 김일성은 남로당 세력을 숙청했다. 오늘날 북한의 권력은 조선로동당이 장악하고 있다.

제2의 3·1운동이 된 학생들의 외침

─ 순종의 죽음과 6·10만세운동

일제 신상 기록 카드에 남아 있는 권오설의 모습

지금은 남의 땅─빼앗긴 들에도 봄은 오
는가?/……/그러나 지금은─들을 빼앗겨
봄조차 빼앗기겠네

─ 이상화, 〈빼앗긴 들에도 봄은 오는가〉

시인 이상화가 잡지 《개벽》에 문제의 시를 발표한 1926년 6월 초, 경성 종로경찰서 형사들이 도렴동 이동규의 집을 급습했다. 이동규는 화폐 위조범으로 수배 중인 인물이었다. 이날 이동규는 체포됐고, 재래식 변소 발판 밑에 감춰놓은 위조지폐 다발도 발견됐다. 형사들은 안방 재떨이에서 구겨진 채 버려진 불온 삐라도 한 장 발견했다. "혁명적 민족운동자 단결 만세!", "대한독립 만세!"

삐라의 배후를 추적하던 형사들은 뜻밖의 인물을 검거했다. 권오설! 지난해 말, 조선공산당을 검거할 때 놓친 거물이었다. 권오설은 천도교 세력과 연대해 대규모 시위(6·10만세운동)를 준비하고 있었다. 경찰은 흥분했다.

4월 초부터 마지막 황제 순종이 곧 숨질 것이라는 소문이 돌았다. 이에 신문사 기자들 40여 명이 창덕궁 기자실에서 철야 대기를 했다. 부고 기사를 다 써놓고 조판까지 해놓은 채 '때'를 기다리고 있었다. 4월 25일 새벽 5시 25분, 드디어 순종이 승하했다.

순종은 어머니(명성황후)가 일본 낭인들에 의해 살해당하고, 아버지 고종이 황제 자리에서 쫓겨나는 것을 지켜봤으며, 그 자신은 '망국의 군주'라는 오명을 뒤집어써야 했다. 게다가 그는 선천적으로 몸이 약해 위장병, 극도의 근시, 발작 등에 시달렸고 멀쩡한 치아가 없었다. 그에게는 자식도 없었다. 사람들은 순종의 할아버지(흥선대원군)가 폭정을 일삼아 그 죄로 집안의 대가 끊긴 거라고 수군거렸다.

식민지 치하에서 비록 허울뿐인 왕이었으나 그의 죽음은 조선인들에게 상실감을 주었다. 식민지 조선인들은 순종의 죽음에서 조선왕조의 종말을 실감했다. 신문을 비롯한 대중 매체들은 조선인의 감정을 부추겼다. 평소 의사 안중근을 존경하던 송학선(29세)은 순종의 죽음으로 비분강개해 일본 우익 단체 간부를 조선 총독 사이토로 오인해 살해하기도 했다.

순종의 장인 윤덕영은 중국 베이징에서 도

피 생활을 하다가 사위가 사망했다는 소식을 듣고 몰래 귀국했다. 그는 희대의 사기꾼으로 여기저기서 300만 원(현재 가치로 350억 원)을 빌려 쓰고 갚지 못해 일종의 '망명' 생활을 하고 있었다. 말이 좋아서 장인이지 윤덕영은 사위 순종보다 나이가 겨우 한 살 많았고, 보기 드문 탐욕으로 사위를 괴롭혔다.

7년 전 3·1운동이 그랬듯 민족운동가들은 왕의 죽음에 따른 비통한 사회 분위기 속에서 다시 한 번 거사를 계획했다. 3·1운동과 자유시사변 이후 침체된 국내외 민족운동의 불씨를 되살리려는 바람도 있었다. 권오설을 비롯한 사회주의자들이 먼저 움직였다.

그러나 권오설이 체포되는 바람에 6·10만세운동은 김이 빠진 상태에서 시작됐다. 이때 한국 최초의 여성 기자 최은희는 《조선일보》에 "천도교 관계자, 주의자(사회주의자), 학생, 직공 등 80여 명 체포"라는 기사를 특종 보도하여 언론계에서 주가를 올렸다.

총독부는 고종의 장례식을 치를 때 3·1운동으로 허를 찔렸던 터라 이번 순종 장례식에서는 단단히 준비하고 있었다. 군 병력 7,500명을 경성으로 집결시키고 인천 앞바다에 군함을 비상대기 시켰다.

총독부의 감시가 거물급 인사들에게 쏠려 있는 동안 연희전문, 보성전문, 중앙고보, 중동고보 등의 학생들이 거사 준비에 나섰다.

학생들은 학비와 용돈을 아껴 모은 돈으로 비밀리에 격문과 태극기를 제작했다. 몇몇 학생은 시위에 사용할 격문을 인쇄하다가 발각돼 경찰에 압수당했다.

6월 10일 8시 30분, 순종의 상여가 종로 3가 단성사 앞을 지날 때 학생 300여 명이 "조선 독립 만세"를 외치다 곧바로 연행됐다. 8시 45분, 청계천 부근에서 연희전문, 보성전문 학생들이 "조선 독립 만세"를 외쳤다. 세브란스의전, 경성사범, 용산중학, 양정중학 등의 학생들도 가세했다. 이렇게 종로에서 청량리까지 온 도로가 학생들의 구호와 격문으로 뒤덮였다. 여기에 점차 군중이 호응하자 기마경찰은 진압에 나섰고 학생들은 달아났다. 11시경 동대문 옆 훈련원 운동장에서 순종의 영결식이 거행됐다. 이날 시위 현장에서 260명가량이 경찰에 체포됐고 그중 11명은 주모자로 실형을 선고받았다.

한편 6·10만세운동에 참가하려고 경성으로 수만 명의 인파가 몰려들자 숙박업계가 때 아닌 호황을 누렸다. 손님 모시기 경쟁이 과열되어 숙박업자들 사이에 폭력 사태가 벌어지기도 했다. 순종의 장례식에 맞춰 흰색 옷, 흰색 신발의 수요가 크게 늘어 관련 업계는 즐거운 비명을 질렀고, 생뚱맞게 상복이 새로운 패션으로 유행했다. 사람 사는 세상의 풍경이었다. ※

우리 아기, 튼튼하고 건강하게!

─ 조선총독부가 개최한 '우량아선발대회'

천도교를 중심으로 식민지 조선에서 어린이운동이 일어나자 이에 긴장한 조선총독부도 가만있지 않고 행사를 기획했다. 이른바 '우량아 선발 대회'였다. 조선의 전통 육아법을 부정하고 근대 육아법을 보급한다는 취지이자, 조선의 아이들을 우량아로 길러 황군(皇軍, 일본 천황을 위한 군인)으로 만들겠다는 식민지 지배 정책이었다. 그래선지 이 무렵 신문에는 우유 광고가 자주 실렸다. 우유 한 잔에도 군국주의의 음모가 배어 있었던 셈이다.

생후 3개월부터 다섯 살까지 아이들을 대상으로 무료 건강검진을 해준 뒤 건강한 아이를 1, 2, 3등으로 선발해 부모에게는 상품을, 아이들에게는 장난감을 주었다.

500명 넘는 아이들이 선발 대회에 나서 행사는 성황을 이루었다. 남녀노소 불문하고 제대로 먹지 못하던 시절인 탓에 중상류층 아이들이 주로 참가했다. 신청자가 몰리자 주최 측은 태화여자관에서 매월 1회 진찰을 받는 아이로 참가 자격을 제한했다. 어쨌든 천도교의 어린이운동이나 총독부의 우량아 선발 대회 행사는 식민지 조선의 엄마들에게 근대 육아법을 보급했다. ✳

해방 이후에도 우량아선발대회는 열렸다. 1971년 MBC와 남양유업 공동 주최로 '전국우량아선발대회'가 개최됐다. 이 대회는 1983년까지 해마다 어린이날을 앞두고 시도별 예선을 거쳐 최종 결선을 치렀다. 1975년에는 전국에서 6,148명이 참여해 열띤 경쟁을 벌였다. 수상자는 묵직한 메달을 받는 것과 함께 1년치 분유와 상금을 받았으며 남양유업의 분유 모델로 발탁되기도 했다. 가수 주영훈, 바둑기사 이창호 등이 '전국우량아선발대회' 출신이다.

경성 태화진찰소의 우량아선발대회를 보도한 《조선일보》 기사에 실린 사진 (1926. 5. 15.)

서민들의 만병통치약, 안티푸라민

— 유일한과 유한양행

유한양행의 창업주 유일한

6월 20일, 재미사업가 유일한(31세)이 경성 종로에 의약품 회사를 설립했다. 안티푸라민 제조사로 유명한 유한양행이었다.

당시 유일한은 미국에서 이미 성공을 거둔 청년 사업가였다. 미시간대학을 졸업하고 제너럴 일렉트릭(GE) 사를 다니다 그만두고 1922년 숙주나물 통조림을 파는 라초이식품(주)을 차렸다. 회사를 차린 뒤 일부러 교통사고를 내서 취재하러 온 기자들에게 통조림을 제공하는 방식으로 제품을 홍보했다고 한다. 결과는 대성공이었다. 라초이식품은 창업한 지 몇 년 되지 않아 요즘 가치로 수백억 원대의 기업으로 성장했다.

미국에서 거둔 성공을 뒤로하고 조국으로 돌아와 의약품 회사를 차린 유일한은 조선인들에게 피부병과 결핵이 만연해 있음을 보고 이를 치료하는 의약품을 수입해 팔았다. 유일한은 '건강한 국민만이 주권을 찾을 수 있다'라는 신조로 회사를 운영했다. 1933년부터는 그 유명한 진통소염제 '안티푸라민(Antiphlamine, 반대라는 뜻의 'anti'와 염증을 일으키다라는 뜻의 'inflame'의 합성어)'을 자체 생산해 판매하기 시작했다. 유일한은 안티푸라민이 만병통치약으로 오해받는 것을 막고자 신문광고에 "사용 전 의사와 상의하라"라는 문구를 반드시 넣었다. 그런데도 안티푸라민은 사람들 사이에서 점차 '만병통치약'이 되어갔다. 뻔 데, 멍든 데, 겨울철 손발 튼 데 바르는 것은 기본이고, 감기에 걸리면 코 밑에, 배가 아프면 배꼽에, 졸음을 참는다고 눈두덩에 안티푸라민을 발랐다. 안티푸라민에는 가난했던 시절 서민의 애환이 담겨 있다.

유일한은 기업가이기 이전에 독립운동가였다. 그는 쉰 살 늦은 나이에도 특수 군사훈련을 받으며 냅코 프로젝트(NAPKO Project, 미국 OSS와 연대한 광복군이 한반도에 침투해 적을 교란시키려 했던 작전계획으로 1945년 8월 15일 광복을 맞아 실행되지는 않았다)에 핵심 요원으로 참여해 주위를 놀라게 했다. ●1945 ✲

1971년 유일한은 세상을 떠나며 회사 주식을 비롯한 자신의 모든 재산을 사회에 기부했다. 그는 자식들에게 대학까지 졸업시켰으니 자립해서 살아가라며 유산을 주지 않았다. 유일한은 한국 사회에서 존경받는 기업인으로 사람들 기억 속에 남아 있다. 1991년 유일한의 딸 유재라도 모든 재산(약 200억 원)을 유한재단에 기증했다.

윤심덕은
정말로 자살했을까

광막한 황야에 달리는 인생아
너의 가는 곳 그 어데냐
쓸쓸한 세상 험악한 고해에
너는 무엇을 찾으러 가느냐
　　－윤심덕, 〈사의 찬미〉

8월 4일 새벽 4시경, 일본 시모노세키에서 부산으로 가던 관부연락선에서 두 남녀가 대한해협(현해탄)으로 몸을 던졌다. 승객 명단에는 이들이 경성 사는 윤수선(30세), 목포 사는 김수산(30세)이라고 적혀 있었다. 윤수선은 소프라노 가수 윤심덕, 김수산은 그녀의 내연남 김우진이라는 사실이 밝혀지자 세상은 발칵 뒤집혔다. 당대 최고의 여가수와 유부남이 이루어질 수 없는 사랑에 괴로워하다 자살했다는 이야기가 신문에 대서특필됐다.

두 사람은 도쿄 유학 시절에 유학생 순회 공연단에서 처음 만났는데, 이때 김우진은 와세다대학 학생 신분으로 공연의 총연출을 맡았고, 윤심덕은 도쿄음악학교 학생으로 공연의 배우 겸 가수였다. 윤심덕은 당시 조선에서 유일한 여성 성악가였고, 김우진은 예술을 사랑하는 부잣집 귀공자였다. 윤심덕은 온갖 악성 루머에 시달렸고, 김우진은 예술을 이해하지 못하는 가족 때문에 괴로워했다. 윤심덕

집안에서 유부남 김우진을 반대하는 것도 두 사람에게는 큰 부담이었다. 두 사람은 서로의 고통과 절망을 토로하며 가까워졌고, 이성보다 감성이 앞섰던 두 예술가는 현실에서 점차 일탈하고 있었다.

7월, 윤심덕은 일본의 레코드 사와 계약을 맺고 음반 제작을 위해 일본으로 떠났다. 이때 일본에서 녹음한 곡이 바로 〈사의 찬미〉다. 루마니아 작곡가 이바노비치의 곡에 윤심덕이 노랫말을 붙인 것으로 알려져 있다. 김우진은 아내에게 작별 편지를 보내고 이미 일본에 와 있었다. 두 사람은 일본에서 만나 부산행 배를 탔고 다음 날 새벽 운명의 선택을 하고 만다.

일주일 뒤 윤심덕의 마지막 노래 〈사의 찬미〉가 발표됐다. 이들의 동반 자살과 맞물려 노래는 대히트하며 10만 장 판매라는 경이로운 기록을 세웠다. 왜 이렇게 큰 인기를 얻었을까. 아마도 대중은 〈사의 찬미〉가 그들의 죽음을 예견한 노래라고 생각했을 것이다.

그런데 얼마 뒤 윤심덕과 김우진이 어딘가에 살아 있다는 이야기가 나돌기 시작했다. 먼저 두 사람의 시신이 발견되지 않았다는 점에서, 윤심덕이 동생에게 자신을 찾지 말라는 편지를 남겼다는 점에서 그 이야기는 어느 정도 설득력을 얻었다. 실제로 이탈리아에서 두 사람을 봤다는 증언도 있었다(평소 윤심덕은 이탈리아에 가서 음악 공부를 하고 싶어 했다고 한다). 두 사람이 도피해서 살기 위해 자살한 것처럼 위장했다는 이야기였다. 심지어 〈사의 찬미〉를 히트시키기 위해 레코드 사가 자살 사건을 조작한 것이라는 주장도 나왔다. 진실은 무엇일까? ❋

조선총독부, 남산에서 광화문으로

조선총독부는 식민지 조선의 입법·사법·행정·군사 등 모든 정무를 총괄했다. 한일병합 뒤 총독부는 경성 남산의 왜성대에 있던 옛 통감부 건물을 그대로 사용했다. 왜성대는 임진왜란 때 일본군이 성을 쌓고 주둔했던 곳이다.

점차 총독부의 업무와 직원 수가 늘어나자 새로운 청사가 필요해졌다. 이에 1916년부터 조선 왕조의 상징인 경복궁 앞에 총독부 청사를 짓기 시작해 1926년 10월 1일에 완공했다. 높이 3층, 길이 200미터 규모의 총독부 신청사는 조선 민족을 억누르는 느낌을 주는 위압적인 화강암 건축물이었다. 총독부 신청사를 짓는 과정에서 경복궁의 전각들이 헐려 나갔고, 정문인 광화문은 건춘문 북편(지금의 국립민속박물관 정문 자리)으로 옮겨졌다.

당초 총독부는 광화문을 아예 헐어버리고 청사를 지으려 했으나 일본의 문예비평가 야나기 무네요시가 반대하고 나섰다. 이미 3·1 운동 때부터 일본 제국주의를 비판해 경찰의 감시를 받던 그는 잡지 《개조》에 광화문 철거를 반대하는 글을 실어 사회적 반향을 일으켰다. 총독부도 여론을 무시할 수 없었다. 결국 양심적 지식인에게 굴복하여 광화문을 헐지는 못했다.

조선 왕조 시절부터 한성(경성)은 청계천을 경계로 남촌과 북촌으로 나뉘었다. 19세기 말부터 일본인들이 남촌에 모여 살면서 경성의 번화가가 됐다. 그 가운데 혼마치(本町, 지금의 충무로와 명동)는 '작은 일본'이라 불릴 만큼 일본 문화가 번성해 식민지 조선에서 점차 경성의 중심지가 됐다(오늘날 이 지역이 행정구역상 '중구'인 것은 그런 까닭이다). 혼마치는 도로가 아스팔트로 포장되어 청결했다. 조선인들이 모여 사는 북촌은 이런 남촌에 비해 지저분하고 낙후된 지역이었다(일본인 거주 지역은 '~마치', 조선인 거주 지역은 '~동'으로 불렸다).

그러나 총독부가 경복궁 앞으로 옮겨오자 북촌도 달라졌다. 도로가 포장됐고, 일본 상인들이 종로에 진출해 건물과 점포를 사들였다. 종로의 주인이 바뀌었다는 이야기가 돌았고, '조선인은 종로에서, 일본인은 혼마치에서 물건을 산다'라는 공식도 깨졌다. 부유한 조선인은 혼마치의 미쓰코시 백화점 등 일본인 상가를 드나들었다. 반면 조선인 상인들은 시름이 깊어갔다.

총독부가 조선의 심장부 광화문 앞으로 옮겨옴에 따라 일제 식민 통치도 새로운 단계로 접어들었다. ✳

해방 이후 1946년 '혼마치'는 '충무로'로 지명이 바뀌었다. 임진왜란 때 일본군을 물리친 충무공의 이미지를 활용해 일제의 흔적을 지우려는 의도였다. 그렇다면 '을지로'는? 한편 조선총독부 건물은 해방 후 중앙행정부처(중앙청)로, 1986년부터는 국립중앙박물관으로 쓰이다가 1995년 광복 50주년을 맞아 철거됐다.

식민지 조선을 울린
무성영화 〈아리랑〉

영화 〈아리랑〉의 주연 배우 나운규
그는 작은 키, 휜 다리, 억센 함경도 사투리 등의 약점을 극복하고 최고의 배우가 됐다.

"아리랑 아리랑 아라리요 아리랑 고개를 넘어간다……." 이 노래를 모르면 한국인이 아니다. 〈아리랑〉(원제목 〈신아리랑〉)은 남북한을 아우르는 '민족의 노래'다. 한민족은 언제부터 이 노래를 즐겨 불렀을까? 그 감동의 역사는 1926년으로 거슬러 올라간다.

총독부 신청사가 준공되던 날, 경성 종로 단성사에서 나운규의 영화 〈아리랑〉이 개봉됐다. 〈아리랑〉은 즈모리 슈이치 감독, 나운규 주연의 무성영화였다(나운규가 감독까지 맡았다는 주장도 있다). 변사는 성동호가 맡았다.

영화의 시작을 알리는 종소리가 울리면 '아리랑' 자막이 올라간다. 관객들이 박수갈채를 보낸다. 주인공 영진은 경성에서 공부한 엘리트이지만 3·1운동의 충격으로 광인이 됐다. 옛 친구 현구가 영진을 방문하고 현구는 영진의 여동생 영희와 사랑에 빠진다. 이때 마을 악덕 지주의 마름이며 악질 친일파 오기호가 마을 축제 때 영희를 겁탈하려 하고 이를 제지하던 현구가 그와 난투극을 벌인다. 오기호는 마을 사람들에게 '피를 빨아먹는 악마'라고 불리는 인물로, 영진이 낫으로 그를 살해한다. 영진은 경찰에 체포되고 끌려가는 영진을 배경으로 주제가 〈아리랑〉이 울려 퍼지며 영화는 마무리된다.

오늘날의 시각으로 보면 신파극 냄새가 물씬 나는 이야기지만 당시 닷새 동안 상영된 〈아리랑〉은 대박을 터뜨렸다. 밀려드는 관객 때문에 단성사 문짝이 부서질 정도였다. 영화 개봉 두 달 전 있었던 마지막 황제 순종의 장례식과 6·10만세운동으로 고조된 민족 감정이 흥행에 영향을 끼친 것이다.

이후 〈아리랑〉은 관객의 요구로 전국에서 상영됐다. 1930년대에는 만주에서도 상영됐다. 미국 영화가 시장을 장악하던 때의 경이로운 사례였다. 그 전까지 '영화'는 몇몇 애호가의 전유물이었다. 그러나 〈아리랑〉은 달랐다. 평소 영화에 관심이 없던 동네 아주머니, 아저씨까지 아이들을 데리고 단성사를 찾았다. 그들에게 〈아리랑〉은 생애 처음으로 관람한 영화였다.

신흥무관학교 출신이며 항일 독립운동을 하다 1년 6개월 동안 투옥됐던 나운규는 영화

〈아리랑〉에 식민지 조선인의 울분을 담아냈다. 극중 인물 최영진(나운규 분)이 일본 순사의 앞잡이 오기호를 낫으로 찔러 죽인 뒤 밧줄에 묶여 고개를 넘어가는 장면에서 수많은 관객이 눈물을 흘렸다. 어떤 이는 "조선 독립 만세"를 외쳤다.

〈아리랑〉에 '작품성과 대중성을 겸비한 영화'라는 언론의 찬사가 쏟아졌다. 작가 임화는 "(아리랑은) 시대의 감정을 충실히 반영하여 관객으로 하여금 표현된 것 이상의 것을 맛보게 했다"라고 평가했다.

영화 〈아리랑〉의 주제가 〈신아리랑〉은 바이올린 연주가 김영환이 서울·경기 아리랑을 편곡한 것이다. 영화가 흥행에 성공하면서 〈신아리랑〉도 사람들 사이에서 불리게 됐고, 1930년대 레코드 산업의 성장과 라디오 방송을 통해 널리 보급됐다. 오늘날 한국인들이 흔히 부르는 아리랑이 바로 이 〈신아리랑〉이다. 영화 〈아리랑〉은 〈신아리랑〉을 아리랑의 대명사로, 민족의 노래로 만들었다. ✳

해방 이후 사회 혼란과 한국전쟁을 거치며 영화 〈아리랑〉의 필름은 소실되거나 분실된 것으로 보인다. 이후 영화인들이 〈아리랑〉의 필름을 찾으려 일본과 중국, 러시아까지 수소문했으나 결국 찾지 못했다. 일본인 아베 요시시게가 〈아리랑〉의 필름을 갖고 있다는 소문이 돌아 남북한 영화인들이 그와 접촉했지만 뜻을 이루지 못했다.

신라 고분 발굴 현장을 찾은 스웨덴 황태자

서봉총 발굴 모습(1926. 10. 10.)
스웨덴 황태자 구스타프(왼쪽 맨 앞)가 바짝 엎드려 출토되는 유물을 주시하고 있다.

10월 9일 저녁 부산항에서는 총독 사이토 부부가 누군가를 기다리고 있었다. 잠시 뒤 배에서 내린 인물은 문화 사절로서 일본을 방문한 스웨덴의 황태자 아돌프 구스타프였다.

다음 날, 황태자 부부는 총독의 안내로 천년 고도 경주를 방문했다. 황태자가 고고학에 관심이 많음을 알고는 총독이 경주를 방문지 중 한 곳으로 정했던 것이다. 황태자 부부는 석굴암과 불국사를 둘러보고 성덕대왕신종의 소리를 들었다.

구스타프는 무엇보다 경주에서 고분 발굴이 진행되고 있다는 소식에 큰 관심을 보였다. 당시 경주역에서는 기관차 차고지 터를 매립하기 위해 황남동 고분군 일대의 흙을 퍼나르고 있었는데, 이 과정에서 새로운 고분이 발견됐다. 5년 전 발굴된 금관총과 겨우 50미터 떨어진 지점이었다. 고분의 봉분은 이미 깎여나가 밭으로 변해 있었다.

구스타프도 고분 발굴 현장에 직접 참여했다. 총독부는 고고학을 좋아하는 황태자를 배려해 그가 직접 발굴해볼 수 있도록 유물을 수습하지 않고 '대기'시켜놓기까지 했다. 스웨덴 황태자의 경주 방문 및 고분 발굴 작업을 외교 수단으로 활용한 것이다. 황태자는 봉황 세 마리로 장식된 금관을 직접 채집했

다. 고분의 이름 또한 스웨덴의 한자식 표기인 '서전(瑞典)'과 금관 장식에 달린 '봉황'의 머리글자를 따 '서봉총'이라 지어졌다.

1,500년 동안 땅속에 잠들어 있던 신라 금관이 모습을 드러내자 여기저기서 탄성이 터졌다. 지구 반대편 북유럽에서 온 황태자도 흥분했다. 그 감동이 얼마나 컸던지 황태자는 당초 계획을 바꾸어 경주와 경성에서 나흘을 더 머물렀다. ✻

이후 서봉총 발굴 책임자였던 고이즈미 아키오가 평양박물관 관장으로 부임했다. 그는 서봉총 출토 유물을 빌려다 평양에서 전시회를 열었다. 평양 지역의 인사, 교사, 학생 등이 유물을 관람했다. 행사 마지막 날, 고이즈미는 서봉총 유물을 들고 기생집을 찾아가 스타 기생 차릉파에게 금관을 비롯해 허리띠, 목걸이 등 유물을 걸어주고는 술을 마셨다. 그는 '신라 여왕'을 옆에 끼고 술을 마시고 싶었던 것일까. 어쨌든 이 '신라 여왕'은 멋진 포즈로 기념 촬영까지 해주었다고 하니, 이것이 이른바 '차릉파 금관의 파문'이며 1936년 6월에 일어난 사건이다.

"2,000만 민중아, 분투하여 쉬지 마라!"

— 나석주의 동양척식주식회사 폭탄 투척 사건

12월 28일 오후 2시, 의열단원 나석주(34세)는 경성 남대문통 조선식산은행으로 들어가 폭탄을 던졌다. 그러나 폭탄은 터지지 않았다. 다행히 눈치 챈 사람은 없었다. 나석주는 태연하게 조선식산은행을 빠져나왔다.

곧바로 나석주는 통감부 시절 일제가 식민지 조선의 토지와 식량을 수탈할 목적으로 세운 국책회사 동양척식주식회사를 다시 표적으로 삼았다. 1년 전 나석주의 고향 황해도 재령군 북률면에서 동양척식주식회사의 수탈에 반발해 대규모 소작쟁의가 일어났는데, 나석주가 동양척식주식회사를 거사 대상으로 삼은 것은 이와 관련이 있을 것으로 보인다. 그도 소작농 출신이었다.

동양척식주식회사에 들어간 그는 총을 쏘았고 기술과장실에 폭탄을 던졌다. 이번에도 폭탄은 터지지 않았다. 몇 달 동안 은밀한 곳에 보관한 터라 폭탄 내부에 습기가 찼던 것 같다.

나석주는 을지로 2가에서 경찰들에 포위돼 총격전을 벌였다. 그는 모여든 군중을 향해 외쳤다. "나는 조국의 자유를 위해 투쟁했다. 2,000만 민중아, 분투하여 쉬지 마라!" 그러고는 자신의 가슴을 향해 총을 쏘고 쓰러졌다. 나석주는 병원으로 실려가 응급수술을 받

고 의식을 되찾았다. 경찰이 "너는 누구며 어디에서 왔느냐?"라고 묻자 나석주는 "나는 나다"라고 답했다. 그는 악질 고등계 형사 미와의 고된 심문을 받다가 결국 순국했다. 당시 종로 단성사에서 상영 중이던 영화 〈아리랑〉은 나석주 의거와 맞물려 시너지 효과를 냈다.

나석주는 거사 전날 조선일보사와 동아일보사에 편지를 보냈다. 그 편지에는 "나는 황해도 재령 출신의 나석주로 의열단의 명령을 받고 상하이로부터 들어왔는데 내일이면 일제의 착취 기관인 식산은행과 동양척식주식회사를 습격하겠으니 신문에 잘 보도하라"라고 적혀 있었다. 그러나 이 편지 내용은 총독부의 사전 검열로 기사화되지 못했다.

나석주 의거는 유림 대표 김창숙이 기획했다. 그는 상하이 김두봉의 집에서 김구, 이동녕, 류자명에게 "청년 결사대에 무기를 주어 내지로 들어가 왜정기관을 파괴하고 친일 부호를 박멸하자"라고 주장했다. 3·1운동 이후 식어가는 항일 열기에 위기를 느꼈기 때문이다. 김구를 비롯한 지사들도 김창숙의 주장에 동의했다. 망국의 원흉으로 지탄받던 유교는 김창숙이 있어 그나마 자존심을 지켰다.

그러나 김창숙은 나석주 의거가 일어날 무렵 앓고 있던 치질이 심해져 상하이 공동조계 공제병원에 입원했다. 그는 아무도 모르게 입원했으나 이듬해 밀정 유세백과 박겸의 밀고로 일본 경찰에 체포됐다. 대구형무소로 이송된 김창숙은 고문을 받아 두 다리를 쓸 수 없게 됐다. ✳

신간회 결성,
좌파와 우파가 하나 되다

신간회 창립 총회를 보도한 《조선일보》 기사(1927. 2. 14.)

• 우리는 정치 경제적 각성을 촉진함
• 우리는 단결을 공고히 함
• 우리는 기회주의를 일체 부인함
– 신간회 창립 당시 강령

평안북도 정주 오산학교 교사 홍명희는 겨울방학을 맞아 경성에 왔다가 친구 최남선에게서 뜻밖의 이야기를 들었다. 김성수와 송진우, 최린 등이 자치운동을 추진하고 있다는 이야기였다. 이에 홍명희는 신석우와 안재홍을 만나 '빠른 시일 안에 참다운 민족당을 만들자'고 뜻을 모았다.

1927년 2월 15일 저녁 7시, 경성 기독교청년회관(YMCA)에서 사회운동가 200여 명과 방청객 1,000여 명이 참석한 가운데 홍명희의 개회 선언으로 신간회 창립 대회가 열렸다. 단체의 원래 이름은 신한회(新韓會)였으나 총독부가 '한(韓)'을 문제 삼는 바람에 신간회(新幹會)가 됐다. '한(韓)' 자가 '간(幹)' 자와 유사한 의미로 쓰이기도 하고 고목신간(古木新幹) 혹은 신간출고목(新幹出古木), 곧 고목에서 새 가지가 돋는다는 말이 있다며 홍명희가 제안한 것이었다. 아일랜드와 체코슬로바키아의 독립운동을 참고해 '3대 강령'도 만들었다.

신간회는 좌우 합작 단체였다. 3·1운동 이후 민족주의 세력 일부가 동아일보파(김성수·송진우)와 천도교 신파(최린)를 중심으로 자치운동에 들어가자 이에 반발해 조선일보파(신석우·안재홍), 천도교 구파(권동진·이종린)를 비롯한 비타협적 민족주의 세력과 사회주의 세력이 뭉친 것이다. 이때 《조선일보》는 '신간회 기관지'로 불릴 만큼 신간회 활동을 주도했다. 1920년대 중반에는 부르주아 우파 신문 《동아일보》, 사회주의 좌파 신문 《조선일보》로 성격이 극명하게 나뉘었다.

신간회는 노환으로 병석에 있어 극구 사양하는 이상재를 회장으로 앉혔다. 조선일보사

사장을 지낸 이상재는 해학이 넘치는 사람이었다. 한 모임에서 이완용, 송병준과 마주 앉게 된 그는 이렇게 말했다고 한다. "대감님네들, 일본으로 이사 가시지요. 그러면 일본이 곧 망할 것 아니오?" 당신들 때문에 우리 조선이 망했다는 말을 하고 싶었던 것이다. 신간회 부회장으로는 홍명희가 선출됐으나 본인이 고사해 권동진으로 바뀌었다.

신간회는 일제에 타협하는 민족주의 세력을 '기회주의자'라고 비판하며 본격 활동에 들어갔다. 신간회 활동은 민족적 예속 탈피, 언론·집회·결사·출판의 자유, 여성운동 지원, 동양척식주식회사 반대, 근검절약 운동 등을 목표로 지방 군 단위 지회 중심으로 이루어졌다. 야학과 연설회를 통해 대중의 의식을 고양하는 활동도 폈다. 지회는 전국에 140여 개가 있었으며, 회원 수는 1930년대에 5만 명 가까이 됐다. 회원들의 직업을 보면 농민 54퍼센트, 노동자 22퍼센트, 상인 11퍼센트, 지식인 5퍼센트 등이었다.

신간회는 20세 이상 남녀가 자필 이력서를 써야만 가입할 수 있었다. 그러므로 문맹은 회원이 될 수 없었다. 제3차 조선공산당 사건 때 체포된 인물의 40퍼센트가 신간회 회원이었을 정도로 식민지 조선에서 신간회는 최대 규모의 민족운동 단체로 자리매김했다. 그래서 조선총독부는 신간회의 정기 대회 소집을 허가하지 않았다. 이런 이유로 신간회는 창립 이후 한 번도 전국 대회를 열지 못했고, 결국 부르주아 우파와 결별하라는 코민테른의 지시(12월 테제)에 따라 4년 만에 해체됐다. ✳

해방과 한국전쟁을 거치며 더욱 극심해진 좌우 이념 대결은 오늘날까지도 사라지지 않고 있다. 지금도 이른바 좌파와 우파는 서로 접점을 찾아보려는 노력은 하지 않은 채 늘 평행선만 그린다. 1920년대 좌우 합작 단체 신간회의 탄생과 몰락은 그런 의미에서 지금도 우리에게 큰 시사점을 던진다.

"여기는 경성방송국이올시다"

— 아시아 네 번째 방송국,
   경성에서 개국하다

2월 16일 오후 1시, 경성 정동에 자리한 라디오 방송국이 송출을 시작했다(시험방송은 이미 1924년 11월부터 시행되고 있었다). 정식 명칭은 '경성방송국(JODK)'. 아시아에서는 도쿄(JOAK), 오사카(JOBK), 나고야(JOCK)에 이어 네 번째, 세계에서는 미국, 영국, 프랑스, 독일, 일본에 이어 여섯 번째였다. 경성방송국은 아침 6시부터 밤 11시까지 방송을 했다. 일본어 방송과 조선어 방송의 비율은 7대 3이었다. 미국에서도 약하게 전파가 잡혔다.

식민지 조선인에게 라디오는 '근대 문명의 새로운 신'이었다. 라디오 방송이 나오는 곳으로 인파가 몰렸으며, 사람들은 라디오를 가리켜 '요술'이라든지 '귀신의 장난'이라면서 감탄을 쏟아냈다. 노인들은 죽기 전에 꼭 라디오가 조화 부리는 걸 보겠다며 몇 시간씩 기다리기도 했다. 신문에서는 집에서 밥을 먹으며 교회 목사 설교를 듣거나 아프리카 탐험가 이야기를 들을 수 있게 됐다고 야단법석을 떨었다. 작가이자 연극인이며 무용가인 최승희의 오빠 최승일은 "라디오가 신문을 정복했다"라고 외치고 다녔다. 실제로 그는 경성방송국이 개국하던 해에 입사해 1936년까지 근무하며 방송극을 연출했다.

개국 초기에는 일본어 방송과 조선어 방송

을 한 채널에서 번갈아가며 내보냈으나 1933년 일본어 방송(제1방송)과 조선어 방송(제2방송)으로 채널이 분리됐다. 이에 따라 조선어 방송 시간이 크게 늘어났다. 또한 고출력 송신소 및 지방 방송국이 설치되어 전국에서 라디오를 청취할 수 있었다. 아울러 라디오 수신기가 더 싸게 보급되어 조선인 청취자도 늘었다. 비싼 유성기(오디오) 없이도 노래를 들을 수 있게 됐다. 바야흐로 라디오 방송 시대가 열렸다.

라디오 방송은 주로 보도·교양·오락 프로그램으로 꾸며졌다. 보도 프로그램은 뉴스, 날씨 예보, 주식시세, 물가 동향, 스포츠 중계 등이었다. 스포츠 가운데서는 야구와 권투 중계가 인기 있었다. 뉴스거리가 없는 날에는 "오늘 뉴스는 없습니다"라고 말하고 방송을 끝냈다. 새해 첫날을 기념해 닭 우는 소리를 방송으로 내보내려 닭을 준비시켰는데 막상 그 닭이 울지 않으면 그대로 방송사고로 이어지던 시절이었다. 교양 프로그램은 각종 강연이었고, 오락 프로그램은 음악, 드라마, 연예가 소식이었다. 유명 기생들도 자주 방송에 출연했다. 총독부는 보도·교양 프로그램에 비중을 두고 권장했으나, 청취자들은 오락 프로그램을 좋아했다.

소설가 김동인을 비롯한 지식인들은 라디오 방송을 비판했다. 대개 "방송 내용과 출연자들이 늘 비슷하다", "내용이 통속적이고 저급하다"라는 것이었다. 물론 한편에서는 "조선의 라디오! 그것은 정복자의 전유물이다. 있는 사람의 장난거리가 되고 말아버린 문명의 산물"이라는 민족주의 시각이 담긴 비판

경성방송국 전경

도 나왔다.

한편 상인들은 손님 끌기 수단으로 라디오 방송을 이용했다. 이 때문에 각 상점 앞 라디오 확성기에서 나오는 라디오 소음이 사회문제로까지 번졌다. 당시 전국에는 1,400여 대의 라디오가 있었다. 그런데 간단한 라디오 송신기를 만들어 전파를 교란하거나 라디오 수신 신청을 하지 않고 전파를 훔쳐 듣는 얌체족이 점점 늘어났고, 경찰은 단속에 들어갔다. 기술이 발달하니 관련 법 조항도 늘어났다. ✳

해방 이후 경성방송국의 프로그램 콜사인은 "This is Seoul Korea Key Station of the Korean Broadcasting System"이었다. 오늘날 한국방송공사의 영문 머리글자 'KBS'는 여기에서 나왔다. 그리고 경성방송국 평양지국이 오늘날 북한의 '조선중앙방송'으로 이어졌다.
2017년 KBS는 라디오 방송 90주년을 기념해 특별 전시회를 열었다. 미디어 환경의 변화 속에서도 라디오 방송은 대중의 사랑을 받고 있다.

아시아 최대 규모의
비료 공장이 들어서다

— 흥남에 지어진 조선질소비료주식회사

일본질소회사를 바탕으로 일본의 신흥 재벌이 된 노구치 그룹은 일본 제국주의와 함께 탄탄대로를 걸었다. 노구치 그룹(혹은 '일질 재벌')의 창업자 노구치 시타가우가 1927년 5월 함경남도 함흥 남쪽에 조선질소비료주식회사(이하 '질소비료 공장')를 세웠다. 자본금 1,000만 엔, 부지 600만 평, 종업원 4,000명으로 아시아 1위, 세계 5위 규모의 거대한 비료 공장이었다.

규모도 규모지만, 질소비료 공장에 전력을 끌어오는 방식이 기상천외했으며, 여기에 총

독부의 숨은 의도가 있었다. 단순히 비료 공장을 짓는 일을 노구치에게 맡긴 것이 아니라 발전소를 짓도록 한 것이다. 이에 노구치는 압록강의 지류인 장진강·부전강 상류 고원지대에 댐을 쌓고 24킬로미터 터널을 뚫어 그 물을 함흥까지 흐르게 하는 방식(유역 변경식 발전소)으로 전력을 생산했다.

발전소와 질소비료 공장을 짓는 난공사 과정에서 조선인 노동자 1만여 명이 사망했다. 벼랑에서 떨어져 죽거나 흙더미에 깔려 죽거나 심지어 콘크리트 반죽 속에 생매장되어 희생당했다. 노구치가 조선인 노동자들의 사망 신고서를 미리 작성해두고 공사를 강행했다 하니, 장진강·부전강 발전소는 그야말로 '인부들의 몸뚱이로 지은 댐'이었다. 질소비료 공장이 준공된 뒤로는 노동자들이 열악한 노동환경에 시달리며 낮은 임금을 받고 노예처럼 일해야 했다.

흥남 조선질소비료주식회사
아시아 1위, 세계 5위 규모의 공업단지로, 일제시대 말에는 종업원이 4만 5,000명에 이르렀다.

일본이 식민지 조선에 비료 공장을 세운 이유는 무엇일까? 한마디로 산미 증식 계획을 효율적으로 실현하기 위해서였다. 더 많은 비료를 써서 쌀 생산량을 늘려 조선을 식량 공급 기지로 만들려는 것이었다. 닭을 잘 길러 지속적으로 달걀을 수탈하려는 식민지 근대화, 식민지 공업화 정책이었다. 이때부터 식민지 조선에서는 화학비료를 본격적으로 사용해 농사를 지었다. 그러나 비료 값은 전부 농민들이 감당해야 했다. 농민들이 금융기관에서 빌리는 대출금이 거의 비료 값으로 들어갔다.

질소비료 공장은 종합 공업단지(콤비나트)였다. 질소비료뿐 아니라 경화유, 화약, 카바이트, 철강, 아연 등이 여기서 생산됐다. 도쿄제대 부설 화학섬유연구소 핵심 연구원이었던 이승기의 '비날론' 연구도 이곳에서 이루어졌다(이후 이승기는 1939년에 교토제국대학 화학연구소에서 조교수로 근무하다 사쿠라다 이

치로 등과 함께 나일론에 이은 세계 두 번째 화학섬유 비날론을 개발했다). 중일전쟁 발발 이후에는 무기, 비행기 외강판, 항공연료 등을 생산했다. 일본 군부와 유착돼 있던 노구치는 점차 이 공단을 군수산업 단지로 키워갔다. 이곳에서 원자폭탄이 개발돼 일제 패망 직전 동해에서 실험을 마쳤다는 증언도 나와 있다.

종합 공업단지가 들어서면서 함흥 남쪽 지역에 '흥남(함흥 남쪽이라는 뜻)'이라는 신도시가 탄생했다. 노구치는 일제 식민지시대 최대 공업도시가 된 흥남의 읍장까지 지내며 지역 행정권을 장악했다. 흥남은 노구치의 '영지'나 다름없었다.

비료 공장 사업으로 큰돈을 벌어들인 노구치는 경성 조선호텔 옆에 반도호텔(지금의 롯데호텔)을 지었다. 조선호텔에 갔다가 복장이 허름하다는 이유로 문전박대를 당한 그가 '보복'으로 지은 호텔이었다. ✸

1945년 일본이 패망하자 노구치 그룹은 흥남에서 벌이던 사업을 정리하고 일본으로 건너간다(노구치 시타가우는 1932년에 병을 얻어 은퇴했고 1944년 사망했다). 이들은 규슈 구마모토 미나마타시에 석유화학 공장을 지어 운영했는데, 훗날 이 공장에서 수은 섞인 폐수를 방류한 탓에 주민들이 '미나마타병'에 걸리면서 엄청난 사회문제를 일으켰다.

"남편의 아내이기 전에, 첫째로 나는 사람인 것!"

─ 조선을 뒤흔든 스캔들

나혜석과 김우영

조선 남성 심사는 이상하외다. 자기는 정조 관념이 없으면서 처에게나 일반 여성에겐 정조를 요구하고 또 남의 정조를 빼앗으려 합니다. 서양이나 동경 사람쯤 되더라도 내가 정조 관념이 없으면 남의 정조 관념 없는 것도 이해하고 존경합니다. …… 남편의 아내가 되기 전에, 내 자식의 어미이기 이전에 첫째로 나는 사람인 것이오.

─ 나혜석, 〈이혼 고백서〉

6월 19일, 서양화가 나혜석은 남편 김우영과 함께 부산을 출발해 시베리아 횡단 열차를 타고 유럽으로 여행을 떠났다. 나혜석은 유교적 가부장제를 비판하는 '신여성'이었다. 그런 그녀도 자신을 변론해준 변호사 김우영과 결혼해 아이들을 낳고 평범한 주부로 살았다. 오랫동안 가정생활에 매여 작품 활동을 제대로 하지 못한 나혜석에게 어느 날 삶에 대한 회의가 밀려왔다. 그래서 남편 김우영과 함께 이번 여행으로 지친 몸과 마음을 달래려고 했던 것이다.

한 달 뒤, 나혜석 부부는 프랑스 파리에 도착했다. 나혜석은 모처럼 가정의 굴레에서 벗어나 자유롭게 미술 공부를 할 수 있었다. 자유와 예술의 도시 파리에서 신여성 나혜석은 오랜만에 휴가 나온 군인처럼 해방감을 느꼈으나 이는 곧 치명적 일탈로 이어졌다.

그해 가을, 나혜석은 자신의 운명을 바꿔놓을 남성을 만난다. 3·1운동을 주도한 천도교 민족 지도자이자 당대를 대표하는 지식인 최린(49세)이었다. 마침 그는 총독부의 지원을 받아 유럽을 여행하고 있었다. 나혜석은 최린의 지성미와 호탕함에 빠져들었다. 성실하지만 감성이 건조하여 예술을 이해하지 못하는 변호사 남편에게선 느낄 수 없는 매력이었다. 결국 두 사람은 '돌아올 수 없는 다리'를 건너고 말았다. 두 사람의 불륜 사실은 곧 파리 유학생들에게 알려졌고, 남편 김우영의 귀에까지 들어갔다. 김우영은 나혜석에게 다시는 최린을 만나지 말 것을 요구했고, 사건은 그렇게 정리되는 듯싶었다.

2년 뒤 나혜석과 김우영은 조선으로 돌아왔는데, 파리에서 있었던 불륜 사건에 대한 뒷말이 여전히 무성했다. 나혜석이 최린에게 청혼을 했다는 헛소문도 돌았다. 이에 발끈한 김우영이 나혜석에게 이혼을 요구했다. 그러나 나혜석은 이혼하지 않겠다는 의사를 밝혔다. 제아무리 당대를 대표하는 신여성이라 해도 아이들을 둔 어머니로서 책임이 무거웠을 것이다. 그러나 김우영은 의지를 굽히지 않았고, 이듬해 두 사람은 이혼했다(1923년 총독부는 조선민사령을 개정해 협의이혼을 허용했다).

이혼 후 나혜석은 우울증과 생활고에 시달렸다. 나혜석이 최린에게 생활비를 요구했지만 그는 거절했다. 이에 1934년 나혜석은 최린을 상대로 '정조유린죄' 죄목으로 법원에 손해배상 청구 소송을 냈다. 프랑스 파리에서 최린이 자신을 겁탈했다는 것이다. 그러고는 잡지 《삼천리》에 〈이혼 고백서〉를 발표했다.

그러나 나혜석은 소송에서 패했고, 그 후 날로 건강이 악화됐다. 중풍이 들어 손과 발을 제대로 쓸 수 없었다. 가족도 살피지 않는 불행한 처지로 전락해, 마흔아홉에 예순 노인으로 위장해 양로원에 들어갔다. 설상가상 조현병 증세까지 보였다. 어느 날 나혜석은 자녀를 만나겠다며 양로원을 나가 아이들을 찾아 헤매다 결국 길에서 쓰러진 채 세상을 떠났다. 누구보다 시대를 앞서나간 사람, 당대로부터 외면받은 불운한 예술가의 삶이 그렇게 막을 내렸다. ✱

2000년 수원시는 팔달구 인계동에 '나혜석 거리'를 조성해 근대 신여성 나혜석의 삶을 기념하고 있다.

맛의 혁명, 아지노모토

― 제국의 입맛을 사로잡은 화학조미료의 탄생

만점! 만점! 음식이 맛이 잇서!
입맛이 댕겨 먹을 만한데
아지노모토를 첫슬 테지
　－1930년대 경성 시내 옥외 광고판

도쿄제국대학 화학과 교수 이케다 기쿠나는 다시마에 들어 있는 글루탐산(아미노산의 일종)이 네 가지 기본 맛이 아닌 특유의 '감칠맛'을 낸다는 사실을 알아냈다. 그리하여 그것을 제5의 기본 맛이라고 주장했다. 1909년에는 이 성분을 가지고 '글루탐산 모노나트륨(MSG)'이라는 물질을 만들어 화학조미료 '아지노모토(味の素)'를 탄생시켰다('아지노모토'는 '맛의 정수'라는 뜻이다). '감칠맛' 곧 일본어로 '우마미'도 이케다가 '감치다, 맛있다[うまい]'와 '맛[味]'을 조합해 만들어낸 말이다.

일본에서 개발될 당시 아지노모토는 쌀보다 수십 배 비쌌지만 바쁜 생활에 쫓기는 도시 직장인에게 큰 인기를 끌었다. 간편하게 음식 맛을 낼 수 있었기 때문이다. 1915년경 식민지 조선에도 아지노모토가 상륙해 대리점이 생겼고 신문광고도 나왔다. 한때 뱀 가루라는 근거 없는 오해를 받기도 했지만, 국물 음식에 감칠맛을 더해주고 김치나 잡채, 나물 등 대부분의 음식을 맛깔나게 해주니 조선인의 입맛까지 사로잡았다. 아지노모토를 넣어 만든 칼칼하고 자극적인 음식에 길든 사람들은 예전의 밋밋한 음식을 더는 찾지 않게 됐다.

신문에 실린 아지노모토 광고
왼쪽은 1929년 9월 26일 자 《동아일보》에 실린 것으로 조선총독부보다 광고탑이 훨씬 높게 그려져 있다. 오른쪽은 1938년 2월 11일 자 광고다.

더군다나 아지노모토 판매사 스즈키 상회의 마케팅도 아주 공격적이었다. 사람이 모이는 장날, 장터에 음악대와 마술사를 동원해 쇼를 열어 상품을 홍보하는가 하면 다양한 내용으로 신문광고를 냈다. 1927년 8월 7일 자 《동아일보》에 "아지노모토는 극히 적은 양으로 산해진미를 낸다"라는 광고가 났다. 아지노모토가 널리 알려지고 더 많이 팔리면서 값이 내려가자 "돈 적게 들이고 손쉽게 요리를 한다"라는 내용의 광고도 등장했다. 심지어 "아내가 아지노모토를 넣지 않고 음식을 만들어 내오자 남편이 밥을 못 먹겠다고 밥상을 엎어버렸다"라는 광고까지 나왔다. 배우 문예봉, 무용가 최승희가 광고 모델로 등장했다.

아지노모토는 이른바 '맛의 혁명', '맛의 근대화'를 가져왔지만 각 지방 특유의 맛을 없애 획일화했다. 평양냉면 육수 맛도 이젠 아지노모토의 몫이었다. 어느새 식민지 조선인들의 입맛도 화학조미료에 포섭돼갔다. 그것은 '맛의 제국주의'였다.

이 무렵 일본식 간장도 식민지 조선에 들어왔다. 바로 '왜간장'이다. 왜간장은 메이지 유신 이후 개량이 거듭된 것이라 '개량간장'이라고도 불렸다. 조선간장은 콩으로 만든 메주에 소금물을 붓고 발효시킨 것이다. 짠맛이 강해 주로 국이나 찌개에 넣어 간을 맞춘다. 그래서 '국간장'이라고도 부른다. 왜간장은 콩·땅콩·밀 등을 가수분해해 만든 탄산소다에 소금과 화학약품을 첨가한 것이다. 단맛이 강해 주로 양념장이나 볶음 요리, 조림 요리에 쓴다. 왜간장 또한 요리 전문가들의 호평을 받으며 잡채나 불고기 등의 요리에 사용되었고 점차 조선인들의 입맛을 길들여갔다. ✳

해방 이후 국내에 아지노모토 공급이 끊기자 밀수가 기승했다. 이때 임대홍(대상그룹 명예회장 임창욱이 그의 아들이다)이 일본으로 건너가 아지노모토의 핵심물질인 MSG 제조법을 배운 뒤 귀국해, 국산 화학조미료를 생산했다. 이것이 오늘날 한국인들에게 조미료의 대명사로 알려진 '미원'이다. 미원은 아지노모토의 한국 버전이다.

식민지 조선의 게이소센, 연보전

11월 2일부터 4일까지 경성운동장에서 제8회 전조선축구대회가 열렸다. 19세기 말 도입된 축구가 어느덧 식민지 조선에서도 인기 스포츠로 자리 잡고 있었다.

이날 전조선축구대회 준결승전에서는 연희전문학교와 보성전문학교가 맞붙었다. 결과는 연희전문학교의 승리였다. 이후 두 학교는 전조선축구대회 결승전에서 여덟 번을 더 만나는데, 보성전문학교가 5승 4패의 근소한 우위를 지켰다.

식민지 조선의 사학을 대표하는 두 학교의 대결은 '연보전' 또는 '보연전'이라 불리며 주목받았다. 일본의 명문 사학 와세다대학과 게이오대학 간의 스포츠 경기인 '게이소센(慶早戰)'의 영향이었다. 연보전은 학교의 자존심을 건 한판 승부였을 뿐 아니라 나라 잃은 식민지 청년들이 울분을 달래고 자유를 꿈꾸는 축제였다.

한편 대회에 출전하는 선수들은 훈련 때문에 수업을 빠지기 일쑤였다. 학교 측에서 편법으로 학점을 주는 관행이 생기자 이에 대한 비판도 일었다. 이 관행은 오늘날까지 이어지고 있다.

식민지 시기 축구는 일제에 대해 조선 민족의 저력을 과시하는 수단이기도 했다. 1926년 10월 19일 도쿄에서는 조선 축구 대표팀인 조선축구단이 도쿄고등사범학교를 2대 0으로 물리쳤다. 모두 여덟 차례 열린 원정 경기에서 조선축구단은 '5승 3무'라는 놀라운 성적을 거두었다(조선축구단 김원겸은 이 경기에 출전했다가 맹장이 터져 병원에 실려갔다). 재일동포들은 나라 잃은 설움을 달래며 열광했고, 일본 축구계는 충격에 빠졌다.

1929년 10월 8일에는 조선일보사 주최로 경성과 평양을 대표하는 경성축구단과 평양축구단 간의 '경평축구대항전'이 열렸다. 조선일보사 부사장 안재홍은 개회사에서 "경기로 끝내는 것이 아니라 조선의 역량을 과시하는 기회로 승화시켜야 합니다"라고 말했다. 경성팀은 주로 연희전문학교와 보성전문학교 학생들이, 평양 팀은 축구 명문 숭실전문학교 학생들이 주축을 이뤘다. 숭실전문학교는 과거 일본 팀을 격파한 경험도 있었다.

축구 경기가 '불순한' 민족주의 색채를 띠자 총독부가 제지에 나섰다. 역동적 에너지가 분출되는 축구보다는 상대적으로 '차분한' 야구를 지원하고 보급하는 방향이었다. 그 덕분에 야구팀이 급증했다. 이어 총독부는 '축구통제령'까지 내렸으나 민족 진영의 반발로 철회했다. 오늘날 야구의 인기와 한일 국가 대표 축구 경기의 '이상 열기'는 모두 역사적 산물이다. ✳

해방 이후 연희전문학교가 연세대학교로, 보성전문학교가 고려대학교로 승격되면서 '연보전'은 '연고전'으로 그 명칭이 바뀌었다. 오늘날에는 축구뿐 아니라 농구, 야구, 럭비, 아이스하키 등 다양한 종목이 추가되어 연례행사로 이어지고 있다. 한편에서는 연고전이 학벌주의를 조장하고 학교 간 위화감을 부추긴다는 비판도 있다.

오라잇, 스톱!
경성부영버스가 간다

1928년

경성부영버스

4월 22일, 경성에 시내버스가 등장했다. 경성 시내에는 이미 전차가 운행되고 있었지만 급증하는 인구를 감당할 수 없었다. 시내버스는 경성부에서 운영했기 때문에 '경성부영버스'라 이름 붙였다. 경성부영버스는 20인승 버스 열 대로 경성역을 기점으로 남대문, 광화문 등 세 방향 노선을 운행했다. 요금은 한 구간에 7전으로 전차 요금보다 훨씬 비쌌지만 개통한 지 한 달 만에 순이익 1,662원을 올렸다. 대성공이었다. 이후 평양과 대구, 부산 등 지방에서도 버스가 운행됐다.

요금이 비싼데도 승객이 많았던 것은 일명 '뻐스 걸'이라 불린 버스 안내원들의 역할이 컸다. 이들은 보통학교 졸업 이상의 학력을 갖춘 열여섯부터 스무 살 여성들로, 전화교환원만큼이나 채용 경쟁이 치열했다. 멋진 유니폼을 갖춰 입고 "오라잇", "여기는 종로 거리올시다"를 외치는 '뻐스 걸'들은 남성들의 가슴을 설레게 했다. 하지만 전화교환원과 마찬가지로 버스 안내원들도 가족을 부양하고자 생계 전선에 뛰어든 경우가 많았다.

이들이 일하는 환경은 매우 열악했다. '뻐스 걸'들은 일곱 시간 내내 제대로 앉지도 못한 채 일했고, 흔들리는 버스 안에서 승객들과 몸을 부대끼며 목이 터져라 "오라잇"과 "스톱"을 외쳐댔다. 버스 요금을 깎아달라고 떼쓰는 승객, 술 먹고 버스 안에 오물을 토해내는 승객과도 싸워야 했으며, 때로는 남성 승객에게 성희롱을 당하기도 했다.

이렇게 일하고도 '뻐스 걸'이 받는 일당은 80전이었다. 그나마도 버스 요금을 잘못 계산하면 자기 돈으로 손실을 메워야 했다. 현금을 들고 다녀서 소매치기의 표적이 되기도 했다. 버스 요금을 징수하는 과정에서 또 다른 문제가 불거지기도 했다. 버스 운전수와 '뻐스 걸'이 공모해 차표 수입을 빼돌리는 것이다. 이런 사건이 터지자 '뻐스 걸'들은 회사의 감시를 받는 신세가 됐다. 그런데 이번에는 평양부영버스회사 감독관이 요금 횡령을 단속한다는 명분으로 '뻐스 걸'의 신체를 수색하다가 성폭행을 하는 사건이 일어났다. '뻐스 걸'은 인권의 사각지대에 방치되어 있었다. ✱

해방 이후 경성부영버스는 서울시내버스로 발전했다. 버스의 마스코트와도 같았던 '뻐스 걸'은 수많은 에환을 간직한 채 1980년대에 역사 속으로 사라졌다.

"나는 대한을 위해 복수하는 것"

— 조명하, 천황의 장인을 향해 칼을 던지다

조명하

5월 14일 오전 10시경, 타이완 타이중 도서관 앞 사거리에서 자동차 한 대가 좌회전을 하려고 속도를 줄이고 있었다. 이때 조선인 청년 조명하(23세)가 그 자동차 안으로 뛰어들더니 차에 타고 있던 일본 육군대장 구니노미야 구니요시의 목을 향해 독 묻은 칼을 던졌다. 구니노미야는 칼이 스치고 지난 곳에 패혈증이 생겨 고생하다 이듬해 사망했다.

2년 전, 황해도 신천군청에서 서기로 일하던 조명하는 안정된 생활을 버리고 일본으로 건너갔다. 그는 나석주, 김상옥 등의 의열 투쟁을 보며 가슴에 큰 뜻을 품었다.

일본으로 떠나기 전 그의 아내가 아들을 낳아 친정에서 몸조리를 하고 있었다. 조명하는 어머니와 함께 아들과 아내를 보러 가던 길에 갑자기 발길을 돌렸다. 의열 투쟁을 앞두고 아내와 아이를 만나면 그 마음이 흔들릴 것 같아서였다. 그렇게 모질게 마음을 먹고 우선 척결의 대상인 일본을 알아야 한다는 생각으로 대한해협을 건넜다.

조명하는 오사카의 공장과 상점에서 일하며 야간전문학교에서 공부했다. 식민지 조선인들이 당하기만 하는 현실을 보며 의열 투쟁에 몸을 바치기로 다짐했다. 하지만 일본에서는 현실적으로 일본의 왕족이나 우두머리를 척살하는 거사를 일으키기가 어렵다는 판단에 따라 타이완을 거쳐 상하이에 있는 대한민국임시정부로 가기로 했다.

당시 일본은 타이완을 전진기지로 삼아 중국 산둥 지역을 침략하려고 타이완에 군대를 대규모로 주둔시켰다. 그래서 육군대장 구니노미야가 일본군 시찰을 위해 타이완에 갔던 것이다. 구니노미야는 일본 쇼와 천황의 장인이기도 했다. 이러한 정보를 얻은 조명하는 구니노미야를 거사 대상으로 삼기로 계획을 수정하고는, 구니노미야의 숙소 상황과 동선 등을 미리 파악해두는 한편, 칼 쓰기 훈련에 몰두했다.

마침내 5월 14일, 벼리고 벼린 칼에 독을 바르고는 가슴속 깊이 품은 채 물샐 틈 없는 경비를 뚫고 거사를 단행했다. 조명하는 "대한독립 만세"를 외치며 체포됐고, 3개월 뒤 "조국 광복을 못 본 채 죽는 것이 한스러울 뿐이다. 저세상에 가서도 독립운동은 계속하리라"라는 유언을 남기고 타이완 형무소에서 순국했다. 아들의 부음을 전해들은 아버지 조용우는 의연히 그 죽음을 받아들였다. ❋

민중의 숨결을 담은 역사소설 《임꺽정전》

그 어휘의 풍부한 것은 조선어의 대언해(大言海)로서 지식인은 반드시 궤상에 1책을 비치하라

− 1939년 단행본으로 출간된《임꺽정》의 광고 문구

11월 21일 자《조선일보》에 한국문학사에 한 획을 그을 작품이 연재되기 시작했다. 홍명희의 역사소설《임꺽정전》이었다. 역사소설이지만 궁중 암투가 아닌 천민 출신 도적의 활동을 소재로 삼았다는 점에서 파격이었다. 《임꺽정전》을 통해 조선 명종 때 도적 임꺽정이 대중에게 알려졌다.

홍명희는 임꺽정을 작품의 주인공으로 삼

은 이유를 묻자 "남들이 잘 모르니까……"라고 답했다. 이어 "임꺽정은 지난날 봉건사회에서 가장 학대받던 백정 계급의 한 인물이 아니었습니까? 그가 가슴에 차 넘치는 계급 혁명의 불길을 품고 그 사회에 대해 반기를 든 것만 하여도 얼마나 장한 쾌거였습니까?"라고 말했다. 사회주의자다운 표현이었다. 그는 조선 문학이 중국 문학과 서양 문학에 영향을 받는다고 생각하여, "남에게 옷 한 벌 빌려 입지 않고 순 조선 것으로 만들기 위해"《임꺽정전》을 집필했다고 말했다. 홍명희는 사대주의에 찌든 여느 사회주의자들과는 달랐다.

소설《임꺽정전》의 백미는 조선 민중의 감성을 담아낸 토속어였다.

"서림이란 놈이 제 요공하려구 우리를 잡으러 나온다. 그놈 참 죽일 놈이다."
"잡아 없애야지, 그놈의 불여우를 세상에 남겨두면 사람의 오장 깡그리 다 빼먹구 말게요."

《조선일보》에 연재된 홍명희의 역사소설 《임꺽정전》
천민을 소설 주인공으로 내세운《임꺽정》은 걸쭉한 토속어가 압권이다.

소설 속 남녀 사이 애정 표현이 어찌나 걸쭉했는지 홍명희는 가족의 오해를 받기도 했으나, 그는 세 살 연상 아내 민씨에게는 애처가, 자식들에게는 자상한 아버지였다.

이광수의 《무정》 이후 인기 소설은 대부분 신문 연재소설이었다. 《임꺽정전》도 마찬가지로, 《임꺽정전》을 읽기 위해 신문을 사서 본다고 말할 정도였다. 이에 《조선일보》와 경쟁하던 《동아일보》가 마음이 급해졌다. 연재소설의 인기가 곧 신문 판매 부수와 직결됐기 때문이다. 《동아일보》는 이광수의 《단종애사》로 맞불을 놓았다. '《조선일보》 홍명희' 대 '《동아일보》 이광수'라는 '빅 매치'였다. 소재에서도 '민중의 투쟁' 대 '지배층의 권력 암투'라는 대결 구도를 이뤄 흥미로웠다. 결과는 어땠을까? 《임꺽정전》이 조금 더 인기를 끌었다.

홍명희는 신간회 활동을 하고 있었기 때문에 시간을 쪼개고 쪼개 《임꺽정전》의 집필을 이어나갔다. 하루에 200자 원고지 열 장 이상을 쓰는 강행군이었다. 그럼에도 이야기 전개나 문맥이 탄탄했다. 이듬해 민중 대회 사건으로 홍명희가 구속되자 《임꺽정전》의 연재가 중단되어 독자들의 항의가 빗발쳤다. 이에 옥중 집필이 허용됐다. 홍명희가 원고를 쓰면 총독부 관리들이 먼저 읽고 조선일보사에 넘겼다. 그 관리들도 《임꺽정전》의 열혈 독자가 됐다.

이후 식민지 조선에서는 역사소설이 붐을 이뤘다. 김동인, 박종화, 이태준, 김기진, 현진건 등 당대를 대표하는 작가들이 앞다투어 역사소설을 썼다. 암울한 식민지 현실에 나타난 문학계의 복고풍이었다. ✻

해방 이후 홍명희는 월북해서 북한의 부수상에 임명됐다. 1956년 8월 종파 사건 때 홍명희가 양반 출신 인텔리라는 이유로 숙청 위기에 몰렸지만 김일성이 그를 반일애국자라며 살려주었다. 홍명희는 1968년에 사망해 평양의 애국열사릉에 묻혀 있다.

모든 노동자의 권리를 위해!

― 원산노동연합회와 원산 총파업

세계 공산주의 운동 본부 코민테른은 공산당의 기반을 노동자, 농민으로 대중화하려는 기조가 있었다. 이에 따라 식민지 조선의 사회주의 지식인들 역시 함경도의 흥남과 원산 등지의 산업 현장에 노동자로 잠입해 혁명적 노동조합이나 지하조직을 조직했다. 함경도 지역은 공산주의 종주국 소련과 거리가 가까운 데다 일찍부터 산업 공단이 들어서 있어 노동자가 많았다. 특히 원산에서는 노동운동이 퍽 활발히 이뤄져 이미 1925년 11월에 '원산노동연합회'가 결성돼 있었고 전체 조합원 수가 2,000명을 넘겼다.

1929년 1월 14일, 함경남도에 소재한 영국계 석유회사 라이징 선(Rising Sun)의 문평 유조소에서 파업이 일어났다. 전해 9월에 이미 문평 유조소 유조공들은 저임금, 장시간 노동은 물론 주로 일본인으로 이뤄진 감독관들의 억압과 횡포, 폭력에 시달리다 들고일어난 바 있었다. 그중 일본인 총감독 고다마가 특히 악명 높아 회사 측은 일단 그를 해고했다. 원산노동연합회는 고다마를 내보내는 데 성공하자 노동 현장으로 돌아왔으나 회사는 세 달이 지나도록 임금 인상과 처우 개선 등의 약속을 지키지 않았다.

이에 1월 14일 오전, 원산노동연합회의 지도에 따라 문평 유조소 소속 조합원들이 다시 파업에 돌입했던 것이다. 당시 원산노동연합회는 지도부가 청렴하고 노동자의 권익을 지키는 데 힘써 조합원들의 지지를 받고 있었다. 흥미롭게도 이때 영국인 관리자의 요리사와 운전수, 조선인 수위, 일본인 피고용자 들도 파업에 동참했다. 그리고 16일에는 부두 노동자들도 하역을 거부하며 파업에 동참했다. 부두 노동자들이 하역을 거부하자 회사 측은 강경하게 대응했다. 라이징 선은 자본가 단체인 원산상업회의소에 이 사건을 해결해달라고 맡겼고, 그들은 파업 참가 노동자를 대거 해고했다. 심지어 어용 노조를 만들어 노동자들을 분열시키려 했다.

22일, 원산노동연합회는 결국 산하단체 총파업에 들어갔다. '외래 자본의 착취를 파괴하라'라는 구호 아래 원산노동연합회 산하단체

원산노동연합회의 총파업 모습

24개에서 노동자 2,200여 명이 파업에 참가했다. 이에 따라 원산 일대의 산업·운수·교통 기능이 마비됐다. 원산 총파업은 자본가에 대한 노동자의 투쟁이며, 일본 제국주의에 대한 조선 민중의 투쟁이었다.

이에 총독부가 병력 700여 명을 동원해 파업 지도부를 협박·폭행하고 구속했으나 전국 각지에서는 오히려 원산 총파업에 대한 지지가 잇따랐다. 파업 자금을 모아주고 파업을 지지하는 연설회가 열렸다. 일본, 프랑스, 소련 등 외국의 노동단체들에서도 지지를 보내왔다. 그러자 총독부는 원산 총파업을 사회주의 운동으로 규정하고 치안유지법을 적용하겠다며 으름장을 놓았다.

파업을 시작한 지 어언 세 달이 지나도록 노동자들의 요구는 충족되지 않았고 원산노동연합회 자금은 점점 바닥을 드러냈다. 4월 6일, 지도부가 구속되고 노동자들 사이에서 일부 균열과 동요가 일면서 투쟁 의욕을 상실한 원산노동연합회 간부 몇이 노동조합원들의 자유 취업을 결의했다. 원산 총파업은 4월 8일을 끝으로 막을 내리고 말았다. ✳

현재 한국에는 100만 명 넘는 '외국인'이 노동자로 살고 있다. 그러나 과연 이들은 노동자로서 제대로 인정받고 있을까? 이들에게 자행하는 차별과 횡포를 보면 일제가 조선인 노동자에게 가했던 폭압을 상기하지 않을 수 없다. 현재 한국에서 일하는 외국인 노동자들은 저임금과 체불은 말할 것도 없고 고용주에게 폭행까지 당하는 실정이다. 그런데도 그들은 하소연할 데도 없다. 일제시대에 일어났던 원산 총파업이 더욱 의미 있게 나오는 이유다.

오사카 큰손 시마 도쿠조의 신당리 토지 매매 사기 사건

원산에서 노동자들이 생존 투쟁을 하고 있을 때 오사카 주식거래소 사장이자 재계의 큰손인 시마 도쿠조는 경성 광희문 밖 신당리(지금의 서울 신당동) 일대 14만 평을 경성부로부터 헐값에 사들였다. 땅 투기로 한몫 챙기려는 속셈이었다. 당시 신당리는 문화주택(서구식 주택)이 들어서 신도시가 생길 것이라는 소문이 돌아 투기꾼들이 군침을 흘리던 곳이었다.

그런데 시마 도쿠조는 자신이 사들인 신당리 토지에 도로를 건설해달라며 총독부에 도로 건설비 예산 10만 원 책정을 요구했다. 그가 총독부 2인자였던 정무총감과 모종의 관계를 맺고 있었던 덕분에 가능한 요구였다. 이러한 뒷배를 믿고 그는 자신이 산 땅의 가격을 더욱 올려놓은 뒤 되팔아먹으려는 꼼수였다.

시마 도쿠조는 신당리 땅값 46만 원 가운데 23만 원을 아직 지불하지 않고 있었다. 그는 도로 건설 공사가 시작되면 나머지 돈을 내겠다고 배짱을 부렸으나 갑자기 편성된 도로 건설 예산이 1929년 경성부 협의회(지금의 서울시 의회)의 예산안 심의 과정에서 문제가 제기되었고, 이 사실이 언론에 보도되면서 여론도 들끓었다.

이에 시마 도쿠조와 토지 계약을 맺은 경성부윤 우마노 세이이치는 여론을 무마하고자 기자회견을 열어 눈물을 흘리며 사죄했다. 물론 '악어의 눈물'이었다. 그러면서도 시마 도쿠조의 요청대로 폭력배를 동원해 신당리에 토막을 짓고 살던 빈민들을 내쫓았다.

2년 뒤, 시마 도쿠조는 조선은행(지금의 한국은행)에서 돈을 빌려 토지 잔금을 지불한 뒤 그 신당리 토지를 자신이 대주주로 있는 동양척식주식회사에 되팔아 엄청난 시세 차익을 챙겨 조선을 떠났다.

시마 도쿠조의 '투기 시나리오'를 정리하면 이렇다. 자기 돈 23만 원으로 개발 예정지를 사고 3년 뒤 은행 돈을 빌려 잔금을 치른 뒤 자신이 대주주로 있던 동양척식주식회사에 그 땅을 470만 원가량에 팔아 3년 만에 스무 배 넘는 수익을 올린 것이다.

모든 일이 권력을 등에 업은 사기꾼 시마 도쿠조가 원하는 대로 됐다. 그는 싼값에 땅을 매입해 그 땅에 도로를 내고 그 땅에 살던 빈민까지 쫓아내며 땅값을 올렸다. ✳

오늘날에도 시마 도쿠조의 후예들은 땀 흘려 일하는 사람들을 비웃으며 보란 듯이 탐욕을 채우고 있다. 강남 재개발이니 뉴타운이니 하는 부동산 투기 바람을 보면 식민지 조선을 뒤흔든 시마 도쿠조의 후예가 적지 않다.

자연에 대한 찬미인가, 식민 통치의 잔재인가

본보 경남 김해 지국에서는 오는 4월 망간(望間) 만화(萬花)가 방창할 시기를 택하여 지방 인사의 관광단을 조직하여 마산, 진해, 부산 등지의 관앵(觀櫻, 벚꽃놀이) 및 승지를 견학하겠다는데 …… 기선(汽船)으로 진해로 향하여 1박 후, 그 익일에 해군 요새 일반을 견학하고 …… 좌기 요령에 따라 신속 신청을 요망한다더라.
— 〈진해, 부산 등지의 관광단원 모집〉,《동아일보》
(1929. 3. 28.)

1920년대에는 식민지 조선인들 사이에서도 관광이 점차 보급됐다. 꽃놀이 관광, 부처님오신날 관광, 달맞이 관광, 피서 관광, 스키 관광 등 그 시절에 이미 '테마 관광'이 있었다. 이를 위해 철도국에서 임시 특별열차를 편성해 관광객을 실어 날랐다.

꽃놀이 관광에서 으뜸은 벚꽃놀이였다. 벚꽃놀이 관광지로는 지금의 서울 북한산, 인천 월미도, 원산 송전만, 개성, 군산, 진해 등이 유명했다. 그 가운데 백미는 역시 '진해 벚꽃놀이'였다. 진해에는 길가에 벚나무 1만여 그루가 심겨 있어 벚꽃이 활짝 피면 '노을과 같고 흰 눈과 같은 꽃 터널'이 만들어졌다. 〈한일의정서〉에 따라 일본이 제멋대로 진해를 군항으로 삼은 후 심어놓은 벚나무였다. 일본은 1만 평 대지에 '벚꽃장이'라는 대규모 벚나무 단지를 만들어 휴식 공간으로 이용했다.

진해 벚꽃 관광에는 벚꽃 구경뿐 아니라 기차와 자동차를 타고 부산과 마산 명승지, 군사시설, 온천, 관공서 등을 두루 돌아보는 코스가 포함되어 있었다. 관광 코스에 관공서 관람이 포함되었다는 점이 이채롭다. 여행비는 1인당 6원, 미리 신청하면 50전을 할인받아 5원 50전이었다.

벚꽃 관광철이 되면 유원지마다 바가지요금이 기승을 부려 행정 당국은 맥주 한 병에 75전, 사이다 한 병에 30전, 비빔밥 한 그릇에 50전 등 값을 책정한 뒤 요금 단속에 나섰다. ✽

해방 이후 진해 벚나무는 일본의 국화(國花)이며 식민지 잔재라는 이유로 잘려 나갔다. 1962년 식물학자 박만규와 부종휴가 진해 왕벚나무(일본명 '소메이요시노사쿠라')가 제주도에 자생한다는 사실을 밝혀낸 뒤 벚나무를 다시 심기 시작해 오늘날에는 35만 그루가 장관을 이루고 있다. 꽃의 아름다움을 느끼는 데도 이데올로기가 투영된다는 게 씁쓸하기도 하다. 1963년 시작된 진해 군항제는 오늘날에도 봄철이면 대성황을 이루어, 이 기간에는 활짝 핀 벚꽃을 배경으로 충무공 추모제, 군악대 연주, 군의장대 시범, 무예 시범, 에어쇼, 불꽃쇼, 국악경연대회, 백일장, 사진촬영대회, 학생음악경연대회, 학생미술실기대회, 해군사관학교 관람 등 다채로운 행사가 열린다.

경성우편국 수송차 습격 사건

본시 민족주의자로 폭탄과 권총으로 직접 행동…… 백주에 권총을 들고 자동차 습격이라는 조선 미증유 대담한 범행을 한 3인단…….

―《동아일보》(1929. 4. 22.)

4월 18일 오후 1시 40분, 춘천에서 경성으로 가던 경성우편국 수송차가 망우리 마석고개에서 괴한 세 명에게 습격을 당했다. 권총으로 무장한 괴한들은 자신들이 대한독립공명단 소속 단원임을 밝히고 "조선 독립 만세"를 외쳤다.

대한독립공명단은 중국 산시성에서 조직된 독립운동 단체였다. 식민지 조선의 독립을 위해 군자금을 확보하고 3개 사단 7만 5,000 병력을 양성해 서울 진공 작전을 전개하는 것이 목표였다. 7년 전 여의도 비행장에서 감동의 에어쇼를 선보였던 안창남도 대한독립공명단에 참여해 독립군 비행사를 양성하고 있었다(1930년 안창남은 비행 교육을 위해 이륙하던 중 사고로 사망했다).

이날 거사에 참여한 대한독립공명단원 세 명은 최양옥, 김정련, 이선구였다. 김정련은 망을 보고 이선구가 손을 들어 수송차를 세웠다. 차가 멈춰 서자 이선구는 운전사 김영배를 총으로 위협하고 밧줄로 묶어 조수석에 앉힌 뒤 자신이 운전대를 잡았다.

그러나 우편국 수송차에서는 현금이 나오지 않았다. 계획이 무위로 돌아간 공명단원들은 대신 그 길을 지나가던 차량들을 세우고는 탑승객 70여 명을 하차시켜 그들에게서 53원을 '모금'한 뒤 "대한독립공명단 만세"를 세 번 외치게 했다(53원을 '모금'당한 70여 명은 이때 어떤 느낌이었을까. 독립운동사를 읽을 때마다 이런 대목을 만나면 '역사와 일상'의 경계를 느낀다).

2시 30분경 단원들은 남양주 천마산으로 달아났다. 언뜻 미국 서부영화를 떠올리게 하는 이 사건은 곧바로 언론의 주목을 받았다.

이튿날인 19일 새벽, 단원들은 양주군 화도면의 어느 동굴에 숨어들었다. 20일 0시 20분, 김정련이 경찰에 체포되고 최양옥과 이선구는 아차산으로 다시 숨어들었다. 오전 9시 30분, 두 사람은 지나는 차량을 탈취해 경성으로 잠입했다. 이들은 혼마치(충무로)에서 닭고기달걀밥에 맥주를 마신 뒤 택시를 타고 여관과 지인의 집으로 각자 숨었다. 그러나 이선구는 그날 밤 11시에, 최양옥은 다음 날 아침 5시 30분에 결국 체포됐다. 최양옥이 체포될 때 경찰이 총을 찾으려고 허둥대자 그는 "총은 이불 속에 있다"라고 의연하게 말했다.

대한독립공명단원 세 명은 경성지방법원 검사국에 넘겨져 조사를 받았다. 〈치안유지법〉, 〈우편법〉, 〈총포화약류취체령〉 위반에 강도 혐의 등이 적용돼 최양옥은 징역 10년, 김정련은 징역 9년, 이선구는 징역 6년을 선고받고 서대문형무소에서 복역했다. 이선구는 복역 중 사망했다. ✳

학생 112명을 태운 전차가 전복되다

전복된 전차와 입원한 진명여자고등보통학교 학생들 사진이 실린 《매일신보》(1929. 4. 23.)

4월 22일, 경성 종로의 진명여자고등보통학교 앞에 전세 전차 세 대가 서 있었다. 개교 23주년 기념식을 마치고 청량리로 향하는 여학생들을 태우기 위해서였다. 학생 380명은 학교 설립자 엄귀비(영친왕의 어머니)의 묘를 참배하고 꽃놀이를 가려고 했다.

전차 운전수 석갑동은 그중 학생 112명을 싣고 달렸다. 당시 석갑동은 초보 운전사였고, 전차는 정원 초과 상태였다. 경복궁 옆 곡선 길을 달리던 전차는 속도를 이기지 못하고 차선에서 이탈하여 전복됐다. 봄나들이를 가던 전차는 순식간에 생지옥으로 변했다.

이 사고로 80여 명이 중경상을 입었다. 중상자 가운데는 훗날 시인으로 이름을 떨친 노천명(4학년)도 있었다. 그는 경성의학전문학교 부속병원(지금의 서울대병원)에 입원해 치료를 받았다. 다행히 사망자는 없었지만 부상당한 학생들은 불면증과 식욕부진, 발작, 정신이상 등의 증세를 보였다. 의료진은 이를 트라우마, 곧 '외상후증후군'으로 진단했다. 몇몇은 몸과 얼굴에 상처를 입어 주위 사람들을 더욱 안타깝게 했다.

1928년 한 해 동안 전차 사고가 412회 일어나 사상자 219명을 냈다. 이에 전차 운행사인 경성전기회사를 향해 '안전 불감증'이라며

질타가 쏟아졌다. 요즘도 꽤 자주 보는 풍경 아닌가.

근대 문물이 들어오면서 식민지 조선에도 대형 사고가 자주 일어났다. 거기에 비하면, 승객들이 뱉어놓은 침 때문에 전차의 실내 환경이 불결하다는 건 아주 사소한 문제였다. 독일의 사회학자 울리히 벡의 말처럼 "문명의 위협은 고대의 신과 악마의 영역 같은 새로운 어둠의 왕국"을 만들어냈다. ✳

화전민들의
눈물겨운 생존 투쟁

6월 16일, 함경남도 갑산군 대평리에 있는 화전민 마을에 무장 경찰 열한 명과 영림서(營林署) 직원 여섯 명이 들이닥쳤다. 이들은 "말로는 안 되겠다"라면서 집집마다 들어가 세간을 끄집어낸 뒤 불을 질렀고 밭에서 자라던 농작물을 짓밟았다.

식민지 권력의 횡포는 닷새 동안 이어졌다. '산림 보호'를 위해 총독부가 화전민들을 마을에서 추방하려 하자 화전민들이 이를 거부했다는 게 이유였다. 그러나 실제로는 독립군의 활동 거점이 될 수 있는 화전민 마을을 없애려는 의도가 컸다.

이농민(離農民)과 수재민 1,000여 명이 200여 가구를 이루며 모여 살던 평온한 마을에 날벼락이 떨어진 것이다. 졸지에 삶의 터전을 잃은 화전민들 가운데 500여 명이 경찰서와 영림서로 몰려가 항의했고, 주민 대표는 도청과 총독부에 진정서를 냈다. 《동아일보》,《조선일보》를 비롯한 언론이 사건을 보도했고, 신간회는 인권변호사 김병로(훗날 대한민국 초대 대법원장)를 대평리 화전민 마을에 파견해 진상 조사를 실시하는 한편 총독부에 항의했다. 이어 각 사회단체의 대표 34명이 '갑산화전민사건대책강구회'를 조직해 화전민들을 지원했다.

사회 각계의 지원에 힘을 얻은 화전민들은 투쟁을 이어갔다. 결국 그해에 곡식 수확을 보장해줄 것과 갑산의 다른 화전민 마을인 백채동으로 이주하게 해주겠다는 약속을 받아냈다.

그 시절 화전민은 농촌에서 소작지마저 구하기 어려워져 깊은 산속으로 들어가 살던 극빈층이었다. 총독부 조사에 따르면, 화전민들은 1년 내내 조잡한 목면 옷을 입고 감자와 풀뿌리, 나무 열매, 옥수수, 귀리, 콩, 팥 등을 먹었으며 고기는 거의 먹지 못했다고 한다. 겨울에는 끼니를 잇기가 어려워 건강 상태가 더 악화됐다. 산기슭이나 강변에 판잣집을 짓고 살았기에 산사태나 홍수에도 무방비 상태였다. 식민지 조선에서 가장 심각한 민족 차별과 계급 차별에 시달리던 사람들이 바로 화전민이었다. ✳

건달 두목 김창엽, 링 위로 올라가다

건달 출신 권투 선수 김창엽
해방 이후에는 권투 심판으로 활동했다.

1929년 6월 28일, 제2회 전조선권투선수권 대회가 열렸다. 이 대회는 전해인 1928년부터 열리기 시작했는데, YMCA가 주최하고 동아일보사가 후원했다. 제1회 전조선 권투선수권 대회는 거창한 대회 명칭과 달리 YMCA에서 한 달 동안 권투 강습과 훈련을 받은 연습생 30여 명이 서로 실력을 겨루는 행사였다. 1회 대회에는 보성·중동·양정·배재·경성제1고보 학생들도 참가했다.

그런데 2회 대회에는 뜻밖에도 건달들이 참가했다. 그중에서도 서울 청계천 수표교 일대에서 이름을 날리던 건달 김창엽이 이목을 끌었다. 김창엽은 평소 건달계에서 쓰던 주먹이 권투에서도 통할 거라 믿고는 자신의 주먹을 자랑하고 싶은 마음에 출전한 것이다. 체급은 밴텀급이었다.

우락부락하게 생긴 김창엽의 상대 선수는 모범생같이 생긴 김충성이었다. 누가 봐도 '다윗과 골리앗'의 싸움이었다. 그러나 주먹이라고 다 같은 주먹은 아니었다. 경기 규칙이 있는 권투와 건달 세계의 주먹다짐은 달랐다. 건달 김창엽은 김충성에게 2라운드 1분 20초 만에 KO패를 당했다. 그러자 김창엽을 응원하던 부하 건달들이 흥분해 링으로 올라가 난동을 부렸다. 순식간에 링은 아수라장이 됐다.

이후 김창엽은 정식으로 권투를 배웠다. 와신상담이었을까. YMCA에서 권투의 기본기를 착실히 다진 김창엽은 이후 동양챔피언에 올랐다.

몇 년 뒤인 1935년, 일본 아마추어 권투 선수권을 제패하고 미국으로 건너가 활동하던 서정권(당시 세계 랭킹 6위)이 경성운동장 특설 링에서 에스파냐 선수와 경기를 치렀다. 경기 후 서정권은 총독부가 제공해준 자동차를 타고 카퍼레이드를 했다. 월간 《삼천리》는 "이 5척 어린 청년 앞에 전 세계의 코끼리 같은 양키들이 길을 피하고, 그의 앞에 무릎을 꿇음에 우리들은 그와 피와 산천을 같이하였음을 영광이라 하지 않을 수 없다"라고 쓰며 흥분했다. 강한 남성에 대한 로망이 있어선지 권투는 여성들 사이에서도 인기가 많았다. ✲

한국의 첫 권투 세계챔피언은 해방 이후 탄생했다. 1966년 6월 25일, 함경남도 북청 출신 김기수는 서울 장충체육관에서 이탈리아의 니노 벤베누티를 판정승으로 누르고 WBA 주니어 미들급 챔피언에 올랐다. 이날 장충체육관에는 대통령을 비롯한 관중 6,500명이 입장해 경기를 관람했다. 이후 권투는 국민 스포츠가 되어 수많은 '영웅'을 탄생시켰다.

일제의 거대한 선전 공간, 조선박람회

9월 12일부터 10월 31일까지 경복궁에서 조선박람회가 열렸다. 조선물산공진회 이후 14년 만에 열린 박람회였다. 건춘문 북쪽으로 이전한 광화문부터 근정전 북쪽 경회루에 이르는 공간까지 동서로 가로지르며 10만 평 넓이의 전시장이 경복궁 내에 마련됐다. 총자본 100만 원(현재 가치로 1,000억 원)이 투입되어 조선물산공진회 때보다 규모가 훨씬 컸다(총독부 기관지《매일신보》의 자본금이 50만 원이던 때다).

"아저씨 서울 구경 갔다 오셨지요? 그래 서울 구경이 대개 어떻습디까?"
"구경이고 뭐고 정신이 얼떨떨해서……. 단체(관람)인가 뭔가 들어 가지고 밤낮 서로 꽁무니를 붙잡고 쥐꼬리잡이 내기만 하다가 구경은 다 놓쳐버린 셈일세. 생각하면 분해 못살겠네. 공연히 돈만 없애고."
  -〈서울 구경 왔다가 니저버리고 가는 것〉,《별건곤》(1929. 9. 27.)

'조선박람회'는 조선 통치 20년의 '성과'를 국내외에 홍보하려는 행사였다. 세 달 전부터 홍보 포스터가 나붙었고 한 달 전에는 대형 아치가 세워졌다. 식민지 조선의 각 도(道) 전시관 외에 오사카관, 도쿄관, 교토관, 규슈관, 나고야관 등 일본 본토의 각 지방 전시관과 타이완관, 만몽(滿蒙)관, 사할린관 등도 설

식민지 권력의 허세가 드러난 관제 행사 '조선박람회'

치됐다. 일본의 대외 세력 확장을 선전하려는 것이었다.

경성 시내 보통학교와 고등보통학교 학생 7,000여 명이 동원돼 종이 깃발을 흔드는 가운데 박람회 개막식이 열렸다. 총독 사이토를 비롯한 거물급 인사들이 근정전에 입장하자 일본 국가 '기미가요'가 경복궁에 울려 퍼졌다. 경복궁과 기미가요의 불협화음, 이는 곧 일본 민족과 조선 민족의 불협화음이었으며 식민 통치의 어색함이었다.

행사가 시작되자 휘날리는 오색 종이 아래 '마네킹걸'이 '근대로의 유혹'을 시작했다. 총독부는 조선박람회에 유료 관객 110만 명을 동원했다. 인솔자를 따라 단체로 끌려 다니다 보니 제대로 관람을 할 수 없었을뿐더러 전시물 안내문이 한자와 일본어로만 적혀 있어 무슨 말인지 알 수 없었다. 행사장을 모두 둘러보는 데 1인당 3~4원이 들었다.

조선박람회는 강제 동원 덕분에 흥행에는 성공했으나 부작용도 있었다. 돈을 빌리거나 부모 돈을 훔쳐 행사를 관람한 사람이 있었는가 하면, 갑자기 행사장에 군중이 떼로 몰려

사상자가 발생했으며, '쓰리꾼'(소매치기)들도 기승을 부렸다. 행사장 한편에서는 일명 '키스걸'들이 뭇 남성에게 '불건전한 상품'을 팔다가 쫓겨났다. 박람회장 주변 지역 여관 주인들은 관람객을 상대로 한몫 잡아보려고 방 한 칸에 50명을 쑤셔 넣었다. 어느 관람객은 아흐레 동안 교통비, 식사비, 기타 잡비 등 79원(현재 가치로 수백만 원)을 날렸다는 내용으로 잡지에 투고했다. 박람회 기간 동안 기차역마다 경찰이 배치돼 '불순분자' 색출을 위한 검문검색이 강화됐다.

조선박람회 개막 몇 달 전, 총독부는 성공적으로 행사를 치르려고 신문사 기자들에게 200~300원씩 촌지를 돌렸다. 기자 월급이 50~80원이던 시절이니 이는 결코 '촌지(寸志)'가 아니었다. 대부분의 기자가 이 촌지로 술을 마시고 양복을 사 입었으나, 당시 조선일보사 기자였던 김동환(시인)은 이 촌지를 종잣돈 삼아 잡지 《삼천리》를 창간했다. 《삼천리》는 일제 식민지시대에 가장 성공한 대중잡지가 됐다 ✷

식민지 노예교육을 거부한 학생들

1929년

— 광주학생항일운동

광주고보 2학년생 박준채
광주학생항일운동이 일어나는 데 도화선 역할을 했다.

1920년대 전남 광주에서 가까운 나주·목포·영산포 일대에는 일본인 상인과 자본가들이 모여 살며 지역 경제를 장악했다. 나주에 있는 공장 38곳 가운데 30곳이 일본인 소유였다. 당연히 이 지역에는 일본인 학생이 많이 살았다. 이들은 광주로 통학을 했고, 광주 지역의 조선인 학생들과 갈등을 빚곤 했다.

3·1운동 이후 조선인 학생들은 식민지 교육의 모순을 점차 자각했다. 그들은 사회주의라는 창을 통해 그 모순을 깨달았다. 광주고등보통학교(이하 '광주고보') 학생 장재성을 비롯한 학생들이 성진회(醒進會), 독서회 등 비밀 모임을 조직하고 사회주의(마르크스·레닌주의)를 공부했다. 학생들은 스펀지가 물을 빨아들이듯 사회주의 사상을 흡수했다.

1928년 6월, 광주고보 학생 이경채가 조선 독립을 주장하는 '불온 문서'를 작성했다는 혐의로 구속됐다. 학교 당국은 이경채에게 퇴학 처분을 내렸다. 이에 학생들이 반발하며 학교에 '이경채 복교', '조선인 교사 다수 채용', '조선 역사와 조선어 문법 수업' 등을 요구했다.

그러나 학교 당국은 집단행동 주동자 27명에게는 퇴학 처분을, 그 외의 단순 가담자 300여 명에게는 무기정학 처분을 내렸다. 사태가

이렇게 되자 광주고보 졸업생들까지 나서 시위를 벌였으며, 경찰은 그중 졸업생 최동문(도쿄 유학생)의 집을 압수 수색했다. 이에 광주의 조선인 학생들이 동맹휴학에 들어갔다. 광주는 건드리면 폭발할 것 같은 일촉즉발의 상황이었다. 바로 이때 화약고에 불을 댕기는 사건이 일어나고 말았다.

1929년 10월 30일 오후, 광주에서 통학생을 싣고 온 열차가 나주역에 도착했다. 이때 열차에 있던 일본인 학생 후쿠다가 조선인 여학생 이광춘과 박기옥의 댕기머리를 잡아당기며 희롱을 했다. 이에 박기옥의 사촌 박준채(광주고보 2학년)가 분노하며 항의했다.

"후쿠다, 너는 명색이 중학생이라는 녀석이 야비하게 여학생을 희롱해?"

그러자 후쿠다의 입에서 '조센징'이라는 말이 튀어나왔다.

"뭐라고? 조센징놈이 까불어!"

격분한 박준채가 후쿠다의 얼굴을 주먹으로 때린 것을 시작으로 조선인 남학생 30여

명과 일본인 남학생 50여 명 사이에 난투극이 벌어졌다. 현장에 출동한 경찰이 제지했으나 실은 일본인 학생들 편을 들었다.

11월 3일, 이날은 일본 메이지 천황의 생일이자 음력으로는 조선의 개천절이었다. 조선 민족의 하늘이 열린 날, 기미가요를 불러야 하는 식민지 현실에 학생들의 마음이 어두웠다. 광주고보 학생들은 하굣길에 금남로와 광주역 앞에 모여 나주역 사건을 편파 수사한 경찰과 일본인 학생들에게만 유리한 보도를 내보낸 광주일보사에 항의했다. 장재성이 독서회를 중심으로 격문을 배포하며 시위를 주도했는데, 이따금 '독립 만세' 구호도 들렸다.

이때 일본인 학생 수백 명이 유도 선수들을 앞세운 채 야구방망이를 들고 광주역 앞으로 몰려왔다. 소식을 들은 광주고보와 광주농업학교 학생들도 몽둥이를 들고 몰려왔다. 광주여고보 학생들도 치마에 돌멩이를 담아 나르며 '전투태세'에 들어갔다. 두 진영 사이에 또다시 집단 난투극이 벌어졌고, 수적 열세인 일본인 학생들이 점차 밀리자 경찰이 사태 진압에 나섰다. 이날 광주경찰서는 양측 학생 대여섯 명을 처벌하는 선에서 사건을 무마하려 했으나 총독부의 지시로 조선인 학생 75명, 일본인 학생 열 명을 체포했다.

11월 12일, 그날은 장날이었다. 광주고보 학생 김향남이 "교우들이 구속돼 철창에서 신음하고 있는데 우리만 가만히 있을 수 있는가?"라며 열변을 토하자 학생들이 교실을 뛰쳐나가 교문을 나섰다. 광주농업학교 학생들도 시위에 가세했다. 학생 시위대는 광주형무소를 포위한 채 구속된 학생들을 석방하라고

외쳤다. 이날 조선인 학생 400여 명이 경찰에 체포됐다.

광주에서 불붙은 학생 시위는 목포로 번졌다. 목포상업학교 학생 100여 명은 붉은 깃발을 들고 '삐라'를 뿌렸다. 시위가 일어나면 경찰이 학생들을 구속하고 학생들이 구속되면 그에 반발해 다시 시위가 일어나는 식으로, 광주에서 시작된 학생 시위가 전국으로 번져나갔다. 이 과정에서 신간회가 작성한 시위 지시문이 전달됐다. 동조 시위에 참가한 194개교 가운데 54개교가 보통학교(초등학교)였다.

12월 13일, 경성 조선극장에서 영화 〈카추샤〉가 상영될 때 신간회 간부 김무삼은 막간 시간에 무대 위로 올라가 광주학생항일운동에 관한 문서를 낭독하다 경찰에 체포됐다.

이듬해 3월까지 이어진 광주학생항일운동으로 전국에서 582명이 퇴학을 당했으며 2,330명은 무기정학을 당했다. 재판에 넘겨진 85명 가운데 가장 무거운 형량(징역 4년)을 받은 이는 장재성이었다. ✳

해방 이후 장재성은 전남 건국준비위원회 활동과 남한 단독정부 수립 반대 운동 등 좌익 활동을 하다가 광주형무소에 수감돼 복역했다. 한국전쟁 때 북한 인민군이 밀고 내려오자 경찰은 후퇴하면서 형무소 내 좌익 사범들을 처형했는데, 이때 장재성도 희생양이 됐다.
한편 박준채는 광주고보에서 퇴학당하고 경성으로 올라가 양정고보를 졸업한 뒤 일본으로 건너가 와세다대학을 졸업했다. 해방 이후 그는 나주에서 사업을 하다가 1960년대부터 조선대 법정대학 교수로 재직했다. 1980년에는 신군부에 맞서 시국 선언에 참여했다. 그는 정치권의 '러브콜'에도 흔들리지 않았다고 한다.

1930년대

팽창하는 군국주의, 성숙하는 대중사회

1930년대는 미국 월가의 주가 폭락, 경제 대공황과 함께 시작됐다. 경제 대공황의 파도는 일본과 식민지 조선에도 밀어닥쳐 대량 해고 사태와 상점 매출의 급감을 불러왔다. 학비가 없어 공부를 포기하는 학생들이 속출했다. 일본은 경기 불황을 '불순'한 방법으로 타개하려 했다.

1931년 9월 18일 밤, 남만주철도의 류탸오거우(지금의 선양 근처) 구간에서 폭발이 일어났다. 남만주철도를 관할하던 관동군(만주 주둔 일본군)은 중국군이 저지른 짓이라고 발표했지만, 사실은 일본의 자작극이었다. 이 사건을 빌미로 삼아 일본군은 남만주철도 주변의 도시들을 점령해나갔다. 조선에 주둔 중이던 군대도 국경을 넘어 만주로 진격했다(만주사변).

만주사변은 일본 군부의 단독 행동이었다. 일본 정부는 군대 철수를 명령했지만 군부는 듣지 않았다. 이미 군부가 일본의 정치를 장악하고 있었다. 내각 수상 와카쓰키 레이지로가 "내 힘으로는 군부를 저지할 수 없다"라고 실토할 정도였다. 일본 언론은 중국군의 도발을 응징해야 한다며 여론을 선동했고, 기업들은 경제 대공황에 따른 불황을 만주라는 새로운 시장을 확보해 해결하려 했다. 여론도 군부에 호의적이었다.

국제사회의 시선이 만주로 쏠린 틈을 타 일본 군부는 또 다른 계략을 꾸몄다. 1932년 1월 18일 상하이, 일본 군부에 매수된 중국인이 일본인 승려 세 명을 습격했다. 이를 빌미로 삼아 일본 해군이 상하이에 상륙해 중국군과 충돌했다(상하이사변). 세계는 다시 경악했다. 그 무렵 일본 군부는 만주에 괴뢰 국가를 수립해가고 있었다. 그런데 문제가 생겼다. 괴뢰 국가 우두머리로 푸이(청의 마지막 황제)를 지목했는데, 그의 반응이 시큰둥했던 것이다. 이에 일본 군부가 또다시 '주특기'를 발휘했다. 푸이가 머물던 톈진에서 폭동을 일으키고는 푸이의 신변이 위험하다며 그를 만주로 '모셔'왔다.

그리하여 1932년 3월 1일, 만주국이 수립됐다(1932~1945). 국제연맹이 "만주국은 국제조약의 근본 원칙에 합치하지 않는다"라는 내용의 리튼 보고서를 채택하자 이에 반발한 일본은 국제연맹을 탈퇴했다(1933).

식민지 조선의 독립운동이 침체에 빠져 있을 때 일본 군부는 거침이 없었다. 그런데 이때 대한민국임시정부 김구의 한인애국단이 항일 독립운동에 새로운 활력을 불어넣었다. 한인애국단이 기획한 이봉창 의거와 윤봉길 의거가 그것이다(1932). 두 의거로 김구의 존재감이 점차 커졌고 '조선인과 일본인이 한통속'이라는 중국인의 의심도 점차 사라져갔다.

윤봉길의 투혼이 대륙을 울릴 때, 식민지 조선에서는 이애리수가 〈황성옛터〉를 불러 식민지 대중의 심금을 울렸다. 또 나운규·문예봉 주연의 영화 〈임자 없는 나룻배〉가 개봉됐다. 일본의 철교 부설로 일터를 잃은 뱃사공이 철교 공사장의 일본인 토목 기사를 살해한 뒤 철도를 때려 부수다 달려오는 기차에 치여 죽는다는 내용이다. 조선총독부는 영화에 반일 장면이 포함되어 있다며 내용을 대거 삭제했다. 〈임자 없는 나룻배〉는 무성영화의 마지막 흥행작이었다.

1936년 여름, 조선 총독 우가키 가즈시게가 경질되고 미나미 지로가 부임했다. 성격이 유연하고 배포가 컸던 우가키와 달리 신임 총독 미나미는 출세욕이 강하고 난폭했다. 내선일체, 황국신민 서사, 조선어 사용 금지, 창씨개명('일본식 성명 강요'의 전 용어) 등 악명 높은 정책들이 그의 작품이다. 미나미가 총독으로 부임하면서 3·1운동 이후 이어져오던 문화 통치는 막을 내렸다.

1937년 여름, 중국 베이징 교외 루거우차오에서 "중국군이 일본군 병사를 납치해 갔다!"라고 일본군이 주장했다. 물론 이번에도 일본군의 자작극이었다. 사라졌던 일본군 병사는 20분 만에 부대로 복귀했는데, 사실은 용변을 보러 간 것이었다. 결국 일본군은 이를 빌미로 중국 본토를 침공했다(중일전쟁). 청일전쟁, 러일전쟁, 만주사변 때와 마찬가지로 이번에도 선전포고는 없었다. 베이징, 톈진, 상하이를 점령한 일본군은 중국의 수도 난징을 점령해 수만 명을 살육했다(난징 대학살). 이후 일본군은 중국의 열 개 성(省)과 주요 도시를 점령했다. 이에 중국 국민당과 중국공산당이 연대해 항일 투쟁에 들어갔다(제2차 국공합작).

전쟁이 경기 부양 효과를 내는 것은 '불편한 진실'이다. 1930년대 만주는 '동양의 엘도라도'였다. 야망에 불타는 사업가나 군인, 협잡꾼이 만주로 몰려들었다. 그들에게 만주는 인생 역전을 이룰 '기회의 땅'이었다. 식민지인에게는 차별과 서러움을 벗어버릴 '희망의 땅'이 되어주기도 했다. 조선인 소유 최대 기업인 경성방직이 만주에 진출해 시장을 확대했는가 하면, 대학 나온 조선인들이 만주에 가서 고위 관리가 됐고, 보통학교 교사 박정희는 '조선의 나폴레옹'을 꿈꾸며 만주로 떠났다. 만주국은 짧은 기간 동안 요란하게 '폭죽놀이'를 하다 사라진 '이상한 나라'였다.

인생 역전에 대한 욕망은 식민지 조선에서 '골드러시'로 나타났다. 일본 정부가 금본위제(화폐가치를 금에 고정시키는 제도)를 실시하면서 환율이 안정됐고, 화폐와 금을 맞바꿔주자 금광 개발 열풍이 불었다. 불황기에 금은 최고의 안전 자산으로 여겨졌다. 의사, 변호사, 작가, 기생, 독립운동가 들이 너나없이 금광 개발에 뛰어들었다. 사회적 지위나 체면은 중요하지 않았다. 산이나 논밭, 개천 바닥을 갈아엎고 멀쩡한 집을 허물거나 죽은 조상의 금니까지 찾아냈다. 안성과 평택, 천안 일대에서 수많은 금광이 개발되어 업자들 사이에 분쟁이 일어나고 소송까지 이어졌다. 한 해에 금광 출원 건수가 수천 건에 이르러 조선총독부 담당 공무원이 과로로 쓰러질 지경이었다. 그 열기는 19세기 미국 서부에서 일어난 '골드러시'에 견줄 만했다. 식민지 조선의 골드러시에 힘입어 일본은 당당히 세계 5대 금 생산국이 됐다.

1938년 봄, 일제는 국가총동원법을 공포했다. 국가총동원법은 말 그대로 사람과 물자를 총동원해

전쟁에 투입하겠다는 전시 통제법이다. 이에 따라 일본과 그 식민지인 조선과 타이완 그리고 만주국에서 노동력·물자·자금·시설, 사업·물가·출판 등이 통제를 받았다. 일제는 전시체제에 들어갔다.

그해 여름, 만주의 동부 국경 지대에서 관동군과 소련군이 충돌했다(장고봉사건). 한 달 가까이 이어진 전투에서 일본군은 소련군의 압도적 화력에 밀려 퇴각했다. 이 소식에 식민지 조선은 술렁였다. 경기도 가평의 어느 농촌 지도자는 모임에서 소련이 조선을 공격해올지 모른다며 우려했고, 안성의 한 마을 청년들 사이에서도 이런저런 말이 오갔다. 이에 경찰은 '불온 언동' 단속에 나섰다.

같은 해 가을, 일본군이 중국의 우한 삼진(武漢三鎭, 우창·한양·한커우)을 점령했다. 이에 중국 국민당 정부는 수도를 충칭으로 옮겼다. 식민지 조선의 일부 지식인들은 이 사건을 '봉건에 대한 근대의 승리'이며 '역사의 진보'라고 보았다. 근대 이후 서양이 주도해온 세계 질서에 맞서 일본을 중심으로 아시아 국가들이 뭉쳐 '대동아공영권'을 구축해야 한다면서, 이들은 점차 일제에 협력했다. 그들 눈에는 일본군이 중국 대륙의 절반을 손아귀에 넣은 것처럼 보였다. 그러나 일본군이 대륙에서 점과 선을 차지했을 뿐 장기전에 말려들고 있다는 사실을 알 리 없었다. 섬나라 일본이 예상한 것보다 대륙은 훨씬 넓었다.

일본군은 전투기를 동원해 충칭을 공습했다(1938~1943). 이때 일본군은 비장의 무기를 꺼내 들었다. 미쓰비시 중공업에서 제작한 '제로센' 전투기였다. 제로센 전투기는 방탄 처리를 하지 않아 동체가 가볍고 기동력이 좋으며 항속거리가 길었다. 비행을 하다 급선회해 적기를 후방에서 공격하는 제로센의 위력은 미국 공군에게도 공포였다. 훗

날 제로센 전투기는 가미카제 특공대의 자폭용으로 사용됐다.

1939년 여름, 만주국과 몽골의 국경 지대에서 관동군과 소련군이 다시 충돌했다. 중일전쟁 와중이라 일본 대본영(전시 중 일본군 최고 통수 기관)은 소련군과의 전쟁을 피하려 했다. 그러나 관동군은 이를 무시하고 전투에 들어갔다. 관동군은 일본 군부 안에서 '땅벌' 같은 존재였다. 결국 관동군은 소련군의 공격을 받아 사상자 2만여 명을 내고 참패를 당했다(노몬한 사건).

9월 1일, 독일 전투기가 폴란드를 기습 공격했다. 전날 밤, 폴란드군이 독일의 지방 방송국을 습격했다는 게 이유였다. 그러나 그것은 독일군이 폴란드군으로 변장하고 벌인 자작극이었다. 자작극 연출력에서 독일과 일본은 확실히 동맹국이었다. 공습에 이어 독일 전차 부대가 폴란드 수도 바르샤바를 향해 진격했다. 제2차 세계대전은 그렇게 시작됐다.

이 무렵 식민지 조선에는 대가뭄이 들어 쌀 생산량이 전해에 비해 1,000만 석이나 감소했다. "거리는 부른다. 환희에 빛나는 숨 쉬는 거리다. …… 휘파람을 불며 가자 내일의 청춘아." 이해에 남인수가 부른 〈감격시대〉는 경쾌한 행진곡풍 명랑가요였지만, 당시 식민지 조선의 현실은 전혀 명랑하지 않았다.

1930년대 경성은 점점 자본주의 근대도시로 바뀌어갔다. 백화점의 '대매출' 광고 간판 앞에서 '마네킹 걸'은 파격적인 옷차림을 한 채 손님을 불러 모았고, 우후죽순으로 생겨난 다방과 카페에서는 서구적 삶을 동경하는 모던 보이·모던 걸이 커피와 맥주를 마시며 근대에 대한 갈증을 달랬다. 소주와 막걸리가 대세이던 식민지 조선에서 새로운

술 맥주가 술꾼들을 유혹했다. 맥주 한 병 값이 일용직 노동자 하루 품삯과 비슷했다.

경성에 밤이 찾아오면 화려한 네온사인이 야경을 연출했다. 경성 야경은 지방에 사는 사람들을 불러 모을 만큼 관광 명물이었다. 사람들은 네온사인 야경을 '근대 색'이라 불렀다. 어느 일본 작가는 제국의 수도를 도쿄에서 경성으로 옮기자고 주장했다. 그러나 경성의 화려한 풍경은 일본인들이 거주하는 남촌(충무로 일대)을 비롯한 몇몇 지역에 국한됐다. 경성 시내 주택의 절반은 아직 초가집이었고, 하수구에선 오물이 넘쳐 악취가 진동했다. 그렇게 경성에는 전근대와 근대가 공존했다. '식민지 근대'의 한계는 명백했고, 그것은 '뿌리 없는 꽃'이었다.

대도시를 중심으로 대중문화도 점차 자리를 잡았다. 그 중심에 '세기의 총아', '현대의 패왕'으로 불리는 '영화'가 있었다. '영화'는 큰돈 들이지 않고 누구나 즐길 수 있는 종합예술이었다. 당시 조선에서 상영된 영화의 90퍼센트 이상이 외국 영화였다. 찰리 채플린, 게리 쿠퍼, 로버트 테일러, 클라크 게이블, 루돌프 발렌티노 등 스타 배우들의 사생활이 언론에 보도됐고, 배우들이 입고 나오는 옷이 유행했다. 청소년들이 영화배우가 되겠다고 나서는 바람에 부모와 갈등을 빚었다. 외국 영화의 점유율이 지나치게 높아지자 조선총독부는 상영 비율을 규제했다(1934, 활동사진영화취체규칙, 지금의 '스크린쿼터').

영화는 서구 문화의 전도사였다. 모던 보이·모던 걸의 등장도 영화의 영향이 컸다. 모던 보이는 장발에 나팔바지·백구두, 모던 걸은 화려한 양장차림에 뾰족구두(하이힐)로 상징됐다. 그들은 유행에 민감했고 남의 시선에 주눅 들지 않았다. 그들에게는 '에로틱', '그로테스크'라는 곱지 않은 시선이 따라다녔다. 실제로 마약이나 도박에 빠지는 모던 보이도 많았다.

대중가요가 인기를 끌자 컬럼비아, 폴리돌, 오케 등 외국계 레코드 회사가 경쟁적으로 음반을 제작해 성공했다. 바야흐로 '레코드의 홍수' 시대였다. 1936년 한 해에만 조선에서 음반이 100만 장가량 팔려나갔다. 전국의 남녀노소가 유성기에서 흘러나오는 음악에 귀를 기울였다. 신민요, 트로트, 재즈 등 유행 장르도 다양했다. 그중 으뜸은 트로트였다. 일본 엔카의 음계를 사용한 트로트가 식민지 조선인의 심금을 울렸다. 오늘날 한국인이 즐겨 듣고 부르는 〈타향살이〉, 〈목포의 눈물〉, 〈애수의 소야곡〉, 〈알뜰한 당신〉, 〈눈물 젖은 두만강〉 등이 모두 1930년대에 만들어진 곡이다.

한편, 농민들의 의식이 고양되어 전국에서 혁명적 농민조합이 조직됐다. 경제 대공황의 여파로 쌀값이 절반 이하로 떨어져 농민의 삶이 벼랑 끝으로 내몰리자 총독부는 농민들의 불만을 누그러뜨릴 대책이 필요했다. 그래서 나온 것이 이른바 '농촌진흥운동'이다. '농촌진흥운동 모범 부락'으로 정해지면 마을 입구에 과수원이 조성됐고, 시원하게 뚫린 신작로를 따라 마을회관과 정미소, 공중목욕탕 등이 들어섰으며, 주택의 지붕도 개량해주었다. 마을 사업을 주도한 지도자는 천황 표창을 받았고, 조선총독부는 그 모범 부락을 크게 홍보했다. 어디선가 본 풍경 아닌가? 농촌진흥운동은 1970년대 새마을운동의 모체가 됐다.

"찬영회 타도!"

— 영화인들의 신문사 습격 사건

1929년 12월 31일 밤, 송년회를 갖던 영화인들이 "찬영회 타도!"를 외쳤다. '찬영회'는 각 신문사 문예부 기자들이 친목을 도모하고 좋은 작품을 신문에 소개해 영화 발전에 이바지한다는 취지로 조직한 단체였다. 연예 기자단이라 할 찬영회에는 이익상(동아일보), 안석주(조선일보), 심훈·김기진·정인익·김을한(중외일보)·이서구(매일신보) 등이 회원으로 있었다.

그러나 찬영회는 당초 취지와 달리 점차 '권력 집단'으로 변질돼갔다. 영화 작품을 신문 지면에 소개하는 것은 홍보 성격을 띨 수밖에 없어 찬영회가 영화 흥행에 미치는 영향은 컸다. 때로는 찬영회 기자들이 횡포 아닌 횡포를 부렸다. 영화 한 편이 완성되면 제작진이 기자들을 유명 요릿집 명월관에서 푸짐하게 대접하는 것이 어느새 관행이 됐다. 기자들은 고자세로 비싼 술과 음식을 시키고 기생을 부르는가 하면, 여배우까지 불러내 "너, 나하고 연애하면 신문 기사 잘 써줄게" 하며 수작을 부리기도 했다. 심지어 여배우의 은밀한 사생활까지 기사로 써댔다. 찬영회 기자들의 '갑질'에 여배우들의 마음고생은 이만저만이 아니었다.

이렇게 쌓인 불만이 1929년 12월 31일에 터져 나온 것이다. 그중 영화 〈아리랑〉의 주인공 나운규가 목소리를 높였다. "여러분 우리 영화계에는 하나의 암이 있습니다. 그것은 다름 아닌 찬영회라는 거머리 족속입니다." 나운규의 선동으로 그날 영화인들의 송년회 분위기는 점점 더 험악해졌다. 때마침 신문사들은 신년호 발행을 위해 야간작업이 한창이었다. 영화인들 입장에서는 '거사'를 감행하기에 안성맞춤이었다. "옳소! 갑시다! 그놈들을 때려눕힙시다!"

어느새 시곗바늘은 자정을 넘어서, 1930년 1월 1일의 여명이 밝아오고 있었다. 나운규, 윤봉춘, 복혜숙 등 영화인들이 행동에 나섰다. 나운규를 비롯한 1조는 신신백화점 뒤편 요정으로 가 찬영회 회원들의 송년회장을 습격했다. 2조는 조선일보사, 동아일보사, 중외일보사 등에 난입해 윤전기에 모래를 뿌리며 소동을 부렸다. 그중 조선일보사에서는 문예부장 염상섭을 비롯한 기자들이 격렬히 반발하며 배우들과 난투극을 벌였다. 기자의 집까지 찾아가 소동을 피운 영화인도 있었다. 이에 기자들이 폭행을 당했다며 신고하자 경찰은 이 소동을 '영화인 폭동 사건'으로 규정하고 관련자 검거에 나섰다.

그러자 영화인들은 찬영회 회장 심훈을 비롯한 소속 기자들을 만나 협상에 들어갔다. 그동안 기자들이 저지른 만행을 세상에 공개하겠다고 압박하며 '찬영회 해체'를 요구했다. 결국 기자들이 영화인들의 요구 사항을 받아들여 소동은 마무리됐다. 두 달 전 광주학생항일운동이 일어나 전국으로 번지던 시기라 경찰은 '영화인 폭동 사건'에는 신경 쓸 여력이 없었다. ✳

동족의 흉탄에 쓰러진 청산리 영웅

> 옛날 우리 집에 '놋두멍'은 얼마나 무거웠던지 빈 것이라도 칠팔 명 장정이 들어야 땅김이라도 하는 것을 그이는 혼자서 힘들이지 않고 물이 반 독이나 들어 있는 것을 능큼능큼 들곤 하였습니다.
>
> ─《동아일보》(1930. 2. 13.)

1월 24일 오후 5시경, 북만주 산시에 있는 금성정미소에서 김좌진이 암살됐다. 범인은 금성정미소에서 종업원으로 일하던 박상실, 조선공산당 만주총국 소속 공산주의자였다.

당시 북만주에서 조선인들은 농사를 지으며 살았다. 그런데 중국인이 운영하는 정미소가 지나치게 비싼 도정료를 요구해 어려움을 겪었다. 이에 김좌진은 조선인들이 조금 더 싼값에 도정을 할 수 있도록 직접 금성정미소를 운영했다. 박상실은 이곳에 위장 취업을 하고 있었다. 공산주의자 박상실은 왜 김좌진을 암살했을까?

북만주는 소련(러시아)과 가까운 지역으로 공산주의 운동이 활발했다. 세 개의 군정부(정의부·참의부·신민부) 중 하나이며 김좌진이 속해 있던 신민부에 대해 공산주의자들은 독립운동의 가면을 쓰고 (주민들에게서) 자금을 징수한다면서 공격했다. 1928년 11월에는 신민부가

의연금을 징수하는 과정에서 공산주의자들과 충돌해 사상자가 나왔다(빈주 사건). 당시 만주의 조선인 농민들은 중국 정부와 세 부에 각각 세금을 내야 했기에 불만에 차 있었다.

김좌진은 아나키스트 청년들을 규합해 신민부를 한족총연합회로 확대 개편하고 '반공'을 강조했다. 신민부가 공산주의에 반감을 갖게 된 데는 자유시사변(1921)의 영향이 컸다.

한족총연합회가 북만주에서 지지를 얻으며 세력을 키워나가자 조선공산당 만주총국은 위기를 느꼈다. 조선공산당 만주총국과 한족총연합회 사이에 갈등의 골이 점차 깊어졌고, 공산주의 확산에 방해가 된다는 판단에 따라 조선공산당은 결국 김좌진을 암살했다.

김좌진 암살 사건에는 일제의 계략도 작용했다. 박상실에게 김좌진 암살을 지시한 조선공산당 만주총국 김봉환은 변절한 공산주의자이며 민족 반역자로, 당시 하얼빈 일본 영사관에 포섭당한 상태였다. 김좌진 암살은 일제가 북만주 조선인 사회의 이념 갈등을 교묘히 활용한 것이었다.

민족의 독립을 위해 투쟁하다 동족의 손에 암살당한 김좌진은 이승을 떠나는 길도 험난했다. 1월 27일 장례준비위원회가 조직됐지만 날씨가 너무 추워 어려움을 겪다가 3월 25일에야 장례식이 치러졌다. 3년 뒤 김좌진의 아내 오숙근이 만주로 잠입해 남편의 유해를 귤 상자로 위장해 충남 홍성(김좌진의 고향)에 몰래 매장했다. ✳

해방 이후 '장군의 아들' 김두한이 아버지의 무덤을 선산인 충남 보령시 청소면 재정리로 옮겨 와 현재에 이르고 있다.

세계를 뒤흔든 조선 춤꾼의 '예술'

— 현대무용가 최승희의 첫 국내 무대

최승희

1930년대에 조선과 일본을 넘어 아시아를 대표하던 세계적 무용가 최승희의 무용 발표회 포스터. 그녀는 165센티미터가 넘는 장신이었다.

2월 1일, 지금의 서울 소공동 경성공회당에서 무용가 최승희(19세)의 개인 발표회가 열렸다. 4년 전 그녀는 일본으로 건너가 이시이 바쿠의 제자가 되어 서양 무용을 배우고 1년 전 귀국해 남산에 '최승희무용연구소'를 열었다. 이시이바쿠무용단의 일원으로 조선에서 공연한 일이 있었지만 개인 발표회는 이번이 처음이었다. '최승희무용연구소 창작무용 제1회 공연'에서 최승희는 음악과 의상, 조명, 연출 등을 도맡았다.

이날 최승희가 발표한 창작무용 작품은 〈오리엔탈〉, 〈금혼식의 무도〉, 〈인도인의 비애〉 등이었다. 객석을 가득 메운 관중은 최승희의 동작 하나하나에 열광했다. 여성이 허벅지와 쇄골, 가슴골, 겨드랑이 등을 노출한 것도 파격적이었다. 최승희가 일본으로 무용 유학을 떠날 때 기생으로 팔려간다는 소문에 졸업생 명단에서 빼야 한다고 주장했던 숙명여학교 인사들도 태도가 백팔십도로 바뀌어 있었다.

최승희는 무용 경력이 겨우 3년차라 실력이 아직 미숙했지만, 어린 나이에 서양무용을 배워 와 조선에 그 씨앗을 뿌린다는 것에 관객들은 박수갈채를 아끼지 않았다. 이제 '춤'은 술자리에서 기생이 흥을 돋우는 수단이 아니라 당당한 무대예술로 자리를 잡아가고 있었다. 그 이름도 '춤'이 아니라 '무용'이었다. 한국 현대무용은 최승희에서 시작됐다.

최승희의 무용에는 미국 출신의 현대무용가 이사도라 덩컨의 '뉴 댄스'가 녹아 있었다. 그녀의 스승 이시이 바쿠가 덩컨에게서 영향을 받았기 때문이다. 덩컨은 전통 발레 형식에서 벗어나 자유로운 표현을 강조했고 맨발로 연기하는 장면을 자주 연출했다. 이런 파격적인 무용 양식이 미국과 유럽의 무용계에 신선한 자극을 주었다. 이시이 바쿠와 최승희도 자주 맨발로 공연했다.

첫 단독 공연 이후 신문사가 후원하는 최승희 초청 공연이 이어졌다. 고학생 돕기, 수재민 돕기 등 자선 공연도 열렸다. 동아일보사 후원으로 열린 춘천공회당 공연에서는 입장하지 못한 시민들이 문을 부수거나 창문으로 뛰어들어 기마경찰까지 출동했다. 이후 최승희는 영화배우, 광고모델, 패션모델로 활동했다. 그녀의 사진이 담긴 우편엽서가 발행되기도 했다. 이제 그녀는 무용가를 넘어 대중의 연인이 되어 있었다.

1936년부터 최승희는 스승 이시이 바쿠와 함께 세계 순회공연을 다녔다. 4년간 여러 나라에서 성공적으로 공연을 마친 최승희는 국제적 명성을 얻었다. 1939년 4월 독일의 언론 《나치오날 차이퉁》은 "그녀의 예술은 뮤즈가 환생한 듯 압도적인 영상을 만들어냈다"라며 극찬했고, 같은 해 12월 《뉴욕타임스》는 "사랑스러운 모습, 우아하고 절묘한 의상, 그녀는 자기가 다루어야 할 도구로서 자신의 몸을 자유자재로 지배하고 있다"라고 평가했다.

최승희는 단순히 서양무용을 모방하는 데 그치지 않았다. 그녀는 전통무용의 대가 한성준에게서 한국무용을 배워 서양무용과 접목했다. 칼춤, 부채춤, 승무 등 조선 춤의 전통을 현대무용에 녹여냈다. 소설 《설국》으로 노벨상을 받은 가와바타 야스나리는 "최승희의 조선무용은 일본의 서양무용가들에게 민족의 전통에 뿌리박으라는 가르침을 주고 있다"라고 극찬했다. 그는 여운형, 마해송 등과 함께 최승희를 후원하기 위해 조직한 단체 '백십자회'를 지원했다.

최승희는 국제적 인맥도 화려했다. 소설가 존 스타인벡, 영화배우 찰리 채플린·로버트 테일러·게리 쿠퍼, 화가 피카소, 중국공산당 간부 저우언라이, 문예비평가 야나기 무네요시 등이 그녀와 친분이 있었다. 피카소는 프랑스 파리에서 열린 최승희의 공연 관람 직후 그녀의 모습을 스케치해 선물하기도 했다. ✳

해방 이후 최승희는 남편 안막과 함께 월북해 평양에 '최승희무용연구소'를 열었다. 이후 그녀는 북한 무용계를 주도했으나 생활이 사치스럽고 김일성 찬양에 소극적이라는 이유로 숙청당했다. 남한에서는 월북 인사라는 이유로 오랫동안 언급이 금기시됐다. 분단의 질곡은 깊고 길다.

항일 투쟁인가, 좌익 소아병인가

— 5·30 간도 폭동

경성 시민들이 최승희의 춤사위에 넋을 잃고 있을 때 만주에서는 긴장감이 감돌았다. 코민테른의 '1국 1당' 원칙에 따라 조선인 공산주의자들은 조선공산당 만주총국을 해체하고 중국공산당에 가입했다. 이때 중국공산당은 투쟁 경력을 근거로 조선인 공산주의자들에 대한 개인별 입당 심사를 벌였다.

이에 김근과 김철 등은 자신들의 '혁명성'을 부각하는 한편, 투쟁 경력을 쌓아 중국공산당에 입당하려고 '반일 폭동'을 준비했다. 때마침 중국공산당은 대중 무장 폭동을 통해 국민당으로부터 정권을 탈취할 계획을 다각도로 세우고 있었다.

1930년 4월 24일, 옌볜(옌볜조선족자치구)에 파견된 중국공산당 당원들과 조선공산당 동간도 책임자 김근 등 조선공산당 당원들이 함께하는 회의가 열렸다. 이 자리에서 "일본제국주의를 타도하자!", "토지혁명을 실시하고 소비에트 정부를 세우자!" 하는 투쟁 구호가 결정됐고, 파업과 동맹휴학 그리고 농민 폭동 등을 통해 간도 지역의 '붉은 5월 투쟁'을 시작하기로 결의됐다.

5월 1일, 지도부의 투쟁 계획에 따라 간도 용정에서 200여 명의 노동자가 파업에 들어갔다. 이들은 대개 철도, 양말, 인쇄, 목공, 철공 등 제조업계 노동자였다. 이어 조선인이 운영하는 20여 개 학교에서 학생들이 동맹휴학을 하고 시위에 나섰다.

29일, 노동자와 학생으로 이루어진 시위대는 친일 지주 노명화와 김주황의 집, 평양여관 등에 방화를 하며 폭동을 일으켰다. 이렇게 시작된 폭동이 삽시간에 인근 지역으로 번져나갔다.

마침내 30일 밤, 시위대는 용정전기공사의 보초병을 때려눕히고 송전용 전선대를 도끼로 찍어 넘어뜨린 뒤 송전실에 들어가 배전판을 파괴했다. 순식간에 용정 일대는 암흑천지가 되었다. 이어 폭동 주동자 김천과 황진연이 이끄는 500여 명의 무리는 일본 영사관과 동양척식주식회사 출장소, 조선인민회(친일단체), 발전소, 철도, 기관차, 교각, 정류장 등을 파괴했다.

총소리와 폭죽 소리에 놀란 일본 영사관의 경찰과 중국 상부국 직원 들은 별다른 대응을 하지 못했다. 곳곳에서 비명과 함께 사람들이 쓰러졌다. 다음 날 아침까지 이어진 이 폭동으로 용정전기공사가 입은 피해액은 5,000원에 달했다. 허룽·옌지·터우다오거우 등지에서도 비슷한 폭동 사태가 일어나 간도 일대는 완전히 아수라장이 됐다.

오래전부터 일제는 간도를 눈여겨보았다. 항일 독립군 세력이 간도 일대 조선인 거주지를 기반으로 활동했기 때문이다. 일제는 함경도 회령에 있던 75연대를 간도에 급파해 폭동 진압에 들어갔다. 당초 간도 폭동은 농민의 지지를 이끌어내려 했지만 실패했다. 결국 폭동 주동자 김근을 비롯한 85명이 체포됐고 그중 39명이 서대문형무소로 압송됐다. 김근에게는 사형이 선고됐다.

그럼에도 '5·30 간도 폭동'의 불씨는 꺼지지 않았다. 이후 1년 동안 680여 차례 폭동이 일어났고 1,300여 명이 검거됐다. 일제 당국은 그중 430명을 경성으로 압송해 조사했다. 붙잡아간 사람이 얼마나 많았는지 그들을 수용할 감옥이 모자랄 지경이었다. 최종 공판에서 사형 22명, 무기징역 다섯 명 등 245명이 실형을 선고받았다.

코민테른의 '1국 1당' 원칙을 맹목적으로 추종해 일어난 5·30 간도 폭동은 상처뿐인 투쟁이었다. 당시 함흥에서 노동운동을 하다 체포돼 서대문형무소에 수감된 일본인 이소가야 스에지는 이동선, 박익섭, 조동율 등 조선인 22명이 처형을 당했다고 전했다. 사형수들은 형장으로 끌려가며 "만세"를 외쳤고, 어떤 이는 노래를 불렀다. 과연 이런 행태를 '영웅적 투쟁'이라 불러야 할까? ※

식민지 조선의 모순적 공간, 미쓰코시 백화점

나는 어디로 들입다 쏘다녔는지 하나도 모른다. 다만 몇 시간 후에 내가 미쓰꼬시 옥상에 있는 것을 깨달았을 때는 거의 대낮이었다. …… 그야말로 현란을 극한 정오다.

– 이상, 〈날개〉

"저어 참, 영감님?"

"왜야?"

"우리 저기 미쓰꼬시 가서, 난찌(런치) 먹구 가요."

"난찌? 난찌란 건 또 무어다냐."

– 채만식,《태평천하》

백화점은 자본주의의 욕망이 집결된 공간이다. 1852년 세계 최초의 백화점 '봉 마르셰(Bon Marche)'가 프랑스에서 등장한 이후 백화점은 근대 자본주의 소비문화의 상징이 됐다. 일본에서는 1673년 미쓰이 다카토시가 도쿄에서 '에치고야'라는 상점을 연 것이 백화점의 시초인데, 이것이 1904년 '미쓰코시 오복점'으로 개칭했다('오복'은 일본 의상을 가리키는 명칭이다).

2년 뒤인 1906년 식민지 조선에도 백화점이 생겼다. 서울에 미쓰코시 오복점이 지점(미쓰코시 오복점 경성출장소)을 열었던 것이다. 이후 1930년 10월 24일 미쓰코시 오복점은 경성부 혼마치 1정목(지금의 신세계백화점

지금의 신세계백화점 본점의 전신인 미쓰코시 백화점 경성지점

본점 자리)에 미쓰코시 백화점 경성지점으로 개장했다. 원래 경성부 청사 자리였으나 청사가 지금의 서울시청 시민청 자리로 이전하면서 그 자리에 들어선 것이다.

새로 개장한 미쓰코시 백화점은 지하 1층, 지상 4층에 종업원 360여 명이 근무했다. 1층에는 화장품 매장과 약국, 여행사가, 2층에는 오복 판매점, 3층에는 신사 양복과 여성 양장 매장, 4층에는 귀금속 매장과 가구 매장, 커피숍, 대형 식당 등이 들어섰다. 백화점은 모닝커피를 즐기려는 고객과 식사를 하려는 고객 등 하루 종일 인파로 북적댔다.

미쓰코시 백화점은 외관을 웅장한 르네상스 스타일로 지어 보는 사람을 압도했다. 실내는 화려한 샹들리에로 장식했으며, 당시로선 보기 드물게 엘리베이터까지 갖추고 있었다. 일본 신사(神社), 식물원, 서양식 벤치, 카페, 수족관이 있던 옥상 정원은 서울 최고의 명물로 사람들의 발걸음이 끊이지 않았다. '미쓰코시'는 식민지 조선인의 눈높이를 한껏 높여놓았다.

이상의 소설 〈날개〉에서 매춘부의 남편인 주인공이 박제된 일상을 박차고 달려간 곳, 영화 〈암살〉에서 여주인공 안옥윤(전지현 분)이 만주에서 항일 무장 투쟁을 하다 서울에 잠입해 쇼핑하던 곳도 바로 미쓰코시 백화점이다. 식민지 조선에서 미쓰코시 백화점은 자본주의 욕망과 암울한 식민지 현실, 자유와 억압이 교차하는 모순의 공간이었다. 그래서 건축가 출신 천재 작가 이상이 〈날개〉의 주인공을 미쓰코시 백화점 옥상으로 데려갔던 것이 아닐까?

미쓰코시 백화점의 우수 고객은 주로 조선에 와 있던 일본인 고위 관료와 무역상사 직원 들이었다. 이들은 해외에서 근무한다는 이유로 본국에서 일하는 직원들이 받는 것의 두 배 가까운 봉급을 받았다. 미쓰코시 백화점은 이들을 상대로 영업 실적을 올리며 혼마치 상권이 형성되는 데 이바지했다.

이후 미쓰코시 백화점 외에도 미나카이 백화점, 조지아 백화점 등 일본계 백화점들이 조선의 유통업계를 장악했다. 상상을 초월하는 규모의 백화점은 물건을 그저 늘어놓고 팔던 조선 상인들에게는 경악스러운 것이었다. 오늘날 소상인들이 대형 마트를 괴물처럼 느끼는 것과 비슷한 마음이었을지 모른다.

그런데 비싼 물건과 돈 많은 고객이 많은 탓인지 백화점에선 범죄도 끊이지 않았다. 매장 물건을 훔치는 절도범이 흔했고, 일명 '쓰리꾼(소매치기)'도 기승을 부렸다. 어린이들이 '쓰리'를 하다 적발되기도 했는데, 그 배후에는 전문 절도단이 있었다. ✱

해방 이후 미쓰코시 백화점은 삼성상회 이병철에게 적산(귀속재산)으로 불하되어 신세계백화점이 됐고, 미나카이 백화점은 한국전쟁 때 파괴됐으며, 조지아 백화점은 미도파백화점이 됐다가 2002년 롯데쇼핑에 합병됐다. 오늘날 신세계백화점은 미쓰코시 백화점 경성지점이 개점한 10월 24일을 개점일로 삼아 매년 기념행사를 치르고 있다. 식민지 시대 역사를 궁색하게 숨기지 않고 전통을 이어가는 모습이 인상 깊다.

지는 공주
뜨는 대전?

— 충청남도 도청 이전에 숨은 진실

1931년 1월 13일, 총독부는 충청남도 도청을 공주에서 대전으로 옮긴다고 공식 발표했다. "공주는 교통이 불편해 행정 중심지로 적당치 않으며, 도청 건물이 낡고 협소해 민중의 편익을 도모하는 데 적절치 않다"라는 이유였다. 설득력이 있는 주장일까? 공주보다 오히려 대전이 충청남도의 동남쪽에 치우쳐 있어 도청 소재지로 적합하지 않다. 그렇다면 총독부는 왜 도청을 이전했을까? 대전 지역의 일본 상인들이 총독부 관리들에게 뿌린 뇌물이 힘을 발휘했다고 보는 편이 맞다.

일제는 식민 통치 정책의 하나로 조선의 번화한 전통 도시를 개발에서 소외시키는 한편 다른 지역에 철도를 부설하는 등 이른바 '신도시'를 개발했다. 그리하여 이전에는 번화했던 전통 도시 개성·수원·공주 등이 개발에서 소외됐고, 대전·부산·인천·원산·청진·군산 등이 신도시로 발전했다. 이런 신도시들에는 어김없이 철도가 부설됐으며, 대전이 '교통의 요지'라는 점이 도청 소재지로 부상하는 데 큰 역할을 했다.

실제로 이미 경기도 도청이 수원에서 서울로(1910), 함경북도 도청이 원산에서 나남으로(1920), 평안북도 도청이 의주에서 신의주로(1923), 경상남도 도청이 진주에서 부산으로(1925) 옮겨 간 바 있었다. 당초 경부선은 공주를 지나가도록 설계됐다가(전의-공주-논산-은진-금산-영동 코스) 경제적·군사적 고려에 따라 대전을 지나는 것으로 변경됐다.

도청 이전 발표에 공주시민회가 반발했다. 회장에 마루야마 도라노스케, 부회장에 오경달을 선출한 공주시민회는 총독부와 충청남도, 일본 제국 의회에 반대 의사를 전달했다.

충청남도 도청
공주에서 대전으로 이전한 1930년대 충청남도 도청의 모습이다.

공주 유림들도 총독부에 진정서를 제출했다. 이들은 진정서에서 "도청이 이전하면 유림의 잔명을 보존할 길이 없어진다"라고 주장하며 도지사 관사 앞에서 시위를 벌였다. 공주면장 고바야시는 일본에 건너가 반대 운동을 벌이다가 면직을 당했다.

충청남도 도청 이전 문제는 일본 본토의 정쟁과 맞물려 있었다. 당시 집권 여당인 민정당은 일본 군부의 막후 실세이자 식민지 조선의 총독인 사이토 마코토를 견제하려 했다. 이에 일본 중의원(하원)에서는 도청 이전을 반대하며 책정된 예산을 폐기했다. 대립 국면을 타개하고자 수상 하마구치 오사치가 중재에 나섰으나, 3월 13일 일본 귀족원(상원)이 예산을 승인하며 충청남도 도청 이전이 최종 확정됐다.

공주에서는 횃불 시위와 투석전 등이 일어났고 이 과정에서 주민 50명이 경찰에 체포됐다. 도청 이전이 대세로 기울자 공주 주민들은 시민대회를 열어 금강다리 건설, 사범학교 설치 등 현실적 요구사항을 제시했다. 도청 이전에 따른 보상을 요구한 것이다.

도청 이전을 계기로 떼돈을 번 사람들도 있었다. 그중 공주 갑부 김갑순을 빼놓을 수 없다. 공주 감영의 노비였던 그는 억척스럽게 돈을 모아 벼슬을 산 뒤 충청남도의 여러 지역에서 군수 노릇을 하며 수탈한 돈으로 대전의 노른자위 땅을 사들였다(이때 그는 류머티즘과 신경통에 효과가 있다며 유성온천도 개발했다). 그 전에도 김갑순은 인맥을 동원해 부동산 개발 정보를 미리 빼내고 은행에서 특혜 대출을 받아 값싼 매물을 먼저 사들이곤 했다. 그는 일본 관리들을 상대로 도청 이전 로비 활동을 벌였고, 도청 이전이 결정되자 그가 1~2년 전에 사들인 값싼 땅이 100원 이상으로 올랐다. 이후 김갑순의 땅을 밟지 않고는 대전이나 공주를 지나다닐 수 없다는 말이 생겼다. 당시 대전 땅의 40퍼센트가 김갑순 소유였다.

세상 돌아가는 이치가 그렇듯 충청남도 도청 이전 반대 운동을 벌이는 쪽에도 경제적 이해관계가 있었다. 이 운동에 참여한 사람들은 공주에 경제적 기반을 둔 유지들이 대부분이었다. 먹고사는 문제에서 조선인과 일본인이 다르지 않았다. 이것이야말로 '현실적 내선일체'가 아니었을지……. 이듬해 10월 도청 이전 문제는 마무리됐지만, 공주와 대전 사이에 지역감정이 생겨났다. ✽

'서해안 시대'를 맞아 2012년 충청남도 도청은 대전에서 홍성 내포 신도시로 이전했다. 충청남도 도청 이전의 역사에 동아시아 정세가 녹아 있는 셈이다.

식민지 조선에서 일어난 중국인 마녀사냥

— 만주 완바오산 사건

1931년 여름, 만주 지린성 창춘현 완바오산 (만보산) 부근에서 조선인 농민과 중국인 농민이 충돌했다. 일제가 중국 당국의 승인 없이 조선인 180여 명을 이 지역으로 이주시킨 뒤 농지 개간을 부추겼기 때문이다. 이주한 조선인 농민들은 첫 번째 개간 사업으로 이퉁강 관개수로 공사를 강행했다. 물이 귀한 만주에서 물을 끌어가는 것은 민감한 사안일 뿐 아니라 인근 중국인 농민들의 농사에 실제로 지장을 초래했다.

중국 당국이 수로 공사를 중지하라고 지시했지만 일제는 사업을 강행했다. 중국인 입장에선 '제2의 일본인'이나 마찬가지인 식민지 조선인들이 공사 작업을 계속해 결국 6월 말에 공사를 완료했다. 그러자 중국 농민 400여명이 봉기해 관개수로 일부를 파괴했다. 양측 농민이 충돌하자 일제 경찰은 총을 쏘며 조선인 농민을 비호했다. 다행히 농민들이 감정을 자제해 희생자는 없었다.

그러나 일제는 완바오산 사건을 만주 침략의 구실로 삼으려 했다. 관동군의 지시를 받은 일본 영사관은 조선일보사 창춘 지국장 김이삼을 매수해 조선 농민이 큰 피해를 입은 것처럼 본사에 보고하도록 시켰다. 이에 7월 2일 자 《조선일보》는 "중국 관민 800명 습격, 다수 동포 위급, 창춘 삼성보 문제 중대화, 일본 주둔군 출동"이라는 내용의 호외를 발행했다.

《조선일보》의 거짓 보도가 나가고 한 시간쯤 뒤부터 중국인들에 대한 '마녀사냥'이 시작됐다. 일제의 의도대로 신문 기사 내용이 민족 감정을 자극한 것이다. 인천의 청요릿집, 이발소가 조선인 '괴한'들의 습격을 받은 것을 시작으로 중국인 배척 운동이 전국에서 폭력 사태로 번져나갔다. 《동아일보》는 특종을 놓쳤다는 조바심에서 사실 확인도 없이 경찰 발표 자료를 그대로 보도하기 바빴다. 중국인 상인들은 가족이 맞아 죽는 참상을 견디거나 영사관이나 피난소로 피신했다. 일부 상인들은 상점을 헐값에 팔아버렸다.

국경 밖 만주에서 벌어진 일에 조선인들이 왜 그토록 흥분했을까? 당시 식민지 조선에는 중국인 노동자 7만여 명이 들어와 일을 하고 있었다(당시 전 세계에서 활동하는 중국인 저임금노동자를 '쿨리'라고 불렀다). 조선총독부와 자본가들은 저임금 중국인 노동자들을 선호해 조선인 노동자들이 일자리를 잃고 생계 위협을 받았다. 이런 상황에서 완바오산 사건과 《조선일보》와 《동아일보》의 거짓 선동 기사가 식민지 조선인의 불만에 불을 질렀다.

며칠 동안 전국에서 진행된 '마녀사냥'의 결과는 참혹했다. 400여 차례 테러가 일어나 사망자 127명, 부상자 393명, 재산 피해는 250만 원에 이르렀다. 중국인의 가옥과 청요릿집, 호떡집, 포목점, 이발소 등 상점이 불에 탔다. 중국인 희생자 대부분이 평양에서 나왔다. 작가 김동인은 조선인들이 돌과 망치로 이

완바오산 사건 이후 평양의 중국인 거리
조선인들의 테러 공격으로 평양의 중국인 거리가 무참히 파괴됐다(1931. 7.).

발소를 파괴하고 포목점 비단을 찢는 광경을 목격하고 몸서리를 쳤다. 그런데도 경찰은 사태를 강 건너 불구경하듯 했다. 오히려 조선인 불량배들을 고용해 테러를 부추겼다. 나중에 김이삼이 "완바오산 사건 보도는 거짓"이라 자백하고 정정 보도와 사죄문을 《조선일보》에 실었는데, 다음 날 그는 살해됐다. 일제가 청부업자를 고용해 그를 살해했다는 주장이 나왔다. 만주 침략 음모를 꾸미던 일제에 조선인과 중국인 간의 갈등은 나쁘지 않았다.

완바오산 사건과 뒤이어 조선에서 벌어진 '마녀사냥'은 조선인과 중국인 사이에 불신의 골을 깊게 만들었다. 중국인은 식민지 조선인을 "총 한 방 쏴보지 못하고 나라를 통째로 일본에 갖다 바친 노예", "일본인과 한통속", "나라를 되찾겠다고 도움을 구하는 척하며 뒤통수를 치는 족속"이라 여겼다. 실제로 일제의 만주 침략에 따른 떡고물을 챙기는 조선인들이 있었고, 일제 첩자로 활동하는 조선인도 적지 않았다. 일제 식민지시대를 한국 민족과 일본 민족의 관계로만 보면 놓치는 사각지대가 있다. ※

조선의 토종 백화점, 종로통에 문을 열다
— 풍운아 박흥식의 화신백화점

화신백화점
박흥식이 1931년 9월에 세운 화신백화점. 현재 이곳에는 삼성그룹이 소유한 종로타워가 들어서 있다.

9월 15일, 조선인 청년이 지금의 서울 종로 보신각 건너편에 백화점을 열었다. 평안도 용강에서 인쇄소를 운영하다 상경해 을지로에서 종이장사로 돈을 번 박흥식(29세)이었다. 그는 스웨덴에서 종이를 직수입해 일본산 종이보다 싸게 파는 장사 수완을 발휘했다. 동아일보사와 조선일보사에 종이를 공급하게 되는 행운도 따랐다. 이렇게 돈을 모은 박흥식은 귀금속·공예품·양복·잡화 등을 판매하던 화신상회를 35만 원(현재 가치로 약 400억 원)에 인수해 근대식 백화점으로 발전시켰다.

박흥식이 화신상회를 화신백화점으로 재단장하고 있을 때 그 옆에서 동아백화점(사장 최남)이 한발 앞서 개장했다. 이후 두 백화점은 고객을 끌기 위해 치열하게 경쟁했다. 동아백화점은 점원 200명 가운데 100명을 미모의 젊은 여성으로 채용하는 전략을 썼다. 이러한 '미인계 마케팅'에 사람들이 보인 반응은 뜨거웠다. 동아백화점의 여성 점원들은 연예인에 버금가는 인기를 끌었다. 게다가 동아백화점은 '승강기(엘리베이터)'까지 설치해 더 고객의 이목을 끌었다.

이에 맞서 화신백화점은 저가 전략을 썼다. 일본 오사카에서 공장 건물을 임대해 그곳에서 생산된 상품을 직접 들여다 싸게 팔았다.

'백화점 상품권'을 만들어 팔아 대박을 터뜨렸고(당시에 이미 백화점 상품권은 '뒷거래'에 이용됐다), 20평짜리 문화주택을 경품으로 내걸기도 했다. 이에 동아백화점뿐 아니라 미쓰코시 백화점 같은 일본계 백화점들도 놀랄 정도였다. 이듬해 결국 화신백화점은 동아백화점을 인수·합병했다. 만주사변 이후 식민지 조선은 시장 확대에 따른 경기 호황을 누리고 있었다.

화신백화점이 승승장구한 데는 영친왕의 방문도 한몫했다. 영친왕과 이방자 여사가 미국에 사는 아들 내외를 방문했다가 도쿄로 돌아오려는데 비행기표를 구하지 못해 곤란을 겪는다는 소식을 듣고 박흥식이 비행기표를 구해준 적이 있었다. 그에 대한 보답인지 영친왕이 화신백화점을 방문해주었다. 그 감격을 박흥식은 이렇게 회고했다.

"영친왕 내외가 일부러 화신백화점을 참관해주셔서 크게 면목을 떨친 일이 있습니다. 그러니까 아마 그때 영친왕 생각으로는 조선인이 처음으로 경영하는 백화점을 당신 내외가 잠깐 가봄으로써 조금이라도 도와주자는 거룩한 뜻에서 나온 것이겠지요."

화신백화점 안에는 조선인이 최초로 연 미용실도 있었다. 그 주인공은 황해도 사리원 출신 오엽주(27세)였다. 그는 쌍꺼풀 수술을 하고 선글라스를 착용하는 멋쟁이 신여성이었다. '오엽주 미용실'의 트레이드마크는 '파마머리'였다. 미용실 직원들의 머리 모양을 모두 파마머리로 바꾸고 그 사진을 엽서로 만들어 시내에 뿌렸다. 당시 파마머리 비용이 쌀 두 가마 값이었는데도 배우나 의사 등 부유한 여성들이 오엽주 미용실을 찾았다.

1935년 1월, 달도 차면 기울듯 잘나가던 화신백화점에 시련이 닥쳤다. 노점상에서 시작된 불이 화신백화점으로 옮겨붙어 건물이 모두 타버렸다. 이때 시인 주요한이 불 속으로 뛰어들어 사람을 구해 장안에 화제가 됐다.

평소 총독부 관리들과 친분이 두텁던 박흥식은 은행에서 거액을 대출받아 백화점을 재건하는 데에 나섰다. 공사 2년 만에 화신백화점은 지하 1층 지상 6층 규모의 유럽식 건물로 재탄생했다. 일본계 백화점에 버금가는 규모였다. 엘리베이터와 에스컬레이터는 물론 전시관, 영화관, 미용실, 식당 등을 갖추었으며, 건물 6층 맨 꼭대기에는 네온사인이 설치됐다. 네온사인은 이후 서울의 명물이 됐다.

화신백화점은 한강 인도교, 창경원과 함께 지방 사람들이 경성 관광을 올 때 꼭 들르는 필수 코스였다. 심지어 수학여행지가 되기도 했다. 이제 종로의 화신백화점은 남대문과 충무로 일대의 미쓰코시, 미나카이, 히라다, 조지야 등 일본계 백화점과 경쟁했다. 상품권 발행은 물론 무료 배달, 야간 배달, 공격성 광고, 방문판매 등 백화점들 간의 경쟁은 갈수록 뜨거워졌다.

그런데 그 한편에는 백화점 때문에 울상인 사람들도 있었다. 바로 영세 상인들이었다. 시인 김기림은 경성 시내 곳곳에 들어서는 백화점을 가리켜 '근대의 메이크업'이라며 비판했다. 백화점을 비롯한 근대 시설들이 늙고 황폐한 도시를 젊은 양 꾸며댄다는 이야기였다.

그러나 식민지 조선에서 모든 사람에게 백화점이 일상이 되지는 않았다. 백화점을 찾는 고객은 대도시의 상류층 또는 안정된 월급을 받는 '사라리맨' 정도였다. 하루 벌어 하루 먹고사는 서민들은 여전히 종로 야시장에 가서 싸구려 모조품을 샀다. 전기도 들어오지 않는 시골에 사는 사람들에게 백화점은 별나라 이야기였다(1970년대 시골에서 자란 필자가 백화점을 처음 구경해본 것도 1990년대의 일이다). ✱

박흥식은 일제 때 비행기·병기·탄약 등 군수공업을 책임 경영한 죄로 1949년 반민특위에 제1호로 검거 및 구속이 됐다가 풀려났다. 그는 한국전쟁이 일어난 뒤 백화점 사업을 다시 시작했다. 그러나 5·16군사정변 뒤 섬유·화학 분야까지 사업 영역을 무리하게 넓혔다가 몰락했다. 1987년 2월 화신백화점은 역사 속으로 사라졌다.

다시 불붙은 주식 투자 열풍, 숨길 수 없는 자본주의 욕망

1932년 1월 1일, 경성 명치정(명동)에 있는 경성주식현물취인소가 인천미두취인소를 합병해 '조선취인소'라는 이름으로 주식거래를 시작했다('취인소'는 '거래소'라는 뜻이다). 일제가 만주를 침략함에 따라 공업화 자금을 조달하려는 조치였다.

1910년대에 이미 식민지 조선에선 주가 폭등에 따른 투자 열풍이 불었다. '묻지 마' 투자 열풍이 1930년대 조선취인소에서도 나타난 것이다. 명치정에는 조선취인소를 비롯해 조선은행, 조선식산은행, 동양척식주식회사, 일본은행, 십팔은행, 조선상업은행, 제국생명 등 금융기관이 대거 자리를 잡고 있어, '경성의 월스트리트'라 불렸다. '경성의 월스트리트'에서 근무하는 금융업계 종사자는 당시 최고 신랑감이었다.

조선취인소에는 조선은행, 동양척식주식회사, 경성방직, 조선석유 등 27개 종목의 주식이 상장되어 거래됐다. 최고의 '블루칩'은 도쿄취인소 주식이었다(당시 일본의 증권거래소는 주식회사 형태로 운영됐기 때문에 주식을 사고팔았다). 1920년대 말 시작돼 전 세계로 파급된 경제 공황으로 당시 지주 경영이 악화되고, 금리 인하로 갈 곳을 잃은 자본이 광공업과 금융업에 많이 투자됐다. 그 덕분에 주식

경성주식현물취인소 건물
현재 명동의 롯데백화점 건너편에 있었다.

거래가 활발했다.

주식거래를 대행해주는 증권회사도 등장했는데, 금익증권과 동아증권이 유명했다. 모두 조선인 소유였다. 이에 힘입어 조선취인소의 주식거래가 일본 본토보다 더 활발하다는 말도 나왔다.

조선취인소에서는 10퍼센트의 증거금(보증금)으로 가진 돈의 열 배까지 주식을 사고팔수 있어 투기를 부추겼다. 일확천금을 꿈꾸며 인생 역전을 노리는 투자자들이 명동으로 모여들었다. 성실했던 은행원이 은행 돈을 몰래 빼돌려 주식에 투자하다가 적발되는 일도 있었다.

일본인이 주도하는 주식거래에서 조선인들은 쪽박을 차기 일쑤였으나 예외도 있었다. 영국과 일본에서 유학한 조준호가 대표적이

다. 그는 도쿄, 오사카의 주식 시세까지 분석해가며 과학적 투자를 했다. 주가가 폭락했을 때 사들였다가 폭등할 때 팔아넘겨 300만 원(현재 가치로 3,000억 원)을 벌어 '주식왕'으로 통했다.

그러나 예나 지금이나 주식에 투자해 돈을 버는 사람은 매우 드물었다. 작가 김기진은 낮에는 경성취인소에, 밤에는 총독부 기관지를 내는 매일신보사에 출근했다. 금광, 잡지사 등 여러 사업에 손을 댔다가 인생의 쓴맛을 본 그는 주식 관련 서적을 탐독하고 주식 시세 변동 그래프를 벽에 그려가며 5년 동안 경성취인소에서 주식 투자에 몰두했지만, 결과는 신통찮았다. 사회주의리얼리즘 작가 김기진도 자본주의 욕망을 비껴갈 수는 없었나 보다. ❋

해방 이후 대한민국 정부는 경제개발에 필요한 자금을 조달하려 조선취인소를 한국증권거래소로 발전시켜, 현재에 이르고 있다. 현재 서울 명동에 있는 사보이호텔이 주식왕 조준호가 세운 빌딩이다.

모던 보이 이봉창,
천황에게 수류탄을 던지다

1월 8일 일본 도쿄 경시청 부근, 한인애국단원 이봉창(32세)이 교외에서 새해 관병식을 마치고 돌아가던 일본 천황 히로히토를 향해 수류탄 한 개를 던졌다. 수류탄은 여성 단원 이화림이 만들어준 바짓가랑이 주머니에 숨겨 반입했다.

이봉창은 마차 여섯 대 중 두 번째 마차에 수류탄을 던졌다. 마차를 끌던 말이 넘어졌으나 히로히토는 첫 번째 마차에 타고 있었다. 수류탄의 위력도 시원찮았다. 게다가 두 번째 수류탄은 던져보지도 못했다. 거사는 실패로 끝났고, 경찰은 이봉창 앞에 서 있던 일본인을 범인으로 잘못 알고 구타했다. 이봉창은 "숨지 않을 테니 점잖게 다뤄라"라고 말하며 자수했다.

이봉창 의거에 대해 중국국민당 기관지《민국일보》는 "불행히도 명중시키지 못했다"라고 아쉬워하며 크게 보도했다. 이 기사에 발끈한 상하이 주둔 일본군이 민국일보사를 습격했고 중국국민당 정부에도 엄중 항의했다.

한인애국단은 김구가 김원봉의 의열단에 고무돼 조직한 일제 요인 암살 단체였다. 이봉창이 안공근(안중근 동생)의 집에서 한인애국단에 가입한 것은 거사 한 달 전의 일이었다. 사실 이봉창은 고결한 '지사형 독립운동가'가

아니었다. 오히려 그는 충량한 일본인이 되려고 노력한 식민지 백성이었다. 보통학교를 졸업하고 가게 점원으로 일하다 오사카로 건너간 그는 어느 일본인의 양자가 되어 '기노시타 쇼조'라는 일본 이름으로 살았다. 게다가 그는 술과 여자를 밝히는 '모던 보이'였다. 거사를 위해 일본으로 간 그는 가와사키의 한 유곽에서 일본인 여성과 함께 지냈다.

모던 보이 이봉창은 왜 천황을 암살하려 했을까? 이봉창은 일본에서 외판원, 항구의 석탄 짐꾼, 식당 점원 등을 전전하며 떠돌이 생활을 하면서 조선인에 대한 일본인들의 차별을 실감했다. 영양실조에 걸려가며 일을 해도 조선인의 임금은 일본인의 절반도 채 되지 않았다. 1926년에는 일본 천황 히로히토의 즉위식에 구경을 갔다가 단지 '조선인'이라는 이유로 체포돼 아흐레 동안 유치장 신세를 졌다. 이후 평범하던 식민지 청년은 어느덧 민족 차별과 시대의 모순을 온몸으로 느끼며 사고까지 전환되기에 이르렀다.

큰 뜻을 품게 된 이봉창은 상하이로 김구를 찾아갔다. 대한민국임시정부 요인들은 이봉창의 '건달' 같은 언행에 선뜻 신뢰를 보내지 않았다. 심지어 그를 일제의 밀정으로 의심하기도 했다. 워낙 일본어가 유창하고 대한민국임시정부를 멸시하는 '가정부(假政府)'라는 표현을 썼기 때문이다.

그러나 김구는 이봉창의 숨은 열정과 순박함, 성실성을 간파했다. 이봉창은 김구에게 말했다.

"지난 31년 동안 쾌락이란 것을 대강 맛보았습니다. 이제부터는 영원한 쾌락을 위해 독

한인애국단원 이봉창의 거사 직전 모습(왼쪽)과 거사 직후 자수해 체포된 모습(오른쪽)

립 사업에 몸을 바치겠습니다."

또한 거사 전 그는 이렇게 선서했다.

"나는 적성(赤誠)으로써 조국의 독립과 자유를 회복하기 위하여 한인애국단의 일원이 되어 적국의 괴수를 도륙하기로 맹세하나이다."

체포 이후 이봉창에 대한 취조가 시작됐다. 중대한 사안이라 검사가 직접 취조하고, 다음과 같이 기록했다.

"범인은 일본어에 능숙해 일본인과 다름없고 태연한 표정에 미소를 띠었으며 심각한 범행을 저질렀는데도 반성하는 기미가 없다."

9월 30일 이봉창은 일본 도쿄법원에서 사형선고를 받고, 열흘 뒤 교수형으로 순국했다.

이봉창 의거는 목적을 이루지 못했지만 대한민국임시정부가 살아 있음을 세상에 알렸다. 이는 세 달 뒤 일어난 윤봉길 의거의 전주곡이었다. 김구는 이봉창의 시행착오를 거울삼아 폭탄 성능을 개량하고 윤봉길에게 더욱 철저한 거사 준비를 당부했다. ✱

조선은행 금고가 털리다

'조선은행 평양지점에 칠십팔만 원 대도난'이라는 제목의 《동아일보》 기사(1932. 1. 19.)

이봉창 의거 여드레 뒤, 평양에서 또 다른 '거사'가 일어났다. 조선은행 평양지점이 도둑들에게 털리는 초유의 사건이었다. 이 사건은 이틀 뒤인 1월 18일 세간에 알려졌다. 피해액은 무려 78만 원, 오늘날의 화폐가치로 800억 원이었다. 경찰에 비상이 걸렸다. 사복 경찰 200여 명이 평양 시내에 깔렸으며, 조선은 물론 일본과 만주까지 수배령이 떨어졌다. 세계 각지의 신문사들이 사건을 알렸다.

경찰이 사건의 단서를 잡지 못하고 갈팡질팡할 때 평양경찰서에 전화가 걸려왔다. 19일 오후 2시경이었다. '소나무집'이라는 유곽의 주인 사나타가 수상하다는 제보였다. 제보자는 '소나무집'에서 일하는 기생이었다. 사나타는 자신이 고용한 기생들의 임금을 착취해 원성을 사고 있었다. 미궁에 빠질 뻔한 사건은 내부 고발자에 의해 실상이 드러나고 말았다.

경찰 조사에 따르면, 범인 사나타는 2년 전부터 범행을 계획했다. 전 세계를 강타한 경제 대공황의 여파 속에서 사나타는 '소나무집' 경영에 어려움을 겪다가 거액의 빚을 졌다. 이에 사나타는 공범 쇼다이와 함께 '거사'를 감행했다. 쇼다이는 조선은행 평양지점에서 일한 적이 있어 은행 경비가 허술한 때를 잘 알고 있었다.

사나타와 쇼다이의 범행은 무려 열 차례의 끈질긴 도전으로 일구어낸 '결실'이었다. 그들은 드릴로 금고 철문을 공략해 결국 일확천금을 거머쥐었다. 드릴 작업으로 발생한 쇳가루를 자석으로 제거하는 치밀함까지 보였다. '거사' 뒤 사나타는 범행 도구를 땅에 파묻고 훔친 돈은 미두(米豆) 투자를 해서 번 것처럼 위장했다. 완전범죄가 될 것 같았던 그들의 '거사'는 내부자의 제보 한 방에 무너졌다. 경찰은 '과학수사'로 범인들을 검거했다고 공식 발표했다.

1909년 통감부는 한국은행을 설립하고 화폐를 발행했다. 당시 한국은행은 간부 대부분이 일본인이었다. 한일병합 이후 한국은행은 조선은행으로 이름을 바꾸었다가 해방 이후 다시 한국은행이 되어 오늘날에 이른다. ✳

중국공산당의 조선인 마녀사냥, 민생단 사건

식민지 조선에서 중국인 마녀사냥이 어느 정도 마무리되고 그 이듬해, 이번엔 간도에서 피바람이 불었다. 중국공산당이 당내 조선인들을 '민생단 첩자'라는 죄목으로 처형했다. 이른바 '민생단 사건'으로 불리는 이 사건은 1932년부터 1936년 봄까지 이어진 '조선인 마녀사냥'이었다. 이 기간에 조선인 공산주의자 수백 명이 억울하게 희생됐다. '민생단'이 대체 무엇이기에 이토록 참혹한 일을 당했을까?

1932년 2월 5일, 북간도 용정 공회당에서 500여 명이 참여한 가운데 박석윤, 조병상 등 조선인 친일 인사들이 '민생단'을 조직했다. 겉으로는 '간도 조선인의 생존권과 자치'를 내세웠지만 실제로는 일제의 만주 침략을 환영하는 순회 강연회를 열고 선전문을 살포하는 친일·반공 조직이었다. 중국공산당은 민생단을 일제의 앞잡이로 보고 반발했다. 중국국민당 또한 민생단이 추구하는 '자치'란 간도 영유권을 노리는 것이라며 반발했다.

사실 민생단은 조선인과 중국인을 이간질하려고 만든 밀정 조직이었다. 이에 간도 조선인들은 민족주의자, 공산주의자 가릴 것 없이 민생단에 저항했다. 공산주의자들이 민생단원 일곱 명을 살해하는 일도 있었다. 결국 민생단은 창립 다섯 달 만에 해산됐다. 그런데 비극은 그 뒤에 일어났다.

중국공산당 소속 조선인 당원 송노톨(얼굴에 수염이 많아서 붙여진 이름)이 일본군 헌병대에 체포됐다가 일주일 만에 탈출해 돌아왔다. 만주사변 직후 민감하던 때라 중국공산당은 송노톨을 밀정으로 의심해 감시했다.

그해 가을, 조선인 항일 유격대가 일본군 두 명을 사살하고 한 명을 생포했다. 생포된 자는 작전지도를 그리러 왔다며 '송령감', 즉 송노톨을 만나게 해달라고 말했다. 이어 그는 송노톨이 일제에 매수된 민생단 스파이라고 '폭로'했다. 스물다섯 살 공산당원 한인권은 그 '폭로'를 그대로 믿고 송노톨을 체포했다. 잡혀온 송노톨은 '생사람 잡지 말라'며 펄쩍 뛰었으나 고문에는 장사가 없었다. 결국 그는 '혐의'를 인정하고 민생단 스파이 명단 20명을 '폭로'했다. 그 20명을 잡아다 고문하자 그들의 입에서도 민생단 스파이들 이름이 줄줄이 나왔다. 모두 혹독한 고문 끝에 나온 자백이었다.

만주사변 이후 일제가 간도 지역을 압박하자 생활에 곤란을 겪던 끝에 중국공산당에서 이탈하는 조선인이 늘었다. 중국공산당은 이 역시 민생단의 이간질 때문이라고 의심했다.

이듬해인 1933년 여름, 조선인 공산주의자 박두남이 중국공산당 간부를 살해하고 산속으로 달아났다. 박두남은 중국공산당에서 활동하다가 파벌주의자로 낙인찍혀 쫓겨난 뒤 일제 앞잡이가 된 자였다. 박두남의 변절은 불난 집에 기름을 끼얹은 셈이 됐다. 중국공산당은 "조선인 파벌주의자들이 민생단과 한통속이 되어 혁명운동에 손실을 끼치고 있다"라며 중국공산당 내 '민생단 첩자' 색출에 들어갔다.

이 과정에서 중국공산당은 터무니없는 이유로 생사람을 잡았다. 혁명 활동이 고단하다는 단순한 불평불만에도, 밥을 먹다가 좀 흘려도, 훈련받다 화장실에 가도, 일을 너무 열심히 해도 민생단 스파이로 몰아 처형했다. 김성도, 송일, 김권일 같은 이들은 자신의 혁명성을 과시한다며 동족 학살에 앞장섰다. 그것은 실체 없는 '민생단 유령'과의 싸움이었다. 광란의 피바람 속에서 '민족주의'는 곧 '파벌주의'가 돼버렸다.

3년 4개월 동안 이어진 마녀사냥으로 조선인 공산주의자 1,000여 명이 체포되고 500명 이상이 처형당했다. 일제는 "간도 공비(조선인 항일 세력)를 소멸시키는 데 민생단 사건이 큰 역할을 했다"고 평가했다. 그렇다면 중국공산당 안에 실제로 민생단 첩자가 있었을까?

1933년 6월 9일, 중국공산당 왕청현위원회 제1차 확대회의는 "중국인이 지휘의 중심에 있어야 한다"고 결의했다. 조선인 간부를 중국인으로 교체해야 한다는 의미였다. 조선인

이 절대다수인 북간도에서 이는 현실성 없는 오판이었다. 다시 말해 민생단 첩자에 대한 마녀사냥이 중국공산당 지도부의 불순한 의도에서 벌어졌다고 의심할 만한 대목이다. 민생단 사건이 마무리 국면에 들어설 무렵에는 민생단 첩자로 지목되어도 체포되지 않고 흐지부지된 것을 봐도 석연찮다. 이러한 맥락에서 동북인민혁명군 정치위원 저우슈둥의 말은 의미심장하다.

"간도에 그렇게 많은 민생단 스파이가 있었다면 지난 몇 년 동안 우리 인민혁명군의 영웅적 항일 투쟁은 불가능했고 중국인 지휘관은 살해됐을 것이다."

청년 김일성도 민생단 첩자로 몰렸다 가까스로 살아났다. 김일성에게도 민생단 사건은 큰 충격이었던지 훗날 북한의 통치자가 되어 중국을 방문했을 때 민생단 사건에 대해 항의했다. 그러나 민생단 사건은 젊은 김일성에게 기회가 됐다. 쟁쟁한 공산주의 운동 선배들이 사라져 그가 조선인 공산주의 세력 안에서 급부상할 수 있었다. 민생단 사건이 한국 현대사를 바꿔놓은 셈이다. ✳

항일 무장 투쟁의 부활,
영릉가전투

만주사변 후 승리를 기념하며 퍼레이드를 벌이는 일본군

일제가 만주를 침략하자 양세봉이 이끄는 조선혁명군은 이춘윤의 중국의용군과 한중연합 작전을 펼쳤다. 1932년 4월, 조선혁명군과 중국의용군은 다음과 같이 합의했다.

1. 동변도 일대, 즉 탕쥐우 관할지에서 조선혁명군의 활동을 승인한다.
2. 탕쥐우군 사령부는 관할 내에 속해 있는 관공서와 민중이 조선혁명군의 활동에 적극 원조할 것을 지시한다.
3. 조선혁명군의 군량과 장비는 중국 당국이 공급한다.
4. 일본군에 대해 작전을 수행할 때 쌍방이 호응 원조하여 작전 임무를 완성한다.
5. 조선혁명군이 압록강을 건너 본토 작전을 개시할 때 중국의용군은 전력을 기울여 원조한다.

며칠 뒤 양세봉이 이끄는 조선혁명군 500여 명은 중국의용군과 합세하여 랴오닝성 흥경현(지금의 신빈현) 영릉가 남쪽에서 야영했다. 얼마 후 일본군이 기관총과 박격포로 공격해왔다. 일본군은 지리에 어두웠을 뿐 아니라 한중 연합군을 오합지졸로 얕보고 있었다. 한중 연합군은 교전 한 시간 만에 승리했다.

고지를 점령하고 사기가 오른 한중 연합군은 일본군이 점령한 영릉가로 진군했다. 조선혁명군은 적의 탐조등을 피해가며 살얼음이 떠 있는 쑤쯔허(蘇子河)를 건넜다. 강을 건너고 나서 돌격 명령이 떨어졌을 때 장병들은 제대로 움직이지 못했다. 추위에 옷이 얼어붙어 '갑옷'이 되어 있었다. 살갗이 '갑옷'에 닿아 벗겨졌다. 양세봉은 '갑옷'을 벗어던지고 잠방이(팬티) 차림으로 진격했다. 병사들도 잠방이 차림으로 그 뒤를 따랐다. 이에 조선혁명군에게 '잠방이 부대'라는 별명이 붙었다.

조선혁명군은 살을 파고드는 바람을 가르며 중국의용군과 함께 몇 시간 동안 전투를 벌여 영릉가를 탈환했다. 일본군은 한밤에 기습을 당해 전사자 50여 명을 내고 말과 무기를 버린 채 달아났다. 영릉가 주민(조선인과 중국인)들은 한중 연합군에게 술과 고기를 대접하고, 옷을 한 벌씩 만들어줬다.

조선혁명군은 영릉가 전투를 비롯한 200여 차례의 전투를 일본군과 치렀다. 항상 승리하지는 못했지만 이들의 활약은 큰 의미를 갖는다. 자유시사변 이후 침체에 빠졌던 조선인 항일 무장 투쟁이 조선혁명군의 활약에 힘입어 다시 활기를 띠었고, 완바오산 사건으로 심화된 조선인과 중국인 사이의 갈등 해소에도 도움이 됐기 때문이다.

그해 여름, 안투에서 항일 유격대를 이끌던 공산주의자 김일성이 양세봉을 찾아와 연합 작전을 제의했다. 양세봉은 김일성의 아버지 김형직과 의형제였다. 그러나 반공주의자 양세봉은 김일성의 제의를 거절했다.

가을이 되자 일본군이 압록강을 건너 반격해왔다. 조선혁명군은 일본군 핫토리 부대와 맹렬히 싸웠으나 패배했고, 사령관 탕쥐우마저 변장을 하고 베이징으로 달아난 중국의용군은 뿔뿔이 흩어졌다.

이후 일제는 조선혁명군 사령관 양세봉을 제거하려 거액의 현상금을 걸었다. 1934년 가을, 돈에 눈이 먼 모리배 박창해와 마적 두목 아동양은 중국인 항일 부대와 연합하자는 구실로 양세봉을 유인한 뒤 암살했다.

슬픔에 잠긴 조선인들이 양세봉의 시신을 산 중턱에 매장했지만 일제의 만행은 계속됐다. 양세봉의 시신을 꺼내더니 조선인 김도선에게 작두를 주며 목을 자르라고 협박했다. 김도선은 "양세봉은 조선 민족의 사령이다. 내가 조선 사람으로서 어찌 우리 민족 사령의 목을 자른단 말인가?" 하고 거부하다가 그 자리에서 총살당했다.

양세봉 암살 이후 조선혁명군은 일본군의 압박으로 점차 무력화됐다. 일본군 전투기의 공중폭격 앞에서는 속수무책이었다. 결국 조선혁명군 1,500여 명은 공산주의 유격대 동북항일연군에 편입됐다. ●1936 ✺

"대한 남아로서 할 일을 하고 미련 없이 떠나오"

─ 윤봉길의 상하이 훙커우 공원 의거

윤봉길
상하이 훙커우 공원에서 의거 후 일본군에게 체포된 모습이다.

"선생님! 제 시계는 한 시간 후면 쓸모가 없습니다."

4월 29일 아침 7시, 아침 식사를 마친 윤봉길은 자신이 차고 있던 시계를 김구에게 건넸다. 김구는 이 시계를 윤봉길의 '유품'으로 보관할 생각으로 받아두었다. 이어 두 사람은 집 밖으로 나와 택시를 잡았다. 택시를 타고 떠나는 윤봉길을 향해 김구는 "윤 동지! 훗날 지하에서 다시 만납시다"라고 외치며 울먹였다. 이것이 이승에서 두 사람의 마지막 만남이었다.

7시 30분, 윤봉길을 태운 택시가 상하이 훙커우 공원에 도착했다. 봄비가 촉촉이 내리고 있었다. 이날 훙커우 공원에서는 일본군의 상하이 점령 축하 열병식과 천장절(天長節, 일본 천황 생일) 경축식 행사가 예정되어 있었다. 양복 차림에 테가 굵은 안경을 낀 윤봉길은 누가 봐도 일본인 신사였다. 일본인이 운영하는 세탁소에서 일하며 일본어를 익혀둔 덕분에 더 완벽한 변신이 가능했다.

7시 50분, 윤봉길은 도시락 폭탄과 물병 폭탄, 일장기를 휴대한 채 입장권을 내고 훙커우 공원으로 들어갔다. 한인애국단 소속 이화림이 기모노 차림을 한 채 윤봉길과 부부 행세를 했기 때문에 검문을 피할 수 있었다. 이화림은 이봉창 의거와 윤봉길 의거의 숨은 공신이었다. 한편 이날 윤봉길과는 별도로 거사를 노리던 아나키스트 백정기는 행사장 입장권을 구하지 못해 발길을 돌려야 했다.

11시 30분, 열병식이 끝나고 천장절 경축식이 이어졌다. 2미터 높이의 단상 위에는 육군 대장 시라카와 요시노리, 해군 중장 노무라 기치사부로, 일본 거류민단장 가와바타 데이지, 주중 공사 시게미쓰 마모루 등 제국주의 실세들이 서 있었다. 이 가운데 시라카와는 '일본 육군 3걸'로 꼽히는 거물이었다.

11시 40분, 행사 참석자들이 일본 국가 '기미가요'를 제창하기 시작했다. 이때 군중 속의 윤봉길은 물병 폭탄의 안전핀을 만지며 단상 5미터 앞까지 접근했고, 잠시 후 기미가요는 폭탄 터지는 소리에 묻혔다. 윤봉길이 던진 물병 폭탄은 단상 한가운데로 떨어졌다. 이어 도시락 폭탄까지 던지려는 순간, 일본 경비병들이 윤봉길의 팔다리를 결박했다. 윤봉길은 소매에서 피가 뚝뚝 떨어졌지만 밝게

웃으면서 "대한독립 만세! 만세! 만세!"를 외쳤다.

윤봉길의 의거로 시라카와, 가와바타가 사망했고, 노무라는 오른쪽 눈 실명, 시게미쓰는 오른쪽 다리가 절단됐다. 훗날 일제가 연합국에 항복할 때 시게미쓰는 일본 외무대신으로서 미국 미주리호에 지팡이를 짚고 나타나 항복문서에 서명한다.

윤봉길의 의거는 전 세계를 놀라게 했다. 《동아일보》를 비롯한 국내 언론은 물론 로이터 통신, 《런던 타임스》, 《뉴욕 이브닝 포스트》 등 외국 언론까지 거사를 보도했다.

사건이 터진 후 일제 경찰이 프랑스 조계지 안으로 들이닥쳐 관련자 색출에 나섰다. 애꿎은 피해자가 늘어나자 김구는 자신이 윤봉길 의거를 지시했다고 성명을 발표했다. 현상금 60만 원이 걸리자 그는 중국 여성 주아이바오와 위장 결혼을 하고 은둔 생활에 들어갔다. 한편 상하이에 있던 안창호는 동지 이유필의 어린 자녀에게 선물을 주기로 한 약속을 지키려고 그의 집을 방문했다가 체포됐다.

5월 25일, 윤봉길은 군법회의에서 사형을 선고받았다. 재판은 기자나 방청객도 없이 일사천리로 진행됐다. 11월 18일, 윤봉길은 삼엄한 경계 속에 일본 오사카로 옮겨졌고, 12월 19일 새벽 6시에 총살형이 집행됐다. 총알이 미간을 관통한 뒤에도 그의 표정에는 일그러짐이 없었고 13분 만에 숨이 멎었다. 윤봉길의 유해는 노다산 공동묘지로 가는 길바닥 아래 2미터 깊이로 구덩이를 파고 매장됐다.

윤봉길 의거는 식민지 조선에 대한 중국인의 관심을 불러일으켰으며 대한민국임시정부에 대한 중국국민당 정부의 지원을 이끌어냈다. 스물다섯 살 청년의 고귀한 희생이 한국 독립운동사의 물줄기를 바꾸어놓았다. 훗날 카이로회담에서 중국 총통 장제스가 '조선의 독립'을 그토록 강조한 것도 윤봉길에 대한 고마움이 있었기 때문이다.

그러나 윤봉길의 숭고한 희생을 두고 이승만은 "이런 행동은 어리석은 짓이며, 일본의 선전 내용만 강화해줄 뿐"이라고 평가절하했고, 공산주의자 박헌영은 "민중의 계급적 각성과 연대가 뒷받침되지 않은 극소수의 폭력"이라고 비판했다.

안중근 의거에 숨은 공신 우덕순과 유동하가 있었듯, 윤봉길 의거 뒤에도 안공근과 이유필이 있었다. 안공근은 윤봉길을 김구에게 소개했고, 이유필은 윤봉길을 수차례 면담한 뒤 거사의 적임자로 판단했다. ✳

해방 이후 김구는 일본에 있던 아나키스트 박열에게 윤봉길의 유해를 수습해달라고 당부했다. 이에 박열은 끈질긴 수소문 끝에 윤봉길의 유해를 찾아냈다. 현재 윤봉길은 이봉창, 백정기와 함께 서울 효창공원에 잠들어 있고, 윤봉길기념관(서울 양재동 소재)에는 거사 당일 김구에게 건넸던 시계가 전시돼 있다. 전 독립기념관 관장 윤주경은 윤봉길의 손녀다.

이애리수와 〈황성 옛터〉

여배우 출신으로 〈황성 옛터〉를 부른 가수 이애리수
본명은 '이음전'이고, 예명 '애리수'는 영어 앨리스에서 따온 것이다.

황성 옛터에 밤이 되니 월색만 고요해
폐허에 서린 회포를 말하여주노라
아아 외로운 저 나그네 홀로이 잠 못 이뤄
구슬픈 벌레 소리에 말없이 눈물져요

성은 허물어져 빈터인데 방초만 푸르러
세상이 허무한 것을 말하여주노라
아아 가엾다 이내 몸은 그 무엇 찾으려
덧없는 꿈의 거리를 헤매어 있노라

나는 가리로다 끝이 없이 이 발길 닿는 곳
산을 넘고 물을 건너서 정처가 없이도
아아 한없는 이 설움을 가슴속 깊이 안고
이 몸은 흘러서 가노니 옛터야 잘 있거라
　　　　　　　　　　－〈황성 옛터〉

윤봉길 의거가 대륙을 울릴 무렵, 가요 〈황성 옛터〉가 발표됐다. 원제목이 '황성의 적(跡)'인 이 곡은 순회 극단에서 활동하던 작곡가 전수린이 개성에서 공연을 하던 중 고려 왕조의 옛 궁터인 만월대에 들렀다가 잡초만 무성한 폐허에서 영감을 받아 만든 곡으로 작사가는 왕평이다. 노래를 부른 가수는 여배우 출신 이애리수(22세)로 그녀의 본명은 이음전이다. 예명 '애리수'는 영어 앨리스(Alice)에서 따온 것이다. 1928년 막간 무대에서 첫선을 보인 이 곡이 뜨거운 반응을 얻자 1932년 음반으로 발표하고 가수까지 겸업했다.

1920년대 일본의 음반업자들은 미국 컬럼비아 레코드사, 빅터 레코드사의 자회사를 차리고 조선에서 음반을 제작했다. 때마침 경성 방송국(JODK)이 개국해 가요가 대중에게 인기를 끌면서 점차 시장이 형성되고 있었다. 하지만 식민지 조선에서 발표된 가요는 대개 일본 엔카(演歌)를 번안한 곡들이었다. 음반 기획자들은 조선의 가요는 작품성이 떨어진다며 음반 제작을 기피했다.

이런 상황에서 조선인이 작사하고 작곡한 노래 〈황성 옛터〉가 발표됐으니 그 의미가 컸다. 〈황성 옛터〉 음반은 무려 5만 장이 팔려나가 대성공을 거두었다. 애잔한 노랫말과 가락이 식민지 조선인의 정서와 들어맞았다. 가사에 나오는 황성 옛터는 개성의 만월대를 가리킬 뿐 아니라 식민지 조선의 황량한 현실을 의미했는지도 모른다. 당시 일제는 대륙을 침략하며 군국주의 본성을 드러내고 있었다.

〈황성옛터〉의 성공 이후 〈타향살이〉, 〈목포의 눈물〉, 〈애수의 소야곡〉, 〈알뜰한 당신〉, 〈눈물 젖은 두만강〉 등 조선인이 작사·작곡한 트로트 가요가 등장했다. 트로트 작곡가들은 일본 엔카의 음계에 조선인의 정서를 절묘하게 담아내 흥행에 성공했다.

이애리수가 서울 단성사의 막간 무대에서 처음 〈황성 옛터〉를 불렀을 때 관객들은 노래에 감탄하며 탄성을 지르는가 하면 망국의 한을 느꼈는지 여기저기서 흐느꼈다. 이 소식을 들은 경찰이 이후 이애리수가 무대에 올라가면 호루라기를 불며 노래를 중단시켰고, 급기야 전수린과 왕평이 종로경찰서에 끌려갔다. 대구의 어느 보통학교 교사는 학생들에게 〈황성 옛터〉를 가르쳐주다가 구속됐다. 이런 분위기 속에서 〈황성 옛터〉를 부른 가수 이애리수는 '민족의 연인'으로 불렸다. 1933년 〈황성 옛터〉를 리메이크해 이경설이 부른 노래 〈고성의 밤〉도 금지곡이 됐다. 그해 9월 역시 전수린이 작곡하고 이애리수가 부른 〈변조 아리랑〉도 금지곡이 됐다.

이애리수는 전문 가수가 아니었기 때문에 가창력이 뛰어나지는 않았다. 1930년대에 전문 여가수들이 본격 등장하면서 이애리수의 인기도 수그러들었다. 설상가상으로 사생활도 순탄하지 않았다. 1933년 새해 벽두, 이애리수는 유부남 배동필(당시 연희전문학교 학생)과 사랑에 빠져 괴로워하다 동반 자살을 시도했다. 다행히도 배동필과 결혼하는 데에 성공했지만 2년 뒤 남편과의 불화로 또다시 자살소동을 벌였다. 이후 이애리수는 연예계를 떠났다. ❈

〈황성 옛터〉는 김정구, 신카나리아, 이미자, 패티김, 은방울자매, 배호, 나훈아, 조용필, 문주란, 이은하, 한영애 등 국내 정상급 가수들이 리메이크해 오늘날까지 대중의 사랑을 받고 있다. 현재 남북한이 함께 만월대를 발굴 조사하고 있어 명곡 〈황성 옛터〉가 더 의미 있게 다가온다.
한편 이애리수는 연예계를 떠나 2남 7녀를 낳아 기르며 70여 년 동안 대중과 단절된 채 살다가 2009년 경기도 일산의 한 요양원에서 99세로 세상을 떠났다.

1932년

중국호로군과 손잡고
일본군을 대파한 한국독립군

— 쌍성보전투와 대전자령전투

한국독립군 총사령관 지청천
김구 앞에서 총사령관 임명장을 수여받는 모습이다.

만주사변 이후 일본군이 침략해오자 중국 군인들은 조선인을 '제2의 일본인'이라 부르며 조선인 마을에 난입해 살인과 방화, 약탈, 강간 등 온갖 횡포를 부렸다.

독립운동 단체 혁신의회 산하의 한국독립군은 한중 연합 전선을 통해 만주 조선인의 신변 안전을 꾀하려 했다. 또한 효율적 항일 투쟁을 벌이고 부족한 물자를 공급받고자 했다. 이에 중국 지린성 정부에 한중 연합 작전을 제의했고, 지린성 정부도 이 제의를 받아들여 한국독립군과 중국호로군이 연합군을 조직했다.

원래 중국호로군은 일제가 부설해 관리하는 만주철도를 지키는 병사들이었다. 일본군에 고용되어 말 그대로 '길을 지키는 군대'였다. 만주사변 이후 중국에서 반일 감정이 고조되어 일본의 용병 부대인 호로군마저 항일 투쟁에 나선 것이었다.

한국독립군의 총사령관은 지청천(이청천)이었다. 그는 일본 육군사관학교를 졸업했지만 출셋길을 마다하고 항일 투쟁에 투신했다. 신흥무관학교 교관을 지내고 청산리전투에 참전했다가 자유시사변 때 가까스로 탈출해 만주로 돌아와 정의부의 사령관으로 활약했다.

한국독립군에 대해 중국인들은 "일본군 비행기가 하늘을 덮고 탄알을 퍼부어도 무서워하는 기색이 없다", "한 명이 100명을 당해낸다", "손에서 책을 놓지 않는다"라고 칭송했다. 한국독립군이 주둔하면 먹고 자는 것을 제공하기도 했다.

1932년 9월 3일, 한국독립군 300여 명은 흑룡강 지역을 출발해 북만주 쌍성보로 진군했다. 한국독립군은 일본군과 싸우며 사흘 동안 80킬로미터를 진군해 쌍성보 남쪽 5킬로미터 지점에 도착했다. 이곳에서 중국호로군 2만 5,000여 명과 합세해 연합 작전에 들어갔다.

한중 연합군은 당초 하얼빈을 공격할 예정이었으나 작전지역을 쌍성보로 바꾸었다. 쌍성보는 하얼빈과 창춘을 연결하는 철도의 거점이자 전략 요충지로 일본군 4,000여 명이 주둔하고 있었다.

한국독립군은 쌍성보의 서문을, 중국호로군은 동문과 남문을 공격하고, 북문은 일본군의 퇴로로 남겨두었다. 쌍성보 안에 주둔하던 일본군 3개 여단은 한중 연합군의 공격을 견디지 못하고 예상대로 북문으로 빠져나갔다. 이때 북문 앞에서 매복하고 있던 한중 연합군이 일본군을 공격해 궤멸시켰다.

두 시간 동안 벌어진 전투에서 일본군은 1,000여 명의 사상자를 냈으나 한중 연합군은 불과 30여 명의 사상자를 냈다. 게다가 한중 연합군은 세 달 동안 쓸 수 있는 물자까지 노획했다. 그러나 곧이어 일본군이 반격해 쌍성보는 다시 일본군에 넘어갔다.

11월 7일 저녁, 한중 연합군은 부대를 정비하고 쌍성보 재탈환에 나섰다. 한국독립군은 부대를 나누어 쌍성보를 좌우 전후에서 공격했고, 일본군은 박격포와 수류탄으로 저항했다. 몇 시간에 걸쳐 전투가 이어지다가 결국 일본군이 성문을 열고 항복했다. 쌍성보를 다시 점령한 한중 연합군은 주민들을 안심시키는 한편 일본군의 반격에 대비했다.

11월 20일, 일본군이 전투기를 동원해 반격해왔다. 한 치의 양보도 없는 전투가 진행되면서 시체가 쌓여갔고 쌍성보는 피바다가 됐다. 이틀 뒤, 한중 연합군은 쌍성보를 일본군에 내주고 결국 후퇴해야 했다. 이 전투에서 사기가 꺾인 중국호로군 사령관 고봉림은 일본군에 투항했다.

이듬해 봄, 북만주에 다시 전운이 감돌았다. 이해 여름까지 한국독립군은 경박호전투, 사도하자전투, 동경성전투, 대전자령전투 등을 치렀다.

1933년 초여름, 일본군 1,300여 명이 대전자령을 통과한다는 첩보를 입수한 한국독립군 500여 명은 대전자령으로 향했다. 중국호로군 5,000여 명도 100킬로미터를 행군해 대전자령에 주둔했다. 대전자령은 7~8킬로미터에 이르는 을(乙) 자 협곡으로 양쪽에 수십 미터 절벽이 솟아 있었다. 한중 연합군은 대전자령 골짜기 곳곳에 매복한 채 일본군을 기다렸다.

이튿날 일본군은 근처 주민들의 우마차를 강제로 징발해 군수품을 싣고 이동했다. 이들은 1년 전 간도로 출동했다가 철수하는 포병·기병·공병 혼성부대로 많은 군수품을 수송하고 있었다. 그들은 소풍이라도 나온 양 전투모를 벗은 채 꽃을 꺾어 들고 노래를 흥얼거리며 행군했다.

오후 1시경, 일본군이 모두 골짜기로 들어서자 매복해 있던 한중 연합군이 소총과 기관총으로 사격하고 바위를 굴려 떨어뜨리며 공격했다. 기습을 당한 일본군은 저항조차 제대로 못해보고 허둥대다 쓰러져갔다. 네 시간의 혈투 끝에 한중 연합군은 일본군을 궤멸시키고 장갑차 두 량, 포 여덟 문, 기관총 110자루, 소총 580자루, 권총 200자루, 탄약 300상자, 수류탄 100상자, 망원경 25개, 군용지도 2,000여 매, 각종 문서, 군복, 담요, 약품 등을 노획했다. 13년 전 청산리전투에 참전했던 지청천은 대전자령에서 또다시 신화를 썼다.

하지만 '황금'이 생기자 형제 사이에 갈등이 생겼다. 전투가 끝난 뒤 전리품 배분을 놓고 한국독립군과 중국호로군이 다투었다. 중국호로군은 심지어 지청천을 비롯한 한국독립군 지휘관들을 구금하고 무장해제를 시켰다. 이로써 한중 연합 전선은 깨지고 말았다. ✳

일제 말 지청천은 대한민국임시정부 광복군 사령관을 지냈으며, 해방 이후 1·2대 국회의원, 무임소장관 등을 지내며 정치인으로서 두각을 나타냈다. 임시정부 출신 인사들이 이승만 정권에서 소외됐던 점을 생각하면 지청천은 보기 드문 경우였다.

결핵 없는 세상 만들기

— 조선에서 발행된 크리스마스실

"다른 나라에서는 결핵 환자가 20명에 한 명꼴인데 조선에서는 다섯 명에 한 명이 사망한다. 조선인은 결핵을 불치의 병, 부끄러운 병, 악귀가 내리는 운명으로 받아들인다. 따라서 결핵 요양원은 치료뿐만 아니라 계몽을 위해서도 꼭 필요하다." 12월 3일, 미국 감리교단에서 조선에 파견한 의료 선교사 셔우드 홀이 결핵 퇴치 기금 마련을 위해 크리스마스실(Christmas seal)을 발행했다. 원래는 거북선이 포를 발사해 결핵을 퇴치하는 도안이었으나 총독부를 자극하지 않으려고 남대문 도안으로 바뀌어 실이 발행됐다.

20세기 초 결핵은 인류에게 공포의 전염병이었다. 데카르트·칸트·도스토옙스키·쇼팽 등이 결핵으로 사망했고, 조선인 최초의 여성 의사 박에스더도 결핵으로 사망했다. 콜레라·장티푸스·두창·발진티푸스 등 급성 감염질환은 예방접종과 소독을 통해 관리가 됐지만 결핵은 그렇지 않았다. 식민지 조선 인구의 7분의 1이 결핵 보균자일 만큼 사태가 심각했다. 1920년 2,315명, 1930년 3,422명, 1939년 6,101명이 결핵으로 사망했다. 1970~1980년대까지도 결핵은 '폐병'이라 불리며 한국인에게 공포의 대상이었다.

셔우드 홀은 결핵을 불치병으로 여기는 식민지 조선의 현실이 안타까워 황해도 해주에 결핵 전문 치료 기관인 구세요양원을 세웠으나, 문제는 돈이었다. 대공황 여파로 선교 본부의 재정 지원이 끊기면서 요양원을 유지하기도 어려워졌다.

이에 셔우드 홀은 당시 외국에서 유행하던 크리스마스실을 떠올렸다. 크리스마스실은 1904년 덴마크에서 처음 발행한 이후 미국과 필리핀, 일본 등지에서 기금 모금을 위해 발행되고 있었다. 크리스마스 우편물에 붙이는 실을 만들어 그 판매 수익으로 기금을 모으는 방식이었다.

셔우드 홀이 크리스마스실을 만들면 홍보는 다른 선교사들이 맡았다. 배재학당의 아펜젤러 목사(배재학당 설립자 헨리 아펜젤러의 아들)는 홍보단을 이끌고 전국을 다니며 1만 2,000명에게 크리스마스실을 판매했다. 설날 즈음에 주로 팔았다.

크리스마스실에 대한 인식이 부족하던 때라 해프닝도 일어났다. 크리스마스실을 결핵 치료용 부적으로 알고 구입한 어떤 소비자는 '부적' 효과가 없으니 환불해달라고 항의하는가 하면, 어떤 이는 크리스마스실을 구세요양원 입원권으로 오해하고 몇 장 더 보내달라고 청탁했다.

셔우드 홀의 크리스마스실 사업은 대성공이었다. 구세요양원 운영비로 쓰고도 기금이 남아 다른 병원에 보조금을 지원해줄 정도였다. ✽

해방 이후 대한결핵협회가 크리스마스실을 다시 발행하기 시작해 오늘날에 이르고 있다. 그런데 뜻밖에도 결핵은 추억 속의 후진국 질병이 아니다. 2016년에 한국은 인구 10만 명당 결핵 환자 86명으로 OECD 회원국 중 발병률 1위였다.

비너스 다방으로 오세요

— 여배우 복혜숙과 '비너스'

복혜숙
《매일신보》에 실린 영화 〈낙화유수〉에서의 복혜숙의 모습이다
(1927. 10. 7.).

영화배우 복혜숙이 서울 인사동에 다방 '비너스'를 열었다. 복혜숙은 이화여고를 졸업하고 일본 유학까지 다녀온 엘리트였다. 잠시 교사 생활을 했지만 자신과 맞지 않는 일이라 여겨 그만두었다. 사실 그녀는 유학 시절부터 배우의 꿈을 꾸고 있었다. 일본에서 무용을 배우기도 했다.

복혜숙은 1920년 극단 '신극좌'에 들어간 뒤 무대에 서기 시작해 1927년 영화 〈낙화유수〉에 출연하면서 톱스타가 됐다. 1년 후에는 당시만 해도 대본 없이 즉흥연기를 하던 연극 무대에 본격적으로 대본을 도입하기도 했다. 또한 그녀는 재즈 가수로도 활동해 '조선의 카추샤'라 불렸다.

하지만 복혜숙은 연극이나 영화 출연료만으로는 생계를 잇기 어려워 1932년 다방을 열었다. 당시에는 여배우가 생계를 위해 기생이나 여급, 댄서로 활동하는 일이 제법 있었다. 그녀는 다방을 차리는 이유를 밝히며 이렇게 말하기도 했다

"밖에서나 인기 있는 스타이지 집에 들어오면 남편 눈치 보기 바빴다. 열렬한 연애 끝에 결혼했지만 후회한 적이 한두 번이 아니었다."

다방 '비너스'는 4인용 탁자 12개가 들어가는 규모로 한가운데에 비너스 석고상이 놓여 있었다. 바로 위층에는 조선어학회가 있어 여운형, 박종화, 이광수, 이서구, 윤보선, 조병옥 등이 단골손님이었다. 밤이 되면 '비너스'에선 시가 낭송되고 아리아가 흘러나왔다. 그러나 외상 손님이 많아 골치를 썩었다. 심지어 다방에서 돈을 꾸어가는 배짱 손님도 있었다.

이후 서울에는 '멕시코', '엘리자', '본아미', '다이나', '성림', '낙랑', '프린스', '돌체', '백룡', '파르콘' 등 다방이 우후죽순으로 생겼다. 천재 시인 이상은 연인 금홍과 함께 종로에 '제비다방'을 열었다가 망했는데, 그러고 나서도 '쓰루', '69' 등을 다시 차렸다.

몇 년 뒤 복혜숙은 '비너스'를 정리하고 배우로 복귀했다. 자본금 250원으로 시작한 '비너스'는 외상값 1만 원을 결국 받지 못하고 역사 속으로 사라졌다. ✳

해방 이후 복혜숙은 영화배우 활동을 계속하는 한편 서울 중앙방송국(지금의 KBS) 성우로 활동했으며 한국영화배우협회 초대 회장을 지냈다.

"조선의 독립은 정신으로 이뤄지는 것"
— 조선의 여성 독립운동가 남자현

영화 〈암살〉의 주인공 안옥윤의 실제 모델 남자현
우리 역사에 뚜렷한 족적을 남긴 대표적 여성 독립운동가다.

식민지시대의 항일 의열 투쟁을 그린 영화 〈암살〉은 2015년에 개봉해 관객 1,200만 명을 동원하는 기염을 토했다. 이 영화의 흥행에 힘입어 김원봉, 염동진 등 그동안 잊고 있던 항일 투사들이 재조명됐다. 그 가운데 여주인공 안옥윤(전지현 분)의 모델이 된 독립운동가 남자현이 주목을 끌었다.

남자현의 남편 김영주는 조선 왕조 말기 의병운동에 투신했다가 사망했다. 남편과 사별한 뒤 남자현은 아들과 시부모를 부양하며 가정을 일구었다. 3·1운동이 일어나자 남자현은 남편의 뜻을 잇고자 아들과 함께 만주로 건너가 서로군정서(임시정부 산하 서간도 군사조직)에 가입했다. 1926년 조선 총독 사이토를 처단하려고 국내에 잠입했으나, 송학선이라는 청년이 먼저 사이토 암살을 시도하는 바람에 좌절됐다(금호문 사건).

일제가 만주사변을 일으킨 이듬해인 1932년 9월 국제연맹조사단이 만주사변 관련 조사를 위해 하얼빈에 왔다. 이때 남자현은 손가락을 잘라 조사단에 보내며 '조선독립원(朝鮮獨立願)'이라는 글씨를 피로 썼다. 일제의 계략에 속지 말라는 호소였다. 그러나 남자현의 손가락은 전달되지 못했고, 일제는 국제연맹조사단의 반대에도 만주국을 세웠다.

1933년 2월 29일 중국 하얼빈 교외 정양가에서 거지로 변장한 노파가 일본 경찰에 체포됐다. 그 노파는 권총과 폭탄 등을 몸에 숨기고 있었다. 노파의 이름은 남자현(61세)이었다. 3월 1일은 만주국의 건국 기념일이었다. 남자현은 이날 만주국의 일본 전권대사 무토 노부요시를 처단하려는 계획을 세웠던 것이다.

거사에 실패한 남자현은 투옥돼 혹독한 고문을 견디며 단식 투쟁에 들어갔다. 몇 달 동안 투쟁이 이어지자 일제는 시신 치우기가 귀찮다며 남자현을 보석으로 석방했다. 남자현은 아들에게 식민지 조선이 해방되면 독립 축하금으로 쓰라며 200원을 내놓고 세상을 떠났다. 이 돈은 해방 이듬해 3·1절 기념식에서 김구와 이승만에게 전달됐다고 한다. ✻

다시 태어난 《조선일보》
— 조선일보사를 인수한 금광왕 방응모

1933년 조선일보사를 인수한 금광왕 방응모
방응모(앉은 이)와 그에게서 장학금을 받던 학생들. 방응모 바로 뒤에 서 있는 이가 시인 백석이다.

3월 23일, 금광왕 방응모가 경영난에 허덕이던 조선일보사를 인수했다. 당시 조선일보사는 직원들 월급을 제때 주지 못해 사채를 빌려 쓰고 있었다. 당시 사장이었던 신석우는 상환 압박에 시달렸다(신석우는 국호 '대한민국'을 지은 인물이다). 이후 안재홍이 신석우의 자리를 넘겨받았고, 유진태가 그 자리를 거쳐갔다. 뒤이어 8대 사장으로 조만식이 취임했다.

한편 방응모는 평안북도 정주에서 동아일보사 지국을 운영하다 실패하고 평안북도 삭주 교동에서 금맥을 발견해 인생 역전에 성공했다. 교동금광은 미국인 소유의 운산금광에 이어 2위 규모의 금광이었다.

조선일보사 사장 조만식은 고향 후배 방응모를 설득했고, 결국 방응모는 교동 광산을 135만 원에 팔고 조선일보사를 50만 원(현재 가치로 500억 원)에 인수했다.

잡지 《삼천리》는 이렇게 평가했다.

오늘날 조선의 신문업은 아직까지 소모 사업에 속한다. 소모 사업이 아니라 할지라도 영리사업은 못된다. 그 증거로 10년 기초를 닦아 수지가 맞는다는 《동아일보》에서도 주주 배당이라고는 유사 이래 한 푼 없어왔다. 이와 같이 영리사업이 아닌 기관에

50만금씩 던지는 분이 있다면 그는 존경에 값하는 인물이라 아니할 수 없다.

그 후 방응모는 조선일보사에 과감한 투자를 했다. 서울 태평로에 웅장한 사옥을 지었고, 속보를 내기 위해 언론사 최초로 취재용 비행기를 구입했으며, 《동아일보》의 절반에 불과하던 발행 부수를 두 배로 늘렸다. 게다가 동아일보사에서 근무하던 이광수·서춘 등을 '스카우트'해왔고, 월간지 《조광》·《여성》·《소년》 등을 창간했다.

이로써 《동아일보》 독주 시대는 막을 내렸다. 이후 두 신문사는 경쟁이 치열하다 못해 앙숙이 됐다. 일본인 광고주를 모신답시고 '기생 관광' 경쟁까지 벌여 눈살을 찌푸리게 했다. 좌파 신문이던 《조선일보》가 우파 신문으로 변신한 것도 이 무렵이다.

방응모가 조선일보사를 인수하고 공격적 투자를 한 데는 동아일보사 지국을 운영하던

시절에 당한 설움도 작용했다. 방응모가 신문 대금을 본사에 제때 내지 못하자 거래 중지 압박이 내려왔고 재산까지 강제로 차압당했다. 이에 서울에 올라와 통사정을 해봤으나 퇴짜를 당하기 일쑤였다. 당시 동아일보사에는 당대 지식인이란 지식인은 죄다 모여 있었으니 학벌에서 밀린 방응모가 열등감을 느꼈을 것이라는 추측도 있다.

방응모가 조선일보사를 인수한다는 소식을 듣고는 '졸부'가 사장이 되는 것에 반발해 사표를 쓰는 기자들도 있었다. 사회부장 김기진은 자신이 신문사를 직접 차리겠다며 사표를 내고 평안남도 안주로 금맥을 찾아 나섰다가 쪽박만 차고 돌아왔다.

그러나 방응모는 졸부가 아니었다. 그는 백석·김기림·윤석중·민관식 등 인재들에게 장학금을 제공했는데, 이 장학금이 수업료와 하숙비를 내고 용돈까지 충분히 쓸 만큼 넉넉했다고 한다. 옥고를 치르고 나온 한용운에게 성북동에 '심우장'을 지어준 이도 방응모였다. 이때 한용운이 총독부와 마주하기 싫으니 집을 북향으로 지어달라고 주문했다는 일화는 유명하다. 안창호가 경성의전 병원에 입원했을 때 치료비를 낸 것도, 대한민국임시정부 기관지 《독립신문》에 활자와 자금을 제공한 것도 방응모였다. 방응모는 '개처럼 벌어 정승처럼' 쓴 인물이었다.

그러나 일제 말기 방응모는 반민족친일행위에 가담했다. 이른바 '성스러운 전쟁(중일전쟁)'을 위해 '국민정신총동원'에 협력했고, 시국 강연을 통해 조선인에게 지원병 참여를 선동했다. 1942년 6월에는 자신이 발행하는 잡지 《조광》에 "징병령 실시에 일층 더 감격하지 않으면 안 될 것"이라는 글을 써서 일제 침략에 동조했다. ✳

해방 이후 방응모는 국회의원 선거에 무소속으로 출마했다 낙선하고 자택에 머물렀다. 이후 한국전쟁 때 인민군의 '모시기 공작'에 의해 납북됐다. 그는 개성 송악산 기슭에서 미군 폭격으로 사망했다. 2016년 11월 9일, 대법원은 방응모의 일제 말 행적을 친일행위로 판결했다.

경주박물관장 모로가 히데오, 그는 도굴꾼이었나

경주에서 금관총, 서봉총 등 고분이 발굴되자 식민지 조선인은 신라 문화에 관심을 갖게 됐다. 문제는 도굴꾼들이었다. 도굴꾼들은 경주 일대의 고분을 털어 그 유물들을 일본의 유력자들에게 팔아넘겼다. 당시 조선인 도굴꾼만 20만 명이었다. 그뿐이 아니었다. 당시 경주에서는 어린아이들이 괭이로 땅을 파서 발굴한 신라 기왓장을 수학여행 온 학생들에게 돈을 받고 팔았다.

1933년 4월 13일, 경찰은 경주에 사는 서영수, 김홍대를 고분 도굴 혐의자로 수사 중이었다. 그런데 수사 과정에서 뜻밖의 사실이 밝혀졌다. 이 도굴 사건에 경주박물관장 모로가 히데오가 연루됐다는 것이다. 모로가는 금관총 발굴에 참여한 인물이었다. 결국 모로가도 경찰에 체포됐다. 알고 보니 당시 경주 일대에서 자행된 도굴의 배후에 모로가가 있었다.

그해 11월, 《동아일보》는 모로가에 대한 재판 과정을 보도하며 "(모로가가) 자기 지위를 이용하여 경주 부근에서 나는 고물을 비밀리에 사들여 일본의 어느 골동품상과 연락하여 사리를 취했던 것으로, 검거 당시에 가택수색한 결과 2만여 원어치의 고물을 발견, 압수하였다"라고 썼다.

모로가는 원래 무역업자였다. 그는 특유의 사교성으로 정관계 고위 인사들과 친분을 쌓은 뒤 경주에 내려와 고고학 전문가 행세를 했다. 이어 '경주고적보존회'라는 단체를 만든 뒤 '사업'을 시작했다. 신라 유적지 이곳저곳을 파헤쳤고, 심지어 멀쩡한 첨성대를 해체해 보수공사를 하자고 주장했다.

모로가에 대한 재판은 지방법원, 복심법원을 거쳐 경성고등법원까지 갔는데, 결국 징역 1년에 집행유예 2년, 벌금 200원으로 확정됐다. 그의 탄탄한 인맥을 고려할 때 이미 예상된 판결이었다.

모로가가 '도굴꾼 같지 않은 도굴꾼'이었다면, 공주고등보통학교 교사 가루베 지온은 '허가받은 도굴꾼'이었다. 그는 백제사를 연구한다며 공주 6호분에 대한 발굴 허가를 받아 마구 파헤쳤다(1~5호분은 이미 도굴된 상태였으며, 해방 이후 우연히 발견된 무령왕릉이 7호분이다). 6호분에서 발굴한 유물을 창고에 숨겨놓고 "이미 도굴되어 출토 유물이 하나도 없다"라고 총독부에 거짓 보고를 했다. 총독부가 현장 조사도 하지 않고 가루베의 거짓말을 그대로 믿은 것도 수상하다. ✳

2013년 일본 도쿄국립박물관이 동양관을 재정비하면서 특별 전시회를 열었다. 이때 한 전시실이 '조선'을 주제로 꾸며졌다. 일제시대에 대구에서 활동했던 거물급 사업가 오구라 다케노스케가 조선에서 수집한 유물 1,100여 점이 그곳에서 선보였다. 그 가운데에는 경주 금관총에서 출토된 유물도 여덟 점 있었다. 경주박물관장 모로가와 공주고보 교사 가루베가 빼돌린 유물을 사들인 인물이 바로 오구라였던 것이다. 아직도 일본은 한국인의 혼이 담긴 문화재 6만여 점을 불법 점유하고 있다.

"몸통 없는 아이의 머리 발견"
— 엽기적인 사체 훼손 사건

단두 유아 사건
《동아일보》에 실린 단두 유아 사건 현장 사진이다(1933. 5. 17.).

5월 16일, 경성 충정로의 한 쓰레기장에서 몸통 없는 아이의 머리가 발견됐다. 온 시내가 발칵 뒤집혔고, 사건은 서대문경찰서에 접수됐다. 치안 유지와 사회 안정에 자신 있어하던 식민 통치 당국에 이 사건은 예삿일이 아니었다. 이에 서울 시내 모든 경찰서가 비상체제에 돌입해 본격 수사에 나섰다.

발견된 아이 머리에는 날카로운 칼로 속을 파낸 흔적이 있었다. 경성제국대학 의학부가 부검을 실시했으나 생후 1년쯤 된 유아라는 것이 밝혀졌을 뿐 사건의 결정적 단서를 찾아내지는 못했다. 그렇게 며칠이 지나 어느덧 사건은 세간에서 잊히면서 미궁에 빠질 기미마저 보였다. 수사를 맡은 형사과장 노무라는 "옷 벗을 각오로 사건을 해결하라"며 부하 경찰들을 닦달했다. 이 때문에 사건 현장 부근에 사는 무당 가족이 누명을 쓰고 수사를 받는가 하면, 애꿎은 노숙자와 나병 환자 등 힘없는 사람들이 유치장 신세를 졌다.

사건이 난 지 한 달이 다 될 무렵인 6월 5일, 사건의 실마리가 풀리기 시작했다. 사건 발생 며칠 전, 아현리에 사는 한창우가 뇌수막염으로 죽은 한 살짜리 딸을 공동묘지에 묻었다는 제보가 들어왔다. 수사에 탄력을 받은 경찰은 한창우와 같은 집에 사는 배구석을 범인으로 체포했다. 배구석은 친구 윤명구의 아들을 위해 범행을 저질렀다고 자백했다. 윤명구의 아들이 간질을 앓고 있었는데, 어린아이의 뇌수가 간질에 좋다는 속설을 믿고 저지른 범행이었다. 배구석과 윤명구는 각각 징역 4년과 3년을 선고받았다.

식민지 조선에서는 근거 없는 미신이 빚어낸 엽기 사건이 빈발했다. 어머니의 병을 치료하겠다며 3남매가 손가락을 잘라 피를 먹인 사건, 자신의 병을 고치겠다며 세 살 아이의 생간을 먹은 사건, 인육이 맹장병에 좋다며 남의 무덤을 파서 시신을 꺼내 먹은 사건, 열한 살 소녀를 마구 때린 뒤 그 상처의 피를 빨아 먹은 나병 환자 등 차마 입에 담기도 섬뜩한 일들이 벌어졌다. 이에 《동아일보》 등 언론을 중심으로 미신 타파 운동을 벌여봤지만 오랜 악습이 쉬이 사라지지 않았다. ✽

과학은 민족의 경쟁력!
— 김용관의 과학 대중화 운동과 《과학조선》

발명학회에서 발간한 월간지 《과학조선》
《과학조선》 2호인 7·8월호의 표지 모델은 발명가 에디슨이었다.

6월 10일 김용관을 비롯해 박길용, 현득영 등 발명학회 회원들이 중심이 되어 월간지 《과학조선》을 창간했다. 김용관은 경성공업전문학교(지금의 서울대학교 공과대학)를 졸업하고 조선총독부 장학생으로 선발돼 일본 유학을 떠났다. 그는 일본 근대화의 힘이 과학에 있음을 깨닫고 돌아와 발명학회를 조직해 과학 대중화에 앞장섰다.

《과학조선》은 발명학회의 기관지였다. 창간 취지는 이러했다. "공업 지식 보급을 통해 발명정신의 향상을 도모해야 우리 민족이 경쟁력을 가지고 살아남을 수 있다."《과학조선》 창간호는 겨우 27쪽짜리 얇은 책자였는데 발명학회의 예상을 깨고 초판이 매진됐다.

이어 다음 달인 7월《과학조선》 2호가 출간됐는데, 표지 모델이 발명가 에디슨이었다. 1930년대 식민지 조선에서 에디슨은 과학을 상징하는 인물이었다. 당시 조선에 막 보급되던 전등을 발명하고 상업화한 장본인이었기 때문이다. 전등은 인류의 삶을 바꿔났다. 낮에만 활동하던 사람들이 전등 덕분에 이젠 밤에도 활동할 수 있게 됐으니 인류의 삶을 두 배로 늘려놓은 셈이다. 인류의 역사에 한 획을 그은 에디슨은 그 공로를 인정받아 노벨상 후보에도 올랐다.

윤봉길은 홍커우 공원 의거를 위해 상하이로 떠날 때 어린 두 아들에게 유서를 남겼는데 거기에 "프랑스의 혁명가 나폴레옹, 미국의 발명가 에디슨 같은 인물이 돼라"라고 썼다. 에디슨의 위상은 식민지 조선의 지식인들과 대중에게도 높았다.

식민지 조선은 물론 이후 대한민국에서도 에디슨은 인기가 높았다. 1970~1980년대에는 에디슨 이야기가 교과서에 실렸다. "학교를 세 달밖에 못 다녔지만 1,000가지 이상 발명품을 만들었다", "달걀을 몸으로 품어 부화시키려 했다", "천재는 1퍼센트 영감과 99퍼센트 노력으로 이루어진다"(흔히 '99퍼센트 노력'에 초점을 두고 인용하지만 에디슨은 '1퍼센트 영감'을 강조하려고 한 말이다).

에디슨에 대한 인식에서 알 수 있듯, 식민지 조선에서 '과학'은 곧 '발명'을 의미했다.

과학을 실용적 측면에서 이해하고 받아들인 것이다. 《과학조선》의 내용도 주로 발명에 관한 것이었다. 발명학회의 활동상, 발명과 특허에 관한 기사 등이 그것이다. 그 밖에도 일반인을 위한 생활과학 상식을 실어 좋은 반응을 얻었다.

이듬해 발명학회는 찰스 다윈이 세상을 떠난 4월 19일을 '과학데이'로 정하고 사흘간 다양한 행사를 열었다. 오늘날로 치자면 '과학의 날'을 제정한 셈이다. 김용관은 저녁마다 라디오 방송(JODK)에 출연해 과학 대중화를 강조했다. 전 조선중앙일보사 사장 여운형, 동아일보사 사장 송진우, 보성전문학교 교장 김성수, 이화여전 교수 김활란 등이 발명학회의 과학 대중화 운동을 지지하고 나섰다.

개화기 이래 조선의 지식인들은 사회진화론에 열광했다. 조선은 힘이 없어 식민지가 됐으니 힘을 길러 독립국이 되려면 과학을 공부해야 한다는 논리였다. 김용관은 일본이 추진 중인 공업화가 조선의 경제를 일본 자본에 종속시킨다고 보고 조선이 생활필수품을 스스로 생산해야 한다고 주장했다. 여기에는 물산장려운동의 영향도 있었다.

2년 뒤 1935년의 과학데이 행사는 더 성대하게 치러졌다. 자동차 54대가 서울 시내를 행진하는 가운데 악대가 〈과학의 노래〉를 연주했으며, "한 개의 시험관이 전 세계를 뒤집는다", "과학 대중화를 촉진하라" 등 문구가 적힌 깃발이 나부꼈다.

반면 과학데이 행사가 '불온'하다고 판단한 총독부는 이 행사를 막았다. 1938년에는 행사를 준비하던 김용관을 체포했다. 김용관이 단지 과학 대중화만이 아니라 과학으로 힘을 키워 조선의 독립을 꾀한다는 것이었다. 과학계에서는 "과학에는 국경과 민족이 없다"며 김용관의 주장을 외면했다. 1942년 가석방된 김용관은 총독부의 눈을 피해 만주를 떠돌다 해방 이후 조국으로 돌아와 교사 생활을 했다. ✳

현재 '과학의 날'은 4월 21일이다. 1967년 4월 21일 과학기술처가 중앙 행정기관으로 독립했는데 바로 이날을 기념해 정한 것이다.

하이트와 카스, 맥주의 시작
— 영등포에 맥주 공장이 들어서다

대일본맥주회사가 영등포에 세운 조선맥주 공장

8월 9일, 대일본맥주회사(1906년 당시 오사카의 아사히 맥주, 도쿄의 에비스 맥주 그리고 삿포로 맥주가 합병하여 만든 회사)가 경기도 시흥군 영등포에 '조선맥주'를 설립했다. 12월 8일에는 일본의 기린맥주회사가 역시 영등포에 '소화기린맥주'를 설립했다. 영등포는 경부선과 경인선이 만나는 곳이어서 경성방직을 비롯해 가죽, 기계, 기와 등 여러 업종의 공장이 많이 들어서 있었다.

19세기 말 서구 제국주의 열강이 아시아에서 경쟁할 때 독일은 청나라 칭다오(청도)를 조차지로 삼았다. 이후 그곳에 독일 자본과 영국 자본이 합작해 '로망맥주칭다오주식회사'를 설립했다(이것이 오늘날 '칭다오맥주'의 기원이다). 생산 설비와 원료를 모두 독일에서 들여와 1903년 공장 설립 첫해에 2,000톤을 생산했다.

제1차 세계대전에서 독일이 패망하자 승전국 일본이 칭다오에 무혈입성했고 칭다오의 맥주 공장도 차지했다. 일본은 칭다오맥주 공장을 증축하고 '맥주의 본고장' 독일의 맥주 제조 기술을 받아들여 모방했다.

조선은 일본에서 맥주를 수입해오다가 '조선맥주'와 '소화기린맥주'가 영등포에 설립되면서 맥주를 직접 생산하게 됐다. 당시에는 사람이 직접 손으로 맥주를 만들었다. 인부들이

효모를 양동이에 담아 지게로 운반해 발아된 보리즙에 들이붓는 방식이었다. '맥주 상자'가 없어 병과 병 사이에 볏짚을 채워 보관했다.

이렇게 생산된 맥주는 값이 비싸 주로 종로나 명동 번화가의 술집에서 취급했다. 그 시절 맥주의 주요 소비자는 부유층이나 데이트를 즐기는 모던 보이, 모던 걸이었다. 조선 서민들은 여전히 막걸리를 주로 마셨다. 모던 보이, 모던 걸들에게 맥주는 술이라기보다 음료로 여겨졌다.

주세령(1907)의 시행으로 조선의 전통술이 사라진 빈자리를 와인, 위스키, 사케, 맥주 등 외국 술이 차지했다. 그나마 살아남은 전통술 막걸리는 점차 싸구려 술로 전락해갔다. 식민지 조선을 거치며 애주가들의 입맛도 국적 변화를 겪고 있었다. ✳

해방 이후 조선맥주는 '크라운맥주'를 거쳐 현재 '하이트맥주'가 됐다. 소화기린맥주는 '동양맥주(OB맥주)'를 거쳐 현재 '카스맥주'가 됐다. 소화기린맥주의 주주였던 박승직(여성 화장품 '박가분'을 히트시켰던 포목상)의 장남 박두병이 동양맥주의 사장이 됐는데, 그가 설립한 두산상회가 오늘날 두산그룹으로 성장했다.

누구를 위한 개발인가
— 신당리 토막촌 강제 철거

1933년

1930년대 경성의 토막촌 풍경

한일병합 이후 경성과 평양, 부산 등 도시의 변두리에 '토막촌'이 생겨났다. 시골에서 먹고살기가 힘들어 쫓겨온 사람들이 도시로 올라와 토막촌을 이루고 산 것이다. 경성 인구가 38만 명이던 1933년 경성에는 2,870가구에 1만 2,378명의 토막민이 살았다. 경성뿐 아니라 인천과 부산 등 어느 도시에나 토막촌은 있었다.

토막은 빈민들이 만든 움집이나 움막을 일컫는다. 바람이 불면 손으로 기둥을 붙잡고 버텨야 하는 무허가 주택이다. 땅에 구덩이를 파고 그 위에 삼각형의 짚을 덮기만 한 토굴도 있었다. 경성의 토막촌은 동대문 부근의 숭인리, 창신리, 신당리에 많았다.

토막민의 삶은 처절했다. 새벽에 토막에서 나와 끼니를 거른 채 시내로 일거리를 찾아 나섰다. 일거리를 구하지 못해 굶는 날이 많았고, 운 좋게 일거리를 구하는 날에는 조 한 봉지에 비지 한 덩이를 사 들고 아내와 어린 자식들이 기다리는 토막으로 돌아왔다. 그들 대부분은 한글을 못 읽는 문맹이었고 1년 내내 옷 한 벌로 버티는 도시 빈민이었다.

8월 하순, 서울 신당리 토막촌에 철거 깡패들이 들이닥쳤다. 오늘날 '용역'이라 불리는 철거 깡패들이 일제 때도 기승을 부렸다. 신당리에 문화주택이 들어설 것이라는 '첩보'를 수집한 일본인 이와후치가 이 일대의 땅을 서울시로부터 사들인 다음 그 지역의 토막촌을 철거하려는 작전이었다. 당시 신당리에는 토막민 5,000여 명이 살고 있었다. 한편 경성부도 개발 정보를 의도적으로 슬쩍 흘림으로써 땅값을 올려 땅장사를 하고자 했기에 내심 철거 깡패 동원을 반겼다.

철거 깡패들의 기습에 삶의 보금자리를 잃은 토막민들은 고함을 지르고 통곡을 했다. 최월식이라는 노인은 격분한 나머지 의식을 잃었다. 짓밟는 철거 깡패와 이에 저항하는 토막민, 여기저기 나뒹구는 살림 도구 등 현장은 참혹했다.

그러나 이것은 식민지시대만의 이야기가 아니었다. 해방 이후 개발독재 시대를 거쳐 지금까지도 철거 용역은 사라지지 않고 있다. 예나 지금이나 '개발' 사업이란 가진 자들을 위한 노름인가. ✳

조선총독부가 승인한
'한글맞춤법통일안'

조선어학회가 발표한 <한글맞춤법통일안>

10월 29일, 조선어학회가 '한글맞춤법통일안'을 발표했다(당시에는 '한글날'이 10월 29일이었다). 1926년 조선어연구회와 신민사가 음력 9월 29일에 훈민정음 반포 480주년 기념 행사를 치르면서 그날이 제1회 '가갸날'이 됐다. 이후 '가갸날'은 '한글날'로 이름이 바뀌었으며, 1931년 무렵부터 양력으로 날짜를 다시 따져 10월 29일을 한글날로 삼았다. '한글맞춤법통일안'은 조선어 사전 편찬을 위한 준비 작업이었다. 그런데 '한글맞춤법통일안'이 세상에 나오기까지 우여곡절이 있었다.

1933년 이전에도 '한글맞춤법통일안'과 비슷한 것이 있었다. 1912년 총독부가 제정한 '보통학교용 언문철자법'이다. 이것이 여러 논의와 개정을 거쳐 '한글맞춤법통일안'으로 탄생하게 되었는데, 표음주의 표기에서 형태주의 표기로 바뀐 것이 가장 큰 변화였다(한글을 창제한 15세기에는 소리 나는 대로 표기하는 표음주의를 원칙으로 삼았다). 여기에는 형태주의 표기를 지향하는 주시경 학파의 영향력이 작용했다.

1928년 총독부는 교과서 철자법 제정을 위한 위원회를 소집했다. 조선어학회(이때의 공식 명칭은 '조선어연구회')는 위원회에 참여해 형태주의 표기법을 건의했다. 주시경의 제자

들인 이들은 스승의 형태주의 표기법을 옹호했다. 이를 두고 논란이 계속되자 총독부는 결국 조선어학회의 손을 들어주었다. 총독부도 조선어학회가 쌓아온 오랜 경륜과 영향력을 무시하기 어려웠다.

조선어학회는 자신들의 주장이 공인을 받자 보급에 매진했다. 새로 정해진 한글맞춤법을 알리는 강연회를 열었고, 신문사나 출판사로부터 교정 요청이 들어오면 회원을 파견했다. 이에 조선어학회가 마치 맞춤법 교정 단체인 듯 인식되기도 했다.

그러나 조선어학회의 주장에 대해 조선어학연구회(회장 박승빈)가 반발하고 나섰다. 이들은 한글은 소리글자이니 소리 나는 대로 쓰는 게 맞다며 표음주의를 표방했다. 예컨대 조선어학회가 '깊다', '넓으니'로 표기하는 것을 조선어학연구회는 '깁다', '널브니'로 표기하자는 식이었다.

총독부의 지지까지 등에 업은 조선어학회도 물러설 리 없었다. 조선어학회는 자신들의 맞춤법은 민족정신의 통일이라며 그것을 반대하는 자는 분열주의자라고 몰아갔다. 양측의 논쟁이 감정싸움으로 번졌고, 조선어학회 이윤재는 조선어학연구회의 주장을 "쓸데없는 수작"이라며 공격했다.

조선어학회와 조선어학연구회의 논쟁이 사회적 이슈가 되자 동아일보사가 양측 인사들을 모아 토론회를 열었다. 몇 차례에 걸쳐 개최된 토론회에 청중이 몰려들었고 자정까지 진행될 만큼 분위기는 뜨거웠다. 사실 이 토론회는 처음부터 승패가 정해져 있었다. 신생 단체인 조선어학연구회가 조선어학회의 상대가 되기 어려웠다.

한국 민족의 문화사에 한 획을 그을 '한글 맞춤법통일안'이 총독부의 지지를 받아 태어난 셈이니, 역사의 아이러니다.

이어 문인들도 '한글맞춤법통일안'을 지지했는데, 성명서에 오른 이름들이 화려하다. 김동인, 양주동, 이태준, 박태원, 피천득, 정지용, 주요섭, 백철, 현진건, 김상용, 채만식, 이상화, 심훈, 임화, 염상섭, 김동환, 김억, 이광수, 이은상……

이후 '한글맞춤법통일안'은 여러 차례 개정을 거듭했다. 기본적으로 형태주의 표기를 유지하되 '있읍니다'가 '있습니다'로, '삭월세'가 '사글세'로 바뀐 것에서 알 수 있듯이 표음주의 표기를 더불어 쓰고 있다. 조선어학회와 조선어학연구회는 오늘날 우리의 일상 속에 공존하고 있다. ✱

해방 이후 조선어학회는 한글학회로 이름이 바뀌어 오늘에 이르렀다. 한글학회는 한글 전용 운동을 주도했고, 그 원칙이 현재 초중고 교과서에 반영되어 있다. 그렇지만 최근 중국과 교류가 늘어나면서 교과서에 한자를 함께 표기하려는 움직임이 일고 있다. 한글 전용이 '민족 자존심'인지 '폐쇄결벽증'인지 깊이 있고 열린 논의가 필요한 때다.

생활 전선에 뛰어든 혁명가 '김산'

식민지에도 사람이 살았다. 비록 자유와 인권이 억압됐지만 그 속에서 식민지인은 나날이 일상을 이어갔다. 제국주의에 맞서 투쟁한 독립운동가들은 그래서 더욱 고결하다. 하지만 독립운동가에 대한 지나친 영웅화, 신격화는 역사를 파편화한다. 그들도 사회경제 구조 속에서 자잘한 일상을 살았다.

1934년 1월, 중국에서 사회주의혁명 활동을 하다 투옥을 거듭하던 김산(본명 장지락)은 중국인 여성 조아평과 결혼했다. 몸과 마음이 지쳐 있던 김산에게 조아평이 책과 과일을 사 들고 찾아다니며 구애를 해 성사된 결혼이었다.

7년 전인 1927년, 중국국민당 장제스는 상하이를 장악한 노동자와 공산주의자 들을 집단 학살했다(4·12상하이쿠데타). 이후 공산주의자들은 지하활동을 이어갔다. 그들은 "때려잡자, 장제스!", "농민에게 땅을 주자!", "가난한 민중과 노동자에게 식량을!" 등을 외치며 무장봉기해 광저우에 인민혁명 정권을 세웠다(1871년 프랑스 '파리코뮌'을 모방해 '광저우코뮌'이라 불렀다). 김산도 여기 참여했다. 그러나 광저우코뮌은 미국, 영국, 일본을 등에 업은 군벌 리푸린에 의해 사흘 만에 무참히 무너졌다. 이 과정에서 노동자와 농민 7,000여 명이 학살당했다.

혁명가 김산에게도 결혼 생활은 현실이었다. 제아무리 고결한 이념으로 무장한 혁명가라 해도 먹고사는 문제를 피해갈 수는 없었다. 이에 김산은 어느 부잣집 가정교사로 취직해 한 달에 30원을 받고 세 아이를 가르쳤다. 그런데 돈 많은 부모를 만나 너무 귀하게 자란 탓인지 아이들이 버릇이 없었다. 공부하는 책을 여기저기 던져놓는 것은 일도 아니었다. 가정교사에게 학교 숙제까지 대신 해달라고 떼를 썼다. 결국 김산은 아이들의 '핍박'을 견디지 못해 가정교사를 그만두었다.

이후 김산은 1,000자당 1원 50전을 받고 번역을 하는가 하면, 부잣집의 장애가 있는 자녀를 교육하기도 했지만 그 어느 것도 신통치 않았다. 혁명가에게도 일상은 고단했다.

1938년 김산은 '일제 첩자'라는 누명을 쓰고 중국공산당 극좌분자들에 의해 비밀리에 총살당했다. 중국인 공산주의자들이 조선인 공산주의자들을 견제한 것인데, 미국이 중국 국민당을 지원하는 상황에서 미국 언론인 님 웨일즈와 가깝게 지낸 것이 화근이었다. 훗날 김산의 일생은 님 웨일즈가 출간한 《아리랑 (Song of Ariran)》을 통해 세상에 알려졌다. ✵

김산이 억울한 죽임을 당할 때 그의 아들은 첫돌을 지난 아기였다. 김산의 아내 조아평은 이후 고씨 성을 가진 중국인과 재혼했고, 아들 이름은 고영광이 됐다. 조아평은 아들의 신변을 걱정해 진실을 숨겨왔다. 자신이 김산의 아들이라는 사실을 알게 된 고영광은 1978년 중국공산당에 아버지 김산의 명예 회복을 요청했다. 1984년 중국공산당은 김산이 일제 첩자가 아니었음을 인정하고 7의 명예를 회복시켰다.

조선의 마음과 사상은 어떻게 만들어졌나
— 조선학 운동과 실학의 탄생

9월 8일, 경성 기독교청년회관(YMCA)에서 '정약용 서거 99주기 기념 강연회'가 열렸다. 예상과 달리 1,000여 명이나 되는 청중이 몰려드는 바람에 주최 측은 입장료까지 받았다. 이어 정인보, 안재홍, 문일평, 현상윤의 강연이 시작됐다. 이른바 '조선학 운동'의 시작을 알리는 행사였다.

신간회가 해산된(1931) 이후, 이광수를 비롯한 타협적 민족주의 세력은 친일화되고 사회주의 세력은 계급주의 좌경 노선으로 돌아섰으며 비타협적 민족주의 세력은 방향을 잃었다. 이러한 위기 속에서 비타협적 민족주의 세력은 비정치적 문화운동을 들고나왔다. 바로 '조선학 운동'이다. '조선학'은 조선적인 것, 민족적인 것을 강조하는 국학(國學)이다.

조선학에서 특히 강조한 것은 '실학'이었다. 정인보, 안재홍 등이 정약용의 《여유당전서》를 간행하며 정약용을 조선 후기 실학의 집대성자로 설정했다. 오늘날 사용하는 '실학'이라는 용어도 이때 등장한 것이다.

한편 박일형과 서강백을 비롯한 마르크스주의자들은 조선학을 "과거의 문화적 미끼로 현재의 민족애를 볼모 삼아 민족 단결의 이론적 근거로 삼고자 하는 국수주의적 산물"이라고 비판했다. 다만 백남운은 마르크스주의자였지만 조선학에 긍정적이었다. 그는 식민사관의 '정체성론(조선 역사에는 '근대'가 없다는 주장)'을 거부하며 조선 후기의 근대성을 찾고 있던 터라 정약용과 실학에 주목했다.

흥미롭게도 조선학 운동에 의해 태어난 '실학'은 일본 에도시대 학자 오규 소라이의 영향을 받았다. 오규 소라이는 종래 유학 경전에 대한 주자의 해석과 다른 해석을 내놓았다. 이를테면 주자가 '인(仁)'을 '사랑의 이치이며 마음의 덕'이라고 해석한 것과 달리, 오규 소라이는 '백성을 편안하게 하는 것'으로 해석했다.

1763년 일본을 다녀온 통신사가 오규 소라이의 저서 《논어징》을 가져와 그의 학문 '소라이학'이 조선에 전해졌다. 정약용도 오규의 제자 다자이 슌다이가 쓴 《논어고훈외전》을 통해 소라이학을 접했다. 정약용은 오규 소라이의 학문을 높이 평가하고 적극 수용했다. "이제 일본의 글과 학문이 조선을 넘어섰으니 참으로 부끄러울 뿐"이라며 한탄했다. 정약용은 일본의 학문이 조선을 넘어선 데는 일본에 과거제가 없어 자유로운 학문 연구가 가능하기 때문이라고 봤다.

오규 소라이의 반(反)성리학적이고 실용적인 학문은 에도시대 죠닌(상인) 출신 유학자들에 의해 더욱 발전하고 결실을 맺었다. 일본에서는 이를 '실학(實學, 지쓰가쿠)'이라 불렀다. 조선학 운동의 실학 연구는 일본의 실학에서 영감을 얻었다. 나철이 일본의 민족종교 신도(神道)에서 영감을 얻어 단군교(대종교)를 창시한 것과 마찬가지다. '일본적인 것'의 틀을 빌려 '조선적인 것'을 만든 셈이다. ❊

관제 행정인가, 인습 청산인가

1934년

— 조선총독부의 〈의례준칙〉 발표

고종 황제의 국장 당시 상복을 입은 순종(가운데)

11월 10일, 총독부는 〈의례준칙〉을 발표했다. 총독부는 조선인들이 결혼식과 장례식에 시간과 돈을 낭비해 사회적 폐해가 크다고 판단했다. 〈의례준칙〉은 총독부가 식민지 조선인의 생활을 '근대적'으로 개량하려는 조치였다.

하지만 제아무리 무소불위 식민지 권력이라 해도 오랜 관습을 바꾸는 데는 부담이 컸다. 조선인들의 반발을 우려한 총독부는 〈의례준칙〉의 기본 계획을 전국 도지사에게 내려보내 각 지역의 여론을 우선 취합했다. 그런 뒤 〈의례준칙〉을 발표할 때도 그 형식을 법률이 아닌 유고(諭告, 국가의 정책을 백성들에게 알리는 것)로 했다.

〈의례준칙〉의 주요 내용은 이렇다. 결혼 연령은 남자 20세 이상, 여자 17세 이상, 예물은 청홍 두 단, 장소는 사찰이나 교회·신사 등, 장례 기간은 닷새 이내, 삼년상(三年喪) 폐지, 조문객의 곡(哭, '아이고! 아이고!') 폐지, 제사는 조부모와 부모에 한정, 제사상에 올리는 음식 종류 제한 등 주로 결혼과 장례의 규모와 절차를 줄이는 것이었다.

상복은 굴건제복 대신 두루마기에 통두건을 쓰거나 양복에 완장을 차게 했다. 사람까지 고용해 목이 쉬어라 울어대는 곡은 대표

적 허례로 지목됐다(오늘날에도 시골 장례식에는 여전히 남아 있다). 상여 대신 운구차가 등장하고 장의사라는 새로운 직업이 생긴 것도 이 무렵이다.

총독부는 〈의례준칙〉을 보급하기 위해 경찰을 동원하고, 유림의 중심 기구인 경학원(옛 성균관)을 통해 사회 교화를 시도했다. 그러나 〈의례준칙〉은 쉽게 정착되지 않았다. 행정력이 미치는 도시에서는 어느 정도 보급이 됐지만, 시골에서는 벌금까지 부과해도 고쳐지지 않았다. 그래서 〈의례준칙〉을 홍보하는 책자와 영화를 만들어 보급하기도 했다. ✳

해방 이후 〈의례준칙〉이 부활했다. 1969년 박정희 정부는 결혼식·장례식·제사 등에서 허례허식을 없애고 낭비를 억제하며 사회 기풍을 진작한다는 취지로 〈가정의례준칙에 관한 법률〉과 〈시행령〉을 반포했다. 이때만 해도 권고 사항이었으나, 1973년 〈가정의례준칙〉 등이 대통령령으로 확정, 공포됨으로써 법적 강제가 이루어졌다.
〈가정의례준칙〉은 일제의 잔재였을까? 아니면 막스 베버의 말처럼 근대적 합리화의 과정이었을까? 문제는 내용이 아니라 사회 정서를 고려하지 않고 밀어붙이는 시행 방식일 것이다. 목적의 합리성보다 중요한 것은 소통이다.

세상모르고 살다 간 시인 김소월

'가고 오지 못한다'는 말을
철없던 내 귀로 들었노라.
만수산을 올라서서
옛날에 갈라선 그 내 님도
오늘날 뵈올 수 있었으면.

나는 세상모르고 살았노라,
고락에 겨운 입술로는
같은 말도 조금 더 영리하게
말하게도 지금은 되었건만.
오히려 세상모르고 살았으면!
― 김소월, 〈나는 세상모르고 살았노라〉에서

12월 23일, 평안북도 정주의 어느 산자락을 30대 초반의 남자가 둘러보고 있었다. 그의 얼굴에는 삶의 무게와 그늘이 짙게 드리워 있었다. 그는 조상의 무덤에 뿌리고 남은 술을 마셨다.

날이 저물자 그는 산을 내려와 시장에 들러 아편을 샀다. 관절염의 고통을 잊기 위해 그는 평소 아편을 먹고 있었다(총독부는 식민지 통치 자금을 마련하려고 식민지 조선에서 아편을 재배했다). 집에 돌아와서는 아내 홍단실(벽초 홍명희의 딸)과 밤새 술을 마셨다. 아내가 먼저 잠이 들자 그는 아편을 먹고 잠자리에 들었다.

다음 날 아침, 그 남자는 숨진 채 발견됐다. 사망 원인은 알 수 없었다. 남자의 이름은 김정식, 시인 김소월이었다.

김소월의 인생은 순탄치 않았다. 그가 다니던 오산학교가 3·1운동의 여파로 폐교되자 서울로 올라와 배재고등보통학교에 편입했다. 〈엄마야 누나야〉, 〈진달래꽃〉 등 주옥같은 시들이 이때 나왔다. 배재고보를 졸업하고 어

 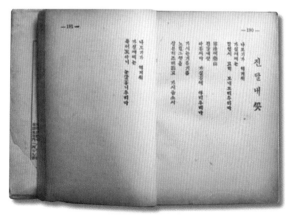

진달래꽃
김소월의 시집 《진달래꽃》의 표지와 본문이다.

럽게 떠난 일본 유학 생활은 간토대지진 때문에 몇 달 만에 끝나고 말았다. 서울로 돌아와 직장을 구해보았으나 여의치 않아 고향으로 내려왔다.

김소월의 아버지는 정신이상자로 살다 죽었고, 이에 김소월이 할아버지를 도와 광산을 함께 경영했으나 실패했다. 이어 물려받은 논밭을 팔아 《동아일보》 지국을 인수해 운영했다. 신문 배달과 수금까지 김소월이 직접 했다. 하지만 맑고 순수한 영혼을 가진 시인에게 사업이란 버거운 일이어서 운영하던 신문사 지국은 곧 파산했다. 김소월은 그래도 살아보겠다는 일념으로 고리대금업에 손을 댔으나 이 역시 실패했다.

이때부터 김소월은 술에 의지해 세월을 보냈다. 집안사람들은 그를 폐인으로 취급했다. 김소월의 몸과 마음은 지쳐갔고 생활고까지 겹쳤다. 죽기 이틀 전, 그는 아내에게 "여보, 세상은 참 살기 힘든 것 같구려" 하며 쓴웃음을 지었다고 한다.

김소월은 자신의 시처럼 세상모르고 살다 갔다. 그의 나이 32세, 4남 2녀를 남겼다. 이 무렵 일본 도쿄에서는 베이브 루스, 루 게릭 같은 스타 선수가 참가한 미국 메이저리그 야구 올스타팀이 일본 대표팀과 맞대결을 펼치고 있었다. ✺

1977년 발견된 김소월의 습작 노트에서 그의 스승 김억이 이미 발표한 작품들이 나왔다. 김억이 제자의 시를 가로챈 것이었다. 김소월은 그 스승이 훔치고 싶었던, 훔칠 수밖에 없었던 시를 썼다.
오늘날 김소월의 시는 가곡, 가요, 광고 등에 다양하게 인용되고 있다. 김소월을 모르면 한국인이 아니라는 말이 있을 만큼 그는 한국인의 정서를 아름답게 시로 담아냈다.
김소월의 6남매 중 맏딸이 한국전쟁 때 월남했고 셋째 아들은 인민군으로 참전했다가 대한민국에 정착했다.
김소월의 손녀 김은숙은 일부 사람들이 김소월에 대해 근거 없는 이야기를 퍼뜨린다고 비판했다. 극적 효과를 내려고 김소월의 사망 원인을 자살로 몰아가는가 하면, 그 후손들의 삶을 비참하게 묘사한다는 것이다. 그는 "(당신이) '소월의 손녀냐'고 누가 물으면 으쓱해지고 자랑스럽다"라고 말한다.

'모던 걸'이 아니라는 이유로
이혼 당한 김숙녀

1935년

"한국인이 암기를 강요당하는 단어의 99퍼센트는 영어 원어민은 절대 사용하지 않을 단어들이다. 이런 것들을 가르치는 학원들은 엄청난 돈을 요구하며 부모들에게 재정적 압박을 안기고 이는 저출산과 중산층 약화로 이어진다."

영국《이코노미스트》서울특파원 대니얼 튜더가《중앙일보》에 기고한 글(2011. 11. 9.)이다. 영어 원어민이 보기에도 한국의 영어 열풍은 신기했던 모양이다. 이런 영어 열풍은 언제 시작됐을까?

19세기 개화기에는 영어를 배우는 것 자체가 근대화였다. 이완용이 고속 출세를 할 수 있었던 데도 육영공원에서 배운 영어의 힘이 컸다. 그는 영어를 익힌 덕에 미국에 외교관으로 파견되어 남들보다 한발 앞서갈 수 있었다.

일제시대에는 전문학교와 대학 입시에서 영어의 비중이 컸다. 좋은 직장을 구하는 데도 영어가 필요했다. 영어를 아는 것이 곧 '배운 사람'이라는 증표였다. 영어는 언어이기 전에 신비로운 상징이고 사회적 권력이었다. 영어 때문에 조선어가 홀대받는다는 비판이 당시에도 있었다. 입을 닫은 채 문법과 독해 중심의 영어 공부가 이뤄진 것도 오늘날과 다르지 않다.

1935년 3월, 평안도 안주에서는 이런 일도 있었다. 나이 어린 남편을 뒷바라지하던 한 여인이 있었다. 그녀의 이름은 김숙녀, 남편 김용하가 서울에서 전문학교를 졸업할 때까지 학비와 생활비를 댔다(당시에는 지금의 중고교에 해당하는 고등보통학교에 다니는 학생들 중에 기혼자가 흔했다). 그런데 이 철없는 남편은 경성 유학 생활을 하며 신여성들을 만나 잔뜩 겉멋이 들었던 모양이다.

전문학교를 졸업하고 고향으로 돌아온 김용하가 김숙녀에게 "너는 영어를 아느냐?", "양복 재봉을 할 줄 아느냐?" 하고 물었다. 시골 여인 김숙녀가 영어와 재봉질을 알 리 없었다(당시 재봉질과 뜨개질은 신여성이 갖추어야 할 조건이었다). 남편의 어이없는 질문에 김숙녀가 "모른다"라고 대답하자 김용하는 "교양 있는 근대인으로서 너 같은 비현대식 여성과 함께 살 수 없다"라며 이혼을 요구했다. 이유 같지 않은 이유로 이혼을 당하게 된 김숙녀는 남편 김용하에게 2,500원(현재 가치로 약 3억 원)의 위자료를 청구했다.

일제시대에는 어린 나이에 부모의 강요로 원하지 않는 결혼을 하다 보니 이혼이 잦았다. 조혼은 갑오개혁 때 법으로 금지됐지만 식민지 조선에서는 여전했다. 조혼의 폐해는 적지 않았다. 남편이 외간 여자와 눈이 맞는가 하면 아내가 고된 결혼 생활을 견디지 못해 자살을 하기도 했다. 심지어 아내가 남편과 아이를 살해하는 일도 일어났다. 이에 비하면 당당히 위자료를 청구한 김숙녀는 그나마 사정이 나은 경우다. ＊

청춘 남녀의 애정 행각을 단속하다

1935년

모던 보이와 모던 걸
잡지 《별건곤》 1927년 2월호에 실린 삽화. 모던 보이와 모던 걸은 때로 과감한 애정 행각을 벌여 총독부의 풍기 문란 단속에 걸리기도 했다.

1920년대에 조선공산당이 조직되자 총독부는 골머리를 앓았다. 그래서 악명 높은 치안유지법을 만들어 사회의 '안정'을 해치는 '불순분자'를 잡아내겠다며 혈안이었다.

1930년대 들어 경찰은 또 다른 부류의 '불순분자'들 때문에 골치를 썩어야 했다. "청춘 남녀들이 손에 손목을 잡고 풍기를 문란케 하는 일", "숲속과 한강의 배 위에서 청춘 남녀의 음탕한 소리", "실외에서의 키스와 그보다 더한 일" 등 모던 보이, 모던 걸의 과감한 애정 행각 때문이었다. 당시 식민지 조선에선 연애 열풍이 불어닥쳐 '모던 보이'와 '모던 걸'이 봉건적 속박에서 벗어나 자유를 만끽하고 있었다.

경찰은 풍기 문란 단속에 나섰다. 경성에서는 장충단공원과 남산이 집중 단속 지역이었다. 야산이나 숲길 으슥한 곳마다 가로등을 설치해 '건전하고 명랑한' 사회를 만들어갔다. 언론에서는 자유분방한 모던 보이와 모던 걸을 가리켜 '에로당'이라 표현했다.

7월 3일 밤, 함경남도 함흥경찰서는 반룡산의 '불순분자'들에 대한 소탕에 나서 모던 보이, 모던 걸 16명을 검거했다. 함흥 외곽 반룡산은 당시 '음란한 남녀의 명소'로 유명했다.

그러나 서슬 퍼런 식민지 권력도 청춘 남녀의 본능을 막을 수는 없었다. 이들의 애정 행각은 점점 더 대담해져, 심지어 달리는 자동차 안에서까지 '대단히 좋지 못한 짓'을 하다가 경찰에 적발되는 일도 있었다(당시 식민지 조선에는 포드·뷰익·시보레 등 외제 승용차 5,000여 대가 굴러 다녔다). '자유'를 위해 일제 경찰에 맞서 '투쟁'했으니 모던 보이, 모던 걸도 역사적 소임을 다한 셈이다. ❀

좌우합작 단체 '조선민족혁명당' 조직, 그러나…

1935년

조선민족혁명당의 당기

일제가 만주사변을 일으켜 대륙을 침략해 오자 중국에서 활동하던 조선인 항일운동 단체들이 한데 뭉치려 했다. 그 가운데 의열단 김원봉의 활동이 두드러졌다. 김원봉은 이벤트성 '테러(의열투쟁)'만으로는 조국 해방을 쟁취하기 어렵다고 판단해 좀 더 폭넓은 대중운동을 모색했다. 이에 의열단은 의회주의와 사회주의 정책을 담은 정강을 발표하며 정당의 형태로 변모해갔다.

1935년 7월 5일, 중국 난징의 진링대학 강당에서 의열단을 비롯해 한국독립당(조소앙), 신한독립당(신익희, 지청천), 조선혁명당(최동오), 대한독립당(김규식) 등이 모여 조선민족혁명당을 조직했다. 의열단이 좌파 정당이었다면, 한국독립당은 대한민국임시정부의 기둥을 이루는 우파 정당이었다. 윤봉길 의거를 이끈 한인애국단도 한국독립당 소속이었다. 조소앙·김규식·양기탁·최동오·유동열·김규식은 대한민국임시정부 국무위원직을 사임하고 조선민족혁명당에 참여했으나 김구는 참여하지 않았다.

김구는 《백범일지》에 이렇게 적고 있다. "김원봉이 내게 특별히 만나기를 청하기로 어느 날 진회에서 만났더니 그는 자기도 통일운동에 참가하겠은즉, 나더러도 참가하라는 것

이었다. 그가 이 운동에 참가하는 동기는 통일이 목적인 것보다 중국인에게 김원봉은 공산당이라는 혐의를 면하기 위함이라 하기로 나는 통일은 좋으나 그런 한 이불 속에서 딴 꿈을 꾸는 통일운동에는 참가할 수 없다고 거절하였다."

김구는 김원봉을 공산주의 좌경분자로 여겨 경계했을 뿐 아니라 그가 자신보다 20년 이상 어리다는 점도 의식했을 것이다. 반면 김원봉의 의열단은 김구를 '노완고(고집 센 노인)'라 불렀다. 윤봉길 의거 이후 숨어 살던 김구는 조선민족혁명당의 등장으로 대한민국임시정부의 존폐를 고민해야 했다.

조선민족혁명당은 민주집권제, 토지와 생산 시설 국유제, 누진세 실시 등 사회민주주의 이념을 제시했다. 훗날 대한민국임시정부의 건국강령 '삼균주의'는 조선민족혁명당을 통해 공감대를 형성한 이념이다. 그러나 조선민족혁명당은 중국국민당의 도움을 받아 조직됐기 때문에 좌파 단체까지 포섭하지는 못했다. 당시 중국공산당은 국민당의 토벌을 피해 대장정을 감행하고 있었는데, 김원봉은 국

민당 장제스가 항일 투쟁에는 관심이 없고 공산당 토벌에만 전념하는 데 불만을 품었다.

김원봉은 조선 민족이 일제에 맞서 싸우려면 이념을 초월해 뭉쳐야 한다고 믿고 공산주의자 최창익을 조선민족혁명당에 받아들였다. 최창익은 조선민족혁명당을 공산주의 계급정당으로 만들려 했다. 이에 조소앙의 한국독립당계와 지청천의 신한독립당계가 반발해 조선민족혁명당에서 탈퇴했다. 게다가 최창익은 김원봉과도 갈등을 빚었다. 김원봉은 계급 해방보다 민족 해방이 먼저라고 판단했고, 최창익은 김원봉에게 '선명성'이 부족하다며 비판했다.

지청천은 만주에서 한국독립군을 이끌며 쌍성보전투와 대전자령전투 등 항일 무장 투쟁을 전개하다가 중국 관내로 들어왔다. 그는 김원봉이 신흥무관학교 생도일 때 교관이었다. 청출어람의 형국에서 두 사람의 관계도 어색해졌다. 조선민족혁명당은 외인부대나 마찬가지여서 갈등이 잠재해 있었다.

한편 조선민족혁명당이 조직된 뒤로도 의열단은 해체되지 않고 별개로 의열 투쟁을 이어갔다. 그중 신출내기 테러리스트 이강은 선배 단원들이 보는 앞에서 첩자의 이마에 권총을 들이댔다. 손과 가슴이 떨려 차마 거사를 단행할 수 없었다. 선배들의 불호령이 떨어지자 이강은 얼떨결에 방아쇠를 당겼다. 총성과 함께 붉은 피가 이강의 얼굴에 튀었다. 이 충격으로 이강은 정신이상자가 되어 폐인으로 살았다. 붉은색 물감을 사다가 물에 풀어 빨래를 하고 붉은 물이 뚝뚝 떨어지는 것을 바라보곤 했다. 항일혁명가들의 의열 투쟁은 영화에 나오는 낭만과는 거리가 멀었다. ※

〈목포의 눈물〉과 이난영, 원조 걸그룹 '저고리 시스터즈'

이난영이 부른 〈목포의 눈물〉이 실린 레코드판

최초의 조선인 소유 음반회사 오케 레코드사가 《조선일보》를 통해 '제1회 전국향토노랫말공모대회'를 열었다. 전국에서 3,000여 개의 응모작이 들어왔는데 목포 출신 무명시인 문일석(20세)이 지은 노랫말 '목포의 사랑'이 1등을 차지했다. "사공의 뱃노래 가물거리면/삼학도 파도 깊이 스며드는데/부두의 새악씨 아롱 젖은 옷자락/이별의 눈물이냐 목포의 설움……."

'목포의 사랑'이 마음에 쏙 들었는지 오케 레코드사는 내친김에 이 노랫말에 어울리는 곡까지 공모했다. 그러나 마땅한 곡이 나타나지 않자 오케 레코드사의 전속 작곡가 손목인에게 작곡을 맡겼다. 1935년 9월, 오케 레코드사는 '목포의 사랑'을 '목포의 눈물'로 제목을 바꾸어 발표했다.

〈목포의 눈물〉을 부른 가수는 목포 출신 신인 이난영(19세)이었다. 이난영 특유의 비음 섞인 노래 〈목포의 눈물〉은 음반으로 발매되자마자 대히트를 기록했고, 오늘날까지도 국민가요로 널리 애창되고 있다.

19세기 말 개항 이후 목포는 쌀과 면화 수출에 힘입어 번성했다. 1930년대에는 부산, 인천과 더불어 조선의 3대 항구였고, 전국 6대 도시에 포함됐다. 문예비평가 야나기 무네요시가 "사람과 유달산 봉우리가 서로 껴안은 곳"이라고 극찬할 만큼 목포는 아름다운 도시였다. 그러나 목포는 전라도 곡창지대에서 생산된 쌀을 일본으로 반출하기 위해 이용된 '수탈의 창구'이기도 했다. '목포의 눈물'은 곧 식민지 조선의 눈물이었을지 모른다.

1939년 이난영은 오케 레코드사의 기획에 따라 오늘날 걸그룹의 효시라 할 수 있는 '저고리 시스터즈'를 결성했다. 저고리 시스터즈는 〈오빠는 풍각쟁이야〉를 부른 박향림, 〈연락선은 떠난다〉를 부른 장세정, 민요가수 이화자 등을 포함해 조선악극단 소속 여가수들로 그때그때 구성된 걸그룹이었다. ✳

해방 이후 이난영은 연예기획자로서 능력을 발휘했다. 1951년 딸 숙자와 애자, 조카 민자를 멤버로 '김시스터즈'를 결성해 미국 시장에 진출했다. 1960년대에는 비틀스가 출연했던 CBS-TV 〈에드 설리번 쇼〉에 20회 이상 출연할 만큼 인기를 끌었다. 그런 의미에서 이난영이야말로 걸그룹, 한류의 개척자가 아닐까. 2013년에는 창작 뮤지컬 〈저고리 시스터즈〉가 공연됐다. 한편, 목포는 일본에 종속되었던 경제구조가 무너지면서 점차 쇠퇴했다. 게다가 5·16 군사정변 이후 경제개발이 수도권과 영남 지방으로 편중되면서 목포를 비롯한 호남 지역의 경제는 낙후됐다.

유성영화 〈춘향전〉 개봉,
사라지는 변사

한국 최초의 유성영화 〈춘향전〉(1935)

10월 4일, 경성 종로 단성사에서 유성영화 〈춘향전〉이 개봉했다(〈춘향전〉은 1923년에 무성영화로 개봉했다). 미국에서 최초의 유성영화(토키) 〈재즈 싱어〉가 나온 지 8년 만에 식민지 조선에서도 발성영화가 제작된 것이다.

〈춘향전〉은 이필우·이명우 형제가 일본인 와케지마를 설득해 제작비용을 확보하고 각각 연출과 녹음·편집을 맡았다. 조선시대 고전을 소재로 삼은 것은 흥행의 위험부담을 줄이려는 전략이었다. 주인공 춘향 역은 문예봉이 맡았고, 주제가는 홍난파가 만들었다.

〈춘향전〉은 제작비로 1만 원을 들였지만 방음시설이 없어 물에 적신 멍석을 쌓아놓고 촬영을 했다. 그런데도 개 짖는 소리와 행상 소리에 그때그때 촬영을 멈췄다가 다시 시작해야 했다. 당시의 영화 제작비는 평균 2,000~3,000원이었다. 〈춘향전〉의 입장료는 1원(현재 가치로 10만 원)으로 비쌌지만 단성사에 관객이 몰려들었다. 변사의 목소리가 아닌 영상 속 배우가 직접 말하는 '파격'에 관객들은 감탄했다(아직 동시녹음 기술이 없어 동영상 촬영과 목소리 녹음을 따로 했다). 신인 배우 문예봉은 〈춘향전〉에 출연하면서 최고의 인기 배우로 떠올랐다. 그녀는 탁한 목소리와 함경도 사투리 억양 등 치명적 약점을 극복하고

이후에도 영화계의 정상에 머물렀다.

그러나 유성영화 〈춘향전〉에 대한 평론가들의 반응은 냉담했다. "한국적 미를 살리지 못했다", "연애 이야기에 치중했다", "미학적 성취도가 낮다", "클라이맥스가 분명치 않다" 등의 평가가 나왔다. 요즘에야 흔한 일이지만, 당시에는 전통 사극에 서양음악을 사용한 것이 관객들에게는 무척 어색하게 다가왔다.

그럼에도 한국 영화사에서 최초의 유성영화 〈춘향전〉은 의미가 크다. 이듬해에 나운규가 〈아리랑〉 속편을 발성영화로 만들었고, 이후 식민지 조선에 발성영화의 시대가 열렸다. 무성영화는 삼류 영화 취급을 당했고, 배우 못지않은 인기를 누리던 변사는 역사 속으로 사라졌다. 당대 최고의 인기 변사 서상호는 아편 중독자가 되어 우미관 화장실에서 쓸쓸히 세상을 떠났다. ❋

일제시대에도 몇 번 시도가 있었지만, 한국 영화에서 동시녹음은 1980년대 중반부터 이뤄졌다. 1960~1970년대 신성일이 출연하는 영화만 봐도 동시녹음이 이뤄지지 않아 배우의 입 모양과 목소리가 일치하지 않는 것을 쉽게 알 수 있다.

작사가도 작곡가도 논란 무성한 〈애국가〉

1935년

〈애국가〉의 작곡가 안익태
그의 친일행적은 〈애국가〉의 정통성 논란을 일으켰다.

11월, 안익태가 교향곡 〈한국 환상곡(Korea Fantasy)〉을 작곡했다. 〈한국 환상곡〉 후반부에 〈애국가〉가 나온다. 종래 대한민국임시정부에서 "동해물과 백두산이 마르고 닳도록……"이라는 노랫말에 스코틀랜드 민요 〈올드 랭 사인 (Auld Lang Syne, 그리운 옛날)〉 가락을 입혀 부르던 것을 새로운 가락으로 바꾼 것이다.

애국가의 노랫말 "동해물과 백두산이 마르고 닳도록……"을 누가 지었는지에 대해서는 논란이 있다. 작사자 후보 가운데 가장 유력한 인물은 윤치호다. 그가 편찬한 가사집 《찬미가》(1908)에 애국가 노랫말이 나오고, 재미 한인 단체가 발행하던 《신한민보》(1910. 9. 21.)에 윤치호가 작사한 〈국민가〉라고 실렸기 때문이다. 아마도 19세기 말 《독립신문》을 통해 '애국가 지어 부르기' 운동이 일어나면서 다양한 〈애국가〉 노랫말이 등장했는데 이것들이 20세기 초 윤치호가 작사한 노랫말로 통합된 것으로 보인다.

안익태가 애국가 노랫말을 처음 접한 것은 3·1운동 때였다고 한다. 평양 숭실학교 학생이던 그는 3·1운동에 가담했다 퇴학당하고 일본으로 유학을 떠났다. 이후 미국 필라델피아 커티스음악학교에서 작곡을 배우고 유럽으로 건너갔다. 안익태는 유럽에서 활동하며 〈애국가〉를 작곡했는데, 〈애국가〉가 남의 나라 가락을 빌려 불리는 것에 안타까움을 느꼈기 때문이라고 한다. 일설에 따르면 베를린올림픽(1936)이 열릴 때 안익태가 손기정을 비롯한 조선인 선수들을 찾아가 함께 〈애국가〉를 불렀다고 한다.

그러나 안익태는 인생에 오점을 남겼다. 1942년 안익태는 '만주국 창립 10주년 기념 연주회'에서 지휘를 했다. 이날 연주한 곡은 그가 만주국의 영광을 기리며 작곡한 〈만주국〉이었다. 무대 중앙에는 대형 일장기가 걸려 있었다. 그 무렵 안익태가 이탈리아에서 〈한국 환상곡〉 연주회를 준비하다가 일본의 항의로 쫓겨난 일로 보아 그는 항일과 친일의 경계에서 방황했던 것 같다. ✳

해방 이후 〈애국가〉는 대한민국 국가(國歌)로 지정됐다. 1964년 제3회 서울국제음악제에 초대된 지휘자 피터 니콜로프는 〈애국가〉의 가락이 불가리아 민요 〈오 도브루자의 땅이여〉와 닮았다고 주장해 표절 논란이 일었다. 작사가 윤치호, 작곡가 안익태의 친일 행적에 표절 논란까지 겹쳐 〈애국가〉를 교체해야 한다는 주장도 나왔다.

복합 문화공간 '부민관', 근현대사의 굴곡이 아로새겨지다

부민관(1940년대)
현재는 서울시의회 의사당으로 사용되고 있다.

12월 10일, 조선총독부는 경성 태평통(지금의 서울 태평로)에 부민관을 개관했다. 그 터는 예로부터 소문난 명당이어서 조선시대에는 흥천사라는 절이 있었다. 부민관은 지상 3층, 지하 1층에 3,000명을 수용할 수 있는 규모였다. 공사비용은 조선의 가스 및 전기 사업을 독점한 경성전기회사가 기부했다. 부민관 주변에는 경성부청(서울시청), 조선일보사, 동아일보사 등이 있었다.

'부민관'은 말 그대로 경성 부민(서울 시민)을 위한 복합 문화시설이었다. 오늘날 전국 각 도시마다 있는 시민회관 또는 문예회관의 효시라 하겠다. 부민관 개관식에는 조선 총독, 경기도지사 등 일본인 고위 인사 1,300여 명이 참석했다. 개관식이 끝난 뒤에는 서울 시내 유명 예술인들(주로 기생)이 총출동해 축하 공연을 펼쳤다.

한 달 전 충정로에서 먼저 개관한 동양극장과 이어 문을 연 부민관 덕분에 공연 문화의 대형화·다양화·대중화가 가능해졌다. 이전에는 광무대, 연흥사, 원각사 등이 맡았던 역할이 이제 대형 극장으로 넘어갔다. 동양극장과 부민관은 경쟁하듯 연극과 영화, 음악 등 다양한 볼거리를 제공했다. 연극인 유치진은 "부민관 같은 내극상을 사용함으로써"

연극이 민중예술로 나아가야 한다고 주장했다. 하지만 그것은 암울한 식민지시대의 대중이 안일한 감상에나 빠져들게 만드는 공간이기도 했다. 해방 22일 전, 식민지 조선 최후의 의거가 일어난 곳이 바로 부민관이라는 점은 자못 의미심장하다. ○1945 ✳

해방 이후 부민관은 1954년부터 20여 년간 국회의사당으로 사용됐다. 김두한의 국회 오물 투척 사건(1966), 3선 개헌안 통과(1969), 유신헌법 통과(1972) 등이 모두 이곳에서 일어났다. 1975년 국회의사당이 여의도로 옮겨 가면서 부민관은 세종문화회관 별관 등으로 쓰이다가 현재 서울시의회 의사당으로 사용되고 있다. 부민관에는 한국 근현대사의 굴곡이 고스란히 담겨 있다.

시인 백석과
기생 김영한의 사랑

조선일보사 기자이자 시인이자 교사였던 백석
백석은 김영한 말고도 좋아하는 여인이 있었다. 그는 결혼만 세 번을 했다.

서울 성북동의 요정 대원각이 서울 시민의 선방(禪房)으로 거듭난다. 삼각산 길상사. 길상사는 지난해 5월 김영한 할머니(82)가 자신이 소유하고 있던 대지 7,000여 평, 연건평 3,000여 평, 시가 1,000억 규모의 대원각을 법정 스님에게 기증, 20개월의 공사 끝에 문을 열게 됐다.

－《경향신문》(1997. 12. 13.)

1936년 1월 20일, 조선일보사 기자이자 시인이던 백석이 시집 《사슴》을 자비로 100부 출간했다. 값은 2원. 시집치고는 비쌌지만 모두 팔려 나갔다. 시인 지망생 윤동주는 《사슴》을 구하지 못해 손으로 일일이 베껴 간직했다.

백석의 이름 앞에는 '천재시인', '미남시인'이라는 수식어가 따라 다녔다. 시인 김기림은 "백석이 지나가는 광화문은 잠시 식민지의 우울한 네거리에서 예술적·지적 교양이 넘쳐나는 낭만의 거리, 파리의 몽마르트로 변하는 듯하다"라고 《조선일보》에 썼다. 숱이 많은 머리, 짙은 눈썹, 뚜렷한 이목구비에 지성미까지 갖춘 백석은 뭇 여성의 마음을 사로잡았다.

백석은 까칠한 모던 보이였다. 일반 식상인들이 30~40원 하는 양복을 입을 때 그는 무려 200원짜리 연두색 더블버튼 정장을 입고 다녔다. 입맛도 까다로워 설렁탕이나 국밥은 먹지 않고 비싼 요릿집을 즐겨 찾았다. 결벽증도 심했다. 전화 통화를 할 때면 수화기를 손수건으로 감싼 뒤 입과 귀에서 조금 떼어놓고 썼다. 많은 사람이 사용하는 물건이라 불결하다는 게 이유였다. 조선일보사 사장 방응모의 비서실에서 근무할 때도 마찬가지였다. 안주인은 그가 자는 방에 향수를 뿌리고 이불 홑청도 늘상 갈아주어야 했다.

시인으로 또 언론인으로 잘나가던 백석은 1936년 돌연 《조선일보》 기자를 그만두고 함흥 영생고등보통학교에 영어 교사로 부임했다. 방랑벽이 도진 것이었다. 잘생기고 이름난 시인인 데다 서양인 못지않은 영어를 구사하던 백석은 역시나 학생들 사이에서도 대단한 인기를 누렸다. 당시만 해도 유명 인사가 지방에서 학생들을 가르치는 일이란 흔치 않았다. 그러나 모던 보이 백석은 옷과 머리를 관리하는 데에 돈이 많이 들어가 늘 궁핍한 생활을 했다.

어느 날 백석은 회식 자리에 나갔다가 운명의 여인 김영한을 만나게 된다. 김영한은 어릴 적 부모를 잃고 조선권번에서 활동하던 기생이었는데, 백석은 그녀를 '자야(子夜)'라고 불렀다. 〈나와 나타샤와 흰 당나귀〉에 나오는 '나타샤'도 김영한이다.

두 사람은 뜨겁게 사랑했지만 백석의 부모가 아들이 기생과 동거하는 것을 좋아할 리 없었다(사실 김영한은 일본 유학까지 다녀온 엘리트 여성이었다). 백석의 부모는 아들을 다른 여성과 강제로 결혼시켰다. 백석은 함께 만주로 도피하자고 했지만 김영한은 거절했다.

백석은 다시 《조선일보》 기자로 돌아와 고향 선배 김소월의 유고시를 발굴하는 등 활발한 활동을 벌였으나 열 달 만에 또다시 만주로 떠났다. 이후 백석과 김영한은 죽을 때까지 만나지 못했다. ❊

해방 이후 백석은 평양에서 민족 지도자 조만식의 통역비서로 활동했다. 이후 북한에서 백석은 사회주의 이념에 맞지 않는다는 이유로 작품 활동을 제대로 하지 못했다. 그는 협동농장에서 궁핍한 생활을 이어가다 1996년 85세로 사망했다고 알려졌다.

한편 김영한은 남한에서 고급 요릿집 대원각을 운영해 큰돈을 벌었다(권위주의 정권 시대에 대원각은 삼청각, 청운각과 함께 '3대 요정'으로 불리며 밀실정치의 요람이 됐다). 애인 백석을 그리며 평생 독신으로 지낸 그녀는 1995년 당시 시가 1,000억 원 가치가 있는 대원각을 법정 스님에게 기증했고, 지금 그 자리에는 길상사가 들어서 있다. 법정 스님의 책 《무소유》를 읽고 내린 결정이었다고 한다. "기부한 1,000억이 아깝지 않느냐?" 하는 질문에 그녀는 "1,000억은 그 사람(백석)의 시 한 줄만도 못하다"라고 답했다고 전한다.

1999년 사망한 김영한의 유해는 유언에 따라 화장되어 길상사 뒷산에 뿌려졌다. 현재 출판사 '창비'에서 시상하는 백석문학상도 그녀가 기금을 지원해 제정된 것이다.

신채호, 뤼순 감옥에서 쓰러지다

1936년

뤼순 감옥 수감 당시의 신채호
신채호는 대한민국임시정부의 분열과 갈등에 환멸을 느끼고 아나키즘에 빠져들었다. 아나키즘은 그에게 새로운 출구였다.

민중은 참다 못하여, 견디다 못하여 ……
재래의 정치·법률·도덕·윤리 기타 일체
문구를 부인하고자 한다. 군대·경찰·황
실·정부·은행·회사 기타 모든 세력을 파
괴하고자 하는 분노의 절규 '혁명'이라는
소리가 대지 위의 구석구석으로 울려 퍼지
고 있다.

— 신채호, 〈무정부주의동방연맹 북경회의 선언문〉

모던 보이 백석이 서울 광화문 거리를 활
보할 때 항일 투쟁의 요람 만주는 공기가 달
랐다. 2월 18일, 만주 뤼순 감옥에서 역사학자
이자 아나키스트인 신채호(57세)가 뇌출혈로
의식을 잃고 쓰러졌다. 타이완에서 위체(외국
환 어음) 위조 사건 연루자로 체포되어 투옥된
지 8년 만이었다.

1923년 〈조선혁명선언〉(〈의열단선언〉)을 통
해 아나키즘의 비전을 밝힌 신채호는 1928년
〈무정부주의동방연맹 북경회의 선언문〉을 작
성했다. 이어 신채호는 이 결의의 실천으로써
잡지를 발행하려 했다. 문제는 돈이었다.

이에 신채호는 베이징 우편관리국에 근무
하는 타이완인 아나키스트 임병문과 함께 위
조 위체 200매(액면가 총액 6만 4,000원)를 인
쇄했고, 이를 조선·일본·타이완 등 32개소

우편국으로 발송한 뒤 현지에서 나누어 인출
하려 했다. 신채호는 유병택이라는 가명으로
1만 2,000원을 인출하려고 타이완에 갔다가
체포됐다.

재판정에서 판사가 "사기 사건에 연루된
것이 부끄럽지 않은가?" 하고 묻자 "나라를
찾기 위해 취하는 수단은 모두 정당한 것이니
사기가 아니며, 민족을 위해 도둑질을 할지라
도 부끄럼이나 거리낌이 없다"라고 답변했다.

치안유지법 위반과 유가증권 위조 혐의로
10년형을 선고받고 뤼순 감옥에 갇힌 신채
호는 온기가 전혀 없는 시멘트 바닥에 다다
미 몇 장 깔고 얇은 이불로 영하 20도의 혹한
을 견뎌야 했다. 몸이 약한 신채호에게 감옥
의 노역은 중노동이나 마찬가지였다. 이미 1
년 전부터 신채호의 건강이 악화돼 형무소 당
국은 가족에게 병보석 출감을 통보했다. 그러
나 신채호는 병보석을 거부했다. 병보석을 받
으려면 영향력 있는 인사(친일 인사)의 보증이

뤼순 감옥
신채호가 수감되었을 당시의 뤼순 감옥. 안중근, 신채호, 박희광, 이회영, 최흥식, 유상근, 손기업, 박민항, 우덕순, 조도선, 유동하, 김광추, 김병현 등이 뤼순 감옥에 수감됐거나 그곳에서 순국했다.

있어야 했기 때문이다. 평생 대쪽같이 살아온 그에게는 있을 수 없는 일이었다.

역사학자 신채호는 감옥에서도 틈틈이 책을 읽으며 1년 동안 《조선일보》에 조선사를 연재했다. 그 원고료로 가족이 생계를 이어갔으니, 그는 감옥에서도 가장 역할을 한 셈이다.

2월 18일 신채호 가족에게 전보가 날아왔다. "신채호 뇌일혈, 의식불명, 생명위독" 아내 박자혜는 넋을 잃고 쓰러졌다. 21일 아침, 박자혜와 아들 수범(16세) 등이 뤼순 감옥을 찾아왔다. 의사는 신채호의 생명이 하루를 넘기기 어렵다고 말했다. 그러면서도 면회 시간이 지났다며 가족을 밖으로 쫓아냈다. 아무리 사정해도 소용없었다.

21일 오후 4시, 신채호는 지켜보는 사람 하나 없이 세상을 떠났다. 26년 전 안중근, 4년 전 이회영이 최후를 맞았던 뤼순 감옥, 바로 그곳에서였다.

신채호의 유해는 화장되어 가족의 품에 안겨 고국에 돌아왔다. 그러나 그는 조선민사령(1912) 공포 이전에 망명한 탓에 호적이 없어 매장 허가를 받지 못했다. 그의 집안사람 중에 면장이 있어 유해는 충청북도 청원군 상당산 기슭 옛 집터에 암장됐다. 그 면장은 결국 이 일로 파면당했다. ✳

해방 이후에도 신채호의 묘는 방치되어 봉분이 여러 차례 훼손됐다. 2004년 신채호의 며느리 이덕남은 인부들을 동원해 시아버지의 유골을 인근 지역으로 이장했다. 이때 군청 직원들과 실랑이가 벌어졌다. 신채호의 묘는 도 기념물(제90호)로 지정돼 있어 형질 변경 이후 이장이 가능하기 때문이다. 현재 신채호의 묘는 가묘로 남아 있다.

히틀러를 놀라게 한
손기정과 남승룡

베를린 올림픽에서 금메달을 수여받는 손기정
당시에는 메달을 목에 걸어주지 않고 작은 함에 넣어 수여했다.
손기정 머리 위 월계관은 히틀러가 씌워준 것이다.

터널을 통과해 경기장으로 들어서는데 갑
자기 '와!' 하는 소리가 나서 깜짝 놀랐지.
그게 바로 나를 환영하는 소리더군. 그러고
선 히틀러가 앉아 있던 본부석 앞으로 골
인했지.

— 손기정

8월 1일, 독일 베를린에서 제11회 올림픽
이 개막했다. 베를린올림픽은 '정치 이벤트'
였다. 독일의 독재자 히틀러는 올림픽을 통해
아리안족의 우월성을 세계에 과시하려 했다.
10만 명을 수용하는 주경기장을 짓고, 유대인
의 올림픽 출전을 막았으며, 거리의 집시들을
특별 수용소에 격리해 베를린 시내를 말끔히
'청소'했다(1988년 서울올림픽을 위해 독재자 전
두환도 서울 상계동 빈민들을 '청소'했다).

베를린올림픽에서 독일은 금메달 33개를
따내 24개에 그친 미국을 제치고 종합 1위를
차지했다. 미국의 '흑인' 육상선수 제시 오언
스가 100미터, 200미터, 400미터 계주와 멀리
뛰기에서 우승해 4관왕에 오른 것은 히틀러
에게 '옥에 티'였다. 일본(식민지 조선 포함)은
금 6, 은 4, 동 8개로 종합 8위에 올랐다.

베를린올림픽에 일장기를 달고 출전한 조
선인은 마라톤에 손기정·남승룡, 축구에 김

용식, 농구에 염은현·이성구·장이진, 권투에
이규환 등 일곱 명이었다. 조선체육회 이사
여운형은 이들에게 "제군들은 비록 가슴에는
일장기를 달고 가지만, 등에는 한반도를 짊어
지고 간다는 것을 잊어서는 안 된다"라고 격
려했다. 출전 선수들 중에서도 손기정은 조선
신궁경기대회(지금의 '전국체전')의 마라톤에
나가 비공인 세계기록을 작성한 터라 대회 시
작 전부터 큰 기대를 모았다. 그는 조선일보
사 도쿄지국과의 전화 통화에서 "조선에서 보
내준 고추장과 마늘장아찌를 먹고 힘을 내고
있다"라고 말했다.

조선 시각으로 8월 9일 밤 11시, 올림픽
의 꽃 마라톤 경기가 열렸다. 자바라(아르헨
티나), 손기정(일본), 하퍼(영국)가 우승 후보
로 꼽혔다. 경기가 시작되자 올림픽 2연패를
노리는 자바라가 선두로 치고 나갔다. 그러
나 그는 초반의 무리한 경기 운영으로 30킬로
미터 지점에서 주저앉고 말았다. 결국 올림픽
주경기장에 가장 먼저 들어온 선수는 '조선
출신 일본인' 손기정(경기 기록 2:29:19)이었다.

2위는 하퍼(2:31:23), 올림픽 대표 선발전에서 1위를 했던 남승룡(2:31:42)이 3위였다. 아리아인의 우수성을 과시해줄 거라고 히틀러가 기대했던 독일 선수는 29위에 머물렀다.

장맛비가 내리던 10일 새벽 2시경, 손기정의 우승 소식이 알려지자 식민지 조선은 흥분의 도가니에 빠졌다. 동아일보사 벽보판 앞에 모여 있던 시민들은 "손기정 만세!", "남승룡 만세!", "조선 만세!"를 외치며 감격의 눈물을 흘렸다. 3·1운동 때와 비슷했다. 수백 명을 사망케 한 그해 여름의 물난리도 그 열기를 식힐 수 없었다.

일본인들은 손기정의 우승 소식에 기뻐하면서도 조선인들의 열기가 시위로 번질까 봐 경계했다. '두 영웅'의 사진이 연일 신문 앞면을 장식했고, 그들의 고향에서는 잔치가 벌어졌다. 호남은행장 현준호(지금의 현대그룹 회장 현정은의 할아버지)는 손기정과 남승룡의 학비를 대주기로 약속했고, 두 영웅의 영향으로 마라톤 꿈나무들이 속속 등장했다.

25일, 《동아일보》는 손기정 가슴에서 일장기를 지운 사진을 실었다. 이른바 '일장기 말소 사건'이다. 이 사건은 운동부 주임(지금의 체육부 부장) 이길용이 미술부 기자 이상범에게 흰 물감으로 일장기를 지워달라고 부탁해 이루어진 '거사'였다. 이상범은 총독부 주최 조선미술전람회에서 10회 연속 특선이라는 대기록을 세운 인물로, 그 5년 전에는 중건된 현충사의 충무공 영정을 그렸다.

이길용은 3·1운동에 참여하고 대한민국 임시정부의 기밀문서를 운반하다 체포되어 3년 동안 감옥살이를 했다. 그는 1932년 미국 로스앤젤레스올림픽 때도 김은배, 권태하의 사진에서 일장기를 지운 바 있었다. 또한 이길용은 언론계에서 최초로 가로쓰기를 시도한 인물이기도 하다. 경기 점수를 나타내는 아라비아숫자를 표기하려면 가로쓰기가 편리했기 때문이다.

《조선중앙일보》가 손기정 사진의 일장기를 지워 신문에 싣자 이길용도 거사를 감행했다. 그런데 《조선중앙일보》의 인쇄 상태가 좋지 않았던 탓에 총독부가 모르고 넘어갔고, 뒤이어 같은 사진을 내보낸 《동아일보》는 적발된 것이다. 동아일보사 사장 송진우는 "성냥개비로 고루거각을 태워버렸다"며 이길용을 질책했다.

26일, 신임 총독 미나미 지로는 《동아일보》 무기정간 처분을 내렸다(이것이 네 번째 정간이었다). 사장 송진우가 사임했고, 사회부장 현진건(소설 〈운수 좋은 날〉의 작가)을 비롯해 이길용과 이상범 등 여덟 명이 구속됐다. ✳

해방 이후 이길용은 일장기 말소 사건에 대해 이렇게 회고했다.
"이 나라의 아들인 손 선수를 왜놈에게 빼앗기는 것 같은 느낌에 그 유니폼 일장 마크에서 엄숙하게도 충격을 받았다. 월계수 화분을 들고 촬영한 손 선수 인물로는 처음인지라 넣고 싶은 욕심에 일장기를 지우고 싶었다."
그는 대한체육회의 전신인 조선체육회를 재건하는 등 체육 발전에 이바지했으나, 한국전쟁 때 납북됐다.
1988년 9월 17일, 우여곡절 끝에 서울올림픽이 막을 올렸다. 이날 손기정은 성화를 들고 잠실 주경기장에 나타났다. 베를린에서 세계를 제패했던 스물네 살 청년은 일흔여섯 살 노인이 되어 있었다. 감격에 겨워 껑충껑충 뛰어 들어오는 그의 모습이 마치 어린아이 같았다.

'동북항일연군', 눈 쌓인 대지와 얼음 하늘을 누비다

눈 쌓인 대지의 유격전은 여름과 비교할 수 없네.

삭풍 불고 큰 눈 날리니 눈 쌓인 대지는 다시 얼음 하늘이 되네.

바람은 뼈를 에이고 눈은 얼굴을 때리니 손발이 동상에 찢어진다.

애국남아는 죽음을 두려워하지 않으니 어찌 다시 간난을 두려워하랴.

－동북항일연군 군가

코민테른의 '1국 1당' 노선 이후 만주의 조선인 공산주의자들은 중국공산당 산하 동북인민혁명군에 들어가 활동했다. 동북인민혁명군의 4개 부대 가운데 2개 부대는 절대 다수가 조선인이었다.

1936년 3월, 중국공산당은 동북인민혁명군을 비롯한 여러 유격대를 통합해 '동북항일연군'으로 편성했다. 동북항일연군은 제1군부터 제11군까지 있었으며 제1·2군은 남만주에서, 제4·5·7·8·10군은 동만주에서, 제3·6·9·11군은 북만주에서 활동했다(유격대의 특성상 이후 조직 개편이 잦았다). 동북항일연군은 만주에서 항일 투쟁에 나서는 모든 피압박 민족과 모든 계급의 연합 부대였고, 화북 지역 옌안에 있는 중국공산당군(홍군, 팔로군)

의 자매 부대였다.

동북항일연군 병력은 6,000~1만 명으로 훗날 북한 정권을 수립하는 김일성, 김책, 최현, 최용건, 오백룡 등 조선인들이 다수 여기에 속해 있었다. 김일성이 지휘하는 제2군 제6사 부대원은 대부분 조선인이었다. 이들은 대개 민생단 사건의 와중에 죽음의 문턱까지 갔다가 가까스로 살아남았기에 항일 투쟁에서 더 열정이 넘쳤다. 이듬해 함경남도 보천보 소재 일제 관공서를 습격해 세상을 놀라게 한 것도 바로 이들이었다. ➊1937

이에 일제는 군대와 경찰을 동원해 동북항일연군을 탄압했다. 게릴라 활동의 거점을 섬멸하거나 귀순 공작을 벌이는 한편, 이른바 '집단부락'을 건설해 항일 유격대를 고립시켰다. 집단부락은 항일 유격대와 접촉하는 촌락을 불태운 뒤 그곳에 살던 주민들을 강제 이주시켜 마을을 만든 것이다. 집단부락은 대략 100호씩 수용됐다. 부락 둘레에 2.5미터 높이의 방어벽을 쌓고, 사방에 포대를 설치했으며, 방어벽 밖에는 너비 3미터, 깊이 2미터의 도랑(해자)을 팠다. 집단부락 주민들은 삼엄한 감시를 받아 '양민증'이 있어야 부락 출입이 가능했다. 1930년대 일제가 구축한 집단부락이 1만 4,000여 개, 수용 인원은 수백만 명에 이르렀다.

일제의 집단부락 정책으로 동북항일연군을 비롯한 만주 항일 유격대들은 물자 공급을 차단당했다. 한겨울 북만주는 기온이 영하 30~40도까지 떨어진다. 동북항일연군은 깊은 산골에서 추위와 배고픔을 견디며 활동했다. 나무껍질로 신발을 대신하는 대원들도 있

일제 괴뢰국 만주국을 상대로 게릴라 활동을 벌인 동북항일연군

었다.

한편 일제는 1936년 봄부터 1939년 봄까지 만주의 항일 세력을 말살한다는 '만주국 치안숙정계획'을 수립해 대토벌에 나섰다. 1937년 중일전쟁을 일으키면서 토벌은 더욱 거세졌다. 모조리 죽이고 불사르고 빼앗는 일제의 삼광작전(三光作戰)으로 동북항일연군은 큰 위기를 만났고 이탈자가 속출했다. 결국 1938년 북만주에서만 2,742명이 일제에 투항했다. 설상가상 동북항일연군 내부에서 갈등까지 빚어졌다.

1939년 여름, 악조건 속에서도 동북항일연군은 남만주 지린성 안도현 대사하에서 일본군 포대와 경찰서를 공격해 점령하고 이 지역 집단부락까지 습격했다. 이어 급파된 토벌대까지 전멸시켰다. 이 전투에서 동북항일연군은 일본군과 경찰 500여 명을 섬멸하고 기

관총 일곱 자루, 소총 300여 자루를 노획했다. 그해 후반기에만 동북항일연군은 일본군과 276차례에 걸쳐 크고 작은 전투를 벌였다.

1940년부터 이듬해까지 일제는 관동군을 40만 명에서 76만 명으로 증강했다. 이후 동북항일연군의 항일 투쟁은 내리막길을 걷다가, 일본군의 토벌 작전을 버티지 못하고 소련으로 이동했다.

동북항일연군의 일부 세력은 소련행을 거부하고 끝까지 만주에 남아 항일 투쟁을 이어갔다. 그중 제3군장 허형식(경상북도 구미 출신)은 단연 돋보였다. 그는 일본군과 수백 차례 전투를 치르고 하얼빈을 비롯해 27개 도시를 점령한 명장이었다. 그러나 안타깝게도 부대 시찰을 나갔다가 일본군의 습격을 받아 전사했다. 일본군이 그의 목을 베어 가, 그는 몸통만이 남아 산짐승과 까마귀의 몫이 됐다. ✳

당구장과 빌리어드 걸

중세 유럽의 귀족 스포츠였던 당구는 19세기 말 조선에 들어왔다. 1883년 인천 개항기, 호텔과 외교구락부에서 일본으로부터 당구대를 수입해 설치한 기록을 찾아볼 수 있다. 1884년 9월 20일 인천 제물포항을 통해 조선에 입국한 미국의 의료 선교사이자 외교관인 호러스 알렌이 한 호텔에 설치된 당구대에서 새우잠을 잤다는 이야기도 전한다. 영국 해군이 전라도 거문도를 점령했을 때(1885년 4월 영국 해군이 거문도를 불법으로 점령해 1887년까지 약 2년간 머물렀다) 막사에 당구장을 설치해놓고 게임을 즐겼다고 한다.

당구가 조선 사람들 사이에 보급된 것은 1920년대의 일로, 주로 상류층이 사교용 오락으로 즐겼다. 마지막 황제 순종은 창덕궁에 당구대를 설치해놓았다. 몸이 허약해 과격한 운동은 피해야 했던 그는 오늘날의 당구 점수 기준으로 150~200점을 쳤다고 한다.

당시의 당구장은 고급 사교장 역할도 했다. 와세다대학 유학생 출신 임정호가 1924년 광교통에서 개업한 당구장 '무궁헌'에는 윤치호, 유진오 등 유명인이 드나들었다. 이듬해부터 종로 1가와 2가, 인사동, 낙원동 일대에 상업 당구장이 속속 문을 열었고, 대학생과 장사꾼, 귀족 자제들이 주로 출입했다.

1930년대에 당구는 영화, 연극과 함께 대중오락으로 자리를 잡았다. 일반 직장인과 건달은 물론 어린 학생까지 당구장에 드나들었다. '내기 당구'가 성행했으며, 학생들이 학교를 결석하고 당구장에 가는 일이 잦아 사회문제가 됐다. 총독부는 경찰까지 동원해 단속에 나섰다.

한편 식민지 조선에서 점차 자본주의 경제가 성장하면서 서비스업 분야에 여성들이 진출했다. 데파트 걸(백화점 직원), 버스 걸(버스 안내양), 헬로 걸(전화교환수), 티켓 걸(극장표 판매원), 가솔린 걸(주유소 종업원), 엘리베이터 걸(건물 층수 안내인), '매니큐어 걸', '빌리어드 걸' 등 종류도 다양했다. 업주들은 여성들을 낮은 임금에 고용해 장시간 노동을 강요했다. 특히 남성을 상대하는 업종에서 '무슨 무슨 걸'의 수요가 많았는데, 여성들은 온갖 멸시를 견디며 감정노동을 해야 했다.

빌리어드 걸은 당구장에서 손님과 함께 게임을 즐기거나 점수를 계산해줬다. 빌리어드 걸은 당구장의 영업 실적에 중요한 영향을 미쳐 당구장 주인들은 미모의 여성을 빌리어드 걸로 고용했다. 그러다 보니 있어서는 안 될 일까지 벌어졌다. 빌리어드 걸을 추행하는 '검은 손'이 있는가 하면, 1936년 9월에는 부잣집 아드님들과 기생들이 당구장에서 집단으로 음란 행각을 벌이다 적발되는 일도 있었다. 당구장의 불량 이미지는 그렇게 만들어졌다. ※

"서울에 딴스홀을 허하라"

'서울에 딴스홀을 허하라'(탄원서)
잡지 《삼천리》(1937. 1.)에 실린 이서구, 복혜숙 등이 조선총독부 경무국장에게 보낸 공개 탄원서다.

《삼천리》 1937년 1월호에 '서울에 딴스홀을 허하라'라는 제하의 글이 실렸다.

"각하는 댄스를 한갓 유한계급의 오락이요 또한 사회를 부란시키는 세기말적 악취미라고 보십니까? 그런 생각을 가지고 사교댄스조차 막는 것이라면 그것은 분명히 각하의 잘못 인식함이로소이다."

이 '선동적인' 글은 대일본 레코드회사 이서구(〈홍도야 우지 마라〉 작사자), 배우 복혜숙(다방 '비너스' 전 사장)·오도실·최선화, 기생 오은희·최옥진·박금도, 여급 김은희 등이 조선총독부 경무국장 미하시 고이치로에게 보낸 공개 탄원서였다.

이들은 탄원서에서 일본과 중국의 문명 도시에는 댄스홀이 있어 건전한 오락을 즐길 수 있는데, 유독 조선의 서울에만 댄스홀이 없는 것은 "심히 통한할 일"이라고 지적했다. 또한 댄스를 퇴폐 문화로 보는 것은 잘못된 인식이며, 명월관 같은 고급 술집에 비해 댄스홀은 더 적은 비용으로 서민들이 유쾌하게 저녁을 보낼 수 있다고 주장했다.

'건전'하고 '명랑'한 사회를 지향했던 조선총독부는 댄스홀을 금지했다. 만주사변 직후 총독 우가키 가즈시게는 언론 인터뷰에서 "국가 비상시에 딴스는 허가할 수 없나"라고 못

을 박았다. 그러나 타고난 욕망을 막을 수는 없는 노릇. 외려 '풍선 효과'가 나타났다! 댄스홀을 금지하자 카페에서 댄스가 성행했다. 순사가 가끔 단속을 나왔으나 그럼에도 카페에서 남녀가 함께하는 댄스가 성행했다. 통제는 하되 욕망의 배출구는 열어놓겠다는 고도의 통치 전략이었을까?

1930년대 식민지 조선에선 서양음악이 대중화됐다. 재즈와 블루스, 왈츠가 유행했고, 음반 산업이 급성장했다. 1년에 레코드판이 120만 장 팔려 나갔다. 이런 배경에서 댄스가 유행하는 것은 자연스러운 일이었다. 카페에서는 주로 재즈가 흘러나왔다. 식민지 근대의 풍경 한편에는 그런 나른함이 있었다. ✽

해방 이후 댄스홀이 허가되자 '춤바람'이 본격적으로 불어닥쳐 사회문제가 됐다. '억압된 안정'은 '자유로운 혼란'으로 바뀌었다.

사이비 종교 집단 '백백교', 교주는 희대의 살인마!

"한 사람의 흰 것으로 천하를 희게 하자."
"곧 심판의 날이 온다. 천부(天父)님이 내려오셔서 난 임금이 되고 너희는 헌금을 바치는 순서대로 벼슬을 받아 날 모시게 된다."

– 백백교의 교리

2월 16일 저녁, 서울 왕십리의 한 가정집에서 큰 소동이 일어났다. 황해도 해주 출신의 사업가 유곤용이 백백교 교주 전용해를 찾아가 "백백교의 교리는 무엇이냐?", "백백교는 얼치기 종교다" 하며 폭언을 퍼부었다 이에 흥분한 교주 전용해가 칼을 휘두르며 유곤용에게 덤벼들었다. 유곤용은 잽싸게 달아나 왕십리 주재소에 신고했다. 당시 유곤용의 할아버지와 아버지는 모든 재산을 백백교 교주 전용해에게 헌납했으며, 여동생은 전용해의 첩이 되었다. 전용해는 사이비 교주였을 뿐 아니라 술과 여자를 밝히는 호색한이었다. 심지어 그는 여신도들이 보는 앞에서 성행위를 하며 '신(神)의 행사'라고 주장했다.

그렇지 않아도 온갖 사이비 종교 때문에 골치를 썩던 경찰은 언론 보도를 통제한 채 백백교에 대한 수사에 들어갔다. 경찰 수사가 진행되면서 백백교의 만행이 하나하나 드러났다. 백백교는 살인과 강간, 사기를 일삼는 사이비 종교로 이미 400여 명을 살해했다는 충격적인 사실까지 밝혀졌다. 경성 마포와 청량리를 비롯해 경기도 양평과 연천, 강원도 평강 등 곳곳에서 시신이 발견됐다. 한강에 내던져진 시신들도 있었다. 희생자는 대개 백백교를 배신한 교도와 그 가족이었다.

백백교는 《정감록》을 제멋대로 해석해 후천개벽을 예언하는가 하면, '부귀영화', '불로장생' 등 말초적인 말로 교도들을 현혹했다. 그러나 교주 전용해 자신은 '불로장생'에 성공하지 못했다. 그는 경찰의 수사를 피해 달아났다가 스스로 목숨을 끊어 야산에서 시체로 발견됐다. 코가 산짐승에게 뜯어 먹힌 상태였다.

백백교의 살인에 가담한 18명은 314명을 상해한 혐의로 재판에 넘겨졌다. 재판이 열린 경성지방법원에는 1,000여 명이 몰려 북새통을 이루었다. 법정에 선 피고인들은 무표정한 얼굴로 "아내와 자식을 죽였다"라고 시인했다. 그중 14명에게 사형, 네 명에게 징역형이 선고됐다.

조선 왕조 멸망 후 식민지 조선에서는 신흥 종교가 우후죽순 생겨났는데 백백교처럼 종교의 탈을 쓴 사이비 종교가 기승을 부렸다. 1930년대 식민지 조선에는 130여 개의 사교(邪敎)가 있었고 그 신도 수는 20만 명을 넘었다. 일제시대는 신흥종교의 전성시대였다. ✳

해방 이후 전용해의 두개골은 국립과학수사연구소에 '범죄형 두개골의 표본'으로 보관되다 인권 단체의 문제 제기로 2011년 화장했다. 백백교 이야기는 1991년 〈백백교〉라는 영화도 제작됐다.

나폴레옹을 꿈꾼 교사 박정희

3월, 대구사범학교를 졸업한 박정희(20세)가 문경보통학교 교사로 부임했다. 당시 사범학교는 학비 면제, 성적 상위 40퍼센트 학생에게 생활비 지급 등의 혜택을 주는 대신 졸업 이후 3년간 교사로 복무해야 했다. 의무복무를 마치지 못하면 사범학교에서 지원받은 학비를 모두 토해내야 했다.

박정희는 열정적인 교사였다. 새벽이면 마을 언덕에 올라 기상나팔을 불었고 마을 청년들을 모아 악단을 만들어 공연을 다녔다. 당시 조선총독부는 농촌진흥운동 정책의 하나로 각 지역 교사들에게 농촌 지도를 맡겼다.

박정희는 따뜻한 교사였다. 자신이 가난하게 자란 탓인지 어려운 처지의 사람들을 외면하지 않았다. 빈곤 가정 학생의 수업료를 대신 내주었으며, 자전거를 타고 학교에서 12킬로미터 떨어진 학생의 집을 찾아가기도 했다. 강물에 빠진 학생을 구해 인공호흡으로 살려낸 일도 있었다. 그의 하숙집에는 학생들이 자주 놀러 왔고, 박정희는 학생들에게 값비싼 과자를 구해다 주기도 했다. 제자 주영배는 교사 박정희가 "방정환 같은 선생님"이었다고 회고했다.

그러나 박정희는 동료 교사들과 관계가 원만하지 못했다. 특히 일본인 교장 아리마와는 늘 사이가 험악했다. 이 때문인지 박정희는 가족에게 "죽어도 선생질은 더 못하겠다"라고 종종 말했다.

교사 박정희는 학생들에게 조선어와 조선역사를 몰래 가르쳤다. 그렇다고 그를 의식 있는 민족주의자로 보기는 어렵다. 의무복무 기간이 끝나자 박정희는 일본군 장교가 되기 위해 만주로 떠났다. 출세하고 싶었기 때문이다. 그는 자신의 방에 나폴레옹 사진을 붙여놓고 군인의 꿈을 키웠다. 출세를 통해 개인적 욕망은 물론 민족적 차별에서 벗어나보려는 저항 심리도 없지 않았다.

박정희가 군인이 되는 길은 시작부터 가시밭길이었다. 우선 나이가 문제였다. 장교 양성기관인 만주 신경군관학교의 입학 연령은 16~19세였는데 당시 박정희는 스물세 살이었다. 게다가 이미 결혼까지 한 상태였다. 이에 박정희는 '일본인으로서 목숨이 다하도록 충성을 바치겠다'라는 내용의 혈서를 써 신경군관학교에 입학할 수 있었다(1940년 1월의 일이다). 1942년 신경군관학교를 수석으로 졸업한 박정희는 그 해에 일본 육군사관학교 본과로 편입했고, 2년 뒤 졸업해 만주에서 일본군 소위로 근무하다 8·15해방을 맞았다. ✻

1970년대에 대통령 박정희가 생활 간소화, 초가지붕과 아궁이 개량, 단발과 색깔 옷 장려, 부녀자 근로동원, 합동결혼식, 공동탁아소, 조기 청소 등 새마을운동을 추진할 때 그는 1930년대 농촌진흥운동을 참고했다. 만약 박정희가 만주로 떠나지 않았다면 역사는 어떻게 달라졌을까? 5·16 군사정변은 일어났을까? 12·12사태는? 5·18광주민주화운동은? 박정희가 '따뜻한 교사'로 남았다면 한국 현대사도 따뜻해지지 않았을까?

식민지 조선을 놀라게 한 '보천보 습격 사건'

6월 4일 밤 10시경, 중국공산당 산하 동북항일연군 소속 조선인 유격대원 100여 명이 뗏목을 타고 압록강을 건너 함경남도 갑산군 보천보에 침투했다. 보천보는 압록강 상류 지역 작은 마을이다. 유격대 지도자 김일성(25세)은 국내 천도교 세력(조국광복회)과 연락을 주고받으며 국내 정보를 파악하고 있었다. 보천보 경찰서장 송별회가 열려 경찰관들이 술을 마실 거라는 첩보까지 입수됐다.

최현(북한 정치인 최룡해의 아버지) 부대가 무산 지역을 공격해 경찰의 시선이 그쪽으로 쏠리자, 김일성 유격대는 전화선을 잘라 보천보가 외부와 연락하지 못하도록 차단했다. 이어 무기고를 털어 총과 탄환을 탈취한 뒤 주재소와 우체국에 불을 지르고 격문을 뿌렸다. 유격대는 침투 1시간 만에 만주로 달아났다.

경찰추격대 31명이 김일성 유격대를 토벌하러 갔으나 대원 일곱 명이 사망하고 14명은 중상을 입는 수모를 당했다. 훗날 김일성이 "자그마한 싸움"이었다고 회고할 만큼 보천보 습격 사건의 규모는 크지 않았지만 그 반향은 매우 컸다. 1년 전 '일장기 말소 사건'으로 정간을 당했던 《동아일보》가 3일 전 복간돼 보천보 습격 사건을 대서특필했기 때문이다. 호외까지 발행한 《동아일보》 보도를 통해

트로트, 재즈, 블루스가 유행하던 식민지 조선에 '김일성 장군'이 유명세를 떨쳤다.

만주사변 이후 일제가 승승장구하는 반면 한국독립군(지청천)과 조선혁명군(양세봉)의 항일 투쟁은 막을 내렸는데 아직도 총칼 들고 일본군과 싸우는 조선인 항일투사들이 있다는 사실이 식민지 조선인들에게는 신기하고 놀라웠다.

그러나 보천보 습격 사건의 대가는 혹독했다. 경찰은 보천보와 남만주 일대의 항일 지하조직에 대한 수사에 들어가 보천보 습격 사건에 연루된 739명을 체포했다(혜산 사건). 이로써 함경남도의 항일조직과 만주 항일 무장세력 사이의 연합전선이 무너졌다. 전과(戰果)만 놓고 본다면 배보다 배꼽이 더 큰 셈이 됐다.

보천보 습격 사건이 만든 '김일성 장군 신화'는 해방 이후 김일성이 북한에서 권력을 장악하는 데 정치적 자산이 됐다. 부르주아 우파 신문 《동아일보》가 과거에는 김일성의 권력 장악에 1등 공신이었다니 흥미롭다. ✳

문경보통학교 교사 출신 박정희와 항일 빨치산 김일성은 모두 만주에서 활동했고, 해방 이후 그들은 남북한에서 각각 철권통치자가 되어 체제경쟁을 하게 된다. 해방 이후 남북한 권력이 만주에서 그 싹을 틔운 셈이다.

이광수는 왜 친일파가 됐나

— 수양동우회 사건

6월, 수양동우회는 '멸망에 빠진 민족을 구출하는 기독교인의 역할'이라는 제목의 인쇄물을 35개 지부에 내려보냈다. 총독부는 이 문서를 '불온 문서'로 규정하고 수양동우회 회원들에 대한 검거에 나섰다. 중일전쟁이 일어나기 한 달 전이었다.

수양동우회는 안창호 흥사단의 자매 단체로서 이광수와 주요한, 주요섭, 김동원 등이 조직한 민족교육 및 계몽운동 단체였다. 회원들은 의사·변호사·목사·교육자·작가·상공인 등 평안도 출신 지식인이 주류였고, 지도 이념은 안창호의 '무실역행(務實力行)' 곧 공리공담을 배제하고 실천에 힘을 다하는 것이었다. 수양동우회의 실제 운영자는 이광수였다.

수양동우회에 대응해 이승만과 이상재, 윤치호, 유억겸, 안재홍, 이갑성 등 기호지방 출신 인사들이 모여 만든 조직이 흥업구락부다. 당시 조선의 민족주의 세력은 안창호 중심의 서북파와 이승만 중심의 기호파로 분열, 대립하고 있었다. 윤봉길 의거로 안창호가 수감됐을 때 윤치호가 석방 운동을 벌이자 기호파 김활란이 반대하고 나선 것은 당시의 분열상을 단적으로 보여준다. 기호파 윤치호가 서북지방 출신 사위를 들인 게 세간에 화제가 될 정도였다.

중일전쟁 이후 일제는 전시체제로 들어가야 했고, 총독부는 식민지 조선의 지식인과 부르주아 세력을 장악해야 했다. 이때 표적이 된 것이 수양동우회였다. 1937년 8월 서울에서 55명, 11월 평안도에서 93명이 검거된 것을 비롯해 이듬해에는 황해도에서 33명 등 모두 181명이 치안유지법 위반 혐의로 체포됐다. 각 경찰서는 검거 실적 경쟁을 벌였다.

안창호는 1937년 6월에 붙잡혀 서대문형무소에 수감됐다. 이후 출옥과 재수감, 고문 후유증에 따른 병보석과 가석방을 반복하다 이듬해 3월 급성 폐결핵 등으로 병석에서 사망했다. 검거된 수양동우회 회원들은 대부분 전향하여 일제에 협력했다. 이광수와 주요한을 비롯해 작곡가 홍난파, 목사 정인과, 의사 이용설 등이 같은 길을 걸었다. 그나마 이광수가 "2,000만 동포를 천황의 적자(赤字)로 만들겠다"고 서약해, 그 대가로 수양동우회 회원들은 1941년 11월 모두 무죄로 풀려났다. 그렇다면 이광수는 순교자인가, 민족 반역자인가?

아무튼 수양동우회 사건은 조선의 부르주아 민족주의자들이 친일파로 변절하는 분수령이 됐다. 1937년 가을부터는 흥업구락부에 대한 검거도 시작돼 이듬해 5월까지 회원 60여 명이 붙잡혔다(흥업구락부 사건). ☀

헬렌 켈러,
식민지 조선에 오다

헬렌 켈러의 대구 방문 소식을 전한 《매일신문》 기사
(1937. 7. 13.)

7월 11일, 헬렌 켈러(57세)가 부산 땅을 밟
았다. 그녀는 생후 19개월 때 뇌수막염을 앓
아 보기·듣기·말하기를 할 수 없게 됐다. 그
러나 가정교사 앤 설리번의 헌신적 도움으로
장애를 이겨내고 사회운동가, 작가로 활동하
며 세계적 명성을 얻고 있었다.

당시 신문들은 헬렌 켈러가 일본에서 세
달가량 여러 지역을 다니며 장애인 생활상을
조사했고 그 직후 조선에 도착한 것이라 보도
했다. 7월 12일 오전, 대구 공회당에서 헬렌
켈러의 강연이 열렸다. 이를 들은 어느 여고
생은 일기장에 "헬렌 켈러 선생님의 노력에
너무나도 감격하여 그 어떤 것도 말할 수 없
었다"라고 썼다.

헬렌 켈러는 부산과 대구, 서울, 평양에서 강
연회를 열었다(평양행 기차가 7월 15일 개성역
에서 약 일 분가량 정차했는데 그 짧은 시간에도 객
차 뒤쪽 전망대로 나와 강연을 했다). 7월 14일 자
《조선일보》에는 다음과 같은 기사가 실렸다.

"삼중고를 극복하여 20세기의 기적이란 일
컬음을 받는 헬렌 켈러 여사가 조선을 방문했
다. 우리가 헬렌 켈러 여사를 환영함은 그가
조선을 방문함으로써 이 땅에 그와 같이 불행
한 처지에 있는 2만 1,000여 명에 달하는 광
명을 등진 무리들에게 광명을 줄 사업을 일으

킬 자극과 기운을 양성해주는 데 있다 할 것
이다."

하지만 헬렌 켈러의 조선 방문에도 '옥에
티'가 있었다. 그녀는 조선 총독 미나미를 만
나 "내가 어둠과 고통의 불행으로부터 광명
을 찾아낸 것과 같이 한반도도 일본에 병합된
뒤 광명을 찾았다"라고 말했다. 어용신문 《경
성일보》가 보도한 내용이니 기사가 헬렌 켈
러의 진의를 일부러 왜곡했을 수도 있지만,
그녀가 "소수가 모두의 생계수단을 차지하기
에 소수가 다수를 소유한다. 국가는 부자들,
기업가, 은행가, 투기꾼, 노동 착취자 등을 위
해 운영된다"라고 비판한 사회주의자였음을
감안하면 실망스러운 발언이다. 헬렌 켈러는
식민지 조선이 일본의 식민 지배에서 해방될
것이라고 예상하지 못했던 모양이다. ✳

경성우유협동조합, 대규모 우유 산업의 시작

고대 그리스의 히포크라테스는 우유를 '완전식품'이라며 극찬했고, 영국 총리 처칠은 "미래를 위한 가장 확실한 투자는 어린이에게 우유를 많이 먹이는 일"이라고 역설했다. 미국 대통령 케네디는 하루 1리터의 우유를 먹으며 체력을 유지했다.

한국 역사에서 우유가 처음 등장한 것은 일연의 《삼국유사》로 유락(乳酪)이라는 말이 나온다. 조선시대에는 왕실과 양반가에서 소젖을 넣고 죽을 끓여 보양식으로 먹었다.

메이지유신 이후 일본은 서양을 따라잡겠다며 국민들에게 우유 소비를 권장했다. 19세기 말 조선도 미국에서 젖소를 수입해 사육했다. 20세기 초 일제가 수원에 권업모범장(지금의 농촌진흥청)을 설치하고 홀스타인·에어셔·저지 등 외국 젖소를 수입해 우유를 생산했다.

한일병합 이후 일본인들이 모여 살던 충무로와 명동에서 가까운 경성역 일대, 일본인 철도 노동자들이 모여 살던 청량리 일대에 목장이 들어섰다. 일본인의 수요에 맞춰 1934년 조선인과 일본인 15인이 합작해 청량리농유조합을 세워 우유를 판매했다. 이들은 목장에서 짜낸 우유를 커다란 가마솥에 끓인 후 냉각해 병에 담아 배달했다.

헬렌 켈러가 식민지 조선에 오던 날, 경성 정동(지금의 정동극장 자리)에 경성우유협동조합이 생기면서 우유가 대량생산됐다. 목장에서 생산한 우유가 자전거와 우마차에 실려 서대문, 동대문, 남대문을 통과해 정동으로 운송됐다. 경성우유협동조합이 생기면서 조선에서도 위생 처리된 우유를 일정한 양으로 포장 판매하게 됐다. 1홉(180밀리리터)들이 우유병은 일본에서 수입했다.

경성우유협동조합은 조합에 소속된 낙농업자가 생산하는 우유를 제품으로 만들어 판매한 뒤 그 이윤을 배당금으로 나눠주었다. 경성우유협동조합은 일본 우유 회사의 조선 진출에 맞서 태어난 조직이기도 했다.

일제 말 전시체제에 들어가자 우유는 군수 식량으로 지정돼 배급제 적용을 받았다. 유아, 신장염·결핵에 걸린 중병 환자, 임산부, 허약자 등이 배급 대상이었다. 당시 우유는 식품이 아니라 약에 가까운 대접을 받았다. ✸

해방 이후 경성우유협동조합은 서울우유동업조합(서울우유)으로 상호를 바꾸고 국내 우유 산업을 주도했다. 이후 매일유업, 남양유업, 한국야쿠르트 등 후발 업체들이 등장하면서 우유 업계는 경쟁 체제에 들어갔다.

중앙아시아로 강제 이주 당한 연해주 조선인들

> 레닌이 중시했던 민족 화합 정책은 스탈린이 정권을 잡으면서 짓밟혔다.
>
> ─ 정상진(소련군 출신 북한 관료)

7월 7일 일본이 중일전쟁을 일으켰다. 8월 21일, 소련의 독재자 스탈린은 극동 연해주에 사는 조선인 18만 명을 중앙아시아로 이주시키라고 명령했다. 연해주 조선인들이 일본의 스파이가 될 수 있다는 게 이유였다(소련은 1926년에 소수민족 이주 정책을 구상해 1930년대에 순차적으로 시행했다).

당시 일본은 연해주 조선인들은 자국민이라고 주장하며 소련의 신경을 건드리고 있었다. 소련은 연해주 조선인들을 먼 곳으로 이주시킴으로써 일본과의 마찰을 피하려 했다. 또한 연해주에 조선인 자치구가 생기지 않도록 방지하려 했다(2년 뒤 소련은 독일과 불가침조약을 맺었다. 스탈린은 동·서 양쪽에서 일시적 안정을 꾀하며 시간을 벌어 군사력을 키우려 했다).

스탈린은 강제 이주에 앞서 사전 작업에 들어갔다. 1935년부터 3년 동안 조선인 2,500여 명을 '일본 스파이'라는 혐의를 붙여 처형했다. 그 가운데는 대한민국임시정부 출신으로 의열단 의거에 가담한 김한도 있었다.

9월 1일, 조선인들에 대한 강제 이주가 시작됐다. 이주 과정은 비참했다. 교수·교사·언론인·문화예술인 등을 제외한 대다수 조선인이 가축 운반용 열차에 실려 짐짝처럼 옮겨졌다. 청소가 전혀 되지 않은 열차에서는 가축 분뇨 냄새가 진동했다. 화장실이 없어 열차 안 아무 데서나 볼일을 봐야 했다. 그런 열차 바닥에 짚을 깔고 자야 했으며, 열차가 달릴 때면 매서운 칼바람이 차량 안으로 파고들었다. 이동 과정에서 사망자가 속출했고, 시신은 열차가 설 때 철로 근처 아무 곳에나 묻혔다. 열차 안에서 아이를 낳는 여성도 있었다. 이런 방식의 이주가 10월 25일까지 진행되어, 당시 보고에 따르면 연해주에 살던 3만 6,442가구 17만 1,781명이 중앙아시아로 이주했다고 한다. 그 과정에서 1만 명 이상이 사망했다.

이때 봉오동·청산리 전투의 영웅 홍범도도 카자흐스탄 크질오르다 지역으로 강제 이주를 당했다. 그의 나이 예순아홉 살 때였다. 4년 뒤 일본의 동맹국 독일이 소련을 침략하자 홍범도는 참전을 요청했으나 고령이라는 이유로 거부당했다.

이후 홍범도는 크질오르다에 있던 '고려극장'에서 수위로 일했다. 1942년 초, 고려극장에서 태장춘의 희곡과 연출로 연극 〈의병들〉(나중에 〈홍범도〉로 제목을 바꾼다)이 상연됐다. 홍범도의 항일 투쟁을 그린 작품이었다. 태장춘은 이 연극을 통해 강제 이주를 당한 조선인들의 마음을 달래주려 했다. 그해 4월, 홍범도는 극장에 침입한 도둑들과 격투를 벌이다 병을 얻어 이듬해에 세상을 떠났다. ✻

'황국신민의 서사'에서 '국기에 대한 맹세'까지

1936년 조선 총독으로 부임한 미나미 지로는 '내선일체(內鮮一體)'를 강조했다. "내지(일본 본토)와 식민지 조선이 한 몸"이므로 조선인도 황국신민의 의무를 다해야 한다는 것이었다. 그리하여 그해 10월 2일, 총독부는 '황국신민의 서사'를 발표했다. 중일전쟁이 일어난 지 세 달이 지난 때였다.

1. 우리는 황국신민이다. 충성으로서 군국(君國)에 보답하련다.
2. 우리 황국신민은 신애협력하여 단결을 굳게 하련다.
3. 우리 황국신민은 인고단련하여 힘을 길러 황도를 선양하련다.

'황국신민의 서사'는 총독부 학무국 촉탁 이각종이 문안을 만들었고 학무국 사회교육과장 김대우가 총독 결재를 받았다.

3·1운동 물결이 전국을 뒤덮을 때 김포 군수로 있던 이각종은 "이런 추악한 투쟁"이 되풀이되지 않게 하자고 총독부 참사관 오오쓰카 쓰네사부로와 맹세를 나누었던 인물이다. 김대우는 경성공업전문학교(지금의 서울대학교 공과대학) 출신으로 총독부 말단 관리로 출발해 긴장한 풍채와 뛰어난 언변, 식민지 권력에 대한 투철한 '충성심'으로 능력을 인정받았다. 여기에다 '황국신민의 서사'를 탄생시킨 '공로'까지 더해져 이후 전북도지사와 경북도지사에 임명되는 등 승승장구했다. 경성제국대학을 졸업하고 고등문관시험(지금의 사법시험, 행정고시)에 합격해 관직에 진출하고 나서도 20년은 걸린다는 도지사 자리를 그는 15년 만에 차지했다.

'황국신민의 서사'는 학교, 관공서, 은행, 회사, 공장 등 모든 직장에서 집회가 있을 때마다 낭송이 강요됐다. 심지어 결혼식에서도 낭송됐다. 총독부는 '황국신민의 서사'를 보급하고자 아동용 100만 부, 일반용 20만 부를 인쇄해 배포했다. 또한 모든 출판물의 맨 앞장에 이를 수록하게 했으며 영화와 라디오로도 선전했다. ✳

오늘날 공공 행사에서 국민의례라는 명목으로 행해지는 '국기에 대한 맹세'가 '황국신민의 서사'의 '한국어 버전'이라는 지적이 있다. '국기에 대한 맹세'는 1968년 충청남도 도교육위원회에서 제정해 산하 초·중·고교에서 시행하다가 1972년 문교부(지금의 교육부)가 전국 시·도 교육위원회에 내려보내 오늘에 이른다. 유신체제 출범에 맞춰 '국기에 대한 맹세'가 정치적으로 활용됐음을 알 수 있다.

보름스 회의(1521)에 불려 나온 종교개혁가 마르틴 루터는 "책에 쓴 내용을 철회할 것인가?"라고 묻는 황제 카를 5세와 영주들에게 "내 영혼에 깃든 신의 뜻에 따르겠습니다. 내 양심은 하나님의 말씀에 사로잡혀 있습니다"라고 말하며 뜻을 굽히지 않았다. 마르틴 루터의 말에 담긴 '개인의 사상과 양심의 자유'는 이후 근대 민주주의 이념의 한 축이 됐다.

제 나라 제 민족을 사랑하자는 데 반대할 사람은 없다. 그러나 그것이 국가권력에 의해 이념화되고 강요된 애국이라면 전혀 다른 얘기가 된다. 개인의 삶에 있어 국가란 무엇인가? 개인과 국가의 관계를 어떻게 설정할 것인가? 학교 교실마다 중앙 벽면에서 뿌연 먼지를 쓴 채 걸려 있는 태극기는 무슨 의미인가? 한국이 진정한 시민사회로 가는 길목에서 떠오르는 의문들이다.

박헌영과 주세죽, 딸 비비안나(1928)

〈눈물 젖은 두만강〉의 주인공은
공산주의자 박헌영인가

1938년

"두만강 푸른 물에 노 젓는 뱃사공/흘러간 그 옛날에 내 님을 싣고/떠나던 그 배는 어디로 갔소/그리운 내 님이여, 그리운 내 님이여/언제나 오려나."

1938년 2월, 원산 출신 가수 김정구가 오케레코드사에서 발표한 〈눈물 젖은 두만강〉의 한 소절이다. 김용호가 작사하고 이시우가 작곡한 이 노래에 얽힌 일화가 있다.

1930년대 중엽, 극단 '예원좌'는 만주 순회공연을 다녔다. 어느 가을날, 극단 일행은 두만강 강변의 여관에 머물렀다. 그날 밤, 단원 이시우는 옆방에서 들려오는 여인의 울음소리에 잠에서 깼다. 여관 주인에게 그 사연을 물으니 옆방 여인의 남편이 독립운동을 하다가 수감됐는데, 남편 면회를 와보니 이미 총살당한 뒤였다는 것이다. 작곡가 이시우는 그 여인의 사연에서 영감을 받아 곡을 썼다.

그런데 작사자 '김용호'가 누구인지는 확실하지 않다. 시인 현명천이 노랫말을 썼다는 주장이 있는가 하면, 원경 스님(조선공산당 박헌영의 아들)은 작사자 '김용호'가 1930년대 배우 겸 가수 '김용환'이라고 주장한다. 김용환은 김정구의 형이다.

1927년 제1·2차 조선공산당 사건으로 구속된 박헌영은 감옥에서 정신병자 행세를 해

보석으로 풀려났다. 이듬해 그는 만삭의 아내 주세죽과 함께 총독부 당국의 감시망을 뚫고 블라디보스토크로 탈출했다. 박헌영은 아내가 몸조리를 하러 가는 것으로 위장한 뒤 기업가 박승직의 도움으로 함흥 가는 배를 탔다.

이 사건은 조선 사회를 발칵 뒤집어놓았다. 특히 '좌파 낭만주의'에 탐닉하던 식민지 조선의 지식인, 문화계 인사들은 이 극적인 사건에 큰 관심을 보였다.

그 무렵 영화 촬영을 하러 두만강에 갔던 김용환이 '박헌영 탈출 사건'을 생각하며 노랫말을 썼다는 것이다. 만약 이 이야기가 사실이라면 〈눈물 젖은 두만강〉에 나오는 '그리운 내 님'은 공산주의자 박헌영이 된다. 그래선지 총독부는 〈눈물 젖은 두만강〉을 금지곡으로 지정했다. ✳

해방 이후 〈눈물 젖은 두만강〉은 북한 실향민들이 주로 불렀다. 그러다 KBS 라디오 드라마 〈김삿갓 북한 방랑기〉(1964)의 주제가로 사용되면서 국민가요가 됐다. 〈눈물 젖은 두만강〉은 북한에서도 애창된다고 한다

이병철의 '삼성상회', 삼성그룹의 모체가 되다

3월 1일, 대구 수동(지금의 인교동)에서 사업가 이병철(28세)이 자본금 3만 원(현재 가치로 30억 원)으로 '삼성상회'를 설립했다. 이것은 이병철이 두 번째로 시작한 사업으로 사옥은 지상 4층, 지하 1층 규모였다.

와세다대학을 중퇴하고 고향으로 돌아온 이병철은 2년 전 경남 마산에서 '협동정미소'를 차리며 첫 번째 사업을 시작했다. 정미소

를 운영하는 한편 쌀 시세의 등락을 미리 파악해 미두 선물 시장에서도 큰돈을 벌었다. 그의 야심은 거기서 멈추지 않았다. 트럭 20대로 운송 회사를 차려 쌀 운송업에도 손을 댔다. 정미업과 운송업에서 번 돈을 다시 김해평야 일대의 논밭 200만 평을 매입하는 데 투자했다. 이 토지에서 1년에 쌀 1만 석이 소작료로 들어왔다.

젊은 나이에 큰돈을 벌자 이병철은 사업을 지배인에게 맡기고는 요정에 단골로 드나들었다. 《호암자전》에서 이병철 스스로도 다음과 같이 말했다.

"그 무렵 마산에는 천해관 등 한국식 요정이 서너 군데 있었고 망월 등 일본식 요정이 다섯 군데 있었는데 나는 그 모두의 단골이었

삼성상회
삼성상회는 오늘날 삼성그룹의 모체다.

다. 한국인과 일본인을 합해 80~90명이나 되는 기생들과도 곧 낯이 익었다."

그러나 이병철의 교만은 오래가지 못했다. 중일전쟁이 일어나면서 사업이 직격탄을 맞았다. 조선식산은행이 모든 대출을 중단했던 것이다. 토지 매입금에 은행 대출금이 포함돼 있었기 때문에 이병철에게는 치명타였다. 결국 이병철은 정미소와 운송 회사, 토지를 헐값에 팔아 은행 대출금을 갚고 모든 사업을 접었다.

생애 첫 사업에서 실패를 겪은 이병철은 새로운 사업을 구상하려 두 달 동안 대륙 여행을 떠났다. 부산을 출발해 경성, 평양, 신의주, 원산, 흥남을 거슬러 올라가 만주의 창춘, 선양을 거쳐 베이징, 상하이 등을 돌아봤다.

당시 만주와 중국에서 일본군은 난징대학살 등 온갖 만행을 저지르고 있었다. 이병철은 넓은 중국을 다니며 조선과는 비교가 되지 않는 시장 규모에 놀랐고, 대륙에서 사업 구상을 마치고 돌아와 다시 회사를 세운 것이 바로 '삼성상회'였다.

삼성상회 1층에서는 밀가루를 만드는 제분기와 면을 만드는 제면기를 갖춰놓고 국수를 생산했다. 여기서 생산한 국수가 '별표국수'다. 별표국수는 삼성상회가 생산한 최초의 상품이었다(당시에 이미 '소표국수', '풍국면'이 시장을 장악하고 있었던 탓에 '별표국수'는 고전하다 결국 사라지고 말았다). 또한 대구의 능금사과와 포항의 건어물을 모아 만주, 중국, 일본, 동남아시아 등으로 수출했다. ※

해방 이후 삼성상회는 삼성물산공사(지금의 삼성물산)가 됐고, 1953년 제일제당(지금의 CJ그룹), 1954년 제일모직을 설립했으며, 전자·중공업·건설·금융·유통 등으로 사업을 확장해 지금의 삼성그룹으로 성장했다.

일본어는 '국어'가 되고, '조선어'는 선택과목으로 전락하다

일본어문 연습도
일제가 '국어 상용' 정책을 취하자, 일본어를 모르는 조선인들은 일상생활에 어려움을 겪었다. 그래서 윷놀이와 비슷한 놀이를 통해 일본어를 익힐 수 있도록 학습놀이판을 고안하기도 했다.

"여러분, 오늘은 나의 마지막 수업입니다. 베를린에서 내려온 명령에 따라 내일부터 (프랑스) 알자스와 로렌의 학교에서는 독일 어로 가르치게 됐기 때문입니다."
– 알퐁스 도데,《마지막 수업》

3월 15일, '제3차 조선교육령'에 따라 '국어 상용'이 시행됐다. 여기서 말하는 '국어'는 일본어다. 이에 따라 각 학교에서 조선어는 수의과목(선택과목)이 됐고, 몇 달이 지나자 조선어를 사용한 학생이 처벌을 받았다.

어느 소학교에서 교사가 "오늘부터 조선어가 없어졌다"라고 말하자 철없는 아이들은 무척 좋아했다. 조선어는 한자가 많아 배우기 어려운데 일본어 히라가나는 한자가 아니어서 배우기가 쉬웠기 때문이다. 교사가 "우리말이 사라졌는데 그렇게 좋냐?" 하고 다시 물으니 아이들이 눈치를 채고 조용해졌다.

경제학자 야나이하라 다다오(훗날 도쿄대학 총장)는 "조선인 교사가 조선인 아동에게 일본어로 일본 역사를 가르치는 것을 보고 흘러내리는 눈물을 금할 수 없었다"라고 말했다. 일본인 지식인이 보기에도 일제의 식민교육 정책은 '야만' 그 자체였다.

당시 전국에서 가장 공부 잘하고 집안도

좋은 수재들이 몰려들던 서울의 경기중학교에서는 조선어 교사가 퇴직을 했고, 방학 중 '국어' 실력이 떨어지지 않게 해달라는 내용의 가정통신문이 배부됐다. 전라북도 옥구에서 올라와 2학년에 재학 중이던 강상규는 "국어 상용은 5,000년 역사를 가진 조선 민족에게 큰 모멸"이라며 반감을 나타냈다.

그러나 출세를 위해서는 일본어가 필수였기 때문에 학생들은 '국어 상용'에 별 저항을 하지 못했다. 심지어 "우리 반에는 조선어를 사용하는 자가 서너 명이 있어 치욕"이라는 신고가 학교 당국에 접수됐다. 그런데 이때 고발당한 학생들은 기지를 발휘해 위기를 벗어났다. 조선어 '고구마'를 사용했다는 지적이 들어오면 "나는 조선어 고구마가 아니라 일본어 고구마(小熊, 새끼곰)를 말했다"라고 둘러대는 식이었다.

국가권력이 강제한 '국어 상용'이 개인의 일상을 간섭하자 강상규는 언어생활이 몹시 피곤해졌다. 말하는 내용이나 상대에 따라 조선어와 일본어를 선택해 구사해야 했기 때문이다. 방과 후 하숙집에 돌아와서도 마찬가지였다. 고위 관리의 아들과 대화할 때는 더 신경을 곤두세워야 했다. 하루는 1학년 때의 담임 교사를 만났는데 그가 시종일관 '국어'만 사용하는 것을 보고는 크게 실망했다. 3학년 때 일본인 담임 교사는 그에게 일본에 있는 학교로 진학하려면 일본어를 능숙하게 구사해야 하므로 '국어 상용'에 더욱 매진하라고 독려했다. 민족의식이 투철한 식민지 청년 강상규는 눈앞의 장벽에 절망했다.

학생만이 아니라 일반인도 '국어 상용' 정책을 피해갈 수 없었다. 총독부는 각 지역 소학교마다 강습소를 두고 일본어 보급에 나섰다. 강원도 통천의 임남소학교는 9월 26일부터 세 달 동안 강습소를 운영했다. 강습 시간은 오후 2시부터 5시까지였고, 수강생은 150명이었으며, 강사는 이 학교 교사였다. 가을걷이가 한창일 때라 농촌 주민들에게 일본어 강습은 큰 부담이었다.

1938년에는 전국에서 3,660개의 일본어 강습소가 운영됐고 수강생은 21만 명에 이르렀다. 21만 명 가운데 약 45퍼센트가 간단한 일본어 회화를 익혔고 28퍼센트가 히라가나를 읽고 쓸 수 있게 됐다. 대부분의 식민지 조선인은 뜻도 모르고 '황국신민의 서사'를 암송했다. '국어 상용' 정책은 행정 관료들의 실적 쌓기로 운영됐기 때문에 실효를 거두지는 못했다. 제도는 일상의 관계를 넘어서지 못한다. ✸

1980년대 필자가 고등학교 때의 일이다. 평생 문맹으로 살아온 내 할머니가 일제 말 강제로 배웠던 일본어 교재를 달달 외우는 것을 보고 놀란 적이 있다. 일제의 '국어교육'이 얼마나 집요했는지 50여 년이 지난 뒤에도 그 흔적이 남아 있었다.

고인돌 '유적'을 재발견한 실직 교사 황의돈

전시체제에 들어간 일제는 식민지 조선인들에게 '국어 상용'을 강요하는 한편, '일본인 만들기 역사교육'에 돌입했다. 일본사가 '국사'가 됐고, 조선사는 지방사·향토사로 전락했다. 이에 따라 보성고등보통학교 역사 교사 황의돈(48세)은 하루아침에 일자리를 잃었다. 29년 교직 생활이 그렇게 끝났다.

먹고살 일이 막막해진 황의돈에게 조선일보사에서 향토문화 조사 사업 편집위원으로 일해달라는 제의가 왔다. 당시 조선일보사는 전국 각 지방의 연혁, 산천, 고찰, 향교, 서원, 민속, 민요, 방언, 신화, 전설, 인물, 특산물 등을 조사해 대전집을 발행하려 전문가들을 모집하고 있었다. 좋아하는 공부를 해가며 생계를 이을 수 있으니 황의돈으로서도 거절할 이유가 없었다.

4월 1일 조선일보사에 입사한 황의돈은 다음 달 전남 함평으로 내려갔다. 함평에는 명산대천이나 소문 난 유적이 없었지만 황의돈은 함평에서 당시 학계가 별로 주목하지 않던 유적을 '재발견'했다. 바로 '고인돌'이었다.

함평군 대동면에는 10여 리에 걸쳐 60여 개의 고인돌이 분포해 있었다. 황의돈은 고인돌군을 답사하고 그 내용을 신문에 실었다. "거석 아래엔 반드시 여러 소석으로 지탱하고 있다. …… 고인돌, 고이바위, 지석 등의 명사가 생기게 된 바이다." 그는 외국의 고고학자들이 고인돌을 원시 인류의 무덤으로 보고 연구한다는 사실을 알고 있었다. 오늘날 고인돌이 고고학 연구의 상징처럼 자리를 잡은 데는 실직 교사 황의돈의 역할이 컸다. 아는 만큼 보인다는 사실을 그는 몸으로 보여주었다.

한편 황의돈은 고인돌뿐 아니라 또 다른 '문화유산'을 미래 세대에 남겨줬다. 오늘날 한국인의 언어생활에서 유용하게 사용되는 '-적(的)'이라는 표현이 그것이다. '인간적', '사실적', '퇴폐적', '온정적' 등 널리 쓰이다 못해 남용된다는 비판까지 듣는 '적'의 선구자가 황의돈이다. 오죽하면 그의 별명이 '적적박사'였을까.

'~적'은 일본어식 표현이다. 19세기 메이지 시대에 일본은 영어와 독일어의 형용사 어미 '-ic', '-ik'를 '~적'으로 옮겼다. 이를테면 'romantic love'를 '낭만적 사랑'으로 번역했다. 종래 일본어에서는 접미사 없이 명사와 명사를 연결하기가 어려웠는데, 이 '-적'을 계속 사용하다 보니 차츰 접미사 기능을 하게 됐고 조선에도 수입되어 오늘날에 이른다. ✳

'불온 교사' 홍순창, 낙서 사건으로 구속되다

(진구)황후는 (일본) 와니노쓰를 출발했다. 바람신이 바람을 일으키고 해신이 파도를 일으켜 범선은 신라로 갔다. 신라 왕은 두려워서 싸울 마음이 사라졌다. …… 고구려, 백제 두 나라 왕은 신라가 일본국에 항복했다는 말을 듣고 스스로 황후 앞에 와서 머리를 조아렸다.

−《일본서기》

1938년 4월, 강원도 양구에 있는 매동심상소학교 5학년 교실, 담임교사 홍순창이 역사를 가르치고 있었다. 교재는 총독부가 편찬한 《초등 국사》, 신라 왕이 일본 진구황후에게 항복했다는 내용이 나오자 홍순창은 "신라는 강국이었다. 일본군에 항복하고 공물을 바쳤다는 이야기는 거짓"이라고 폭탄 발언을 했다. 삼엄한 감시가 일상화되던 때 홍순창의 발언은 '불온'한 것이었다.

진구황후는 신화 속 베일에 싸인 인물이다. 생존 연대가 3세기인지 4세기인지, 실존 인물인지조차 분명하지 않다. 그러나 일본인들에게 진구황후는 신화의 주인공일 뿐 아니라 민족적 자부심을 상징하는 존재여서 메이지 시대에는 화폐 인물로 도안되기도 했다. 그가 만삭의 몸으로 한반도를 성벌했다는 《일본서기》 기록은 일본 군국주의자들이 조선을 침략하는 데 영감을 제공했고, 식민지 조선의 교과서에 실려 기정사실로 받아들여졌다.

그러나 홍순창은 이를 거부했다. 그의 '불온교육'은 효과를 냈다. 1940년 3월 25일, 학생 김창환, 이병은, 남광숙 등이 거사를 도모했다. 그들은 1학년 교실에 몰래 들어가 칠판에 "일본폐지, 조선 독립"이라 쓰고 나왔다. 낙서를 처음 발견한 이는 일본인 교장 구보였다. 그는 자신의 아들과 싸웠다는 이유로 조선인 학생을 무자비하게 '구타'하는 악질 교사였다. 구타가 어찌나 심했던지 맞은 학생이 똥오줌을 지릴 정도였다. 구보의 폭행에 반발한 학생들이 등교 거부에 들어갔고 학부모 대표가 찾아와 항의하자 억지춘향식 사과로 사태를 수습했다. 이때 교장 구보의 횡포에 가장 분노했던 이가 '불온 교사' 홍순창이었다.

'불온 낙서 사건'의 배후로 지목된 '불온 교사' 홍순창은 치안유지법 위반 혐의로 수사를 받았다. 그가 수업 시간에 민족의식을 주입한 결과 학생들이 교장을 비방하고 국체를 부정하는 낙서를 했다는 것이었다. 1941년 경성지방법원은 홍순창에게 국체 변혁을 선동했다는 죄목으로 징역 2년을, 학생들에게는 징역1년, 집행유예 4년을 선고했다. ✻

해방 이후 '불온 세력'에 대한 감시와 탄압은 끝나지 않았다. 정권의 입맛에 맞지 않는 말과 행동이 곧 '불온'이었다. 일제의 '치안유지법'을 계승한 '국가보안법'은 수십 년 동안 '불온 세력'을 '박멸'했다. "공안 당국은 북한을 추종하거나 혼란을 부채질하는 불온 세력을 발본색원해야 한다." 21세기 대한'민국'에서 어느 유력 정치인이 내뱉은 말이다.

장제스와 손잡은 김원봉

─ 조선의용대 창설

중일전쟁이 한창이던 1938년 10월 10일(쌍십절, 중화민국 건국기념일), 중국 한커우에서 '조선의용대' 발대식이 열렸다. 이날 행사에는 조선의용대장 김원봉을 비롯해 윤세주, 최창익 등 조선인 120여 명과 저우언라이, 귀모뤄 등 중국 정치인들이 참여했다.

김원봉은 발대식 연설을 마치고 외국 기자들과 인터뷰를 했다. 프랑스의 한 통신사는 김원봉의 인터뷰를 촬영해 갔다. 사흘 뒤에는 조선의용대 창설을 경축하는 행사도 열렸다. 관객 700여 명이 참석한 가운데 무대에서 〈아리랑〉·〈민족해방가〉·〈자유의 빛〉 등의 노래와 〈쇠〉·〈두만강 변〉 등의 연극이 공연됐다.

조선의용대는 중국국민당 군사위원회에 소속돼 매월 식비 20원과 공작비 10원을 지원받았다. 김원봉은 국민당 장제스가 '못된 짓'을 많이 했지만 일제를 타도하려면 전술적 연대가 필요하다고 주장했다.

"중국 인민과 우리 조선 인민은 이미 혈맹으로 싸워왔습니다. …… 중·조 두 나라 인민이 (동북)항일연군이라는 이름으로 유격전을 벌이고 있습니다. …… 조선의 3,000만 동포가 우리의 역량이고 전 중국 4억 5,000만 동포가 모두 우리의 역량입니다."

그가 이렇게 나선 데는 1년 전 제2차 국공합작이 성사된 게 계기가 됐다.

손바닥도 마주쳐야 소리가 나는 법, 장제스도 김원봉의 의열한 투쟁에 호감을 갖고 있었다. 또한 조선의용대를 지원함으로써 중국 내 조선인들을 국민당 지지 세력으로 묶어두고 해방 이후의 조선에서 영향력을 행사하려는 포석이 깔려 있었다.

조선의용대는 일본어와 중국어를 구사하는 엘리트들로 구성되어 적진 교란, 첩보, 선전 활동, 포로 심문 활동에 주력했다. 중국 정치인 귀모뤄는 조선의용대의 선전 활동에 감탄했고 중국인의 무력함을 한탄했다.

워낙 드넓은 땅에 살다 보니 중국인들은 민족의식이 조선인과 달랐다. 중국 대륙을 쳐들어오는 일본군을 그 옛날 만리장성을 넘어와 노략질하는 흉노족이나 마적 떼쯤으로 여겼다. 중국과 일본의 관계를 '민족 대 민족'의 관계로 보지 않은 것이다. 작가 루쉰은 소설 〈아큐정전〉에서 중국인이 '긴 잠'을 깨야 한다는 메시지를 보냈다.

훗날 한커우를 점령한 일본군은 조선의용대가 담벼락과 아스팔트 바닥에 써놓은 표어를 지우느라 며칠 동안 애를 먹었다.

"일본의 형제여, 상관에게 총을 겨누라."

"왜 아까운 목숨을 버립니까? 투항하라!"

"사랑하는 가족이 있는 고향으로 돌아가라!"

"당신들이 피를 흘릴 때 후방에선 향락이 넘친다."

페인트로 써놓은 표어는 지워도 일본군 머릿속에 스며든 '독가스'는 쉬이 사라지지 않았다.

조선의용대(1938. 10. 10.)
조선의용대 창설 기념사진. 휘장 가운데 서 있는 사람이 조선의용대장 김원봉이다.

1939년 들어 중국국민당은 반공노선을 강화하고 항일 투쟁에는 소극적인 방향으로 돌아섰다. 이로써 제2차 국공합작은 파국을 맞기 시작해, 1941년 초 기어코 사달이 났다. 국민당군이 신사군(대장정에 참여하지 않고 화남에 남은 공산당 홍군)을 공격해 3,000여 명이 전사했다(환남사변). 이에 조선의용대가 후방에서 선전 활동만 하지 말고 만주로 가 무장 투쟁에 나서야 한다는 목소리가 커졌다. 대한민국임시정부가 창건한 한국광복군도 조선의용대를 '한국 정부에 속하지 않는 민중단체이며 비무장 정치단체'로 규정하며 평가절하했다. 이에 조선의용대 내부에서 균열이 일어 그중 일부 세력은 중국국민당과 대한민국임시정부가 있는 충칭에서 벗어나려 했다.

1941년 여름, 윤세주와 김두봉(주시경의 제자, 한글학자, 김원봉의 처외삼촌), 박효삼을 비롯한 조선의용대 주력 부대 80여 명은 국민당의 동의 없이 공산당 팔로군(1937년 제2차 국공합작 이후 중국공산대 군대를 지칭하는 용어로, 1~7로군은 국민당군이었다)이 주둔하는 화북 타이항산으로 이동했다. 상하이 쿠데타(1927)가 그랬듯이 공산당 세력을 불려준 일등 공신은 국민당 장제스였다.

조선의용대 주력부대가 공산당 근거지로 이동했다는 소식이 곧 국민당 장제스에게 보고됐다. 이에 김원봉은 입장이 난처해졌다. 지금껏 국민당의 지원을 받았기 때문에 김원봉은 공산당 근거지로 가지 못하고 충칭에 남아 국민당의 지원을 받을 수밖에 없었다. 김원봉은 대한민국임시정부에 참여해 활동하다가 해방을 맞았다. ❶1940 ❋

해방 이후 김원봉은 친일 경찰 출신 노덕술에게 불려가 수모를 당한 뒤 북한으로 넘어가 정권 수립에 참여했다. 그러나 1950년대에 중국국민당 장제스의 스파이였다는 혐의로 김일성에 의해 숙청됐다. 항일 투쟁기 조선의용대 활동이 해방 이후 김원봉의 발목을 잡은 셈이다. 무용가 최승희와 마찬가지로 김원봉도 분단체제의 희생양이었다.

태권도는 태껸인가, 가라테인가

무사들의 무예였던 태껸은 조선 후기 들어 무예의 성격이 점차 사라지고 서민의 오락거리로 명맥을 유지했다. 일제시대에는 더 쇠퇴해 태껸판을 여는 것 자체가 금지됐으며 태껸꾼은 보이는 대로 잡혀갔다. 심지어 어린아이들이 놀이로 벌이는 태껸까지 금지됐다. 일제는 태껸판이 '불순'한 집회로 확대될까 봐 미리 방지했던 것이다.

식민지 조선에서는 태껸·수박희·격검·사예 등 전통 무예가 쇠퇴했고, 서양의 근대 스포츠를 비롯해 일본의 무예인 가라테·유도·검도가 젊은이들을 파고들었다. 그중 가라테는 원래 오키나와(류큐 왕국)의 무술이었다. 19세기 말 오키나와가 일본에 강제 편입되면서 가라테가 일본으로 건너가게 되는데 이를 주도한 사람이 가라테의 명인 후나코시 기친이다. 그는 비가 오나 눈이 오나 한밤중에 10리 길을 달려 공동묘지로 가 그곳에서 스승을 만나 무예를 배웠다는 전설 같은 이야기가 전한다. 이후 가라테는 발전을 거듭해 일본에서 검도, 유도 못지않은 주류 무술이 됐고 재일 조선인 유학생들에게도 보급됐다.

1939년 3월, 전북 김제 출신 최영의(16세)는 군산에서 배를 타고 일본 나가사키로 향했다. 그는 다쿠쇼쿠대학 재학 중 후나코시 기친의 쇼토칸(松濤館)에서 2년 동안 수련했다. 그는 훗날 '최배달'이라는 이름으로 가라테의 전설이 되는데, 1980년대 《스포츠서울》 연재 만화 〈바람의 파이터〉의 실제 모델이다. 〈바람의 파이터〉는 소설과 영화로도 제작됐다.

바로 이때 일본 주오대학에는 함북 명천 출신 최홍희가 재학하고 있었다. 그는 초기 태권도의 산파라고 불리는 인물이다. 최영의와 달리 선천적 약골이었던 최홍희는 고향에서 허 아무개와 말다툼을 하다 잉크병을 집어던져 큰 상처를 입히고 도망하다시피 일본으로 유학을 떠난 청년이었다. 그는 고향으로 돌아가기 위해 가라테 수련에 들어갔다. 허 아무개의 보복이 두려워서였다. 최홍희도 후나코시 기친에게서 가라테를 배웠다고 하나 확실하지는 않다. ✱

1954년 9월 제29사단 사단장 최홍희가 이끄는 시범단이 사단 창립 1주년 기념식에서 이승만 대통령 앞에서 당수(唐手, 가라테) 시범을 보였다. 이때 대위 남태희가 대통령 앞에서 맨 주먹으로 기왓장 12장을 격파하는 괴력을 선보였다. 감동을 받은 대통령이 무술의 이름이 무엇이냐고 묻자 "당수"라는 대답이 돌아왔다. 이에 대통령은 "저게 예로부터 내려오는 '태껸'이야, '태껸'!"이라며 역정을 냈다. 이어 그 '태껸'을 전 군대에 보급하라고 지시했다. 대통령의 말 한마디에 가라테가 태껸으로 둔갑하는 순간이었다. 대통령의 지시에 다급해진 최홍희는 남태희와 함께 새로운 무술 이름 찾기에 몰두했다. 결국 '태껸'과 비슷한 음역인 '태권(跆拳)'이라는 용어를 만들어내 이것이 1955년에 공식 용어로 채택됐다. 훗날 최홍희는 "당수, 공법, 권법, 태껸 등으로 불리던 명칭을 '태권'이라는 이름으로 통일한 것은 내 일생을 통해 가장 뜻깊은 일"이라고 회고했다. 오늘날 한국에는 1만 개 이상의 태권도장이 성업 중이다.

'강제' 지원병 이인석의 전사와 살아남은 가족의 수난사

조선인 지원병 이인석
그는 중국 산시성 전투에서 전사했다.

6월 22일, 중국 산시성 전투에서 조선인 지원병 이인석(23세)이 전사했다. 조선인 지원병 가운데 최초의 전사자였다.

이인석은 충북 옥천의 가난한 집안에서 8남매 중 맏아들로 태어나 옥천농업실습학교를 졸업했다. 다른 지원병들과 마찬가지로 이인석도 가난해서 지원병으로 나가게 됐다. 게다가 당시 충북도지사 김동훈이 지원병 모집에 적극 나섰다.

이인석은 육군병 지원자 훈련소를 수료하고 보병 제79연대에 배치되어 1939년 5월 중일전쟁 참전 한 달 만에 전사했다. 그에게는 아내와 갓 태어난 딸이 있었다.

총독부는 이인석을 영웅화하며 그의 전사를 크게 홍보했다. 총독부 간부들이 참석한 가운데 이인석의 장례식이 성대히 치러졌다. 일본 군부는 부상당한 이인석이 전우들에게 끝까지 싸워줄 것을 당부하고 "천황 폐하 만세"를 외치며 전사했다고 선전했다. 라디오에서는 이인석의 일대기를 그린 나니와부시(일본의 전통 악극)가 매일 방송됐다. 총독부 기관지 《매일신보》는 물론 《조선일보》와 《동아일보》도 관련 기사를 내보냈다. 이인석의 어머니가 "자식의 명예로운 죽음"을 의연히 받아들이고 있으며 다른 지원병들도 천황을 위해 싸우고 싶어한다고 보도했다. 조작된 이야기에 따라 이인석에게 훈장이 내려졌고, 그는 대일본 제국의 영웅이 됐다. 그러나 이인석의 동생 이종두는 훗날의 어느 인터뷰에서 "어머니는 형님 전사하고 여섯 달을 찬물만 마시고 살았다"라고 말했다.

옥천에 있는 이인석의 집과 묘소로 전국에서 순례객들이 찾아왔다. 교사가 학생들을 단체로 인솔해서 오기도 했다. 당국이 동원한 사람들이었다. 각 처에서 들어오는 부의금은 이인석 가족의 생활비가 됐다. ❋

해방 이후 이인석의 가족은 반민특위에 불려가 조사를 받았다. 일제시대에는 식민지 권력에 의해 가족을 잃고, 해방된 조국에서는 민족 반역자의 가족으로 몰려 고통을 당한 것이다. 이인석의 아내 유서분은 "학교 선생으로 갔는데 교장이 꼬셔서 지원병으로 갔던 거야. 말하자면 전장에 나가자마자 전사한 거지"라고 회고했다. 역사의 소용돌이에 휘말린 한 가족의 수난사다.

'내선일체'는 '내선평등'이 아니다

저항시인 이육사가 "내 고장 칠월은/청포도가 익어 가는 시절"로 시작하는 시 〈청포도〉를 발표할 무렵, 인천시청 사회과 박도언이 가정방호조합 임원 150여 명에게 강연을 했다. 그는 "진구황후는 신라에서 내지(일본 본토)로 건너간 사람의 후손인데 내선일체를 오늘날 새삼스럽게 논할 필요가 없다"라면서 일본인이 우월감을 갖고 조선인을 차별하는 행태에 대해 비판했다. 박도언의 강연 내용에 조선인들은 박수를 쳤고 일본인들은 발끈하며 자리를 떴다.

여기서 '박수를 치는 조선인'뿐 아니라 '발끈하는 일본인'에게 주목하게 된다. 총독부가 '일본과 조선은 한 몸'이라는 내선일체를 주장했지만 정작 조선에 살고 있던 일본인들은 이를 받아들이지 않고 있었고, 받아들이고 싶지도 않았다. '독특한 신화'에 근거를 둔 내선일체론은 당시 조선 내 일본인들 사이에서 도리어 웃음거리였다.

내선일체는 일선동조론(日鮮同祖論)에 바탕을 두고 있다. 역사서 《일본서기》(720)에 따르면, 3세기경 일본 진구황후가 천황을 임신한 채 신라를 정벌했다. 이에 조선과 일본이 하나로 통합됐다가 신라가 반란을 일으켜 당과 연합해 백강 전투(660)에서 일본군을 무찔러 분리됐다는 것이다. 이 논리에 따르면, 조선과 일본은 본래 하나였으니 조선을 다시 일본의 영토로 통합하는 것이 마땅했다.

총독부는 내선일체의 하나로 일본인과 조선인의 결혼을 장려했다. 지배자와 피지배자의 관계를 '형제 관계'로 만들겠다는 취지였다. 그러나 일본인들의 반응은 싸늘했다. "조선인과의 결혼은 있을 수 없다", "터무니없는 짓" 등등의 반응이었다. 사이좋게 지낼 수는 있으나 서열과 도리를 잊어서는 안 된다는 목소리였다. 더 나아가 독일 게르만족의 순혈주의처럼 일본 야마토 민족도 혈통을 지켜야 한다는 주장도 나왔다.

그런데 적지 않은 조선인은 '내선일체'를 '내선평등'으로 이해(착각)하며 반겼다. 내선일체 실현을 통해 조선인도 참정권과 의무교육 등의 권리를 갖게 되리라는 기대였다. 심지어 총독부 폐지를 요구하는 사람도 있었다. 일본인들이 내선일체를 반대했던 현실적 이유는 바로 그것, '조센진'이 건방져진다는 것이었다.

조선총독부 역시 내선일체를 내선평등으로 생각했을 리 없다. 결국 내선일체는 조선인들을 전쟁터로 끌고 가려는 속셈에서 나온 사탕발림이었다. ✽

안중근의 아들,
이토 히로부미 묘를 참배하다

안중근의 아들 안준생(맨 왼쪽)과 이토 히로부미의 아들 이토 분키치(맨 오른쪽)

10월 9일, '재상하이 실업가 유지 만선(만주와 조선) 시찰단'이 조선을 방문해 총독 미나미를 만났다. 그런데 사찰단 안에는 '안준생'이라는 인물이 있었다. 안중근의 둘째 아들이었다. 중일전쟁에 광분해 있던 일제는 '내선일체' 정책에 안준생을 이용하려 들었다.

15일, 안준생은 조선총독부 관리들과 함께 박문사를 찾았다. 박문사는 안중근에게 사살당한 이토 히로부미를 기리기 위해 경성 장충단 근처에 세운 사찰이었다. 안준생은 이토 히로부미의 명복을 빌었고, 아버지의 30년 전 '폭거'에 대해 사죄했다. "죽은 아버지의 죄를 내가 속죄하고, 전력으로 보국의 정성을 다하고 싶다." 이때 안준생의 손에는 아버지 안중근의 위패가 들려 있었다.

장충단은 을미사변 때 순국한 충신들의 제사를 지내기 위해 고종이 만들었다. 장충단에서는 해마다 봄과 가을에 제사를 지냈다. 그러나 1908년 일본에 의해 제사는 중단됐고, 1932년 그곳에 박문사가 세워졌다. 국모를 지키다 희생된 훈련대 대장 홍계훈과 그 부하들은 죽어서도 일제에 의해 짓밟힌 셈이다.

총독부와 안준생의 이벤트는 10월 17일이 절정이었다. 안준생은 이토 히로부미의 아들 이토 분키치와 박문사를 다시 방문해 이토 히로부미의 영전에서 '역사적 화해'를 했다. 안준생은 "지금 생각해도 아플 만큼 그때의 일이 부끄럽습니다. 어제 박문사를 참배하고 고인의 영전에 죽은 아버지를 대신해서 속죄하는 참회의 눈물을 흘렸더니 오늘은 훨씬 마음이 가볍습니다"라고 말했다. 이에 이토 분키치는 "30년이 지난 오늘에 와서 잘못을 가리면 무엇 하겠나?" 하며 "앞으로 일본을 더 잘 이해하고 국가를 위해 봉사하라"고 말했다.

언론에서는 이토 분키치가 안중근을 '용서'했다고 보도했다. 2년 뒤에는 안중근의 장녀 안현생도 박문사를 찾아 아버지의 '폭거'를 사죄했다. 안준생과 안현생의 행동이 자의였는지, 타의였는지, 자의반 타의반이었는지는 알 수 없다. 일본 패망 직후, 김구는 안준생을 체포해 처형하라고 중국 정부에 촉구했다. ✱

2014년 연극 〈나는 너다〉는 안준생의 고뇌를 그린 작품이다. 안준생이 아버지 안중근을 원망하다가 가상 세계에서 아버지와 화해한다는 내용이다. 안준생에게 아버지의 명성은 삶의 넝에었을까?

1940년대

몰락하는 군국주의, 해방되는 식민지

1940년 여름 독일군이 프랑스 파리를 함락했고 9월에는 일본군이 인도차이나반도 북부를 침공했다. 그나마 양심을 지키던 식민지 조선의 지식인들마저 이제는 일제에 협력하기 시작했다. 그들은 일본이 독일, 이탈리아와 함께 새로운 세계 질서를 건설할 것이라고 믿었다.

9월 27일, 일본은 독일, 이탈리아와 삼국동맹을 맺었다. 독일이 유럽을 평정할 것이라는 계산이었다. 이로써 일본은 미국과 영국에 공식 적대국이 됐고, '돌아올 수 없는 다리'를 건넜다. 당시 독일 총통 히틀러는 독일이 영국·소련과 싸우는 동안 일본이 미국을 견제해주기를 기대했다.

10월 16일, 조선 총독 미나미는 전국 도지사 회의에서 '신체제'를 역설했다. 이후 식민지 조선인의 일상은 전시동원체제에 맞추어졌다. 오전 6시, 사이렌이 울리면 온 가족이 기상해 깨끗이 세수하고 정결한 마음으로 천황이 사는 도쿄를 향해 절을 했다(궁성요배). 학교에서도 날마다 학생들이 운동장에 모여 궁성요배를 했고, 낮 12시가 되면 일반인들도 사이렌 소리에 맞춰 하던 일을 멈추고 도쿄를 향해 고개를 숙이고 묵념에 들어갔다(정오의 묵도). 천황은 '살아 있는 신'이었다. 길거리에는 '내선일체'라고 적힌 현수막과 포스터, 팻말이 나붙었다.

결혼식에서 '황국신민의 서사'를 외우는 광경은 흡사 코미디였다.

1941년 여름, 일본군은 인도차이나반도 남부를 침공했다. 이곳을 근거지로 말레이시아와 싱가포르, 인도네시아(네덜란드령)를 공격할 계획이었다. 이에 미국은 미국 내 일본 자산을 동결하고 일본에 대한 석유 수출도 금지했다. 특히 석유 금수 조치는 일본군에 치명타였다. 일본은 인도네시아에서 생산되는 석유를 확보하려 네덜란드와 교섭했으나 실패했다. 독일에 점령당한 네덜란드가 독일의 동맹국 일본을 도울 리 없었다. 일본은 다급해졌다.

미국은 일본군에 중국과 인도차이나에서 철수하라고 요구했다. 일본 군부는 '철군'과 '전쟁' 가운데 하나를 선택해야 했다. 해군은 '철군'을 주장했지만 육군 강경파는 '전쟁'을 선택했다. 중일전쟁 이후 이끌어온 '성전'에 일본 국민은 고무되어 있었고, '성전'을 포기하면 그 책임을 군부가 떠안아야 했기 때문이다. 일본 군부의 불장난은 이미 돌이킬 수 없을 만큼 판이 커져 있었다. 상황이 긴박하게 돌아가자 일본 천황 히로히토가 "미국과 싸워서 이길 수 있느냐?"라고 물었다. 이에 군부는 "다른 방법이 없다"라고 답했다. 천황은 사태를 평화적으로 풀고 싶었지만 그는 일본 군부의 '얼굴마담'일 뿐이었다. 그때나 지금이나 일본 천황은 극우 세력의 숙주에 지나지 않는다.

그해 겨울, 내선일체를 강조하는 영화 〈그대와 나〉가 개봉됐다. 1940년대에는 이처럼 '애국심'을 강조하며 일본의 '성전'을 선전하는 영화가 대부분이었다. 〈복지만리〉, 〈집 없는 천사〉, 〈지원병〉 등이 대표적이다. 독일 나치가 제작한 〈민족의 제전〉도 상영됐다. 조선총독부는 미국 할리우드 영화보다는 동맹국 독일의 영화를 권장했다. 학생들이 단체 관람에 동원됐고, 영화관이 없는 시골에는 영사기를 자동차에 싣고 다니면서 군국주의 영화를 상영했다.

대중가요도 군국주의 수단으로 이용됐다. 이른바 '군국가요'였다. "나라에 바치자고 키운 아들을 빛나는 싸움터로 배웅할 제 …… 웃는 얼굴로 깃발을 흔들었다"(〈지원병의 어머니〉), "한 목숨 넘어져서 천병만마 길이 되면 그 목숨 아끼리오"(〈결사대의 아내〉). 이후 반야월, 손목인, 박시춘, 남인수, 이난영, 백년설, 김정구 등 정상급 음악인들이 친일 가요 제작에 참여했다. 한마디로 대중문화의 암흑기였다.

현지 시간 12월 7일 일요일 새벽 3시, 일본 전투기들이 하와이 진주만의 미국 함대를 선전포고 없이 기습 공격했다(태평양전쟁). 미국이 일본에 대한 석유 수출을 중단하자 일본은 태평양에서 미국 해군을 제압하고 인도네시아의 석유를 확보하려 했다. 일본 전투기의 공격으로 미국 군함 두 척이 침몰하고 3,500여 명이 죽거나 다쳤다. 일본은 승리에 도취됐고, 미국은 일본군의 비겁한 공격에 분노했다.

하와이 진주만 습격 이후 일본군은 필리핀과 홍콩, 괌, 말레이시아, 인도네시아, 싱가포르, 버마(지금의 미얀마) 등을 점령했다. 아시아인들은 일본군

이 서구 제국주의 지배로부터 아시아를 해방하러 왔다고 믿었다. 일본의 신문들은 "하늘의 신병(神兵, 일본군 낙하산부대)이 강림했다"라고 크게 보도했고, 루스벨트와 처칠의 얼굴을 덥수룩하게 털 달린 짐승으로 묘사했다.

일본은 곧 본색을 드러냈다. 일본군은 인도네시아의 유전 시설을 복구한 뒤 석유 생산에 들어갔다. 한 해에 3,000만~4,000만 배럴을 생산해 그 30~40퍼센트를 일본 본토로 운반했다. 게다가 일본군은 점령 지역에서 상상을 초월하는 만행을 저질렀다. 필리핀에서는 포로들을 굶겨 3만 명의 사상자를 냈고 무차별적으로 학살했다. 심지어 미군 포로를 살해한 뒤 인육을 먹기도 했다.

그러나 일본군의 파죽지세는 6개월을 넘기지 못했다. 1942년 여름, 하와이 북서쪽 미드웨이에서 벌어진 해전을 정점으로 태평양전쟁의 전세는 역전됐다. 미드웨이 해전은 정보전에서 결판이 났다. 미국 육군 통신부의 윌리엄 프리드먼은 일본군 통신 암호를 해독해 일본 해군의 이동 경로를 미리 파악했다. 일본 해군은 미드웨이에서 기다리고 있던 미군의 기습공격을 받아 항공모함 네 척을 모두 잃었고, 전투기 300대 이상이 파괴됐다. 16세기 조선의 이순신에게 참패를 당한 이후 일본 해군이 겪은 최대 참사였다.

미드웨이 해전 이후 일본군은 점령 지역에서 미군에 밀렸다. 6개월 동안 남태평양 과달카날에서 벌어진 전투에서 일본군 2만 명 이상이 전사했다. 미드웨이 해전, 아프리카의 엘알라메인전투, 소련의 스탈린그라드(지금의 볼고그라드) 공방전과 함께 과달카날전투는 제2차 세계대전의 전환점이 됐다. 경제 규모에서 일본의 열두 배, 국방비에서는 일본의 다섯 배인 미국은 처음부터 일본의 상대가

아니었다.

1944년 새해 첫날, 가야마 미쓰로(춘원 이광수)는 총독부 기관지 《매일신보》에 〈새해〉라는 시를 기고했다. "씩씩한 우리 아들들은 총을 메고 전장으로 나가고, 어여쁜 우리 딸들은 몸뻬를 입고 공장으로 농장으로 나서네." 그는 이 시에서 학도지원병제에 적극 동조하며 조선의 학생들에게 천황의 용사로 나서길 부추겼다. 학도지원병제에 따라 대학, 전문학교에 다니는 조선인 학생 5,000여 명 가운데 4,385명이 전쟁터로 떠났다. 대학을 졸업해도 취업이 어려워 먹고살려고 지원한 식민지 청년들이 많았다. 그해 봄, 일제는 식민지 조선에서 징병제를 실시했다.

그리고 가을, 일본군은 필리핀 남쪽 레이테 해역에서 운명을 건 결전에 들어갔다. 필리핀을 미군에 빼앗기면 동남아시아의 자원을 일본 본토에 공급할 수 없기 때문이었다. 이때 일본 군부는 기상천외한 '전술'을 구사했다. 제로센 전투기에 250킬로그램의 폭탄을 싣고 미국 군함에 돌진해 자폭 공격을 감행한 것이다. 악명 높은 가미카제 특공대다. 이 보고를 받은 천황도 "그렇게까지 해야 하는가?"라며 놀라움을 나타냈다.

레이테 해전에서 가미카제 특공대에 일격을 당한 미군은 이후 항공모함을 가운데에 놓고 그 주변에 구축함과 순양함 등을 배치하여 호위했다. 가미카제 특공대가 구축함과 순양함 등에서 날아오는 방공포를 피해가며 항공모함에 돌진하기란 거의 불가능했다. 가미카제 특공대의 공격 성공률은 10퍼센트 미만이었다. 전공(戰功)을 부풀리려 상부에 과장 보고한 것까지 감안하면 성공률은 더 낮았을 것이다. 사무라이 낭만주의와 일본 군부의 광기가 만들어낸 가미카제 특공대는 반인륜 폭거일 뿐

아니라 전술에서도 무모한 짓이었다.

가미카제 특공대는 일본이 항복할 때까지 총 300여 회를 출격했으며 방법도 다양했다. 사람이 직접 어뢰를 타고 적의 군함을 향해 돌진하는가 하면, 폭탄을 가득 실은 작은 배로 적 군함을 들이받기도 했다. 그 '광란의 쇼'에서 4,000여 명의 전사가 '야스쿠니 벚꽃'으로 산화했다. 그들은 전쟁의 소모품이었다. 그중에는 조선인 출신 특공대원 수십 명이 포함되어 있었다. 그들은 식민지 국민으로 태어나 충량한 신민으로 훈련된 전사들이었다.

1944년 여름, 미군이 버마 미치나를 함락했다. 이곳 일본군 부대에는 조선인 위안부 20명이 함께 있었다. 그들 대부분은 "공장에 취업을 시켜주겠다", "공부를 시켜주겠다"라는 말에 속아 이끌려온 피해자였다. 평균 연령은 23세, 동원 시점으로 계산하면 12명이 10대 여성이었다.

일본군 병사들의 성 문제는 군 지휘부에 골칫거리였다. 러일전쟁과 시베리아 출병 때 수많은 병사들이 성병에 걸려 본국으로 송환됐고, 난징대학살 때는 부녀자 강간이 큰 문제가 됐기 때문이다. 이에 일본 군부는 군대 안에 위안소를 설치했다. 처음에는 일본인 여성들을 동원했지만 수요를 채우지 못하자 식민지 조선의 여성들을 동원했다.

조선인 남성을 대상으로 하는 징용도 종래 '모집'에서 '관 알선'으로 바뀌어갔다. 말이 좋아 '알선'이지 실제로는 식민지 권력에 의한 강제징용이었다. 이들은 탄광과 공장, 건설 현장 등지로 동원되어 살인적 노동에 시달렸다. 목표량을 채우지 못하면 휴식도 없이 작업을 강행했고 사망자도 나왔다. 100만 명 이상의 조선인이 동원된 것으로 추산된다.

미군이 버마를 장악할 무렵 국내에서 여운형은 좌우익 인사들을 규합해 조선건국동맹을 조직했다.

조선건국동맹은 지방 각도에서 책임자를 임명해 징병·징용 방해, 철도 파괴 등의 활동을 벌였다. 또한 일본의 항복이 임박했다는 판단 아래 중국 충칭의 대한민국임시정부, 옌안의 조선독립동맹과 통일전선을 추진했다. 작가 김태준, 김사량 등이 옌안으로 탈출한 것도 여운형의 국내외 조직망 개편에 따른 것이었다.

11월 1일, 사이판 기지에서 2,000킬로미터를 날아온 미군의 B-29폭격기가 일본 도쿄 상공에 나타났다. '살아 있는 신'이 계시는 도쿄에 적군 전투기가 나타난 것은 일본 전역을 큰 충격에 빠뜨렸다. 지상의 일본군 대공포가 불을 뿜었지만 고도 1만 미터 상공의 B-29폭격기에는 미치지 못했다. B-29폭격기는 35분 동안 도쿄 상공을 유유히 날아다니며 7,000여 장의 사진을 찍어 갔다.

1945년 봄, B-29폭격기가 다시 도쿄 하늘에 나타났다. 그러나 이번에는 카메라 대신 폭탄을 가득 싣고 왔다. B-29폭격기가 쏟아부은 네이팜탄이 도쿄를 초토화했다. 이 '도쿄 대공습'으로 적어도 10만 명이 사망했다. 도쿄에 이어 오사카, 고베, 나고야 등도 공격을 받았다. 일본 본토가 불구덩이인데도 식민지 조선에서는 태평양지구 미군 총사령관 더글라스 맥아더가 일본군의 포로가 되어 불쌍하게 끌려 다니는 내용의 군국영화가 상영되고 있었다.

4월 1일에 시작된 오키나와전투는 태평양전쟁 최대의 격전이었다. 그 무렵 미국 대통령 프랭클린 루스벨트가 사망했지만 전장에서는 그를 애도할 틈도 없었다. 미군이 오키나와를 점령하면 일본 본토가 위험해지기 때문에 일본군의 저항은 더욱 격렬했다. 일본군은 오키나와 지역 민간인들까지 전투에 동원했다. 오키나와전투는 일본군 중장 우시지마 미스루의 자살로 막을 내렸다. 약 3개월간 벌어진 오키나와전투에서 일본군 10만 명, 미군 1만 명이 전사했다.

전쟁이 길어질수록 사상자는 늘었다. 미국은 특단의 조치가 필요하다고 판단했다. '원자폭탄'이었다. 1945년 여름, 미국은 '맨해튼 계획' 착수 3년 만에 원자폭탄 세 발을 완성하고 서부 사막에서 실험까지 마쳤다. 모든 것이 비밀리에 추진됐다.

8월 6일 오전 8시 15분, 일본 히로시마에 '리틀보이(우라늄형 원자폭탄)'가 투하됐다. 출근 인파로 분주하던 히로시마는 순식간에 폐허로 변했고 10만 명 이상이 희생됐다. 일본 군부는 언론 보도를 통제하고 이 사실을 쉬쉬하는 데 급급했다. 여느 때의 공습보다 좀 더 강력한 폭탄이 투하됐을 뿐이라고 얼버무렸다. 일본 군부의 위선에 미국의 인내심도 오래가지 못했다. 사흘 뒤 나가사키에 원자폭탄 '패트맨(플루토늄형 원자폭탄)'이 투하되어 6만 명 이상이 희생됐다. 당초 교토가 원폭 투하 대상이었는데 일본의 천년 고도를 보존해야 한다는 여론에 따라 나가사키가 대신 희생양이 됐다. 결국 8월 10일 일본은 항복을 결정했다.

8월 15일 정오, 식민지 조선에 천황의 항복 방송이 울려 퍼졌다. 조선에 살던 일본인들은 귀국 준비에 들어갔다. 식민지 조선에서 태어나 성장한 일본인들은 혼란에 빠졌다. 그들의 고향은 식민지 조선이기 때문이었다. 17일, 부산 앞바다에서 조선 총독의 부인이 탄 배가 가라앉고 있었다. 조선에서 사 모은 귀중품을 너무 많이 실은 탓이었다. 눈물을 머금고 귀한 물건을 절반 이상 바다에 버리고 부산항으로 되돌아왔다. 마지막 순간까지 그들의 탐욕은 끝나지 않았다.

현대자동차의 모체, 아도서비스

대륙에서 일제의 침략 전쟁이 한창일 때 강원도 통천 시골에서 경성으로 올라와 꿈을 키우는 청년이 있었다. 1940년 초 정주영은 서울 아현동 고개에 있는 자동차 수리 공장 '아도서비스(Art Service)'를 인수했다. 왕십리에서 운영하던 쌀가게가 일제의 배급제 실시로 문을 닫은 뒤 뛰어든 사업이었다. 인수 자금 3,500원은 삼창정미소 사장 오윤근을 비롯한 지인들에게서 빌렸다. 오윤근은 정주영이 쌀가게를 운영할 때 거래하던 단골손님이었다.

정주영이 인수한 아도서비스는 일본질소광업사와 세도가 윤덕영 등을 주요 고객으로 확보해놓고 있었다. 스물다섯 정주영은 희망에 부풀었고 모든 게 순조로워 보였다.

그러나 그 희망은 오래가지 않았다. 공장을 인수한 지 20일쯤 지난 뒤였다. 공장의 한 수리공이 손 씻을 물을 데우려고 시너를 뿌리다 화재가 일어나 공장은 물론 손님들이 맡겨 놓은 자동차까지 모두 타버렸다. 외상으로 들여놓은 부속품도 쓸 수 없게 됐다. 남은 것은 갚아야 할 빚더미뿐이었다.

정주영은 오윤근을 설득해 다시 3,500원을 빌렸다. 이어 50명의 직원을 데리고 신설동으로 공장을 옮겼다. 말이 자동차 수리 공장이지 뒷골목 대장간 수준이었다. 무허가 공장이니 관할 당국이 가만있을 리 없었다. 동대문경찰서는 당장 공장 문을 닫으라고 압박했다. 이에 정주영은 동대문경찰서 보안계장 곤도를 구워삶았다. 처음엔 뻣뻣하게 굴던 곤도도 정주영의 끈질긴 부탁에 "법은 어기더라도 경찰 체면은 생각해가며 일하라" 하며 마음을 돌렸다.

당시 경성에는 경성서비스, 경성공업사, 일진공작소 등 큰 규모의 자동차 수리 공장이 성업 중이었다. 그들은 난 자동차의 수리 기간을 늘려가며 과당 수리비를 받아 이윤을 높였다. 그러나 정주영은 생각이 달랐다. 그는 열흘 걸릴 수리를 사흘 만에 빨리 끝내주고 수리비를 더 비싸게 받았다. 결과는 대성공이었다. 자동차로 먹고사는 사람들에게 중요한 것은 수리비가 아니라 수리 기간이었기 때문이다.

그러나 아도서비스의 성공은 거기까지였다. 이듬해 태평양전쟁을 일으킨 일제는 생산 설비를 군수산업 위주로 재편하기 위해 '기업정비령'(1942)을 내렸다. 결국 아도서비스는 일진공작소에 강제로 합병되고 말았다. ✳

해방 이후 정주영은 서울 중구 초동의 땅 200여 평을 적산(敵産, 일본인들이 남겨놓고 간 부동산)으로 불하받아 '현대자동차공업사'를 설립했다. 현대자동차공업사가 오늘날 현대자동차그룹으로 발전했다.

성을 갈아라, 창씨개명

창씨개명을 신청하려고 접수창구에 줄서 있는 조선인들

양반 양반 허지 마시겨. …… 인자는 너나 없이 창씨 다 해부리고, 왜놈들 시상이 된 지가 벌써 몇십 년인디. 무신 다 떨어진 양반이여?

－최명희, 《혼불》

2월 11일 일요일, 총독부는 창씨개명을 실시했다. 이날은 일본 황기(皇紀. 일본 황실 연호) 2,600년이 되는 날이었다. '창씨' 신고 기간은 8월 10일까지 여섯 달이 주어졌다.

일제는 민적법을 실시할 때 조선인이 일본식 '씨·명'을 사용하지 못하게 했다. ◑1909 법 적용과 급여 등에서 일본인과 조선인 사이에 차이를 두어 식민 지배의 위계질서를 유지하기 위해서였다. 그러던 일제가 창씨개명을 슬그머니 들고나왔다. 1920년대부터 일제는 식민지 조선에 천황제 국가의 지배 원리를 정착시키기 위해 일본식 '가(家)'를 보급하려 했다. 다시 말해 조선식 '성+명'을 일본식 '씨+명'으로 바꾸려고 했다.

여기서 잠깐, 성(姓)과 씨(氏)의 차이를 짚어보자. 조선의 성(姓)은 혈통을 나타내는 기호이고 일본의 씨(氏)는 거주 지역을 나타내는 기호다. 다시 말해 씨(氏)는 조선의 '본관'에 가까운 개념이다 메이지유신기 '성씨 의

무령'에 따라 일본인은 모두 씨(氏)를 갖게 됐고, 그 사람 출신 지역의 이름이나 특성을 '씨'에 담았다.

창씨개명이라는 '엄청난' 시도에는 당연히 반대가 많았다. 총독부의 조선인 자문 기구 중추원은 말할 것도 없고 재조선 일본인과 일본 경찰도 반대했다. 조선인과 일본인의 구별이 없어지면 범죄인 단속이 어려워지고 창씨개명 이전의 범죄 경력이 사라진다는 게 이유였다. 이에 총독부는 '창씨'를 강조하고 '개명'은 자율에 맡기는 타협안을 내놓았다.

그러나 조선인에게 '성을 간다'는 말은 '목숨을 내놓는다'는 말과 같았다(실제로 전라도 고창과 곡성에서 창씨에 반발해 자살하는 사람들이 나왔다). '창씨' 실적은 저조했다. 이광수, 윤치호를 비롯한 친일 인사와 경찰, 공무원, 교사 등이 창씨 신고를 했을 뿐 접수 창구는 한산했다. 신고 기간의 절반이 지나도 창씨 신고율은 전체 가구의 7.6퍼센트에 불과했다.

다급해진 총독 미나미는 전국 도지사 회의를 열어 '내선일체'를 강조하며 '창씨'를 독려

했다. 종래의 "강제가 아니다"라는 말도 사라졌다. 지방법원은 각 면사무소에 '창씨'를 독려하는 공문을 내려보냈다. 날아가는 새도 떨어뜨린다는 조선 총독의 힘은 막강해 효과가 바로 나타났다. 창씨 신고율이 5월 말 12.5퍼센트, 6월 말 27퍼센트, 7월 말 53.7퍼센트, 신고 마감일인 8월 10일에는 약 80퍼센트에 이르렀다. 이에 대해 총독부는 "지금 반도의 방방곡곡에 감격의 환성이 넘친다"라고 선전했다.

창씨 신고율 80퍼센트 달성에는 우선 총독부의 감시가 주효했다. 충청북도에 사는 김한규는 '창씨'를 비판하며 "조선이 독립하면 원래 조선 성명으로 돌아가게 될 것"이라고 가족들에게 말했다가 보안법 위반으로 징역 1년형을 받았다.

총독부는 조선인과 일본인을 구별하기 위해 조선인의 성과 비슷하게 '창씨'를 하게 했다. 이를테면 김해 김씨는 '金海(김해)'로 창씨를 하고 '李昌一(이창일)'은 '李家昌一(리노이에 마사카즈)'로 바꾸는 식이었다. 따라서 '창씨' 이후에도 표기만 바뀌었을 뿐 조선의 부계 혈통 질서는 계속 유지됐다.

창씨에 적극 나서는 사람들도 있었다. 무용가 최승희는 총독부가 창씨를 강요하기 전에 이미 '사이쇼키'라고 창씨를 했고 이화여전 교장 김활란은 "어차피 창씨를 하려면 제대로 해야 한다"며 순수 일본식 성인 '야마기(天城)'로 창씨를 했다. 작가 이광수는 한술 더 떠 '가야마 미쓰로(香山光郎)'라고 '창씨'는 물론 '개명'까지 해버렸다. 이어 이광수는 "조선인은 피와 살과 뼈까지 일본인이 되어야 한다. 조선 놈의 이마빡을 바늘로 찔러서 일본인 피가 나올 만큼 조선인은 일본인 정신을 가져야 한다"라고 강변했다.

반면 저항의 의미로 창씨를 하는 사람들도 있었다. 히로카와 히토(裕川仁, 천황 '히로히토'의 변형), 미나미 다로(南太郎, 총독 '미나미 지로南次郎'의 변형. '지로'가 둘째, '다로'는 첫째를 의미하므로 자기가 총독의 형이라는 뜻이다), 구로다 규이치(玄田牛一, 개새끼), 이누쿠소 구라에(犬糞食衛, 개똥이나 처먹어라)……. 이런 창씨 이름들은 당국에 신청해도 접수가 되지 않았을 뿐 아니라 태도가 불온하다며 얼굴에 주먹이 날아왔다. ❋

최후의 유격전, 홍치허전투

항일유격대 시절의 김일성과 아내 김정숙

3월 11일 밤 8시경, 중국공산당 산하 동북항일연군 소속 김일성의 항일유격대 200여 명은 만주 안투현에 주둔하는 일본군을 습격했다. 식량과 군복을 관리하던 임수산이 일본군에 투항하는 바람에 군수품이 부족했기 때문이다.

당시 일제는 군대와 경찰 7만 5,000명을 동원해 만주 항일유격대 토벌에 나섰다. 동북항일연군의 씨를 말리려는 작전이었다. 토벌군은 화력을 집중하는 한편 심리전을 폈다. 유격대원의 가족을 동원해 귀순을 종용하는가 하면, 유격대가 이미 와해됐다고 헛소문을 퍼뜨리고 술과 고기, 여성의 나체사진으로 유혹했다.

추위와 배고픔에 지친 대원들에게 토벌군의 총공격은 견디기 어려운 고통이었다. 동북항일연군 지도자 양징위(중국 혁명가)가 전사한 후 일본군은 그의 목을 자르고 시신을 해부했는데 위에서 들풀과 나무껍질만 나왔다. 항일유격대가 견뎌야 했던 '고난의 행군'은 그만큼 처절했다.

김일성 항일유격대는 안투현 기습으로 일본군 십여 명을 살상하고 소총과 탄환, 밀가루 등을 확보했다. 노획물이 많아 운반에 어려움을 겪었다. 이후 일본군의 반격을 예상한

김일성 항일유격대는 일찌감치 대비 태세에 돌입했다. 이동로에 거짓 발자국을 만들어 일본군을 유인한 뒤 홍치허 골짜기에서 매복 작전에 들어갔다. 홍치허 골짜기는 깎아지른 절벽에 밀림까지 있어 매복전에 안성맞춤이었다. 밀정을 보내 일본군의 규모가 500여 명이라는 사실까지 파악했다.

3월 25일 오후 5시경 항일유격대의 예상대로 일본군이 포위망에 걸려들었다. 척후병이 먼저 홍치허 골짜기에 나타났고, 전위대와 주력부대가 그 뒤를 이었다. 일본군 부대장 마에다 다키이치를 비롯한 장교들이 사정거리 안에 들어왔다. 사격 개시를 알리는 총소리가 울리자 항일유격대는 일본군에 기관총과 수류탄 공격을 퍼부었다. 여성 대원들의 활약도 빛났다. 기습당한 일본군은 속수무책으로 쓰러졌다. 항일유격대를 토벌하겠다고 큰소리치던 중대장 마에다도 전사했다. 겁에 질려 달아나는 일본군 병사들도 있었다. 항일유격대의 일방적 승리였다. 대원들은 "우리가 이

겼다!"라며 환호했다.

홍치허전투에서 항일유격대는 일본군 100여 명을 사살하고 30여 명을 포로로 잡았다. 기관총 다섯 정, 소총 87자루, 권총 12자루, 무전기 한 대, 탄환 수만 발을 수거했다. 이날 밤, 항일유격대는 모닥불을 피우고 밀가루로 수제비를 만들어 포로들을 대접했다. 전사자와 포로 대부분이 조선인이었다.

홍치허전투는 일제 식민지시대 김일성의 가장 큰 전과(戰果)이자 마지막 전투였다. 홍치허전투 이후 일본군의 토벌이 더 강화되자 동북항일연군은 그해 10월, 만주를 떠나 소련으로 이동했다. 소련으로 넘어가기 직전 일본군에 투항하는 대원이 속출했다. 일본군이 투항자를 처형하지 않고 선전 요원으로 썼기 때문이다. 한때 3만여 명이던 병력이 600여 명으로 줄어 있었다.

김일성 부대를 비롯한 동북항일연군은 국경을 넘어간 후 그 위상을 놓고 소련과 갈등을 빚었다. 소련은 동북항일연군을 해체해 소련군 각 부대에 나누어 편입시키려 했고, 동북항일연군은 중국공산당의 지시를 받으며 독자 조직으로 남으려 했다. 결국 소련군에 편입해 도움을 받되 동북항일연군 조직을 그대로 유지하도록 결정했다. 동북항일연군의 요구가 반영된 셈이다. 이에 동북항일연군은 '소련적군88특별저격여단'이란 이름으로 소련군에 편입했다. 소련군은 일본군(관동군)과의 전투에 대비하고 제2차 세계대전 이후 동북아시아에서 공산주의를 확산하기 위해 조선인 항일 투쟁 세력을 지원했다.

소련에서도 김일성은 두각을 나타냈다. '보천보 습격 사건'(1937)으로 이미 유명했고, 동남 만주에서 주로 활동해 조선인 항일유격대원들을 많이 거느리고 있었기 때문이다. 김책, 최용건 등 다른 지도자들은 주로 중국인 대원들을 거느리고 있었다.

한편, 소련으로 이동한 이후 동북항일연군은 모처럼 안락한 시간을 보냈다. 이때 김일성은 동료 유격대원 김정숙과 결혼해 아들 김정일을 낳았다. ✳

해방 이후 김일성은 소련에서 배를 타고 원산항으로 귀국했다. 그는 소련군 장교가 되어 있었다. 1945년 10월 14일, 평양 기림리 공설운동장에 수만 명이 운집한 가운데 전설적 항일 투사 '김일성 장군'이 소개됐다. 백발노인이 아닌 서른세 살 젊은이가 단상에 등장하자 사람들은 당황했다. 이후 김일성은 소련군의 지원을 받으며 북한의 권력을 장악해갔다.

조선인의 눈과 귀를 막아라

— 《조선일보》와 《동아일보》 폐간

붓이 꺾이어 모든 일 끝나니
재갈 물린 사람들 뿔뿔이 흩어진 서울의
가을
한강물도 울음 삼켜 흐느끼며
연지를 외면한 채 바다로 흐르느니!

— 한용운, 〈신문이 폐간되다〉

8월 10일은 창씨개명 신고 마감일이었다. 우연의 일치인지 이날은 《조선일보》와 《동아일보》가 폐간된 날이기도 했다. 지난 20년 동안 두 신문은 일상적 기사 검열과 각각 네 번의 정간을 겪다가 결국 폐간에 이르게 됐다.

총독부는 《조선일보》와 《동아일보》의 폐간 사유로 '전쟁으로 인한 물자 부족'을 내세웠다. 경찰 간부들이 명월관에서 회식을 하다 식탁 위에 깔린 흰색 종이를 보고 그것이 《동아일보》에서 나온 파지라는 점을 트집 잡았다. 전시 통제 물자인 신문 용지를 불법 처리했다는 것이었다.

그러나 총독부의 속셈은 여론 통제였다. 당시 총독부는 《조선일보》와 《동아일보》가 전쟁 관련 보도에서 성전(聖戰)에 협력하는 태도가 부족하고 교묘하게 민족의식을 부추긴다고 판단했다(일제에 강제 폐간당했다고 해서 《조선일보》와 《동아일보》를 '민족지'로 부르는 것은 섣부르다. 중일전쟁 이후 두 신문은 일제의 '거룩한 전쟁'을 충량하게 보도했다).

폐간호를 발행한 뒤 한자리에 모인 조선일보사 기자들(1940. 8. 10.)

조선일보사 직원들은 윤전기를 붙들고 통곡하며 마지막 신문을 찍었다. 폐간호를 발행한 뒤 대강당에서 마지막 직원 모임이 있었다. 이때 직원들은 책상을 주먹으로 치며 나라 없는 설움에 울부짖었다. 사장 방응모는 "비록 폐간은 당하지만 반드시 재생할 날이 올 것"이라며 직원들을 위로했다.

동아일보사에서는 가증스러운 폐간사를 못 쓰겠다며 서로 고사하는 바람에 김한주가 '울며 겨자 먹기'로 총대를 멨다. 그 분노와 증오, 자괴와 절망, 참담이 병자호란 때 눈물로 항복문서를 썼던 최명길의 마음과 다르지 않았다. 그러나 김한주는 폐간사에서 한 줄기 희망의 빛을 놓지 않았다. "한번 뿌려진 씨인지라 오늘 이후에는 싹 밑엔 또 새싹이 트고 꽃 위엔 또 새 꽃이 필 것을 의심치 않는 바이다."

11일, 국민정신총동원조선연맹 이사 윤치이 이들 신문의 발행을 금지할 명분은 충분하다. 첫째, 용지 절약을 위해서, 둘째, 일본 신문의 보급을 촉진하기 위해서, 셋째, 조선인들에게서 민족주의에 대한 미련을 완전히 뿌리 뽑기 위해서"라고 썼다. 윤치호는 충량한 신민 '이토 지코(伊東致昊)'였다.

폐간 당시 1일 발행 부수는 《조선일보》가 5만 9,394부, 《동아일보》가 5만 5,977부였다. 총독부는 두 신문사의 윤전기를 비롯한 기계 설비에 대한 인수비로 각각 80만 원, 50만 원을 지불했다.

하루아침에 실업자가 된 두 신문사 직원 900여 명은 대개 총독부 기관지 매일신보사로 자리를 옮겼다. 그 밖에 화신백화점, 학교, 일반 회사로 일자리를 옮기거나 낙향해 은둔했다. ✳

대한민국임시정부의 정규군, 한국광복군 창설

9월 1일부터 경성에서 조선대박람회가 열렸다. 조선총독부가 주최하는 박람회로는 1915년, 1929년에 이어 세 번째였다. 53일 동안 130만 명이 관람해 대성황을 이루었다. 속을 들여다보면 '빛 좋은 개살구'였지만 총독부는 "약진 일본의 감격이 최고조에 이르렀다"라고 선전했다. 바로 이때 중국에서 대한민국임시정부의 오랜 꿈이 실현되고 있었다.

9월 17일 아침 6시, 중국 충칭에서 한국광복군(KIA) 창군식이 열렸다. 일본군의 공습을 피하려 이른 시간에 창군식 행사, '한국광복군총사령부 성립 전례식'을 열었다. 3·1운동 직후 상하이에서 대한민국임시정부가 탄생한 이래 20여 년 만에 정식 군대를 보유하게 되는 뜻깊은 순간이었다.

한국광복군 창군식에는 대한민국임시정부 주석 김구를 비롯한 임정 요인, 중국공산당 2인자 저우언라이를 포함해 외교 사절 200여 명이 참석했다. 중국국민당 장제스도 축하 메시지를 보내왔다.

그러나 창군식은 초라했다. 병력이라고는 한국광복군 장교 12명이 전부였다. 무기나 군대는 없었다. 이날 행사는 창군식이라기보다 한국광복군 지휘부의 발대식이었다(총사령에 지청천, 참모장에 이범석이 임명됐다). 만주의 항일 무장 세력을 규합해 사단급 병력을 모집할 것이라 기대했지만 무리였다. 만주에서 활동하던 항일 무장 세력은 이미 괴멸됐기 때문이다. 광복군 참모장 이범석은 "한 달을 두고 고심참담했지만 없는 사람을 구해 올 재주는 없었다"라고 한탄했다.

1938년 김원봉의 민족혁명당은 중국국민당 정부의 지원을 받아 항일 무장부대인 조선의용대를 조직해 활동하고 있었다. 중일전쟁이 일어나자 중국국민당 정부가 항일 전선에 조선인 항일 무장 세력이 필요하다고 판단했기 때문이다. 당시 중국 관내 조선인 독립운동 세력은 대체로 김원봉과 김구가 양분하고 있었다. 김구가 한국광복군 창설을 서두른 것은 라이벌 김원봉을 의식한 것이기도 했다. 김원봉은 한국광복군 창설에 불편함을 드러냈다. 한국광복군 창설로 조선의용대의 위상이 약해질까 우려했기 때문이다.

한국광복군은 창군 이후 재정 부족에 시달렸다. 당시 임시정부의 재원은 미국 동포들이 보내주는 자금이 거의 전부였다. 이에 한국광복군은 중국국민당 정부의 자금 지원을 받았다. 이로써 재정 문제는 어느 정도 해결됐으나 세상에 공짜는 없었다. 원조의 대가로 중국국민당 정부는 한국광복군 운영에 개입하고 간섭했다. 이른바 '한국광복군 행동준승 9개항'이 그것이다. 이에 따라 한국광복군은 중국군 참모총장의 지휘를 받게 됐고, 장교 대부분이 중국인들로 채워졌다.

중국국민당 정부는 김원봉의 조선의용대와 김구의 한국광복군을 모두 지원함으로써 제2차 세계대전 이후 한반도에서 벌어질 공

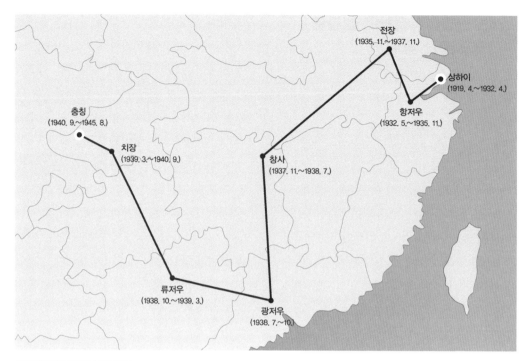

대한민국임시정부 이동 경로

산당과의 경쟁에서 우위를 차지하려 했다.

1930년대에는 항일 투쟁에 있어 김구보다 김원봉이 앞서갔지만 1940년대 들어 상황이 반전됐다. 조선의용대가 중국공산당 근거지로 옮겨간 이후 김원봉의 입지가 약화됐기 때문이다. 결국 김원봉은 대한민국임시정부에 합류했다. 당시 국제 정세도 심상치 않았다. 영국으로 망명한 유럽 각국의 임시정부를 연합국이 승인함에 따라 대한민국임시정부에 유리한 분위기가 조성됐다. 김원봉의 가세로 대한민국임시정부는 중국 내 항일 독립운동의 중심축이 됐다. ●1938

해방 직전 한국광복군의 병력은 300~400명이었다. 그 숫자마저 중국국민당 정부의 지원을 더 받아내려 부풀린 것이었다. 그렇다면 당시 일본군의 규모는 얼마나 됐을까? 600만 명이었다. 조선이 근대 국민국가 수립과 징병제 실시에 실패한 결과다. ✳

해방 이후 대한민국 국군 창설은 식민지시대 일본군 출신들이 주도했다. 그러나 광복군을 비롯한 항일운동 세력의 영향력을 과소평가할 수 없다. 초대 국무총리 겸 국방장관 이범석, 초대 국방차관 최용덕, 육군 준장 김홍일 등이 광복군 출신이고 육군사관학교 초대 교장 안춘생(안중근 조카), 공군 참모총장 김신(김구 아들), 해군 제독 손원일(임시정부 요인 손정도 아들) 등이 항일운동 세력이다. 이에 국군의 날을 광복군 창건일(9월 17일)로 옮기자는 목소리가 있다.

연희전문학교 4학년 윤동주의 일상

북간도 명동촌에서 태어나 평양 숭실학교를 다니다 경성으로 유학 온 윤동주가 연희전문학교 문과 4학년이 됐다. 아버지 윤영석은 "문과를 졸업하면 글쟁이밖에 더 되나?"라며 의과 진학을 강권했지만 아들의 고집을 꺾지 못했다. 당시에도 '비인기 학과'는 졸업 후 먹고살 길이 막막했다.

2년 전, 윤동주는 후배 정병욱과 함께 연희전문학교의 기숙사를 나와 누상동, 북아현동에서 하숙을 했다. 기숙사의 밥이 형편없었고 좋아하는 이화여전 여학생이 생겼기 때문이다. 윤동주와 정병욱의 일상은 단순했지만 아늑했다. 아침에 기상하면 인왕산을 산책하고 하숙집에 돌아와 밥을 먹고 등교했다.

어린 시절 윤동주는 정지용의 시를 읽으며 문학의 꿈을 키웠다. 정지용의 절제되고 감각적인 시어는 윤동주에게 큰 영향을 미쳤다.

연희전문학교는 기독교계 미션스쿨이었기 때문에 전시체제에서도 식민지 권력의 간섭을 비교적 덜 받았다. 캠퍼스에 무궁화가 만발했고 곳곳에 태극무늬가 새겨 있었으며, 강의가 조선어로 진행됐다. 국학 연구의 중심지 연희전문학교 문과에서 문학청년 윤동주는 자유로운 학풍을 만끽했다. 방학 때 고향으로 내려간 그는 후배들에게 연희전문학교는 민족 정서를 느끼기에 좋은 배움터라고 자랑했다. 당시 연희전문학교에서는 이양하(영문학, 수필가), 손진태(역사), 유억겸(법학, 유길준의 아들), 현제명(음악, 〈희망의 나라로〉 작곡), 최현배(국문학, 주시경의 제자) 등 유명 학자들이 학생들을 가르치고 있었다.

학교 강의가 끝나면 윤동주는 혼마치(지금의 충무로)의 책방을 둘러보고 음악다방에 가서 음악을 들으며 구입한 책을 훑어봤다. 하숙집으로 오는 길에는 명치좌(지금의 명동 예술극장)에 들러 좋은 작품이 상영 중이면 영화를 감상했다. 영화를 본 뒤에는 중국 요릿집에서 배갈을 곁들여 외식을 했다. 볼만한 영화가 없으면 하숙집으로 돌아와 저녁밥을 먹고는 대청마루에 앉아 문학을 이야기하고, 밤늦은 시간까지 책을 읽다가 잠자리에 들었다. 전시 체제의 식민지에서도 일상의 아늑함은 존재했다.

그러나 연희전문학교의 자유로움도 오래가지는 못했다. 1941년 2월, 조선총독부는 교장 원한경을 사퇴시키고 윤치호를 그 자리에 앉혔다. 윤치호는 "이제 얼마나 골치가 아플까?" 하고 한숨을 내쉬었다.

평온하던 윤동주의 일상에도 식민지 권력의 그림자가 드리웠다. 그는 고종사촌 송몽규와 함께 연희전문학교를 졸업하고 일본 유학을 준비하는데, 당국의 허가를 받으려면 창씨개명을 해야만 했다. 윤동주는 고민 끝에 일본식 성씨 '히라누마(平沼)'를 갖게 됐다. 그는 4년 뒤 자신에게 밀어닥칠 운명을 알지 못했다. ➊1945 ✳

서민용 공동주택, '영단주택'

산업화에 따라 도시인구가 증가하자 식민지 조선에서도 주택문제가 심각했다. 1920년대 경성에는 6만 세대가 살다가 1940년대에는 20만 세대를 넘어섰다. 경성의 행정구역 확대와 맞춰려 20년 만에 세 배 이상 증가해 인구 100만 명을 돌파했다. 지방 도시도 사정은 마찬가지였다. 오히려 공장 노동자들이 많이 살던 원산은 주택문제가 경성보다 더 심각했다. 이에 조선총독부는 1941년 7월 1일, 조선주택영단을 설립하고 전국 19개 지역에 영단주택 2만 호를 공급하기로 결정했다. 여기서 '영단(營團)'은 '운영 단체'라는 뜻의 일본식 한자어다.

영단주택은 대개 맞배지붕에 시멘트기와를 얹은 1층 건물이었다. 대지를 건평의 세 배 이상으로 확보해 하루에 네 시간 이상 햇볕이 들어오게 설계됐다. 겉모양은 일본식이었고 방은 일본식 다다미방과 조선식 온돌방을 한 개씩 만들었다. 벽면은 나무기둥 사이를 시멘트와 흙으로 채우고 철망으로 덮은 뒤 모르타르(mortar, 시멘트와 모래를 섞어 반죽한 것)로 마감했다. 전시체제 적군의 공습에 따라 화재로부터 건물을 보호하기 위해서였다. 영단주택은 대량으로 공급하는 서민 공동주택이었으므로 다소 조악했다. "이쪽 집에서 말하는 소리가 저 끝집에서 다 들렸다"라는 불만도 나왔다.

영단주택은 다섯 가지 모델이 있었다. 15평형과 20평형은 분양용으로 일본인들이 거주했다. 6평형, 8평형, 10평형은 임대용으로 조선인 노동자들이 거주했다. 10평형, 15평형, 20평형에는 욕실이 내부에 설치됐고, 6평형과 8평형에는 50호 단위로 공동욕실을 두었다. 이로써 식민지 조선에 공동주택, 분양주택, 임대주택의 개념이 생겼다.

이후 경성에는 지금의 영등포, 문래동을 비롯해 대방동, 상도동, 신길동, 돈암동 등에 영단주택이 들어섰다. 문래동은 공장과 철공소 등이 몰려 있을 뿐 아니라 교통의 요지여서 주택 수요가 많았다. 비가 오면 한강물이 넘치던 강변 마을, 도로는 바둑판 모양으로 정비됐고 영단주택, 병원, 목욕탕, 상점, 녹지 등이 들어섰다. 산업혁명기 유럽처럼 식민지 조선에도 노동자용 주거 단지가 건설됐고 근대식 계획도시가 형성됐다.

그러나 전시체제로 인한 물자 부족으로 조선총독부의 영단주택 건설 계획이 완전히 실현되지는 못했다. 경성의 4,488호를 포함해 전국에 1만 2,000호를 건설하는 데 그쳤다. 난방 연료도 부족했다. 장작과 숯을 구하기가 어려워 무연탄 가루를 배급받아 물로 반죽한 뒤 말려 사용했다. 마당에 가마니를 깔고 무연탄 덩어리를 말리는 게 일상의 풍경이 됐다. ✳

해방 이후 조선주택영단은 대한주택영단, 대한주택공사를 거쳐 2009년 한국토지주택공사(LH공사)가 되어 오늘에 이르고 있다. 영단주택은 이후 국민주택 구조에 영향을 끼쳐 지금도 도시 변두리나 시골에 가면 영단주택과 비슷한 구조로 지은 집을 볼 수 있다.

내선일체 영화 〈그대와 나〉

11월 24일, 조선군사령부가 제작한 영화 〈그대와 나〉가 개봉됐다. 여기서 '그대'는 일본인, '나'는 조선인을 의미한다. 일본과 조선이 서로 손잡고 대동아전쟁(태평양전쟁)을 승리로 이끌자는 의미다.

〈그대와 나〉의 감독 히나쓰 에이타로는 강원도 출신의 조선인으로 본명은 '허영'이었다. 히나쓰는 지원병으로 참전한 조선인 이인석이 전사했다는 신문기사를 읽고 〈그대와 나〉를 구상했다. 창씨개명을 한 조선 청년이 지원병으로 전쟁터에 나가는 내용이다. 영화에서 조선 청년은 선배 지원병의 전사 소식에 감격하며 식민지 조선에도 하루빨리 징병제가 실시되기를 바란다.

그는 조선인 지원병을 소재로 영화를 만들면 총독부의 지원을 받을 것이라 직감했고, 이는 적중했다. 시나리오 초안을 들고 총독부 학무국을 찾아가자 그들은 기다렸다는 듯 반겼다. 이어 조선군사령부가 영화를 제작하겠다고 나섰다.

〈그대와 나〉의 진짜 감독은 일본인 다사카 도모타카였다. 조선인 허영을 감독으로 내세운 것은 조선인이 내선일체 영화를 만든다는 사실이 정치적 선전 효과를 낼 수 있기 때문이었다.

〈그대와 나〉에는 문예봉, 이향란, 김신재, 마루야마 사다오 등 조선과 일본의 정상급 배우들이 총출연했다. 그리고 조선 총독 미나미 지로, 조선군사령관 이타가키 세이시로 등이 특별 출연했다. 지원병 역을 맡은 배우들은 훈련소에 입소하여 2주 동안 군사훈련도 받았다. 촬영이 진행된 충청남도 부여에는 임시 기차가 증차 운행됐고 화신백화점은 의상 협찬을 아끼지 않았다. 지원병, 애국부인회와 국방부인회 회원들은 엑스트라로 출연했다. 군(軍)과 민(民)이 총동원되어 제작된 〈그대와 나〉는 조선영화사에서 전대미문의 대작이었다.

영화 홍보도 초특급이었다. 개봉 세 달 전부터 매일 라디오 광고를 내보냈고 《매일신보》와 《경성일보》, 《조선신문》 등은 연일 관련 기사를 쏟아냈다. 흥행도 대성공이었다. 전국 관공서와 학교에서는 총독부 추천 영화인 〈그대와 나〉를 의무적으로 단체 관람했다.

잡지 《삼천리》의 발행인 김동환은 〈그대와 나〉에 대해 "과감한 군국정신이 전면에 흘러간다"고 평가했고, 언론인 안석영(안석주)은 "내선일체의 큰 정신 밑에서 움직이며 이 영화는 우리에게 큰 감격을 준다"고 격찬했다. 그러나 일본 본토에서는 "너무 조잡하다", "영화의 형식조차 갖추지 못했다" 등 '양심'적인 평가도 나왔다. ✱

해방 이후에도 히나쓰 에이타로의 처세술은 이어졌다. 그는 인도네시아로 건너가 인도네시아 독립을 염원하는 영화 〈프리다〉를 만들었고 그곳 여성과 결혼해 새로운 인생을 시작했다. 조선인에서 일본인으로, 일본인에서 인도네시아인으로…… 그에게 '정체성(identity)'이란 어떤 의미였을까?

호가장에서 기습 당한
조선의용대 화북지대

12월 12일 새벽, 조선의용대 화북지대가 주둔하고 있던 중국 옌안 부근 타이항산 자락 호가장에 일본군이 들이닥쳤다(타이항산은 중국의 고사 '우공이산(愚公移山)'의 배경이 된 곳이다). 호가장은 호씨(胡氏) 성을 가진 사람들이 모여 살던 마을인데, 이곳에 사는 한간(漢奸, 밀정)이 일본군에 조선의용대 대원들이 머물고 있다는 정보를 제공하고 길잡이 노릇까지 했다.

당시 조선의용대는 팔로군과 함께 항일 투쟁에 참가하고 있었다. 끼니를 옥수수로 때우고 소금도 귀할 정도로 타이항산의 생활 조건은 열악했지만 군기가 엄격해 군인이 농민의 농작물에 손을 대는 일은 없었다.

조선의용대 대원들은 북영, 왕가장 등 여러 지역을 다니며 군중집회를 열고 인민의 항일의식을 고취하는 등 무장 선전 활동을 벌였다. 몇몇 대원은 마을을 돌아다니며 담벼락에 일제를 비난하는 구호를 써놓거나 전단을 뿌렸다. 그럼에도 중국인들의 반응은 신중했다. 언제 일본군이 들이닥칠지 몰랐기 때문이다.

조선의용대는 일본군을 상대로 함화(喊話) 활동도 벌였다. 즉 일본군 부대 가까이 다가가 메가폰으로 심리 선동전을 감행했다. 유창한 일본어로 일본 제국주의자들의 죄악을 폭로하고 전쟁을 멈추라고 선동했다.

12월 11일, 이날도 조선의용대 대원들은 선

조선의용대의 선전문구
중국 산시성 윈터우디춘(雲頭低村)의 한 건물에 조선의용대가 한글로 쓴 선전문구가 남아 있다.

전 활동을 벌였고, 일을 마친 뒤 호가장에서 하룻밤을 묵게 됐다. 그런데 이날 밤 대원들은 긴장이 풀려 있었다. 춤과 노래로 한바탕 놀고 난 뒤 신입 대원 김승은(19세)을 보초로 세워놓고 세상모르고 잠을 자다가 일본군의 기습을 당했다(보초 김승은도 졸았던 것 같다). 이날 호가장을 기습한 일본군의 소속 여단 지휘관은 홍사익(광복군 사령관 지청천과 일본 육사 동기, 해방 이후 미군에 의해 처형)이었다.

총소리에 놀란 대원들은 복장도 제대로 갖추지 못하고 응사를 했지만, 29명 대 300명의 절대적 열세를 버텨낼 수 없었다. 이에 지휘관 김세일은 손일봉·박철동·한청도·왕현순·김학철 등 다섯 명에게 엄호를 맡긴 뒤 나머지 대원들을 데리고 포위망을 돌파했다. 대원 대부분이 포위망을 뚫고 탈출했지만 엄호를 맡은 대원들은 곤경에 빠졌다.

손일봉은 총알이 모두 떨어지자 마지막 남은 수류탄을 터뜨려 일본군 여덟 명과 함께 전사했다. 이를 본 박철동은 백병전으로 일본군 두 명을 쓰러뜨리며 온몸이 피투성이가 됐다. 이때 적군 병사가 날창을 들고 덮치자 그는 가슴을 내밀며 "찔러라, 강도놈아!"라고 외치고 최후를 맞았다. 이들과 함께 엄호를 맡았던 한청도 역시 손일봉처럼 수류탄을 터뜨려 적군과 함께 전사했다. 이날 호가장전투에서 조선의용대 대원 네 명이 희생되고 김세일, 김학철 등이 부상을 당했다.

전쟁터에서 순간의 방심이 부른 결과는 혹독했다. 그러나 호가장전투는 시작에 불과했다. 다섯 달 뒤 일본군은 팔로군에 대한 대규모 소탕전에 나선다. ●1942 ✽

호가장전투에서 다리에 총상을 입은 김학철은 일본군에 생포돼 일본 나가사키로 압송됐다. 결국 그는 한쪽 다리를 절단한 채 수감 중 해방을 맞았다. 해방 이후 그는 북한과 중국에서 작가로 활동했다. 그의 저서 《최후의 분대장》은 호가장전투를 비롯한 조선의용대의 활약상을 생생하게 전해주고 있다.

2001년 김학철은 한국을 방문했다. 그는 조선의용대에서 함께 활동했던 윤세주의 탄생 100주년 기념 학술행사에 참석했다. 일정 도중 김학철은 겨드랑이에 통증을 느껴 병원을 찾았다가 종양을 발견했다. 곧 서울적십자병원에서 종양 제거 수술을 받았으나 내시경 검사 과정에서 식도가 파열됐다. 세 달 동안 입원 치료에도 병세가 호전되지 않자 85세 혁명가는 주변의 만류를 뿌리치고 중국 옌볜으로 돌아갔다. 이후 김학철은 연명 치료뿐 아니라 20일 동안 식사까지 거부하다가 머리를 삭발하고 스스로 영면에 들었다. 유언은 다음과 같았다. "부고 보내지 마라. 장례식하지 마라. 부조금을 받지 마라. 유골은 두만강 하류에 뿌려 고향 원산으로 가게 하라." 그의 본명은 '홍성걸'이었다.

조선의용대, 덩샤오핑을 구하다

1942년

— 타이항산에서 벌어진 '5월 소탕전'

윤세주
경상남도 밀양에서 김원봉과 함께 자랐고 의열단, 조선의용대에서 함께 활동했다.

대장정(1934~1936, 중국공산당 홍군이 중국 대륙 동남부 루이진에서 서북부 옌안으로 옮겨 간 행군) 이후 옌안은 중국공산당의 혁명 기지가 됐고, 중일전쟁 이후 베이징은 일본군의 침략 기지가 됐다. 옌안과 베이징 사이에는 타이항산맥이 남북으로 600킬로미터에 걸쳐 뻗어 있다.

'중국의 그랜드캐니언' 타이항산은 두 진영의 군사분계선이었다. 중국공산당은 타이항산에 팔로군 사령부를 설치했고, 일본군은 깊이 6미터, 폭 3미터의 구덩이를 이중 삼중으로 파서 봉쇄선을 구축했다.

타이항산에는 중국공산당 팔로군뿐 아니라 윤세주를 비롯한 조선의용대 대원 100여 명도 함께 주둔하고 있었다. 윤세주는 필생의 혁명 동지 김원봉의 만류를 뿌리치고 국민당을 떠나 공산당으로 들어가 항일 무장 투쟁에 투신했다.

혁명 기지 옌안과 타이항산에 울려 퍼진 〈팔로군 행진곡〉(지금의 〈중국인민해방군 행진곡〉, 중화인민공화국 탄생 이후 중국인민해방군가로 채택되어 지금에 이르렀다)은 조선인 정율성이 작곡했다. 정율성이 전쟁터에서 몸소 겪은 화약내와 피비린내가 그의 음악에 혁명 기운을 불어넣었다.

전진! 전진! 전진!
태양을 향하는 우리의 대오
조국의 대지를 밟으며
민족의 희망을 짊어지고
……
최후의 승리를 향해
전국의 해방을 향해

5월 하순, 일본군 3만여 명이 타이항산에 쳐들어왔다. 이른바 '5월 소탕전', 일명 '참빗 작전'이었다. 일본군은 이때 중국공산당의 씨를 말리려 했다. 예상치 못한 일본군의 기습에 중국공산당 지도부는 혼란에 빠졌다. 기관총과 박격포에 전투기까지 동원한 일본군의 막강 화력은 팔로군이 상대하기에 역부족이었다. 게다가 사상 최악의 가뭄이 들어 강냉이죽도 제대로 먹지 못한 팔로군이었다.

이런 절체절명의 상황에서 선봉에 나선 이들이 바로 조선의용대였다. 팔로군 병사 대다수가 총을 처음 잡아본 것과 달리, 조선의용대는 의열단 시절부터 훈련받은 정예 요원들이었다. 조선의용대 화북지대 지대장 박효삼을 비롯한 대원들은 기관총을 쏘고 수류탄을 던지며 고지를 차례차례 점령했다. 고지를 점령한 의용대원들의 엄호 아래 중국공산당 간부와 가족들이 타이항산 십자령 계곡을 빠져나갔다. 그 가운데 펑더화이, 덩샤오핑이 있었다.

이때 윤세주는 진광화와 김두봉을 비롯해 그 가족과 여성 대원들을 데리고 뒷산 관목숲에 숨어 있었다. 산등성이로 팔로군 10여 명이 지나가는 것을 발견한 일본군이 "수색하라"라고 외쳤다. 윤세주는 자신들이 발각된 것으로 잘못 알고 "퇴각하라"라고 외치며 엄호사격을 했다. 두 진영 사이에 총격전이 벌어져 팔로군 부참모장 쭤치안(좌권), 평양 출신 진광화(김창화)가 전사했다. 윤세주는 다리에 총을 맞고 쓰러졌다.

조선의용대 대원들은 윤세주를 들것에 싣고 이틀 동안 행군했다. 어느 동굴로 피신한 윤세주가 갈증을 호소했다. 그는 물을 구하지 못해 자신의 오줌을 받아 마시며 버티다가 결국 과다 출혈로 사망했다. 김원봉의 고향 친구이며 의열단·민족혁명당·조선의용대를 함께 이끌던 윤세주는 중국의 황량한 대지에서 쓸쓸히 세상을 떠났다. 그의 나이 마흔둘, 남편을 만나러 중국 충칭에 와 있던 아내와 두 살 난 아들이 비보를 들었다.

10월 10일, 팔로군 사령부는 한중 혁명 열사 윤세주·진광화·쭤치안의 합동 장례식을 열고, 조선의용대의 희생을 추모했다. 세 사람의 시신은 타이항산 전망 좋은 곳에 묻혔다.

이후 조선의용대는 조선의용군으로 개편됐다. 윤세주가 전사한 뒤 대장정에서 활약했던 무정(김무정)이 조선의용군의 새로운 지도자로 등장했다. 이후 조선의용군은 중국공산당 팔로군의 지휘를 받으며 항일 투쟁을 이어갔다. 팔로군은 조선의용군이 추종하고 추앙해야 하는 대상이 됐다. ✻

타이항산전투에서 조선의용대 화북지대 덕분에 가까스로 살아나온 펑더화이와 덩샤오핑은 이후 한국과 중국 간의 역사, 더 나아가 세계사의 물줄기를 바꿔놓은 인물이다. 펑더화이는 한국전쟁에 100만 인민해방군을 이끌고 참전해 전세를 뒤집었고, 덩샤오핑은 '흑묘백묘' 개혁개방 정책을 이끌어 중국을 경제 대국으로 키워놓았다.
오늘날 중국의 수많은 소수민족 가운데 조선족이 연변에 자치구를 이루고 사는 데는 조선의용대를 비롯한 조선인 혁명가들의 희생이 있었기 때문이다(옌벤 초대 대표 주덕해도 조선의용군 출신이다). 그들은 중국에서 일본군을 축출하는 것이 식민지 조선을 해방시키는 길이라 믿으며 투쟁했고, 오늘날 중화인민공화국을 건국하는 데 이바지했다.

그들은 전범이 아니었다!

— 인도네시아 자바섬의 조선인 감시요원

6월 12일부터 15일까지 3,223명이 부산에 있는 임시군속교육대, 일명 '노구치 부대'에 입영했다. 이들은 포로수용소 감시요원 훈련을 받으려고 전국에서 모인 청년들이었다. 나이는 20~35세, 키 155센티미터 이상의 '사상이 확고한 자'들이었다.

포로수용소 감시요원에 지원한 동기도 다양했다. 황해도 출신 김동해는 식민지에서 태어나 충량한 황국신민으로 자라나서 '나라'를 위해 지원했다. 충청남도 출신 김철수는 전쟁터에 가는 것이 위험하다며 가족이 말렸지만 돈을 벌어 가난에서 벗어나려고 지원했다. 군대에 가면 의식주가 제공됐고, 포로수용소 감시요원의 월급 50엔은 뿌리치기 어려운 유혹이었다(당시 공장노동자의 평균 월급이 25엔이었다). 게다가 군대에서 2년을 근무하고 돌아오면 순사급 공무원으로 채용해준다는 약속도 있었다. 경기도 출신 정은석은 '자발적 강제'로 선발됐다. 그는 지원병 선발에 응시해 신체검사, 필기시험까지 통과했다가 부모가 반대해 면접에서 낙방했다. 이후 동네 경찰은 자신의 체면이 깎였다며 정은석의 가족을 압박했다. 결국 정은석은 지원병 대신 포로수용소 감시요원에 지원했다.

노구치 부대에서는 '군무원 교육'이 이뤄지게 되어 있었으나 실상 그 내용은 사격과 총검술, 전술훈련 등 군사교육이었다. 과격하고

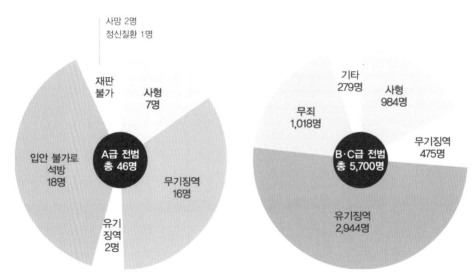

A, B, C급 전범 재판 결과

A급 전범은 국제조약을 위반하고 침략 전쟁을 일으킨 사람들을, B·C급 전범은 전쟁 수행 과정에서 민간인을 학살하거나 포로를 학대한 사람들을 일컫는다. 일본의 A급 전범은 도쿄 재판에서, B·C급 전범은 중국 등 연합국 7개국의 재판에서 판결을 받았다. B·C급 전범 대다수는 일본에 의해 강제 동원되어 포로 감시역을 맡은 조선인과 타이완인이었다.

혹독한 훈련을 견디지 못하고 질병에 걸리거나 탈영하는 자들이 속출했다. 군화 상태가 불량하면 군화 밑바닥을 혀로 핥게 했고, 총기 손질이 불량하면 총기를 들고 수십 분 동안 기합을 받았다. 심지어 두 사람이 마주보며 상대방의 뺨을 때리게 하는 벌도 있었다. 처음에는 약한 마음에 서로 가볍게 때리다가 조교가 '시범'을 보이고 나면 상대방의 뺨이 부어오를 때까지 때려야 했다. 그것이 일본식 군대교육이었다.

당초 훈련 기간은 세 달이었지만 전쟁 상황이 급박하게 돌아가자 두 달로 축소됐다. 8월 19일 밤, 포로수용소 감시요원 훈련을 마친 1,400명은 머리카락과 손톱을 잘라 가족에게 남기고 10여 척의 배에 나누어 탔다. 항구에는 배웅하는 사람도 없었다.

9월 14일, 포로수용소 감시요원을 실은 배가 인도네시아 자바에 도착했다. 당시 자바 수용소에는 연합군 포로 8만여 명이 수용되어 있었다. 일본군이 침략하기 전, 인도네시아가 네덜란드령이었기 때문에 네덜란드군(실제로는 식민지 인도네시아인)이 가장 많았다. 그다음으로 영국군, 호주군, 미국군 순이었다.

자바 수용소 포로들은 철도와 비행장 건설 현장에 동원되어 노역에 시달렸다. 포로 가운데 장교들이 전쟁포로의 인권을 규정한 '제네바조약'에 따라 노역을 거부하자 일본군은 배식량 삭감으로 대응했다. 포로수용소 감시요원들은 적도의 뙤약볕 아래서 영양실조와 질병에 신음하는 포로들을 공사 현장으로 떠밀어야 했다. 일말의 인간적 동정도 허용되지 않았다. 일본이 일으킨 전쟁에서 맨 밑바닥의 악역은 식민지 조선인이 떠맡았다. 식민지 조선인이 식민지 인도네시아인을 핍박하는 역설! 누구를 위하여 종은 울리나?

전쟁이 지속될수록 포로들의 식량 사정은 악화됐다. 옥수수와 녹말을 넣고 끓인 멀건 수프로는 허기를 달래기 어려웠다. 궁여지책으로 바다에 수류탄을 터뜨려 물고기를 잡는가 하면, 밀림에 사는 뱀이나 도마뱀, 야생개 등을 잡아먹었다. 그러나 그것으로도 문제를 해결할 수 없었다. 포로들은 당뇨병과 각기병 등으로 쓰러져갔다. 비가 내리면 땅속에 묻었던 포로들의 시체 썩는 냄새가 진동했다.

일본군이 주둔하는 곳에는 '군 위안소'가 있었다. 인도네시아도 예외가 아니었다. 포로수용소 감시요원 이 아무개는 군 위안소에 갔다가 조선인 위안부를 만났다. 정신대에 넣어준다는 말에 속아 위안부가 됐고 하루에 20~30명을 상대해야 하며 이젠 고향에 돌아갈 수도 없게 됐다는 그녀의 말에 울컥해 그는 위안소를 나왔다. 그 조선인 위안부가 나중에 어떻게 됐는지는 알 수 없다.

인도네시아에서 포로수용소 감시요원으로 근무했던 조선인 가운데 148명이 해방 이후 B·C급 전범 재판에 회부되어 23명이 사형에 처해졌다. 그중 경성제국대학 출신 조문상(26세)이 있었다. 그는 재판에서 결백을 주장했지만 소용이 없었다. 당시 일본군이 포로수용소에서 벌어진 잔악 행위는 조선인 감시요원들 스스로 저지른 일이라고 떠넘겼기 때문이다. 조선인 감시요원들은 이용만 당하고 모든 책임을 뒤집어쓴 채 형장의 이슬로 사라졌다. ✳

조선독립동맹과 조선의용군

7월 11일, 중국 타이항산에서 화북조선청년연합회가 '조선독립동맹'으로, 조선의용대 화북지대는 '조선의용군'으로 개편됐다. 이어 조선독립동맹은 조선의용군을 산하 부대로 편입시켰다. 김원봉이 조선의용대 본부를 이끌고 대한민국임시정부에 합류했기 때문이다.

조선독립동맹의 주도 세력은 무정을 비롯한 공산주의자들과 최창익·김두봉을 비롯한 민족혁명당(조선의용대) 출신들이었다. 무정은 '대장정'에서 활약했을 뿐 아니라 팔로군 간부로도 활동해 중국공산당과 가까웠다. 중국공산당은 그를 '혁명적 지도자'라고 불렀다.

최창익은 조선의용대 대장 김원봉과 노선 갈등을 빚던 끝에 합류했고, 김두봉은 대한민국임시정부에서 활동하다 김원봉의 민족혁명당을 거쳐 중국공산당의 본거지 옌안으로 왔다. 김두봉은 화북조선청년연합회에 참여하지 않고 조선독립동맹에 직접 가담한 경우로 한글학자 주시경의 제자이며 김원봉의 처외삼촌이었다.

조선의용군은 김원봉의 영향력에서 벗어나 무정의 지휘를 받았고, 윤세주가 십자령전투에서 전사한 뒤 급격히 좌경화됐다. 쑨원·장제스·김구·김원봉의 사진 대신 마오쩌둥과 무정의 사진이 내걸렸다. 조선의용군은 조선의용대의 '좌익 버전'이었다.

중국공산당 중앙군사위원회 참모장 예젠잉은 "조선의용군은 조선 혁명 역량의 중추 세력이다. 반파시스트 투쟁의 새로운 일꾼들이다. 팔로군, 신사군과 이상적인 배합"이라고 말했다.

조선의용군은 "(중국공산당의) 항일 민주 근거지는 조선 혁명가들에게 제2의 고향"이라고 편지에 썼다. 그들은 중국이 항일 투쟁에서 승리해야 식민지 조선이 해방된다고 믿었다. 장제스 중국국민당은 내부 보고서에서 "조선인들을 공산당과 떼어놓으려는 공작은 실패했다. 조선인들을 상대할 전문가가 필요하다"라고 토로했다.

출범 당시 조선독립동맹은 인원이 500여 명이었다. 주석에 김두봉, 중앙위원에 무정·최창익·한빈·박고산 등을 선출하고 중국공산당과의 공동전선 및 민족통일전선 등을 강령으로 내세웠다. 조선독립동맹은 중국 내 대표적인 조선인 공산주의 항일 단체로 자리를 굳혀갔다.

이후 조선독립동맹은 중국 관내 김구·김원봉(대한민국임시정부), 조선의 여운형(건국동맹) 등과 연대를 추진했다. 세 단체는 서로 비슷한 건국 강령을 갖고 있었다. ✳

해방 이후 조선독립동맹 세력은 북한으로 들어와 '연안파'가 됐고, 조선의용군은 6·25 남침의 선봉 부대가 됐다. 그러나 연안파는 1956년 8월 종파 사건 때 김일성에 의해 숙청됐다. 김두봉은 시골 협동농장으로 쫓겨나 그곳에서 사망한 것으로 알려졌다.

"오늘 국어를 사용하다가 벌을 받았다"

— 어이없는 일이 불씨가 된 조선어학회 사건

최초의 우리말 대사전《조선말 큰 사전》편찬 원고

치안유지법의 죄를 범해 형에 처하게 된 사람이 그 집행을 끝마치고 석방된 경우에 석방 후 다시 동법의 죄를 범할 우려가 현저할 때에는 재판소는 검사의 청구에 의해 본인을 예방구금에 회부한다는 취지를 명할 수 있다.

– 〈조선사상범예방구금령〉(1941. 2. 12.)

7월 말, 함경남도 홍원군 전진역. 일본 유학생 출신 박병엽이 친구를 만나러 가고 있었다. 이때 일본 경찰 후카자와가 그를 검문했다. 창씨개명을 거부했던 박병엽은 통명스럽게 조선어로 대답했다. 평소 박병엽의 반일 성향에 불만이 많았던 후카자와는 그를 연행했다.

경찰이 박병엽의 집을 수색하다가 그의 조카 박영옥(함흥 영생고등여학교 4학년)의 2년 전 일기장에서 "오늘 국어를 사용하다가 벌을 받았다"라는 문장을 발견했다. 일기에서 박영옥이 말한 '국어'는 '조선어'를 의미했지만, 경찰은 교사가 일본어 사용을 처벌한 것으로 단정하고 수사에 들어갔다. 박병엽이 일제 식민 통치에 비협조적인 지식인이었기 때문에 처음부터 작정하고 그의 집안사람을 표적 수사한 것이었다. 담당 형사는 '인간 백정'이라는

별명이 붙은 야스다(본명 안정묵)였다(박영옥이 기차 안에서 조선어로 대화하다가 야스다에게 적발된 것이 조선어학회 사건의 불씨가 됐다는 이야기도 있다).

야스다는 박영옥을 연행해 국어(일본어)를 썼다고 벌을 준 선생이 누구냐고 추궁했다. 박영옥이 자백하지 않자 야스다는 학생 네 명을 추가로 체포해 '범인'이 교사 정태진과 김학준(소설《상록수》의 여주인공 채영신의 실제 모델 최용신의 약혼자)이라는 사실을 밝혀냈다. 정태진이 교사로 근무하며 학생들에게 조선 문화가 일본 문화보다 우수하다고 가르치고 또 조선어를 국어라고 가르쳤다는 혐의였다. 체포될 때 정태진은 교직을 그만두고 경성에서 조선어학회 일을 하고 있었다. 당시 조선어학회는《조선말 큰 사전》편찬 작업을 하고 있었다.

9월 5일, 정태진은 홍원경찰서에 출두했고 이후 살인적 고문을 당했다. 그는 고문의 고통을 이기지 못하고 조선어학회가 민족주의 단체로서《조선말 큰 사전》을 편찬하고 있다

고 자백하고 말았다. 이어 경찰은 조선어학회 사무실을 수색해 독립운동가 윤세복이 만주에서 회원 이극로에게 보낸 편지를 발견했다. 이후 조선어학회 회원들에 대한 대대적 검거 작전이 시작됐다(조선어학회 사건).

10월 1일부터 이듬해 봄까지 경찰은 33명을 검거했다(3·1운동을 기획한 '33인'이라는 숫자에 맞춘 것이었다). 33명은 수사 과정에서 혹독한 고문을 당했다. 이 가운데 이극로(훗날 월북, 최고인민회의 간부), 최현배(훗날 연세대 교수), 이희승(훗날 서울대 교수), 정인승(훗날 전북대 총장), 정태진, 김양수, 김도연(훗날 재무부 장관), 이우식(훗날 경남은행장), 이중화(훗

날 납북), 김법린(훗날 문교부 장관), 이인(훗날 법무부 장관), 이윤재, 한징, 정열모(훗날 월북, 홍익대 초대 학장), 장지영(훗날 연세대 교수), 장현식(훗날 전북도지사) 등 16명이 기소됐다. 이 가운데 이윤재와 한징이 미결수로 복역하다 사망하고, 정열과 장지영이 공소 소멸로 석방됐으며, 12명이 치안유지법 위반으로 공판에 넘겨졌다. 이극로(징역 6년)·최현배(징역 4년)·이희승(징역 2년 6개월)·정인승(징역 2년)·정태진(징역 2년) 등 다섯 명이 실형을 받았고, 일곱 명은 집행유예 또는 무죄로 풀려났다. ✽

해방 직후인 1945년 9월 8일, 조선어학회 사건 때 일본 경찰에 증거로 제출됐다가 사라진 《조선말 큰 사전》 원고 2만 6,500여 장이 서울역 내 조선통운 창고에서 기적처럼 발견됐다. 이 원고의 발견으로 사전 편찬 작업이 다시 시작돼 1947년 《조선말 큰 사전》 1권이 출간됐다. 1949년 조선어학회는 한글학회로 이름을 바꾸고 1957년 총 여섯 권의 《조선말 큰 사전》을 완간했다. 조선 왕조 말 국문연구소가 출범한 지 50년 만의 결실이었다.

숨어서 해방의 희망을 듣다

― 단파방송 밀청 사건

고국에 계신 동포 여러분…… 일제는 전쟁에 패하고 있습니다. 우리 임시정부가 미국의 승인을 얻어 연합군의 일원으로 참가할 날이 가까워지고 있습니다. 나의 사랑하는 2,300만 동포여, 우리가 독립을 위해 건국을 준비하여야 하며 피를 흘려야 자손만대에 영원할 것입니다.

― 이승만, 〈미국의 소리(VOA)〉

일제는 태평양전쟁을 일으킨 뒤 일본 제국 내 방송국의 전파를 통제했다('외국단파방송청취금지령'). 그뿐 아니라 개인이 소유한 라디오(단파수신기)까지 압수했다. 이른바 '대동아전쟁'에서 일본군이 연전연승하고 있다는 소식만 전해 여론을 통제하려는 의도였다. 《조선일보》와 《동아일보》 폐간에 이어 라디오방송까지 장악한 것이다.

조선방송협회 기술위원 성기석은 자신이 조립한 라디오의 다이얼을 돌리다 미국 샌프란시스코에서 송출되는 〈미국의 소리〉 단파방송을 우연히 듣게 됐다(라디오 단파방송은 잡음이 많지만 송신 거리가 길어 전 세계에서 수신이 가능하다). 〈미국의 소리〉는 미국이 운용한 심리전의 일환으로 40개국 언어로 전 세계에 방송되어 독일·이탈리아·일본으로부터 고통 받는 민족에게 희망을 주고 있었다.

〈미국의 소리〉 한국어 방송은 오전 10시, 오후 4시, 밤 9시에 각 30분씩 하루 세 번 방송됐다. 〈애국가〉가 흘러나온 뒤 유경상 아나운서가 진행하는 프로그램 '자유의 종은 울린다'에 이어 이승만(67세)의 연설 '2,000만 동포에게 고한다'가 시작됐다. 당시 이승만의 공식 직함은 '대한민국임시정부 주미외교위원장'이었다. 그런데 〈미국의 소리〉가 대한민국임시정부가 비밀리에 송출하던 〈충칭방송〉보다 음질이 선명했다.

그 얼마나 간절하게 염원하던 소식이었을까? 방송 시간 30분은 너무 짧았고 매일 방송되는 〈애국가〉 소리에 성기석은 잠자리에 누워서도 흥분이 가라앉지 않아 잠을 이루지 못했다.

이후 성기석은 아나운서 송진근에게 그 '감동'을 몰래 전했고, 경성방송국에서 근무하는 조선인들은 일본인 직원들의 눈을 피해가며 〈미국의 소리〉 단파방송을 듣기 시작했다(사실은 일본인들도 그 단파방송을 몰래 듣고 있었다).

당시 라디오 단파방송은 여러 국가에서 정치 선전 수단으로 이용됐기 때문에 그것을 몰래 듣는 것은 '스파이 활동'으로 의심받았다. 〈미국의 소리〉 청취자들이 점점 늘어나자 결국 일제 고등경찰이 낌새를 챘다. 일본이 곧 패망할 것이라는 '유언비어'의 진원지가 단파방송이라는 사실도 알게 됐다.

12월 24일, 아나운서 송진근·양제현·박용신 등은 연희전문학교와 보성전문학교의 운동경기 중계방송을 마치고 국일관에서 뒤풀이를 가졌다. 술잔이 몇 번 돌고 나서 긴장이 풀렸는지 이들은 〈미국의 소리〉와 〈충청방송〉 이야기를 주고받았다. 이것이 옆방에서 잠복하던 고등계 형사들의 귀에 그대로 들어갔다.

고등경찰은 수사를 확대해갔다. 방송업계 종사자만이 아니라 정치인, 학생, 일반인 등 350명이 수사를 받았다. 이들에게는 치안유지법, 보안법, 무선전신법, 육·해·공군형법, 유언비어 유포죄 등이 적용됐다. 1년 동안 갖은 고문을 받다 이듬해 11월 결심공판에서 성기석(징역 2년)을 비롯해 75명이 실형을 받았다.

재판 과정에서 새로운 사실도 드러났다. '피고인'들은 단파방송을 통해 얻은 정보를 여운형·송진우·허헌·김병로·이인 등에게 전달했고, 여운형을 비롯한 정치지도자들은 일제의 패망에 대비해 건국 준비에 들어갔다.

〈미국의 소리〉는 이승만의 인지도를 높여주었고, 해방 이후 그가 국내에서 유력 정치지도자로 등장하는 데 결정적 역할을 했다. 즉 단파방송 밀청 사건의 최대 수혜자는 이승만이었다. 물론 이승만뿐 아니라 단파방송을 통해 일제 패망을 예상하고 미군 주둔에 대비해 영어를 공부해둔 엘리트들도 수혜자였다. 조선 왕조 말기, 과거제가 폐지된 뒤 영어를 공부하며 달라진 세상을 준비했던 인물이 바로 이승만이다. 아무튼 출세하려면 항상 세상일에 귀를 쫑긋 세우고 살아야 한다. ※

1992년 8월 29일 〈미국의 소리〉 한국어 방송 개시 50주년을 기념하며 진행한 '단파방송 밀청 사건 대담'에서 방송사 연구가 유병은은 당시의 상황을 생생하게 증언하기도 했다. "그런 방송을 들으면요, 얼른 얼굴이 하얗게 변합니다. 가슴이 막 떨립니다. 옆에 있는 일본 사람들이 어떻게 생각할까 생각하면 굉장한 공포에 떱니다. 또 그런 내용을 듣고 집에 가서 이불 속에서 자기 부인, 친아버지 이런 분들한테 그런 얘기를 끝까지 감출 수가 없어요. 우리 한국이 일본 식민지에서 해방이 되고 모든 외국에서 우리 독립을 도와주고 이승만 박사가 가서 독립운동 하고 온다는 사실을 알려올 때는 한국 민족은 가만히 참을 수가 없죠." 현재 〈미국의 소리〉는 44개 언어로 방송되고 있다. 〈미국의 소리〉 사이트(www.voakorea.com)에 접속해 역사의 향기를 느껴보면 어떨까?

벼룩의 간을 빼먹어라

— 양곡공출제와 식량배급조합

어느 날 일본도를 찬 순사와 면사무소 직원 네댓 명이 집안에 들이닥쳤어요. 감춘 곡식을 내놓으라는 거지요. 어머님께선 "당장 먹을 것 두 말밖엔 없노"라고 했지요. 그러자 다짜고짜 집 안을 뒤지기 시작해요. 부엌과 광, 심지어 마루 밑이랑 천장, 변소까지 이 잡듯이 훑어요. 그래도 찾는 쌀이 나오질 않자 독에 있는 쌀이며 잡곡을 저희들끼리 퍼 담아보더니 다섯 말이라는 거예요. …… 당시 환갑을 지난 어머님이 빌다시피 사정해도 막무가내였어요. 그러자 어머님이 순사의 다리를 붙들고 늘어지셨지요. 그때 그 일인 순사가 군홧발로 턱을 걷어차 쓰러뜨리는 거예요. …… 태평양전쟁이 시작되기 직전이니까 1940년쯤이었을 겁니다. 그 후 해방되기까지는 그 정도로 끝나지 않았어요. 콩깻묵, 소나무 껍질 생각만 해도 지긋지긋합니다.

— 곽학송 증언, 《중앙일보》(1982. 8. 16.)

중일전쟁 이후 일본은 식민지 조선에 대한 식량 수탈을 위해 양곡공출제를 실시했다. 이에 따라 1940년산 미곡부터 강제로 매입했고 식량배급조합을 설치하여 배급을 실시했다. 이때만 해도 쌀이 남는 지역의 쌀을 자발적으로 공출할 수 있었다(물론 그것도 '강제적 자발'이었다. 경기도 안성에서는 시장에서 보리를 사서 공출을 충당하는 일도 있었다).

태평양전쟁 발발 이후 침략 전쟁이 확대되고 식량 사정이 악화되자 일본은 공출제를 강화했다. 1943년 8월 9일, 조선총독부는 〈조선 식량관리령〉을 공포했다. 이에 따라 식민지 조선에서 생산된 주요 식량(쌀·맥류·조·고구마·감자 등) 가운데 자가 소비량을 제외한 전량을 국가가 매입했다. 매입 가격은 생산비와 물가 등 경제 사정을 고려해 '공정'하게 정하도록 했다. 그러나 공출 매입 가격은 실제 생산비에도 미치지 못했다. 쌀의 경우, 1940년부터 1944년까지 생산비와 매입 가격 간의 차액이 1억 8,000만 엔에 이르렀다. 전시 상황에서 나타난 살인적 인플레이션을 감안하면 농민들의 손실액은 더 컸다.

조선총독부는 각 마을마다 공출량을 할당한 뒤 공무원과 경찰을 동원해 공출을 독촉했다. 각 도청이 군수들을 소집해 공출량을 할당했는데 재고량보다 할당량이 더 많기 일쑤였다.

이를테면 경상남도 하동군은 재고량이 6,000석이었는데 할당량은 무려 3만 석이었다. 할당량을 채우려 '공출독려반'이 죽창을 들고 다니며 주민들의 집 안 곳곳을 수색했다. 주민들은 신변의 위협마저 느꼈다. 그러나 하동군의 실제 공출량은 할당량의 10퍼센트인 3,000석에 불과했다. 경상남도 안에서 꼴찌였다. 이에 하동군수 이항녕은 다른 지역으로 좌천됐다. 그는 경성제국대학 출신으로 고등문관시험 행정과(지금의 행정고시)에 합격한 스

강제로 공출한 놋그릇 등을 모아놓고 찍은 기념사진

물일곱 살 청년이었다.

식량 공출이 강요되면서 쌀 생산량의 약 50 퍼센트, 보리 생산량의 약 30퍼센트가 공출됐다. 이렇게 무리한 공출 정책은 농민의 생산 의욕을 떨어뜨렸다. 당시 박목월이 발표한 시 〈나그네〉에 나오는 "술 익는 마을마다 타는 저녁노을"은 현실과는 거리가 멀었다. 주세령에 따라 가정에서 술 담그는 게 이미 불법이었고, 술 담글 쌀은 고사하고 밥으로 먹을 쌀도 없었다. ○1916 이에 농민들은 식량을 산속

이나 땅속에 숨겼다. 생존의 몸부림이었다.

공출은 식량 외에도 놋그릇, 소, 광물 등 80여 종이었다. 전시체제에서 무기를 만들 쇠붙이가 부족하자 총독부는 밥 먹는 놋그릇, 교회의 종까지 빼앗아 갔다. 그러고는 '공출 보국'이라고 새겨진 사기그릇을 지급했다. 일제는 전쟁 물자를 조달하기 위해 금·코발트·니켈·텅스텐 등 광물 생산량을 크게 늘렸다. 그 가운데 금은 석유를 비롯한 전쟁 물자를 사들이는 데 효자 노릇을 했다. ✻

해방 이후, 이항녕은 국민학교 교사를 시작으로 1981년 홍익대학교 총장으로 퇴임할 때까지 교육계에 종사했다. 이후 그는 자신의 '친일 행적'을 참회하고 여러 차례 공식 사죄했다. 비록 자신에게 맡겨진 임무를 어쩔 수 없이 수행한 것일지라도 군수(郡守) 이상의 공직에 있던 사람들은 친일파로 봐야 한다는 게 그의 주장이다.

관부연락선 곤론마루의 침몰

10월 4일 밤 11시, 승객 479명, 경관과 경비병을 포함한 승무원 176명을 태운 관부연락선 곤론마루가 시모노세키를 출발해 부산으로 향했다. 곤론마루는 여섯 달 전 미쓰비시 중공업 나가사키 조선소에서 건조된 7,900톤급 여객선으로 관부연락선 가운데 규모가 가장 컸다.

5일 새벽 2시 10분경, 곤론마루가 히비키나다 해역을 횡단하여 오키노시마 동북동 약 18킬로미터 지점을 지나갈 때 미국 해군 잠수함 '와후'의 어뢰 공격을 받아 선체 왼쪽 뒷부분에서 굉음이 울리며 물기둥이 솟아올랐다. 순식간에 곤론마루는 왼쪽으로 기울어지며 가라앉았다.

'와후'는 일본열도 북쪽 소야해협을 통과하여 '먹잇감'을 찾아다니던 중 대한해협에서 관부연락선 곤론마루를 공격했다. '와후'는 곤론마루의 성능, 운항 경로와 시간 등 거의 모든 정보를 수집해놓고 있었다. 계획된 공격이었다(곤론마루에 실제로 군인이 타고 있었고 무기가 실려 있었다는 이야기도 있다). 미드웨이 해전(1942년 6월 5일부터 이레 동안 하와이 북서쪽 미드웨이 앞바다에서 미국과 일본이 벌인 전투) 이후 미군은 해상권을 장악하고 있었다.

곤론마루가 기센 물결 속으로 사라지는 데는 긴 시간이 걸리지 않았다. 긴급 상황을 알리는 기적 소리도 망망대해의 어두운 허공을 가를 뿐이었다. 이 사고로 583명이 희생됐다. 조선인 승객도 300여 명 승선했을 것으로 추정되지만 모두 창씨개명을 한 터라 정확한 인원수는 알 수 없다. 와세다대학 부속 공업학교를 졸업한 문선명(훗날 통일교 교주)도 이날 곤론마루에 탈 예정이었으나 간발의 차로 탑승 시간에 늦어 화를 면했다고 한다.

그런데 미국의 잠수함 '와후'의 운명도 길지는 않았다. 그로부터 채 일주일도 지나지 않은 10월 11일, 일본 상선 두 척을 추가로 격침하고 소야해협을 빠져나가던 '와후'는 일본 전투기와 함정의 공격을 받았다. 결국 '와후'의 승무원 80명도 바다에서 나오지 못하고 소식이 끊겼다. ✻

2013년 김영자 할머니(74세)는 곤론마루 침몰 사건으로 아버지 김종주가 사망했음을 확인하고('나카지마 히사고'라는 이름으로 사망자 명단에 실려 있었다) 일본 후쿠오카에서 열린 추모제에 참여했다. 사건이 일어난 지 70년 만이었다.

서대문형무소 수감자 김광섭의 일상

중동학교(지금의 서울 중동고등학교) 영어 교사로 근무하던 시인 김광섭(38세)은 학생들에게 민족의식을 주입했다는 혐의로 체포돼 서대문형무소에 수감됐다. 여름에는 무더위와 수감자들의 몸에서 나오는 열기 때문에 숨을 쉬기 어려웠고, 겨울에는 난방이 되지 않는 콘크리트 바닥에서 추위와 싸워야 했다. 화장실이 없어 나무통에 대소변을 봐야 하는 형무소에서 교사의 자존심과 품위를 바라는 것은 사치였다.

대한제국 말기 일제가 의병을 수감하려고 지은 서대문형무소에는 독립운동가들의 피와 눈물이 배어 있다. 허위, 이인영, 이승만, 김구, 양기탁, 안창호, 이승훈, 유관순, 강우규, 김교신, 여운형 등 수많은 민족 지사가 이곳에서 목숨을 잃거나 옥고를 치렀다. 상하이에

아버지 참으로 죄송하옵고, 황송한 말씀이나 몸을 좀 보하여야겠습니다. 몸을 보하는 데는 돈이 좀 있어야 할 터인데, 약 10원가량을 12월 초승께 부쳐서 20일 안으로 여기 서대문형무소에 도착되도록 하여주십시오. …… 수개월 전부터 또 기침이 생겨 고생합니다.

―〈지봉하 옥중 서신〉(1932. 11. 11.)

일제시대 서대문형무소의 내부 모습
죄수들을 효율적으로 감시할 수 있는 판옵티콘 구조는 18세기 공리주의 철학자 제러미 벤덤이 고안했다. 교도관은 수감자들을 감시할 수 있으나, 수감자들은 교도관을 볼 수 없다. 이에 수감자들은 늘 감시받고 있다고 느껴 스스로 규율과 감시를 내면화한다. 시선 독점은 곧 권력이다.

서 고막이 터진 채 끌려온 여운형은 서대문형무소에서 혹독한 시간을 보냈다. 식사 중 밥 속에 든 돌을 깨물어 이가 부러졌고, 고질적 치질에 소화불량으로 체중이 급감했다. 신경통과 신경쇠약에 걸려 수감 여섯 달 만에 머리카락이 하얗게 셀 정도였다. 그만큼 서대문형무소는 '민족 수난의 상징'이었다.

11월 10일, 김광섭은 기상나팔 소리에 일어나 이불을 개고 수건에 물을 적셔 알몸에 냉수마찰을 했다. 이렇게 몸의 저항력을 키워놓아야 형무소의 혹독한 겨울 추위를 이겨낼 수 있었다.

잠시 뒤 간수의 구두 굽이 콘크리트 바닥을 때리며 감방 문을 여는 소리가 들렸다. 매일 반복되는 일상이지만 여지없이 그의 몸은 오그라들었다. 알몸에 수건 하나 들고 있다가 감방 문이 열리자마자 복도로 튀어나갔다. 조금이라도 머뭇거리다간 채찍이나 군홧발이 날아오기 때문이다.

건물 밖으로 나오자 드넓은 하늘이 밀려오고 찬 공기가 살을 파고들었다. 여기서도 뛰는 것을 멈출 수 없었다. 항문 속에 숨긴 것이 없다는 걸 보여야 하기 때문이다. 뛸 때도 입을 크게 벌려야 했다. 입 안에 숨긴 것이 없다는 걸 보여야 하기 때문이다. 그렇게 뛰어서 공장 입구에 도착했다. 나체의 행렬이 이어지고 가마니에 발바닥을 쓱쓱 닦은 뒤 붉은색 작업복을 입고 자신의 작업석에 앉았다.

아침 노동이 끝나면 식사 시간이다. 썩은 콩깻묵과 좁쌀이 섞인 주먹밥, 소금물에 무만 둥둥 떠다니는 국이 나왔다. 형편없는 식사지만 굶는 것보다는 먹는 게 나았다.

12일 오전, 소동이 일어났다. 꾀 많은 죄수 하나가 작업용 아교를 구워 먹다가 간수에게 들켰다. 악독하기로 소문난 간수에게 걸렸다. 평소에도 작업에 쓰이는 아교보다 먹어치우는 아교가 더 많아 형무소 당국이 골머리를 앓았다. 죄수는 새파랗게 질려 간수에게 불려갔지만 다행히도 잡역(간수 밑에서 일하는 죄수)의 도움으로 벌을 면했다. 그러나 그에게는 진짜 형벌이 기다리고 있었다. 하루 종일 복통과 설사에 시달려야 했다. ✳

해방 이후 서대문형무소는 서울형무소, 서울교도소, 서울구치소 등으로 이름이 바뀌었고 이제 그곳에는 민주화운동가들이 수용됐다. 하지만 그 안에서 벌어지는 가혹 행위는 달라지지 않았다. 일제 식민지 권력과 해방 이후 독재 권력의 속성이 다르지 않았다.

1987년 서울구치소가 경기도 의왕으로 옮겨 가면서 서대문형무소 건물은 '서대문형무소 역사관'으로 개장해 시민들에게 아픈 역사를 전하고 있다.

한편 김광섭은 해방 이후 청와대 공보실장으로 근무하다 그만두고 작품 활동을 다시 시작했다. 1969년 그의 대표 시집 《성북동 비둘기》(1969)가 세상에 나왔다. 산업화에 따른 자연의 파괴, 물질문명의 팽창, 인간성의 상실을 그린 작품이다. 식민 지배에서 해방된 조국의 현실도 그리 녹록하지 않았다.

조선인 학병의 '영광의 탈출', 그 기나긴 여정

노능서, 김준엽, 장준하(왼쪽부터)
1945년 8월 20일, 한 사진관에서 찍은 사진이다.

아리랑 아리랑 아라리요
광복군 아리랑 불러보세.
우리 부모님 날 찾으시거든
광복군 갔다고 말 전해주오.
ㅡ〈광복군아리랑〉의 노랫말

1944년 1월 20일, 일본 게이오대학에 다니던 김준엽(24세)은 학병으로 징집되어 2월 25일에 중국 쉬저우의 일본군 쓰카다 부대에 배치됐다. 이날 배치된 54명 중 네 명이 조선인이었다. 김준엽은 이미 일본군 탈출 계획을 세우고 나침반과 칼, 돈, 지도 등을 준비했다. 탈출 이후까지 대비해 중국어 회화 책을 챙겼고 틈틈이 공부도 해두었다.

군부대 생활은 아침 7시에 일과가 시작돼 밤 9시까지 고단하게 이어졌다. 각개전투 및 정신 훈련을 비롯해 상관 시중들기가 이어졌다. 분대장이나 조교가 식사를 마치면 신병들이 앞다퉈 그 식기를 씻었다. 상관에게 잘 보이려는 것이기도 했고, 그들이 먹고 남긴 밥을 긁어 먹으려는 생존 투쟁이기도 했다.

하루는 쓰카다 부대에 중국인 청년 두 명이 포승줄에 묶여 끌려왔다. 그들은 눈을 가린 채 미리 파놓은 구덩이 앞에 세워졌다. 이어 일본군의 만행이 시작됐다. 교관 소후에

의 명령에 따라 신병들은 총에 칼을 장착했다. 그러더니 신병 54명이 30미터 뒤에 한 줄로 서 있다가 차례로 그 중국인들에게 달려가 칼로 찔렀다. 54명 중 맨 뒤에 서 있던 김준엽이 다가갔을 때 중국인 두 명은 이미 숨이 끊겨 있었다. '기모다메시'라 불리는 일본군의 담력 훈련이었다.

탈출을 준비하던 김준엽에게 운도 따라줬다. 훈련 교관 소후에가 게이오대학 출신이라 후배 김준엽에게 호의를 베풀었다. 학벌을 중시하던 일본인들이 명문 사학의 후배를 전쟁터에서 만나 반가웠던 것이다. 이를 눈치 챈 다른 조교들도 교관의 후배에게 해코지를 하지 않았다.

3월 29일 새벽 2시, 김준엽은 드디어 탈출을 시도했다(다른 조선인 학병 세 명에게 함께 탈출하자고 제의했으나 그들은 거절했다). 탈출 전날 쇠병을 부려 훈련에서 빠진 뒤 내무반에

서 체력을 비축했고, 빵 세 개와 수류탄 한 개를 확보했다. 보초병 교대 근무가 있는 3분 안에 모든 것을 끝내야 했다. 탈출에 실패하면 그 자리에서 자살하기로 결심했다.

김준엽은 성벽을 뛰어넘다 미끄러져 밑에 있는 해자의 물속에 빠지고 말았다. 그러자 "누구냐!" 하는 소리가 들렸다. 예상과 달리 아직 초소에 보초병이 있었던 것이다. 잠깐 망설였지만, 그대로 철조망을 넘어 계속 달렸다. 동네 개들이 짖어대는 가운데 그는 나침반을 들고 동북쪽으로 뛰고 또 뛰었다. 이상하게도 총소리는 들리지 않았다. 네 시간을 뛰다 걷다 하다 보니 동이 트기 시작했다. 이윽고 김준엽은 중국인 항일유격대를 만나 '혁명 동지'로 환영을 받았다. '영광의 탈출'이 성공하는 순간이었다. 그러나 고향(평안북도 강계)에 있는 그의 가족은 헌병대에 불려가 고초를 겪어야 했다.

7월 9일, 다른 부대에 학병으로 징집된 장준하, 윤경빈, 홍석훈, 김영록이 탈출해 왔다. 김준엽과 이들 네 명은 만나자마자 동족의 따뜻함을 느꼈다. 28일, 탈출 학병 다섯 명은 6,000리 장정에 올랐다. 최종 목적지는 충칭에 있는 대한민국임시정부였다.

충칭까지 가는 대장정에는 어려움이 한두 가지가 아니었다. 중국의 평원은 가도 가도 끝이 없었다. 하루에 120~150리를 걷는 강행군으로 발바닥에 굳은살이 박였다. 해가 지면 나무 밑이나 민가의 헛간에서 새우잠을 잤다. 이와 옴 때문에 이만저만 고생이 아니었다. 게다가 중국에는 먹을 물이 마땅치 않았다. 냇물이나 우물물을 그릇에 담으면 바닥에 침

전물이 가라앉았다. 조선의 맑은 물이 그리웠고, 중국인들이 차를 끓여 마시는 이유를 알게 됐다. 일본군의 감시와 공중폭격을 피해가며 오로지 걸었다. 걷는 것만이 희망이었다.

9월 10일, 김준엽·장준하 일행은 린취안현에 있는 중국중앙군관학교 린취안분교(황포군관학교의 후신)에서 조선인들을 만났다. 이곳에서는 김학규 장군을 비롯한 한국광복군 간부 70여 명이 훈련을 받고 있었다. 이들은 조선인 청년들을 모집하고 있었기 때문에 탈출 학병들을 반갑게 맞아주었다. 이어 환영회가 벌어졌고, 안익태가 작곡한 〈애국가〉를 다 함께 불렀다. 김준엽·장준하 일행은 중국중앙군관학교의 세 달짜리 교육을 받고 중국 육군 준위 임명장을 받았다.

11월 21일, 김준엽·장준하 일행을 비롯한 53명이 충칭을 향해 출발했다. 그 가운데 탈출 학병이 33명이었고, 여성과 어린이를 포함한 민간인이 20명이었다. 초겨울 추위가 밀려왔지만 그들은 외투나 내복도 없이 여름 군복으로 버텼다.

충칭으로 가는 마지막 고비는 제비도 못 넘는다는 파촉령이었다. 일본군이 주요 이동로를 장악하자 충칭으로 쫓겨 간 중국국민당 정부는 파촉령을 통해 장비와 물자를 조달하고 있었다. 일본군은 말과 자동차를 이용해 이동했기 때문에 파촉령을 넘을 수 없었다.

김준엽·장준하 일행은 파촉령을 넘다 호랑이를 만나기도 했고, 모닥불을 피워놓고 추위를 견디며 밤을 새우기도 했다. 어찌나 고통스러웠던지 그들은 "후손에게 못난 조상이 되지 말자"라고 여러 번 다짐했다. 그 깊은 산

충칭 대한민국임시정부 청사

속에도 군데군데 주막이 있어 그나마 지친 몸을 쉴 수 있었다. 주막에서 내놓은 돼지기름으로 끓인 두부탕은 맛이 일품이었다.

13일 만에 파촉령을 넘으니 창강(양쯔강)이 펼쳐졌다. 6,000리 장정을 이어가는 동안 이미 새해가 밝아 있었다. 1945년 1월 23일, 김준엽·장준하 일행은 충칭으로 가는 배에 몸을 실었다. 이때 김준엽의 마음은 이미 김구 주석이 이끄는 임시정부에 가 있었고, 장준하는 〈애국가〉를 불렀다.

1월 31일, 조선 청년들은 드디어 충칭에 도착해 시내를 세 시간 동안 헤맨 끝에 최종 목적지에 다다랐다. 2층 건물 입구에 한글로 '대한민국림시정부'라고 쓰여 있었고, 태극기가 펄럭이고 있었다. 그러나 그 흥분과 감동은 오래가지 않았다. ●1945 ✳

해방 이후 장준하는 재야 운동가, 야당 국회의원으로서 박정희 유신체제에 맞서다가 1975년 8월 17일 경기도 포천에서 등산을 하던 중 의문의 죽임을 당했다.
1985년 김준엽은 고려대학교 총장으로 재직하다 운동권 학생들을 비호했다는 이유로 전두환 정권에 의해 해직당했다. 1987년 그가 집필한 회고록 《장정》은 일본군부대를 탈출해 임시정부로 가는 과정을 생생하게 전해준다.

징병제 실시는
조선인도 황군이 될 기회?

징병제는 근대 국민국가의 핵심 제도다. 18세기 프랑스혁명을 거치며 근대 유럽에서는 신분을 가리지 않고 국민이 군복무를 하는 징병제가 정착됐다. 국민은 군복무의 대가로 참정권을 비롯한 시민의 권리를 획득했다.

19세기 말 일본의 징병제를 보고 온 홍영식과 박정양, 어윤중 등 개화파는 고종에게 조선에서도 징병제를 실시하자고 건의했다. 그러나 고종은 징병제에 거부감을 드러냈다. 동학농민전쟁 등 민란을 겪으면서 백성을 불신하게 됐기 때문이다. 군복무의 대가로 백성에게 정치적 권리를 주는 것도 부담스러웠다. 고종에게 군대는 국토방위보다 왕권을 지키는 수단이었다. 징병제에 필요한 막대한 재정 역시 장해물로 작용했다. 결국 조선 왕조는 징병제를 실시하지 못한 채 일본의 식민지로 전락하고 말았다.

대한민국임시정부는 "대한민국 인민은 병역에 복하는 의무"를 진다고 '임시헌법'에 규정하고 "만 20세 이상 40세 이하의 장건한 남자로 징병령에 의하야 징모된 자"를 중심으로 상비병을 편성한다고 선언했다. 임시정부는 중국과 러시아에 사는 조선인을 대상으로 징병제를 시행하려 했지만 실현하지 못했다.

역설적이게도 조선에 징병제를 도입한 것

징병검사 현장
조선군 사령관 이타가키 세이시로 앞에서 주눅 든 채 서 있는 조선인 청년이 애처로워 보인다. 이타가키는 만주사변 주동자로 종전 이후 처형됐다.

은 일제였다. 당초 일제는 지원병제를 먼저 실시해 '황국신민화교육'을 한 세대 이상 받도록 한 뒤 징병제를 실시하려 했다. 식민지인에게 총칼을 쥐어주는 것은 위험천만한 일이었기 때문이다. 그러나 태평양전쟁의 전선이 확대돼 병력이 부족해지자 내각회의 결정(1942)을 통해 조선에 징병제를 실시한다고 발표했다. 얼마나 전격적 결정이었는지 조선총독부가 당황하며 불만을 토로할 정도였다.

하지만 이내 친일 인사들의 징병제 예찬이 이어졌다. "한번 병역의 의무를 치르고 남으로 완전한 국민이 된다. 병역을 안 치른 국민은 반편(반쪽)이다. 그러므로 징병이 고맙다는 것이다"(작가 이광수), "이제야 기다리고 기다리던 징병제라는 커다란 감격이 왔다. …… 지금까지 우리는 나라를 위해서 귀한 아들을 즐겁게 전장으로 내보내는 내지의 어머니들을 물끄러미 바라만 보고 있었다. …… 우리는 아름다운 웃음으로 내 아들이나 남편을 전장으로 보낼 각오를 가져야 한다"(이화여전 교장 김활란), "오늘 드디어 징병제가 실현되었으므로 오늘부터 우리들은 내지의 형제들과 함께 보조를 하나로 해서 대동아전에서 싸우자!"(윤치호).

개정 병역법 시행에 따라 1944년 4월 1일부터 8월 20일까지 일제는 만 20세 조선인 남성을 대상으로 제1차 징병검사를 실시했다(1924년 갑자생이 징병 1기생으로 회자됐다). 20만 명이 검사를 받아 그 가운데 4만 5,000명이 현역병 판정을 받았다. 현역병 이외의 보충병(지금의 '공익근무요원')은 근무대, 농경근무대 등에서 복무했다. 일제가 패망할 때까지 징병제를 통해 강제 징집한 조선인은 19만 명이었다. 지원병까지 더하면 24만 명이며 그중 5만 명이 목숨을 잃었다.

그러나 징병제 운영에는 어려움도 많았다. 가장 큰 문제는 조선인 병사들의 일본어 실력이었다. 어휘력이 이삼 세 일본인 아이 수준이니 군대가 유치원이 됐다는 탄식이 흘러나왔다. 게다가 하루가 멀다 하고 탈영병이 생겨 큰 골칫거리였다.

일제는 징병제가 '천황 폐하'를 위해 복무할 기회이며 '내선일체의 완성'이라고 주장했다. 그러나 징병제는 조선인에게 의무만 주었을 뿐 권리는 주지 않았다. 조선인에게 참정권이 주어질 것이라는 친일 인사들의 꿈은 그저 꿈으로 끝났다. ✳

1949년 대한민국 정부는 병역법을 통해 징병제를 부활시켰으나 이듬해 폐지됐다. 미국이 이승만의 군사행동을 우려해 한국군의 정원을 10만 명으로 제한했기 때문이다. 징병제는 한국전쟁 중이던 1951년에 병력 조달을 위해 다시 부활했다. 이후 한국군의 병력은 빠르게 증가하여 오늘날 70만 대군이 됐다. 식민지 권력이 이 땅에 도입한 징병제가 앞으로 건강하게 운영되려면 지나치게 많은 병력 수, 병역 비리, 부대 내 인권 문제 등 해결해야 할 문제가 많다. 장기적으로 징병제를 직업군인제로 바꿔야 한다는 목소리도 있다.

세계 문화유산 군함도, 그 섬에선 무슨 일이 있었나

5월, 일본 홋카이도에 있는 비바이 탄광에서 가스 폭발 사고가 일어났다. 사업주 미쓰비시는 광부들을 구하지 않고 탄광 입구를 막아버렸다. 추가 가스 누출을 막기 위한 가장 손쉬운 조치였다. 사망자 109명 가운데 70명이 조선인 징용 노동자였다 비바이 탄광의 사고는 이번이 처음이 아니었다. 3년 전에도 폭발 사고가 일어나 177명이 사망했다. 그 중 33명이 조선인이었다. 일본 군국주의의 한 축 미쓰비시에 중요한 것은 식민지 광부들의 목숨보다 석탄 생산량이었다.

그 악명 높은 하시마(端島)도 미쓰비시 소유였다. 나가사키 앞바다에 있는 하시마는 그 모양이 군함과 비슷해서 흔히 '군함도'라 불린다. 하시마는 석탄을 캐기 위해 미쓰비시가 건설한 도시로 탄광 외에 아파트, 학교, 상점, 병원, 영화관, 미용실, 수영장, 당구장 등을 갖추고 있었다. 석탄 산업의 전성기였던 1960년대에는 인구도 전성기를 맞아, 축구장 두 개 넓이의 하시마에 5,300여 명이 거주했다. 인구밀도가 도쿄 23구의 아홉 배였다.

태평양전쟁 이후 하시마에는 조선인 500~800여 명이 징용됐다. 14~15세 소년들도 동원됐고 사할린에 징용됐다가 다시 징용돼 온 사람들도 있었다

하시마의 탄광은 지하 수백 미터 깊이의 해저 탄광이었다. 해저 탄광에서 생산되는 석탄은 그 품질이 좋아 인기였지만 탄광 내부의 작업환경은 참혹했다. 기온은 섭씨 30~40도, 염분이 가득한 습도 90퍼센트, 잦은 낙반 사고, 급경사의 좁은 갱도에서 광부들은 훈도시(일본식 팬티) 한 장만 걸친 채 거의 누운 자세로 하루 12시간씩 석탄을 캤다. 지하로 내려갈수록 열기와 가스는 더욱 거세게 뿜어져 나왔지만 할당량을 채우려면 견뎌야 했다.

탄광 밖에서도 조선인 광부들의 생활은 비참했다. 일본인들은 아파트에 살았지만 조선인 광부들의 숙소는 악취가 진동하는 목조건물이었다. 세 평짜리 방에서 일고여덟 명이 새우잠을 잤다. 고된 노동을 마치고 갱도를 나온 그들에게 제공된 식사는 시래깃국에 콩깻묵이 들어간 주먹밥 두 덩이가 전부였다.

살인적인 노동과 배고픔, 감독관의 구타를 견디다 못해 섬을 탈출하겠다고 바다로 뛰어들어 사망하는 조선인들이 속출했다. 하시마는 한 번 들어가면 살아서 나오기 어려운 '지옥의 섬'이었다. 이곳에 징용으로 끌려온 조선인 가운데 120명가량이 사망했다. ※

1960년대 이후 에너지원이 석탄에서 석유로 바뀌어가자 하시마도 쇠퇴했다. 1974년 탄광이 폐쇄되자 하시마는 무인도가 됐다. 2009년 일본은 하시마를 민간에 공개했고, 2015년에는 유네스코 세계 문화유산으로 등재 신청을 했다. 하시마가 동양의 산업혁명을 선도했다는 게 이유였다. 이에 한국이 반발하자 일본 정부가 "(하시마에서) 과거 1940년대 한국인이 '자기 의사에 반해(against their will)' 동원되어 '강제로 노역(forced to work)'한 일이 있었다"고 공식 인정함으로써 하시마는 유네스코 세계 문화유산이 됐다.

강원도 영월 청년 최대봉의 강제징용 탈출기

일본 군함도에서 노동자들이 혹사를 당하고 있던 그 순간에도 식민지 조선에선 징용자 선발이 계속되고 있었다. 강원도 영월에 사는 전기기술자 최대봉(23세)도 징용 대상자가 되어 신체검사를 받았다. 그는 머리가 아프고 정신이 흐릿하다고 하소연을 해봤지만 검사관은 그의 겉모습이 멀쩡하다며 믿지 않았다. 최대봉은 일본 나고야 해군 작업대의 군속(군무원)으로 가게 돼 있었다. 당시 일본은 미군 B-29폭격기의 공습을 받고 있었기 때문에 그곳에 끌려가면 개죽임을 당할 수도 있었다.

신체검사를 마치고 향교에 수용되어 있던 최대봉은 사람들이 잠든 시간을 틈타 충청북도 제천 쪽으로 탈출을 감행했다. 그는 처음부터 신작로로 이동하면 헌병에게 붙들릴까 봐 산길을 선택했다. 당시 영월 장릉 솔밭에 호랑이가 출몰한다는 소문이 돌아 겁도 났지만 어쩔 수 없었다. 산길을 가다 졸리면 무덤가에서 잠깐 눈을 붙였다가 다시 이동했다. 때는 6월이라 그리 춥지 않았다.

최대봉은 몇 시간을 이동하다 이젠 안전하다 싶어 신작로로 내려왔다. 계속 걷다 보니 어느새 날이 밝아왔다. 최대봉은 아침 일찍 장을 보러 가는 아주머니에게 물었다.

"여기가 제천인가요?"

규슈 탄광의 조선인 노동자
'노무동원계획'으로 일본에 강제 징용된 노동자들은 열악한 환경에서 혹독한 고문을 당하며 일했다.

그랬더니 뜻밖의 대답이 돌아왔다.

"영월인데요."

그가 산길을 통해 제천으로 내려가다가 신작로를 통해 영월로 되돌아온 것이었다. 허망함이 밀려왔지만 집에 있는 처자식을 생각하며 반드시 살아야겠다는 의지를 다졌다.

최대봉은 어린 시절을 보냈던 경상북도로 발길을 돌렸다. 강원도에서 경상도로 가려면 먼저 강을 건너야 했다. 그런데 뱃사공은 한 명만 태우고는 못 간다고 버텼다. 배에 탈 사람들이 더 모이면 출발하겠다고 했다. 뱃사공에게 돈을 두둑하게 쥐어주니 그제야 배가 움직였다. 강을 건넌 뒤 큰 산을 넘어 외딴 집에 밥을 얻어먹으려고 들어갔다. 주인아주머니는 큰 그릇에 찰밥을 듬뿍 담아주었다. 그 집 남편도 일본에 징용을 가 있던 터였다. 밥을 먹고 힘을 얻은 최대봉은 경상북도 영주를 거쳐 기차를 타고 작은아버지 댁이 있는 경산에 도착했다. 영주역과 열차 안에서 헌병들이 검문을 했지만 무사히 넘어갔다.

얼마 뒤 최대봉은 영월에 있는 집에 들러 몰래 아내를 만났다. 면 서기가 집에 찾아와 "남편 어디에 있냐?"고 물었던 모양이다. 남편이 일본에 징용 간 줄로만 알고 있던 아내는 "사람을 끌고 가서는 이제 와서 무슨 소리냐?"며 버럭 화를 냈다고 했다. 징용 대상자가 도망을 갔으니 담당 면 서기도 입장이 난처했을 것이다. 하지만 최대봉의 가족에게 별다른 해코지를 하지는 않았다. 이후 최대봉은 경상북도 경산에 머물다가 해방을 맞아 영월로 돌아왔다. ✲

해방 이후 최대봉은 남선전기에 취직했다. 1961년 남선전기는 조선전업, 경성전기와 합병되어 한국전력(한전)이 됐다. 1972년 최대봉은 한국전력을 퇴직했다. 최대봉처럼 평범한 사람의 일생에도 격동의 역사가 녹아 있을 만큼 한국 근현대사는 한 편의 다큐멘터리였다. 최대봉의 삶은 '20세기민중생활사연구단'의 책에서 확인할 수 있다. 이와 같은 평범한 사람들의 역사를 기록한 연구 덕분에 당시의 일상을 엿볼 수 있다.

조선인 가미카제 특공대원, 인재웅 혹은 마쓰이 히데오

1944년

가미카제 특공대를 전송하는 일본 학생들
특공대원들의 자살 공격은 황군의 자랑스러운 죽음으로 미화되었다.

마쓰이 히데오!
그대는 우리의 오장(伍長) 우리의 자랑
그대는 조선 경기도 개성 사람
인씨의 둘째 아들 스물한 살 먹은 사내
마쓰이 히데오!
그대는 우리의 가미카제 특별공격대원
─ 서정주, 〈마쓰이 오장 송가〉에서

11월 29일 새벽 4시, 전투기 조종사 마쓰이 히데오가 필리핀 시라이 기지에서 다른 대원 여섯 명과 함께 출격해 레이테만에 정박 중이던 연합군 수송선에 자폭 공격을 감행하고 전사했다. 역사는 이들을 가리켜 '가미카제 특공대'라고 부른다. 이날 사망한 조종사 마쓰이 히데오는 개성 출신의 조선인 청년 인재웅(20세)이었다.

1920년대에 안창남이 등장한 이후 식민지 조선의 소년들에게 비행기 조종사는 꿈의 직업이었다. 그러나 그것은 말 그대로 '꿈'이었다. 경찰 월급이 10원이던 시절, 일본에 있던 비행학교의 수업료는 4,500원이었다. 이 엄청난 교육비를 감당할 수 없는 보통 가정의 소년들은 육군 소년비행병 학교로 눈을 돌렸다. 소년비행병 학교는 일본 육군이 비행기 조종사, 통신사, 정비사를 기르기 위해 운영

하던 기관이었다(당시에는 공군이 독립돼 있지 않았다). 지원 자격은 국민학교 졸업 학력의 15~17세 청소년이었고, 수업료는 전액 무료였으며, 학생들에게 매달 수당까지 지급했다.

소년비행병 학교 제복을 입고 시내를 걸어 다니는 것도 소년들이 선망하는 일이었다. 소년비행병 학교 학생이 버스에 타면 자리를 양보해주는 사람도 있었고, 심지어 식당에서 만나면 밥값을 대신 내주는 사람도 있었다. 이제 곧 식민지 조선에서도 징병제를 실시할 예정이었기 때문에 이등병으로 끌려가느니 하사관(지금의 부사관)으로 지원하는 게 낫다고 판단하는 소년들도 있었다.

인재웅은 열여섯 살 때 소년비행병 학교에 지원했다가 신체검사에서 불합격하고, 이듬해에 재도전해 합격했다. 도쿄에서 1년 동안 교육받은 인재웅은 성적이 우수해 육군 비행학교 조종 병과에 들어갔다. 이후 인재웅은 초기 가미카제 특공대인 야스쿠니 부대에 편성됐다. 이때 아들을 면회 온 아버지에게 인재웅이 "제가 전사하더라도 섭섭하지 않으시

겠죠?"라고 물었다. 이에 아버지 인학연은 "군인이 됐으니 전사하는 것은 당연하다"라며 격려했다고 한다. 하지만 총독부 기관지 《매일신보》가 보도한 내용이라 그대로 믿기는 어렵다.

비행사가 됐다고 해서 무조건 가미카제 특공대에 들어가지는 않았다. 나름대로 절차는 갖췄다. '열망한다', '희망한다', '희망하지 않는다' 등 세 항목이 적힌 용지를 주고 선택하게 한 것이다. 말할 것도 없이 모범답안은 '열망한다'였다. 일본이 유가족을 책임져준다는 미끼도 던졌다. 결국 '자발적 강제'였다.

인재웅이 사망하자 그의 가족은 큰 충격과 슬픔에 빠졌다. 어머니 정입분은 각지에서 전해오는 위문품을 내팽개치며 "내 아들 내놓으라" 하며 통곡했다. 그러나 인재웅의 전사를 대외 홍보용으로 활용하려는 총독부에게 유가족의 아픔은 중요하지 않았다. 총독 아베 노부유키의 위문사가 유가족에게 전달됐고, 육군은 인재웅의 계급을 두 계급 특진시켰으며, 개성부 주최로 위령제가 열렸다. 이후 인재웅의 가족은 가미카제 특공대원 '마쓰이 오장'의 자랑스러운 유족으로 살기를 강요받았다.

인재웅에 대한 우상화 작업은 12월 9일 서정주가 《매일신보》에 발표한 시 〈마쓰이 오장 송가〉에서 절정을 이루었다(오장은 분대장이라는 뜻). '단군 이래 최고 시인'이라는 평가를 받기도 하는 서정주는 근대 서양을 거짓 이성이 지배하는 속물 사회로 보았다. 이에 서정주는 서양의 정신세계를 뛰어넘는 동양적 가치를 찾고 있었는데, 그에게 가미카제 특공대는 그 동양적 가치의 구현사였다. 그외 친일

행위는 그 나름의 자발적 논리를 갖추고 있었다.

인재웅의 전사 이후 수많은 조선 청년들이 그 뒤를 따랐다. 평안남도 진남포 출신 김상필(유키 쇼히쓰), 평안북도 박천 출신 한정실(기요하라 데이지쓰), 경상남도 사천 출신 탁경현(미쓰야마 부미히로) 등 조선인 청년들이 구구한 사연을 뒤로한 채 '야스쿠니 벚꽃'이 됐다. 식민지에서 태어나 황국신민 교육을 받고 자란 뒤 자의 반 타의 반 전쟁터로 끌려가 산화한 20대 청년들에게 돌을 던지는 것은 너무 가혹하지 않을까? 출격 전날 그들은 〈아리랑〉을 불렀다. ✳

해방 이후 《동아일보》(1946. 1. 10.)는 〈마쓰이 오장 송가〉의 주인공 인재웅이 살아서 귀국했다고 보도했다. 그러나 인재웅의 여동생 인순혜는 "그런 얘기는 금시초문"이라며 부인했다. 인재웅이 살아 돌아왔다면 친동생이 그 사실을 모를 리 없다. 해방 직후 혼란 속에서 나온 오보였던 것 같다.

가미카제 특공대는 두 사람의 운명을 서로 다른 방향으로 갈라놓기도 했다. 연희전문 3학년 김상필과 보성전문 3학년 신유협은 모두 가미카제 특공대에 선발됐다. 일본이 항복하기 네 달 전 김상필이 오키나와 해전에서 자폭 공격을 감행하다 전사한 데 반해 신유협은 운 좋게 살아 돌아왔다. 해방 이후 신유협은 대한민국 공군 장성, 대한항공 초대 사장 등을 거치며 승승장구했다.

역사는 우연인가, 필연인가? 역사 속 개인의 운명은 또 어떤가? 《장자(莊子)》에 '개철지어(個轍之魚)'라는 말이 있다. 수레바퀴가 지나간 자국에 물이 고이고, 그 물속에서 물고기가 산다는 의미다.

무기력과 분열에 빠진 대한민국임시정부

1945년

광복군 시절의 장준하
해방 이후 그는 반독재 민주화운동을 이끌다가 의문의 죽임을
당했다.

1945년 1월 31일, 김준엽·장준하 일행 50여 명이 충칭 대한민국임시정부 정문 앞에 도착했다. 잠시 후 광복군 총사령관 지청천이 나와 청년들을 맞았다. 그는 일본군 장교였다가 탈출해 1930년대 만주에서 한국독립군을 이끌며 대전자령전투, 쌍성보전투에서 일본군을 토벌한 전설적 인물이었다. ●1932 "수고들 많이 했소이다. 여러분들이⋯⋯." 그는 목이 메어 말을 잇지 못했다.

곧이어 푸른색 두루마기를 입은 거구의 노인이 나타났다. 탈출 학병들은 아직 사진 한 번 본 일조차 없지만 그 노인이 대한민국임시정부의 김구 주석임을 직감했다. 이봉창, 윤봉길 의거를 지휘한 바로 그 인물이었다. 김구 옆에는 김규식, 이시영(이회영의 동생), 조소앙, 신익희, 유동열, 최동오, 조완구 등 임시정부 요인들이 서 있었다. 청년들의 기대와 달리 김구의 환영사는 의외로 간단했는데 6,000리 장정의 노고에 대한 치하였다.

그날 밤, 탈출 학병 환영회가 열렸다. 김구 주석이 격려사를 읽었다.

"⋯⋯ 여러분이 왜놈들에게 항거하여 이렇게 용감하게 탈출해서 이곳까지 찾아와주었으니 더없이 고맙습니다⋯⋯."

이에 장준하가 화답했다.

"⋯⋯ 이제 저희는 아무런 여한이 없습니다. 조국과 민족을 위해서라면 무슨 일이든지 가리지 않겠습니다⋯⋯."

이 순간 행사장은 울음바다가 돼버렸다. 그러나 탈출 학병들의 환희와 감동은 거기까지였다.

임시정부에 대해 애국청년들이 지녔던 기대와 환상은 이튿날부터 무너져갔다. 탈출 학병들에게 비친 임시정부의 실상은 '실망스러움' 그 자체였다. 중국국민당 정부가 얻어준 임시정부 청사는 요인 50여 명이 사는 기숙사와 다를 바 없었다. 말이 좋아 정부지 특별한 사무가 없으니 사무실도 필요 없었다. 종이 치면 일어나 밥 먹고 민족의 앞날을 걱정만 하는 게 하루 일과였다. 민족 해방이 눈앞에 다가오고 있을 때 임시정부는 권태에 빠져 있었다.

탈출 학병들을 더 실망시킨 것은 임시정부 내 파벌 싸움이었다. 임시정부를 지원하는 중국국민당이 우려할 정도였다. 당시 임시정부는 한국독립당(김구), 조선민족혁명당(김원봉), 한국청년당(신익희) 등 여러 당이 난립하며 갈등을 겪고 있었다. 또한 그들은 항일 투쟁을 위해 6,000리 길을 찾아온 청년들을 자기 당으로 끌어들이려 온갖 '공작'을 벌였다. 청년들이 뜻을 모아 포섭을 거절하자 그들은 개별 포섭 공작에 나섰다. 청년을 몇 명씩 불러다가 술을 사주는가 하면, 조선민족혁명당은 미인계까지 썼다.

이에 탈출 학병 대표 장준하가 작심하고 폭탄 발언을 했다. 임시정부 요인과 충칭의 교포들이 모인 회의장에서였다.

"우리는 이곳을 떠나 다시 일본군에 들어가고 싶습니다. 이번에 일본군에 들어간다면 이 임시정부 청사에 폭탄을 투하하고 싶습니다. 왜냐고요? 어떻게 임시정부가 이렇게 네 당 내 당 하며 싸울 수 있습니까?"

회의장은 순식간에 얼어붙었다. 내부부장 신익희는 "3·1운동의 피로써 세워진 임시정부를 그렇게 모욕하는 망발이 어디 있어. 빨리 국무회의에 들어가 정중히 사과하시오"라며 장준하를 질책했고 주석 김구는 알 수 없는 웃음을 지었다.

임시정부에 대한 회의감이 깊어갈 무렵, 탈출 학병들은 광복군 참모장 이범석을 만났다. 그는 청산리전투에서 활약했던 인물로 시안에서 활동하고 있었다. 그 역시 임시정부의 파벌 싸움에 진절머리가 나 있었다. 이때 그가 탈출 학병들이 귀가 솔깃해지는 말을 건넸다. 당시 시안에서 광복군 제2지대가 미군과 함께 조선 침투 작전을 추진하고 있다는 것이었다.

"여러분들을 나의 동지로 맞고 싶소. 같이 가주지 않겠소? 단 한 가지 조건이 있소. 그건 죽음을 두려워하지 않는 젊은이이라야만 하오."

탈출 학병들은 흥분했다. 드디어 할 일을 찾은 기분이었다. 이어 주석 김구의 동의를 받아 조선 침투 작전에 참여하기로 결정했다. ❊

시인 윤동주, 고독 속에서 외마디 비명을 지르고 떠나다

일본 유학 시절의 윤동주
뒷줄 오른쪽이 윤동주이고, 앞줄 가운데 인물이 그의 고종사촌 송몽규다.

죽는 날까지 하늘을 우러러
한 점 부끄럼이 없기를
잎새에 이는 바람에도
나는 괴로워했다.
　　　　　－윤동주, 〈서시〉에서

2월 16일 새벽 3시 36분, 일본 후쿠오카 형무소에서 윤동주가 사망했다. '교토에 있는 조선인 학생 민족주의 그룹 사건'으로 일본 특별고등경찰(약칭 '특고')에 체포된 지 19개월 만이었다. 그의 최후를 지켜본 간수에 따르면 "윤동주가 외마디 소리를 높게 지르며 운명했다"라고 한다.

윤동주의 스물여덟 살 삶에서 빼놓을 수 없는 이가 있다. 그의 동갑내기 고종사촌 송몽규다. 북간도 명동촌에서 두 사람과 함께 자란 문익환의 증언을 들어보자.

(윤동주는) 조용하고 자상한 사람이었어. 그 사람 앞에 가면 모든 분쟁이 멎고 평화가 됐어. 동주와 함께 지낸 시간이 즐거웠어. 반면 그 고종(사촌) 송몽규는 활달하고 활동적이었어. 학창 시절에는 송몽규가 두각을 나타냈고 윤동주는 그 그늘에 가려 열등감을 느꼈어. 송몽규는 중학교 3학년 때

《동아일보》 신춘문예 현상 모집에서 희곡이 당선됐어. 아주 비상한 머리야. 연전(연희전문) 졸업하고 경도제대(교토제국대학) 사학과로 갔으니 머리가 좋은 놈이지. 그래서 열등감을 느낀 동주가 항상 하는 소리가 '대기만성이야!' 그랬다고.

윤동주가 경찰의 감시를 받게 된 것은 송몽규 때문이었다. 송몽규는 북간도 은진중학교 재학 시절 독립운동을 하려고 중국에 잠입해 김구를 찾아간 '위험인물'이었다. 더구나 그는 1940년대 일제가 식민지 조선에 실시한 징병제를 '기회'라고 생각했다. 조선인이 일본군에 징병되어 총칼로 무장하고 있다가 일제가 약해지는 틈을 타 봉기를 일으켜 독립을 쟁취하자는 생각이었다. 이에 송몽규는 '요시찰인(要視察人)'으로 찍혀 경찰의 감시를 받았고, 그의 단짝 윤동주도 그 감시망에 들어갔다.

세나가 윤동주 자신도 민족의식이 강한 학

생이었다. 그는 조선인 유학생들과 접촉하며 조선어 연구를 권장하고 조선 독립의 당위성을 강조했다. 그는 유학생들에게 '불온사상'을 퍼뜨리고 있었다. 아마도 송몽규와 윤동주는 일제의 패망을 예상했던 듯하다.

일제 경찰은 1919년 조선인 도쿄 유학생들의 2·8독립선언이 3·1운동의 도화선이 됐던 일을 뼈아프게 기억하고 있었다. 그래서 조선인 유학생들의 동태에 더 민감했다.

윤동주의 사망 원인은 분명하지 않다. 그의 당숙 윤영춘(가수 윤형주의 아버지)은 비보를 듣고 후쿠오카 형무소를 찾아갔다. 이때 알아보지 못할 만큼 초췌한 모습으로 나타난 송몽규는 "저놈들이 주사를 맞으라고 해서 맞았더니 이 모양이 됐고, 동주도 이 모양으로……"라고 말했다. 윤동주가 생체 실험을 받다 죽었다는 의혹을 낳는 증언이다. 당시 윤동주는 심하게 야위어 마치 뼈에 가죽을 입혀놓은 듯했고 얼굴은 붉은색을 띠었다고 한다. 3월 7일, 송몽규도 윤동주의 뒤를 따랐다. 그는 뭔가 못한 말이 많았는지 눈을 뜬 채 세상을 떠났다.

윤동주는 시집 출간을 소망했으나 그 꿈을 이루지 못했다. 살아생전 단 한 점의 그림만을 판매한 천재 화가 고흐의 삶과 비슷했다. 윤동주의 할아버지 윤하현은 후쿠오카 형무소에서 한 줌의 재로 변해 고향에 돌아온 손자를 땅에 묻고, "시인 윤동주의 묘"라고 새긴 비석을 세워주었다. ✺

윤동주의 첫 시집이자 마지막 시집이 되어버린 《하늘과 바람과 별과 시》가 해방 이후 출간됐다. 윤동주의 우상이었던 시인 정지용은 이 시집을 읽고 "무시무시한 고독 속에서 죽었구나!"라고 탄식했다.

이후 무명시인 윤동주는 대중에게 가장 사랑받는 시인이 되어 오늘에 이르고 있다. 그를 '민족시인', '저항시인'의 틀 속에 가둬놓으면 절반의 진실이 보일 뿐이다. 잎새에 이는 바람에도 괴로워할 만큼 부끄럼 없이 살려 했던 그에게 삶의 주제는 '자기 성찰'이었을 것이다.

한편 윤동주의 가족은 해방 이후 월남했고 고향에 남아 있던 가족도 세상을 떠났다. 윤동주의 묘는 잡초가 무성한 채 방치됐다. 1985년 봄, 윤동주의 동생 윤일주가 일본인 교수 오오무라 마스오의 도움으로 묘를 찾아냈다. 오오무라는 "윤동주의 작품은 그에 대한 예비지식 없이도 누구나 감동할 수 있다"라고 평가했다.

식민지 조선 최후의 의거

— 부민관 의거

1945년

부민관 의거 주역들
왼쪽부터 강윤국, 조문기, 유만수다.

> 그나마 우리 민족이 끝까지 싸웠기 때문에
> 미군이 해방을 가져다주었다는 말을 일방
> 적으로 듣지는 않게 됐다.
>
> — 조문기

7월 24일 저녁, 경성 부민관에서 아세아민족분격대회가 열리고 있었다. 태평양전쟁에서 일본군이 무너져가자 친일 부역자들이 국민을 선동해 전쟁터로 몰아넣으려고 벌인 행사였다. 일제에 대한 충성을 맹세하고, 태평양전쟁에서 아시아 민족의 역할을 강조하며, 미국과 영국에 대한 규탄이 이어졌다. 이날 행사에는 조선 총독 아베, 조선군 사령관 이타가키, 매일신보사 사장 이성근을 비롯해 중국과 만주국의 친일파 등 거물급 인사들이 참석해 분위기가 달아올랐다.

아세아민족분격대회의 주최자는 박춘금이었다. 그는 경상남도 밀양 출신으로 17세 때 일본으로 건너가 탄광 노동자로 일하다가 폭력 조직에 들어가 활동했다. 1923년 간토대지진 때 시체 처리와 조선인 색출 작업에서 '두각'을 나타내며 일본 당국의 환심을 샀고, 조선에도 세력을 뻗쳤다. 그는 《동아일보》가 자신의 활동을 비판하자 동아일보 설립자 김성수와 사장 송진우를 식도원(남대문통에 있던

고급 요릿집)으로 유인해 포박하고 발길질과 오물을 퍼부었다. 김성수와 송진우는 밧줄에 꽁꽁 묶인 채 박춘금에게 무려 세 시간 동안 머리와 얼굴, 배 등을 구타당했다. 그래도 화가 풀리지 않은 박춘금이 김성수의 목을 칼로 찌르려 했다. 이때 송진우가 《동아일보》 사설 내용에 대해 사과하고 김성수가 박춘금에게 거금 3,000원을 주기로 약속함으로써 사태는 수습됐다.

이후 박춘금은 식민지 조선에서 노동운동 및 농민운동 진압에 앞장섰고, 1932년에는 일본 중의원(국회의원)에 당선되는 '기염'을 토했다. 그는 일본 중의원을 지낸 유일한 조선인이었다. 1943년에는 총독부에 국방헌금 3만 원을 기부할 만큼 충량한 황국신민이었다. 그런 그가 대의당(大義黨)이라는 조직을 만들어 아세아민족분격대회를 연 것이다.

9시 10분경 박춘금이 단상에 올라 "대일본제국의 영도하에 아시아 민족들은 서구 제

국주의에 저항하는 해방운동을 적극 전개해야 합니다"라고 열변을 토했다. 그 순간 계단과 복도, 화장실에서 폭탄이 터졌다. 조선의 청년 조문기와 강윤국, 유만수가 일으킨 거사였다. 이들은 일본에 강제로 징용됐다 탈출한 애국청년들이었다.

이날 사용한 폭탄은 유만수가 경성 수색변전소 작업장에서 다이너마이트를 구해 만든 것이었다. 단상 위에 '거물'들이 모여앉아 있는 것을 본 세 사람은 투척용 폭탄을 갖고 있지 못한 것을 안타까워했다. 그들을 한 방에 쓸어버릴 수 있었기 때문이다.

폭탄이 폭발하던 9시 9분에서 10분 사이, 애국 청년 세 사람은 길 건너 경성부청 앞에서 상황을 지켜보고 있었다. 부민관은 순식간에 아수라장이 됐고 군중의 비명이 화약 연기에 섞여 나왔다. 아세아민족분격대회는 중단됐고 단상 위 거물들은 생사의 경계에서 가슴

을 쓸어내렸다.

총독부가 가만있을 리 없었다. 전국에 비상계엄을 선포하고 '범인' 검거에 나섰다. 박춘금은 사재를 들여 거액의 현상금까지 걸었다. 거사를 일으킨 주인공들은 잡히지 않았다. 하지만 이 일로 비밀결사 건국동맹의 실체가 드러났고 무고한 조선인 수백 명이 체포되어 고초를 겪어야 했다. 이에 애국 청년들은 괴로워했다.

부민관 의거는 제국주의 침략자와 그 주구들을 처단하지는 못했지만, 조선인의 민족정신이 살아 있음을 수도 한복판에서 알렸고 일제시대 항일 투쟁의 대미를 장식했다. 조문기를 비롯한 거사 주인공들은 경찰 추적을 피해 지리산과 계룡산으로 숨어들었다가 이후 경기도 화성에서 야학당을 운영하던 중 해방을 맞았다. ✳

해방 이후 박춘금은 일본으로 달아났다. 반민특위가 연합군사령부에 '박춘금 강제 송환'을 요청했지만 이루어지지 않았다. 1973년 사망한 박춘금은 고향인 경상남도 밀양에 묻혔다. 1992년 그의 무덤 앞에 송덕비가 세워지자 지역 시민단체와 주민들이 반발해 결국 묘와 함께 철거됐다. 밀양이 어떤 곳인가? 의열단의 김원봉과 윤세주의 고향이다.

무산된 독수리작전

— 대한민국임시정부와 OSS,
진공 작전을 계획하다

8월 9일 중국 시안, 대한민국임시정부 주석 김구는 미국 전략정보국(OSS, CIA의 전신)에서 훈련받은 광복군을 사열했다. 일본이 곧 항복할 것이라는 소식이 이미 전해져 김구의 마음은 다급했다. 이어 OSS 총책임자 도노번은 서울 진공 작전(작전명 '독수리작전') 명령을 내렸다.

독수리작전은 당시 OSS가 추진하고 있던 '냅코 프로젝트(NAPKO Project)' 가운데 하나였다. 냅코 프로젝트는 한국인들을 잠수함과 낙하산으로 조선·만주·일본에 침투시켜 일본군을 교란하고 정보활동을 벌이려 했던 작전으로, 재미 한인들이 항일 투쟁에 나서겠다고 미국 정부에 줄곧 요구한 결과였다. 독수리작전은 광복군과 미군이 함께 조선에 침투해 게릴라 활동을 벌여 일제를 축출한다는 계획이었다. 나치 치하 프랑스의 레지스탕스 활동과 비슷했다. 작전 예정일은 8월 18일이었다.

독수리작전은 대한민국임시정부와 미국 OSS의 윈-윈 전략이었다. 대한민국임시정부는 OSS와의 공동 작전을 통해 미국 정부의 승인을 받으려 했고, OSS는 조선에 침투시킬 요원들로 광복군이 필요했다. 광복군 대원들은 일본인과 생김새가 비슷하고, 일본어를 구사하며, 조선의 사정에도 밝았기 때문이다. 광복군은 OSS로부터 기관단총, 무전기, 조선은행권, 금괴, 각종 가짜 증명서 등을 지급받았다.

독수리작전은 4단계로 계획됐다. 1단계에서 미국 공군이 경성과 인천에 있는 일제 기관을 폭격한다. 2단계에서 광복군과 미군이 낙하산부대를 조직해 한반도에 침투한다. 3단계에서 인천 지역을 통해 광복군과 미군이 상륙한다. 4단계에서 경성을 점령하고 국민 봉기를 일으켜 조선을 해방시킨다.

독수리작전은 8월 15일 일본이 항복하면서 실행으로 이어지지는 않았다. 결과론이지만 독수리작전이 예정대로 추진됐다면 해방 이후 대한민국임시정부의 입지는 한결 넓어졌을 것이다.

그렇지만 독수리작전에 대한 지나친 '신화화'는 경계해야 한다. 당시 OSS는 미국 내 여러 개의 정보기관 중 하나였다. 따라서 독수리작전이 성공했다고 해서 미국 정부가 대한민국임시정부를 정식 정부로 승인해주었으리라는 보장은 없다. 미국 정부의 일관된 공식 입장은 '대한민국임시정부 불승인'이었다. 당시 미국은 민족주의 세력인 대한민국임시정부를 승인할 경우 소련이 자국 내 조선인 공산주의자들을 모아 또 다른 임시정부를 조직할 것이라고 판단했다. ✳

꿈인가 생시인가,
도둑같이 찾아온 해방

그날이 오면 그날이 오며는
삼각산이 일어나 더덩실 춤이라도 추고
……
두개골은 깨어져 산산조각이 나도
기뻐서 죽사오매 무슨 한이 남으오리까
　　　　　　　　　－심훈, 〈그날이 오면〉에서

8월 15일 아침 6시, 조선총독부 정무통감 엔도가 여운형을 불렀다. 이 자리에서 엔도는 여운형에게 조선 내 일본인들이 일본 본토로 무사히 건너갈 수 있게 치안을 유지해달라고 요청했다. 당시 여운형은 조선인의 존경을 받는 민족 지도자였기 때문이다. 이에 여운형은 치안유지법에 걸려 구금된 사람들을 석방하는 조건으로 엔도의 요청을 받아들였다. 이 시각 서울 시내 곳곳에는 "금일 정오 중대 방송, 1억 국민 필청"이라는 벽보가 나붙었다.

낮 12시, 일본 천황 히로히토가 라디오 방송에 출연했다. 이른바 '옥음방송'이다(생방송이 아니라 전날에 미리 녹음된 것이었다. '옥음'은 천황의 목소리를 의미한다). 식민지 조선인은 말할 것도 없고 일본인도 천황의 목소리를 처음 듣는 것이었다. 잡음이 심하기도 했고 천황이 읽어 나가는 딱딱한 문장을 청취자들은 알아듣기 어려웠다. 5분에 걸친 천황의 '옥음'

이 끝난 뒤 아나운서 이덕근이 조선어로 번역한 원고를 읽자 비로소 청취자들은 방송 내용을 알게 됐다. 일본이 포츠담선언을 받아들여 연합국에 무조건 항복한다는 내용이었다. 다시 말해 조선이 식민지에서 '해방'된다는 이야기였다.

이 시각 일본 구마가야 비행장, 가미카제 특공대로 오키나와 출격을 준비하던 제261부대에서도 옥음방송이 흘러나왔다. 부대원들 사이에서 한숨이 새어 나왔다. 조선인 민영락은 '이젠 살게 된 건가?' 하는 생각을 했지만 별 느낌은 없었다. 주위에서 "이제 집으로 돌아가 농사도 짓고 결혼도 해야겠다"라는 말도 들려왔다.

징용을 피해 의정부에서 방응모(전 조선일보 사장)의 집에 숨어 지내던 아동작가 윤석중은 일본의 항복 소식을 듣고 동요 〈새 나라의 어린이〉의 노랫말을 썼다.

"새 나라의 어린이는 일찍 일어납니다. 잠꾸러기 없는 나라 우리나라 좋은 나라."

어이없고 안타까운 일도 있었다. 일본 육사 생도였던 김재곤은 옥음방송을 듣고 '조선 독립 만세'를 외치다가 그 자리에서 일본인 장교에게 살해당했다.

8·15 해방을 다루는 영화와 드라마에서는 천황이 항복 방송을 하자마자 온 국민이 거리로 쏟아져 나와 환호한 것으로 그린다. 극적 효과를 내기 위해서다. 그러나 1945년 8월 15일의 서울 시내 풍경은 그렇지 않았다. 당시 서울 시내는 매우 조용했고 극적이기보다는 밋밋하고 시큰둥했다. 아마도 식민지 조선인들에게는 '해방'이라는 말이 그리 현실감있게

꿈에 그리던 해방
이 유명한 사진은 8·15 해방 다음 날, 서대문형무소 앞에서 찍은 것이다. 가운데에서 약간 오른쪽에 흰 저고리와 흰 바지를 입고 두 팔을 번쩍 들고 있는 이(동그라미 표시)가 단파방송 밀청 사건을 주도한 성기석이다. **○1942**

와닿지 않았던 것 같다. '해방'이 무슨 의미인지 모르는 사람도 있었다(당시 일제는 언론을 통제했기 때문에 식민지 조선인들은 전쟁에서 일본군이 무너지고 있다는 사실조차 몰랐다). 함석헌의 말처럼 해방은 '도둑같이' 찾아왔다.

하지만 '해방'의 의미를 알았다고 해도 거리로 뛰쳐나가기는 쉽지 않다. 여전히 문밖에는 칼을 찬 일본 경찰이 버티고 서 있었다

(조선 총독 아베는 1945년 9월 9일까지 업무를 수행했다). 그래서 일단 상황을 살피며 서로 눈치만 봤을 것이다. '일상의 관성'은 그토록 질기다. 라디오 방송을 들을 수 없었던 시골 사람들은 일본의 항복 소식을 며칠이 지나서야 입소문을 통해 알게 됐다. 나라를 되찾던 때의 풍경은 그랬다. ✳

여의도 땅을 밟았으나
일본군에 추방당한 광복군

8월 14일, OSS와 광복군 선발대가 미군 수송기로 중국 시안을 출발해 국내 진입을 시도했다. 그러나 일본의 가미카제 특공대가 도쿄만으로 들어오는 미국의 항공모함을 공격했다는 정보를 듣고는 시안으로 돌아갔다. 일본 천황이 항복 선언을 했지만 전쟁은 아직 끝나지 않았다. 조선인의 봉기를 우려해 일본군은 오히려 경계를 강화했다.

8월 18일 12시 30분, OSS 요원 22명과 광복군 선발대 네 명(이범석·장준하·김준엽·노

능서)은 드디어 서울 여의도 비행장에 내렸다. 꿈에도 그리던 조국 땅을 밟는 순간이었다. 이범석은 30년 만에 돌아온 조국의 산천을 보며 눈시울을 붉혔다. 이들의 임무는 대한민국임시정부가 귀국할 때까지 연락 업무를 맡는 것이었다.

그러나 해방된 조선의 분위기는 광복군의 기대와는 전혀 달랐다. 당시 총독부는 여운형의 조선건국준비위원회에 권한을 이양하고 있었으나, 일본 군부는 총독부를 비판하며 더욱더 날을 세웠다. 비행기가 착륙하자 무장한 일본군 한 개 중대가 포위해 들어왔다. 순간 긴장감이 돌았다. OSS의 버드 대령이 "우리는 미군 진주를 위한 사전 준비를 하러 온 사절단"이라고 설명했지만, 일본군 중장 쇼쓰키는 "아직 도쿄로부터 지시를 받은 바 없다. 지금은 정전 상태이니 정식으로 항복한 뒤 입국

되돌아가는 광복군
여의도에서 다시 중국으로 돌아가던 중 불시착한 산둥 성 웨이현 비행장에서 광복군과 OSS, 중국군이 함께 찍은 사진이다.

하라"고 답했다. 양측이 옥신각신할 때 이범석이 총독을 만나게 해달라고 요구하며 시내 진입을 시도했으나 소용이 없었다. 뜨거운 태양 아래 네 시간이 흘렀다.

쇼쓰키 중장을 이어 시부자와 대좌(대령)가 회담에 나섰다. 비록 패전국 장성이지만 대령 계급인 버드를 상대하는 게 자존심 상했던 것 같다. 시부자와는 유연한 인물이었다. 그는 일본군의 도발을 자제하고 광복군 선발대원들에게 맥주와 사이다, 담배를 권했다.

그날 밤 일본군 장교 숙소에서 간단한 회식이 열렸다. 맥주에 튀김 요리와 달걀부침이 올라왔다. 시부자와의 권유로 맥주 한 잔을 마신 이범석은 옆에 있던 우에다 중좌에게 말했다.

"당신은 공군 출신이라니 일본 공군가나 들어봅시다."

이에 우에다는 뜻밖의 답을 했다.

"전쟁이 끝났는데 이제 군가가 무슨 필요요? 다른 노래를 부르겠소."

그렇다. 그들도 군국주의 군인이기 이전에 영혼을 가진 인간이었다. 이렇게 양측은 모든 것을 벗어버리고 술과 흥에 취해갔다. 몇몇 일본군 장교가 회식을 깨려는 소동을 일으켰지만 이내 진압됐다. 그렇게 밤이 저물어갔다.

다음 날 오후 2시 30분, 미군과 광복군 선발대는 다시 비행기를 타고 중국으로 돌아가야만 했다. 대한민국임시정부의 군대가 해방된 조국 땅에서 일본군에 추방당한 셈이었다. 광복군 선발대원들은 아쉬움을 달래려 조국의 물과 흙을 담아 갔다.

식민지 조선은 8월 15일에 해방된 게 아니다. 일본 외무대신 시게미쓰 마모루(윤봉길 의거 때 폭탄을 맞아 오른쪽 다리가 절단된 인물)가 미군의 미주리 전함에서 항복문서에 서명한 것이 9월 2일, 조선에서 일본군이 철수한 것은 9월 30일의 일이다. 그다음 날에는 OSS가 해체돼 광복군과 OSS의 공동 작전도 막을 내렸다. ✳

해방 직전 대한민국임시정부는 '한국으로 귀국해 실질적 정부 역할을 하겠다'는 뜻을 미국에 전했다. 그러나 미국 정부는 "개인 자격으로 귀국하면 반대하지 않는다"라는 지침을 연합군 사령관 더글라스 맥아더에게 내렸다. 이에 김구는 중국전구 미군사령관 앨버트 웨드마이어에게 '개인 자격의 귀국'을 다짐하는 서약서를 제출했다. 미군정은 15인승 경비행기 한 대를 상하이로 보냈다. 11월 23일 주석 김구를 비롯한 제1진이 김포비행장에 내렸다. 꿈에 그리던 조국에 돌아왔지만 그날 김포비행장에 환영 인파는 없었다. 그 초라함은 대한민국임시정부 요인들의 앞날을 예고했다.

조선총독부의 돈잔치,
신생독립국 조선의 경제를
파탄으로 몰아넣다

일본 천황이 항복 선언을 하자 조선총독부는 일본인들이 무더기로 예금을 인출할까 봐 우려했다. 우려는 바로 현실이 됐다. 8월 16일 하루에만 2억 원(현재 가치로 약 2조 원)이 금융기관에서 인출됐다. 당시 서울 시내 은행들이 보유한 돈의 20퍼센트였다. 은행 파산은 시간문제였다.

조선총독부 재무국장 미즈타 나오마사는 발 빠르게 움직였다. 각 지방의 은행에 현금을 지급해 대규모 인출 사태에 대비했다. 조선총독부는 지불유예(모라토리엄)에 따른 각 사업장의 연쇄 부도 사태와 대규모 폭동을 우려했다. 특히 일본인 사업장에 고용된 조선인들이 가장 무서운 뇌관이었다. 결국 조선총독부는 정반대의 극약 처방을 하게 된다.

8월 22일, 조선은행장 다나카는 총독부 간부들과 함께 일본으로 건너가 일본은행 총재를 만났다. 일본에서 조선은행권(조선 화폐)을 인쇄해 조선으로 운송하기 위한 것이었다. 그리하여 도쿄에서 인쇄된 조선은행권 4억 원이 비행기로 조선에 공수됐다. 미군이 오키나와를 점령한 상황에서 그것은 '첩보 작전'을 방불케 했다. 작전의 중압감이 너무 컸는지 다나카는 곧 사망했다.

화폐 발행은 식민지 조선에서도 이뤄져, 교과서를 인쇄하던 도서인쇄주식회사에서 무려 91억 원을 찍어냈다. 해방 2주 만에 조선은행 발행고는 두 배로 늘어났다. 화폐를 급히 발행하는 바람에 인쇄 상태가 조잡해 '빨간 돈'이라 불렸는데 상인들이 받기를 꺼렸다. 심지어 지폐의 잉크가 손에 묻어나기도 했다.

이렇게 졸속으로 발행된 화폐는 미군이 진주하는 9월 1일부터 사용됐다. 갑자기 '눈먼 돈'이 쌓이자 조선총독부의 돈잔치가 시작됐다. 퇴직금·기밀비·여행비 등의 명목으로 총독부 관리들에게 수백만, 수십만 원이 뿌려졌다. 당시 100만 원은 현재 가치로 환산하면 100억 원에 맞먹는 거금이었다. 쓰고 또 써도 다 못 쓸 돈이었다.

'눈먼 돈'은 은행을 통해 조선 내 일본인들에게 갔다. 일본인들이 대출 신청을 하면 은행은 돈을 퍼주었다. 이렇게 시중에 풀린 돈이 25억 원을 넘었다. 어차피 그것은 갚을 필요도 없는 돈이었다. '눈먼 돈'을 손에 넣은 일본인들은 조선의 귀금속과 문화재 등 현물을 사들였고 물품 검사를 피하려 밀항선에 몸을 싣고 일본으로 탈출했다. 인천에서 적발된 밀항선에서는 다이아몬드가 쏟아졌고, 부산에서는 자전거 튜브 안에 주식과 채권을 넣어 밀항하다 해양경찰에 붙잡힌 거물급 인사도 있었다.

총독부의 돈잔치로 조선의 재화가 일본으로 빠져나갔고 조선에는 휴지 같은 화폐만 남았다. 이어 살인적 인플레이션이 덮쳐 해방 세 달 만에 조선의 물가는 30배가 치솟았다. 일제는 새롭게 출발해야 할 신생 독립국 조선의 경제를 파탄으로 몰아넣고 떠났다. ✳

사진 제공 및 소장처

계명대학교 동산도서관

국가기록원

국가보훈처

국립고궁박물관

국립소록도병원

국립중앙도서관

국립중앙박물관

국사편찬위원회

당진신문

독립기념관

동아일보

서울역사박물관

수원시립아이파크미술관

위키미디어 커먼스

위키미디어 커먼스 ©Aldaron

위키미디어 커먼스 ©Samhanin

인천시역사자료관

장준하기념사업회

조선일보

- 이 책에 쓰인 사진은 정해진 절차에 따라 저작권자의 동의를 받아 사용한 것입니다. 이 책에 사진을 제공해주신 분들에게 감사드립니다.
- 저작권자를 찾지 못하여 게재 동의를 얻지 못하였거나 저작권 처리 과정 중 누락된 사진에 대해서는 확인되는 대로 통상의 절차를 밟겠습니다.

1부 1900년대

1905

강만길, 《고쳐 쓴 한국근대사》, 창작과비평사, 1994.

〈근대사 뒤흔든 '톡 쏘는 그 맛'〉, 《기호일보》 2015년 7월 28일 자.

김두겸 외, 《대한민국 기업사》 1, 중앙북스, 2008.

김성원, 《한국 축구 발전사》, 살림, 2006.

김윤희 외, 《조선의 최후》, 다른세상, 2004.

김은신, 《한국 최초 101장면》, 가람기획, 1998.

노형석, 《한국 근대사의 풍경》, 생각의나무, 2006.

〈미일 밀약 몰랐던 고종, "미(美) 공주가 도우러 왔다" 황실가마 태워〉, 《조선일보》 2015년 10월 6일 자.

볼프강 쉬벨부시 지음, 박진희 옮김, 《철도 여행의 역사》, 궁리, 1999.

윤덕한, 《이완용 평전》, 중심, 1999.

전봉관, 〈이용익의 '사라진 백만 원 예금'〉, 《신동아》 2006년 7월 호.

1906

김도형, 〈권업모범장의 설립과정과 역사적 성격〉, 《농업사연구》 제9권 1호, 한국농업사학회, 2010.

김희곤, 《신돌석 백년만의 귀향》, 푸른역사, 2001.

노형석, 《한국 근대사의 풍경》, 생각의나무, 2006.

박주희, 〈애국과 친일… 후손들 삶의 간극 더 벌어졌다〉, 《한국일보》 2015년 8월 14일 자.

신용하, 〈독도, 130문 130답 — 일제 독도 침탈에 대한 대한제국의 반발〉, 《월간조선》 2011년 6월 호.

〈한국야구 뿌리는 1905년 아니라 1904년〉, 《스포츠동아》 2013년 12월 18일 자.

1907

가스펠서브, 《교회용어사전》, 생명의말씀사, 2013.

〈관사립학교 추계 연합 운동회 경황〉, 《황성신문》 1907년 10월 27일 자.

윤덕한, 《이완용 평전》, 중심, 1999.

이기항·송창주, 《아! 이준 열사》, 공옥출판사, 2008.

정진석 외, 《제국의 황혼》, 21세기북스, 2010.

천정환, 《끝나지 않는 신드롬》, 푸른역사, 2005.

최경봉, 《우리말의 탄생》, 책과함께, 2005.

한무규 지음, 한국독립운동사연구소 기획, 《이승훈》, 역사공간, 2008.

한철호·오성 외, 《대한제국기 지방 사람들》, 어진이, 2006.

1908

망원한국사연구실 한국근대민중운동사서술분과, 《한국근대민중운동사》, 돌베개, 1989.

이석규, 《민에서 민족으로》, 선인, 2006.

이태영, 《20세기 아리랑》, 한울아카데미, 2015.

정진석 외, 《제국의 황혼》, 21세기북스, 2010.

한국근현대사학회, 《한국근대사강의》, 한울, 1997.

1909

강준만·오두진, 《고종 스타벅스에 가다》, 인물과사상사, 2009.

망원한국사연구실 한국근대민중운동사서술분과, 《한국근대민중운동사》, 돌베개, 1989.

정진석 외, 《제국의 황혼》, 21세기북스, 2011.

〈창경원과 식민주의, 일본인-조선인-동물의 위계〉, 《한겨레》 2015년 3월 20일 자.

한철호 외, 《식민지 조선의 일상을 묻다》, 동국대학교출판부, 2013.

황재문, 《안중근 평전》, 한겨레출판, 2011.

1910

고미숙, 《열하일기, 웃음과 역설의 유쾌한 시공간》, 북드라망, 2016.

김두겹 외,《대한민국 기업사》1, 중앙북스, 2008.

김명섭 지음, 한국독립운동사연구소 기획,《이회영》, 역사공간, 2008.

김삼웅,《이회영 평전》, 책보세, 2011.

김승범,《한국 최고의 브랜드》, 흐름출판, 2005.

김윤희 외,《조선의 최후》, 다른세상, 2004.

수요역사연구회,《식민지 조선과 "매일신보"》, 신서원, 2003.

운노 후쿠쥬 지음, 연정은 옮김,《일본의 양심이 본 한국병합》, 새길아카데미, 2012.

이덕일,《이회영과 젊은 그들》, 위즈덤하우스, 2009.

〈한국 최초의 상설 영화관 경성고등연예관 설립〉,《케이 투데이》2013년 2월 12일 자.

황재문,《안중근 평전》, 한겨레출판, 2011.

2부 1910년대

1911

강영심 외,《일제시기 근대적 일상과 식민지 문화》, 이화여자대학교출판부, 2008.

강준만,《한국 근대사 산책》6, 인물과사상사, 2008.

김구 지음, 백범정신선양회 엮음,《백범일지》, 하나미디어, 1992.

김병희,《광고로 보는 근대문화사》, 살림, 2014.

김순석,〈일제의 불교정책과 친일문제 검토〉,《불교평론》8호, 2001.

수요역사연구회,《식민지 조선과 "매일신보"》, 신서원, 2003.

심산사상연구회,《김창숙 문존》, 성균관대학교출판부, 2001.

정진석 외,《제국의 황혼》, 21세기북스, 2011.

한국역사연구회,《우리는 지난 100년 동안 어떻게 살았을까》2, 역사비평사, 1998.

1912

권보드래,《1910년대, 풍문의 시대를 읽다》, 동국대학교출판부, 2008.

박영수,《비즈니스를 위한 역사상식》, 추수밭, 2010.

수요역사연구회, 《식민지 조선과 "매일신보"》, 신서원, 2003.

이덕주, 《식민지 조선은 어떻게 해방되었는가》, 에디터, 2003.

한민 지음, KBS 다큐멘터리 〈해방〉 제작팀 원작, 《해방》, 청년정신, 2000.

1913

박성수, 《독립운동의 아버지, 나철》, 북캠프, 2003.

수요역사연구회, 《일제의 식민지 지배정책과 매일신보》, 두리미디어, 2005.

〈스포츠인물열전 15—동양의 자전거 대장 엄복동〉, 《스포츠코리아》 2012년 8월 호.

유홍준, 《나의 문화유산 답사기》 2, 창작과비평사, 1994.

천정환, 《끝나지 않는 신드롬》, 푸른역사, 2005.

최은희, 《여성을 넘어 아낙의 너울을 벗고》, 문이재, 2003.

한국역사연구회, 《우리는 지난 100년 동안 어떻게 살았을까》 1, 역사비평사, 1998.

1914

수요역사연구회, 《식민지 조선과 "매일신보"》, 신서원, 2003

안천, 《대한황실 독립전쟁사》, 교육과학사, 2013.

이영훈, 《대한민국 이야기》, 기파랑, 2007.

이화역사관, 《이화 역사 이야기》, 이화여자대학교출판부, 2013.

〈자혜의원의 신술감읍(神術感泣)〉, 《매일신보》 1914년 1월 22일 자.

〈행정구역 개편 '시동' 걸렸다〉, 《주간경향》 제795호, 2008. 10. 14.

황상익, 〈일본이 한국에 병원을 지은 진짜 이유는…〉, 《프레시안》 2011년 7월 4일 자.

〈허풍선적 광설(虛風扇的 狂說), 소위 해월선생의 제자라 칭〉, 《매일신보》 1914년 6월 13일 자.

1915

김두겸 외, 《대한민국 기업사》 1, 중앙북스, 2008.

신인섭, 〈최초의 박람회, 1915년 조선물산공진회〉, 《매거진》 2013년 9월 4일 자.

최열, 《한국근대미술의 역사》, 열화당, 1998.

홍영기, 국가보훈처, 〈이달의 독립운동가—채응언〉, 2005. 7.

1916

강돈구, 〈근대 신종교의 민족주의〉, 《근대 한국 종교문화의 재구성》, 한국학중앙연구원, 2006.

강준만, 《한국 근대사 산책》 6, 인물과사상사, 2008.

교수신문 외, 《한국근현대사 역사의 현장 40》, 휴머니스트, 2016.

김은신, 《한국 최초 101장면》, 가람기획, 1998.

박록담, 《다시쓰는 주방문》, 코리아쇼케이스, 2005.

〈벌금 볼기〉, 《매일신보》 1916년 1월 13일 자.

〈역인(驛人)한 전차를 군중이 습격〉, 《매일신보》 1916년 9월 15일 자.

〈하나후다, 화투, 그리고 이완용… 48장 동양화의 내력〉, 《중앙일보》 2007년 9월 23일 자.

황선명 외, 《한국근대민중종교사상》, 학민사, 1983.

1917

곤도 시로스케 지음, 이언숙 옮김, 《대한제국 황실비사》, 이마고, 2007.

국가보훈처, 〈이달의 독립운동가—박상진〉, 1996. 8.

권보드래, 《1910년대, 풍문의 시대를 읽다》, 동국대학교출판부, 2008.

김정동, 〈마지막 황제 순종의 일본 방문길〉, 《중앙일보》 2003년 3월 20일 자.

〈담취만습의 미신, 어린아이의 쓸개를 먹고저, 사람을 죽이려는 못된 악습〉, 《매일신보》 1913년 6월 8일 자.

이준식 지음, 역사문제연구소 기획, 《일제강점기 사회와 문화》, 역사비평사, 2014.

〈어원(御苑) 개설 이래의 신기록, 일요일의 배관자 1만 3천 명〉, 《매일신보》 1917년 4월 24일 자.

조한성, 《한국의 레지스탕스》, 생각정원, 2013.

KBS 역사스페셜 〈잊혀진 영웅, 광복회 총사령 박상진〉, 2010년 4월 10일 방영.

1918

김희곤, 《중국관내 한국독립운동단체연구》, 지식산업사, 1995.

〈독감 경과 후의 정황을 조사중〉, 《매일신보》 1918년 12월 9일 자.

〈독감의 산출한 비극, 네 식구가 죽고 가장은 미쳤다〉, 《매일신보》 1918년 12월 12일 자.

〈알렉산드라 김의 전기〉, 《시사저널》 216호, 1993. 12.

1919

강옥희 외, 《식민지시대 대중예술인 사전》, 소도, 2006.

국가보훈처, 〈이달의 독립운동가―강우규〉, 1999. 11.

권오기, 《인촌 김성수》, 동아일보사, 1985.

김자동, 《임시정부의 품 안에서》, 푸른역사, 2014.

〈명월관이 소실됨〉, 《매일신보》 1919년 5월 24일 자.

박영수, 《대한유사》, 살림, 2011.

이원규, 《약산 김원봉》, 실천문학, 2005.

이태영, 《20세기 아리랑》, 한울아카데미, 2015.

정운현, 《나는 황국신민이로소이다》, 개마고원, 1999.

주영하, 〈조선요리옥의 탄생: 안순환과 명월관〉, 《동양학》 제50호, 단국대학교 동양학연구원, 2011.

추헌수, 《대한민국 임시정부사》, 독립기념관 한국독립운동사연구소, 1989.

피터 현, 《만세!》, 한울, 2015.

〈한국영화의 메카 단성사, 그리고 박승필〉, 《오마이뉴스》 2007년 3월 20일 자.

3부 1920년대

1920

강덕상, 《현대사자료(現代史資料)》 28, 미스즈서방(みすず書房), 1977.

국사편찬위원회, 《여행과 관광으로 본 근대》, 두산동아, 2008.

김은신, 《한국 최초 101장면》, 가람기획, 1998.

김혁, 〈민족네트워크―일송정 높은 소 해란강 푸른 물 8: 한민족의 자부심 드세운 '용정 15만 원 탈취 의거'〉, 《민족21》 2011년 10월 호.

〈동아일보 속의 근대 100경: 수학여행〉, 《동아일보》 2009년 11월 30일 자.

동아일보사, 《인촌 김성수》, 동아일보사, 1986.

박윤석, 《경성 모던타임스》, 문학동네, 2014.

〈세계개조의 벽두를 당하야 조선의 민족운동을 논하노라〉, 《동아일보》 1920년 4월 3일 자.

이성우 지음, 독립기념관 한국독립운동사연구소 기획,《김좌진》, 역사공간, 2011.

이종영,《한국에스페란토운동 80년사》, 한국에스페란토협회, 2003.

이준식, 역사문제연구소 기획,《일제강점기 사회와 문화》, 역사비평사, 2014.

장세윤,《봉오동·청산리 전투의 영웅》, 역사공간, 2007.

조선일보사 사료연구실,《조선일보 사람들: 일제시대 편》, 랜덤하우스중앙, 2004.

피터 현,《만세!》, 한울, 2015.

1921

강우방,《한국미의 재발견》, 솔출판사, 2005.

강준만,《입시전쟁 잔혹사》, 인물과사상사, 2009.

강준만,《한국 근대사 산책》 6, 인물과사상사, 2008.

국가보훈처,〈이달의 독립운동가—양근환〉, 2009. 5.

김용달, 국가보훈처,〈이달의 독립운동가—김익상〉, 2010. 6.

독립운동사편찬위원회,《독립운동사자료집》 7, 고려서림, 1984.

독립운동사편찬위원회,《독립운동사자료집》 11, 고려서림, 1984.

〈미두왕(米豆王) 반복창의 인생유전〉,《신동아》 2007년 1월 호.

이태영,《20세기 아리랑》, 한울아카데미, 2015.

전봉관,《럭키경성》, 살림, 2007.

정규홍,《우리 문화재 수난사》 학연문화사, 2005.

정민성,《우리 의약의 역사》, 학민사, 1990.

조유전,《발굴 이야기》, 대원사, 1996.

최열,《한국근대미술의 역사》, 열화당, 1998.

'춘약' 광고,《동아일보》 1921년 12월 24일 자.

한국역사연구회,《우리는 지난 100년 동안 어떻게 살았을까》 1, 역사비평사, 1998.

한철호 외 지음, 이규태 외 옮김,《식민지 조선의 일상을 묻다》, 동국대학교출판부, 2013.

1922

강준만,《한국 근대사 산책》 6, 인물과사상사, 2008.

고종석, 《히스토리아》, 마음산책, 2003.

김범, 〈인물한국사―안창남: 독립의 염원을 안고 식민지의 하늘을 날다〉, 네이버캐스트.

〈단발령 110년, 두발규제 잔혹사 아십니까〉, 《오마이뉴스》 2005년 5월 14일 자.

박상하, 《경성상계》, 생각의나무, 2008.

박상하, 《한국기업성장 100년사》, 경영자료사, 2013.

신현균, 〈발굴 한국야구사(상)―1922년 ML 올스타 첫 방한, 명월관 기생들의 환대를 받다〉, 《OSEN》 2013년 4월 15일 자.

이덕일, 《잊혀진 근대, 다시 읽는 해방전사》, 위즈덤하우스, 2013.

이승원, 《사라진 직업의 역사》, 자음과모음, 2011.

이이화, 《한국사 이야기》 19, 한길사, 2015.

이임하, 《계집은 어떻게 여성이 되었나》, 서해문집, 2004.

이화역사관, 《이화 역사 이야기》, 이화여자대학교출판부, 2013.

전완길 외, 《한국 생활문화 100년》, 장원, 1995.

천정환, 《끝나지 않는 신드롬》, 푸른역사, 2005.

최병택·예지숙, 《경성 리포트》, 시공사, 2009.

최영수, 〈학교는 눈물인가? 한숨일런가?〉, 《신동아》 1936년 6월 호.

KBS 역사스페셜 〈떴다 보아라 안창남―창공에 펼친 조선 독립의 꿈〉, 2011년 1월 27일 방영.

편집부, 《발굴 한국현대사인물》 1, 한겨레신문사, 1991.

한민 지음, KBS 다큐멘터리 〈해방〉 제작팀 원작, 《해방》, 청년정신, 2000.

1923

국가보훈처, 〈이달의 독립운동가―김상옥〉, 1922. 1.

김동진, 《1923 경성을 뒤흔든 사람들》, 서해문집, 2010.

김정형, 《20세기 이야기―1920년대》, 답다, 2016.

김중섭, 《사회운동의 시대》, 북코리아, 2012.

단국대학교 동양학연구소, 《모던라이프 언파레드》, 민속원, 2008.

이철, 《경성을 뒤흔든 11가지 연애사건》, 다산북스, 2008.

전봉관, 〈평양 명기(名妓) 강명화 정사(情死) 사건〉, 《신동아》 2008년 1월 호.

조한성, 《한국의 레지스탕스》, 생각정원, 2013.

KBS 특집 다큐멘터리 〈김상옥〉, 2014년 11월 17일 방영.

1924

강만길, 《일제시대 빈민생활사 연구》, 창작과비평사, 1987.

강우방, 《한국미의 재발견》, 솔출판사, 2005.

강준만, 《한국 근대사 산책》 6, 인물과사상사, 2008.

김정인, 《대학과 권력》, 휴머니스트, 2018.

김정형, 《20세기 이야기—1920년대》, 답다, 2016.

다카사키 소지 지음, 김순희 옮김, 《아사카와 다쿠미 평전》, 효형출판, 2005.

이준식, 역사문제연구소 기획, 《일제강점기 사회와 문화》, 역사비평사, 2014.

전봉관, 〈'독살 미인' 김정필 신드롬〉, 《신동아》 2007년 4월 호.

전봉관, 《황금광시대》, 살림, 2005.

전완길 외, 《한국 생활문화 100년》, 장원, 1995.

정태헌, 역사문제연구소 기획, 《문답으로 읽는 20세기 한국경제사》, 역사비평사, 2010.

조선일보사 사료연구실, 《조선일보 사람들: 일제시대 편》, 랜덤하우스중앙, 2004.

최병택 · 예지숙, 《경성 리포트》, 시공사, 2009.

1925

강준만, 《한국 근대사 산책》 7, 인물과사상사, 2008.

곤도 시로스케 지음, 이연숙 옮김, 《대한제국 황실 비사》, 이마고, 2007.

〈극빈자 무료 진료〉, 《동아일보》 1925년 3월 18일 자.

노형석, 《한국근대사의 풍경》, 생각의나무, 2004.

〈세브란스병원 웹진〉 2012년 1월 호.

이준식 지음, 역사문제연구소 기획, 《일제강점기 사회와 문화》, 역사비평사, 2014.

임경석, 《이정 박헌영 일대기》, 역사비평사, 2004.

임인택, 〈서울역의 첫 모습… 경성역 준공도면 원본 공개〉, 《한겨레》 2016년 7월 8일 자.

전명혁, 《1920년대 한국사회주의 운동연구》, 선인, 2006.

전우용, 〈서울에 을축대홍수〉, 《중앙일보》 2010년 7월 20일 자.

정범준, 《제국의 후예들》, 황소자리, 2006.

1926

가다노 쓰기오 지음, 윤봉석 옮김, 《역사의 앙금》, 우석, 2003.

강만길 외 지음, 한국현대사회운동사전편집위원회 편 《한국현대사회운동사전》, 열음사, 1988.

김은주, 〈김은주의 시선—영화 '아리랑'과 나운규 80주기〉, 《연합뉴스》 2017년 8월 3일 자.

김태완, 〈영화 '아리랑' 개봉 90주년 특집—'아리랑' 필름의 흔적〉, 《조선pub》, 2016년 10월 21일 자.

김혜경, 《식민지하 근대가족의 형성과 젠더》, 창비, 2006.

이기환, 〈이기환의 흔적의 역사—신라 57대 왕은 평양기생 차릉파?〉, 《경향신문》 2012년 2월 16일 자.

이철, 《경성을 뒤흔든 11가지 연애사건》, 다산북스, 2008.

이태영, 《20세기 아리랑》, 한울아카데미, 2015.

천정환, 《끝나지 않는 신드롬》, 푸른역사, 2005.

한철호 외 지음, 이규태 외 옮김, 《식민지 조선의 일상을 묻다》, 동국대학교출판부, 2013.

1927

강만길 외, 《한국현대사회운동사전》, 열음사, 1988.

노형석, 《한국근대사의 풍경》, 생각의나무, 2004.

윤해동·황병주, 《식민지 공공성》, 책과함께, 2010.

이승원, 《소리가 만들어낸 근대의 풍경》, 살림, 2005.

이철, 《경성을 뒤흔든 11가지 연애사건》, 다산북스, 2008.

한국역사연구회, 《우리는 지난 100년 동안 어떻게 살았을까》 1, 역사비평사, 1998.

1928

국가보훈처, 〈이달의 독립운동가—조명하〉, 1993. 5.

유윤종, 〈동아일보 속의 근대 100경: 전차와 버스〉, 《동아일보》 2009년 10월 15일 자.

이동희, 《임꺽정과 서사문학 연구》, 디자인흐름, 2011.

이승원, 《사라진 직업의 역사》, 자음과모음, 2011.

조선일보사 사료연구실, 《조선일보 사람들: 일제시대 편》, 랜덤하우스중앙, 2004.

최장원, 〈조선일보에 비친 '모던 조선' 3 — 뻐스 걸〉, 《조선일보》 2011년 2월 22일 자.

홍원표, 〈민족의 비극과 저항에 관한 이야기: 홍명희의 삶과 《임꺽정》〉, 《비극의 서사》, 신서원, 2013.

1929

강만길 외, 《한국현대사회운동사전》, 열음사, 1988.

강만길, 《일제시대 빈민생활사 연구》, 창작과비평사, 1987.

강준만, 《한국 근대사 산책》 6, 인물과사상사, 2008.

강준만, 《한국 근대사 산책》 7, 인물과사상사, 2008.

국가보훈처, 〈이달의 독립운동가 — 최양옥〉, 2013. 12.

국사편찬위원회, 《여행과 관광으로 본 근대》, 두산동아, 2008.

김인호, 《백화점의 문화사》, 살림출판사, 2006.

박천홍, 《매혹의 질주, 근대의 횡단》, 산처럼, 2003.

〈전복된 전차와 입원한 진명여자고등보통학교 학생들〉, 《매일신보》 1929년 4월 23일 자.

조선일보사 사료연구실, 《조선일보 사람들: 일제시대 편》, 랜덤하우스중앙, 2004.

최병택 · 예지숙, 《경성 리포트》, 시공사, 2009.

4부 1930년대

1930년

강준만, 《한국 근대사 산책》 9, 인물과사상사, 2008.

〈괴력과 대음대식 구척장신의 거인〉, 《동아일보》 1930년 2월 13일 자.

김영희 · 김채원, 《전설의 무희, 최승희》, 북페리타, 2014.

박상하, 《경성상계》, 생각의나무, 2008.

〈영화기자 모임 해체 요구 시위, 일 경찰 '영화인폭동사건'이라며 검거령〉, 《씨네21》 2001년 12월 호.

이성우, 독립기념관 한국독립운동사연구소 기획, 《김좌진》, 역사공간, 2011.

이용섭, 〈항일연재 3 — 1930년 "5·30폭동"과 "8·1폭동"이 조선인들에게 끼친 참혹상〉, 《자주시보》

2015년 11월 11일 자.

1931년

강준만,《한국 근대사 산책》8, 인물과사상사, 2008.

강준만,《한국 근대사 산책》9, 인물과사상사, 2008.

김인호,《백화점의 문화사》, 살림, 2006.

박상하,《경성상계》, 생각의나무, 2008.

우희창,〈충남도청 80년을 본다〉,《내포타임즈》2012년 10월 25일 자.

윤해동·황병주,《식민지 공공성》, 책과함께, 2010.

이철,《경성을 뒤흔든 11가지 연애사건》, 다산북스, 2008.

전봉관,〈홍옥임·김용주 동성애 정사 사건〉,《신동아》2007년 8월 호.

한홍구,〈호떡집에 불 지른 수치의 역사〉,《한겨레21》제350호, 2001. 3. 13.

1932년

강준만·오두진,《고종 스타벅스에 가다》, 인물과사상사, 2009.

국가보훈처,〈이달의 독립운동가—이봉창〉, 1992. 10.

김정형,《20세기 이야기—1930년대》, 답다, 2015.

김학준·이수항,《매헌 윤봉길》, 동아일보사, 2008.

배경식,《식민지 청년 이봉창의 고백》, 휴머니스트, 2015.

신동원,〈세균설과 식민지 근대성 비판〉,《역사비평》58호, 2002.

역사문제연구소,《인물로 보는 항일무장투쟁사》, 역사비평사, 1995.

이선우,《잃어버린 땅, 잊혀진 영웅》, 고구려, 1999.

장유정,《오빠는 풍각쟁이야》, 민음인, 2006.

전봉관,〈조선은행 평양지점 동양 초유 대도난사건〉,《신동아》2008년 3월 호.

조영진 외,《항일 무장 독립투쟁사》1·2, 일원, 2000.

1933년

강영심 외,《일제 시기 근대적 일상과 식민지 문화》, 이화여자대학교출판부, 2008.

박성래, 《인물과학사》 1·2, 책과함께, 2011.

서울시정개발연구원 편집부, 〈지표로 본 서울 변천〉, 서울시정개발연구원, 2010.

이선우, 《잃어버린 땅, 잊혀진 영웅》, 고구려, 1999.

전봉관, 《경성기담》, 살림, 2006.

전봉관, 《황금광시대》, 살림, 2005.

조선일보사 사료연구실, 《조선일보 사람들: 일제시대 편》, 랜덤하우스중앙, 2004.

최경봉, 《우리말의 탄생》, 책과함께, 2005.

최병택 · 예지숙, 《경성리포트》, 시공사, 2009.

〈토괴(土塊)에 가구까지 파상(破傷) 동중(洞中)에는 곡성 낭자〉, 《동아일보》 1933년 8월 31일 자.

한철호 외, 《식민지 조선의 일상을 묻다》, 동국대학교출판부, 2013.

1934년

강돈구 외, 《근대 한국 종교문화의 재구성》, 한국학중앙연구원, 2006.

강준만, 《한국 근대사 산책》 9, 인물과사상사, 2008.

김태완, 〈김소월의 손녀 김은숙〉, 《월간조선》 2015년 5월 호.

님 웨일즈 · 김산 지음, 송영인 옮김, 《아리랑》, 동녘, 2005.

역사비평 편집위원회, 《논쟁으로 본 한국사회 100년》, 역사비평사, 2000.

오규 소라이 지음, 임옥균 옮김, 《논어징》 1~3, 소명출판, 2010.

1935년

강준만, 《한국 근대사 산책》 9, 인물과사상사, 2008.

김남석, 《한국 문예영화 이야기》, 살림, 2003.

김명환, 〈조선일보에 비친 '모던 조선' 71―'에로당' 남녀 진한 스킨십… 경찰, 야산 기습 단속도〉, 《조선일보》 2011년 10월 25일 자.

김학철, 《최후의 분대장》, 문학과지성사, 1995.

단국대학교 동양학연구소, 《모던라이프 언파레드》, 민속원, 2008.

소래섭, 《불온한 경성은 명랑하라》, 웅진지식하우스, 2011.

〈애국가, 그 선율 참 이상하다〉, 《서울대 저널》 81호.

장유정,《오빠는 풍각쟁이야》, 민음인, 2006.

1936년

김기제, 〈당구130년사―당구를 접한 최초의 조선 사람들 1〉,《빌리어즈》 2015년 12월 24일 자.

김삼웅,《단재 신채호 평전》, 시대의창, 2005.

김은신,《한국 최초 101장면》, 가람기획, 1998.

〈'세속의 때' 벗은 요정 대원각 禪房(선방) 길상사로 재탄생〉,《경향신문》 1997년 12월 13일 자.

소래섭,《불온한 경성은 명랑하라》, 웅진지식하우스, 2011.

손기정,《나의 조국 나의 마라톤》, 학마을B&M, 2012.

전승훈, 〈'손기정 선수 일장기 말소사건' 주역 이길용 기자 회고록〉,《동아일보》 2009년 10월 1일 자.

조동성, 〈조동성의 남기고 싶은 당구 이야기―첫 영업장은 임정호가 개업한 '무궁헌'〉, 월간 당구(웹사이트).

조한성,《한국의 레지스탕스》, 생각정원, 2013.

천정환,《끝나지 않는 신드롬》, 푸른역사, 2005.

1937년

강준만,《한국 근대사 산책》 9, 인물과사상사, 2008.

김두겸 외,《대한민국 기업사》 1, 중앙북스, 2008.

김진송,《서울에 딴스홀을 허하라》, 현실문화, 1999.

김필영, 〈1937년 원동 고려인 강제이주와 홍범도 장군〉,《오마이뉴스》 2004년 3월 14일 자.

이상근,《러시아·중앙아시아 이주한인의 역사》, 국학자료원, 2010.

이원용, 〈1937년 고려인 강제이주의 원인 및 과정〉, 제54회 전국역사학대회, 2011.

임종국,《실록 친일파》, 돌베개, 1991.

장세윤,《봉오동·청산리 전투의 영웅》, 역사공간, 2007.

조갑제,《박정희의 결정적 순간들》, 기파랑, 2009.

한철호 외,《식민지 조선의 일상을 묻다》, 동국대학교출판부, 2013.

한홍구,《대한민국사》 2, 한겨레출판, 2003.

1938년

강영심 외,《일제 시기 근대적 일상과 식민지 문화》, 이화여자대학교출판부, 2008.

김학철,《최후의 분대장》, 문학과지성사, 1995.

문일평,《호암전집》2, 조광사, 1946.

야마자키 가쓰히코 지음, 윤성원 옮김,《크게 보고 멀리 보라》, 김영사, 2010.

이원규,《약산 김원봉》, 실천문학사, 2005.

임경석,《이정 박헌영 일대기》, 역사비평사, 2004.

정병욱,《식민지 불온열전》, 역사비평사, 2013.

조선일보사 사료연구실,《조선일보 사람들: 일제시대 편》, 랜덤하우스중앙, 2004.

쭈주키 쭈구오,〈일제시대 야학 및 학술강습회에서 실시된 일본어 강습〉,《아시아교육연구》제11권 제4호, 서울대학교 교육연구소, 2010.

1939년

서성원,〈최홍희를 얼마나 아시나요?〉,《태권박스미디어》2016년 10월 17일 자.

이안재,〈발굴옥천현대사 ─"형님이 이용당한 것…"〉,《옥천신문》2003년 9월 27일 자.

헨리 임·곽준혁,《근대성의 역설》, 후마니타스, 2009.

황재문,《안중근 평전》, 한겨레출판, 2011.

5부 1940년

1940년

강준만,《한국 근대사 산책》10, 인물과사상사, 2008.

〈광복 60주년 기념 '다큐멘터리 한국독립운동사'〉, 독립기념관, 2005.

내일을 여는 역사 재단,《질문하는 한국사》, 서해문집, 2008.

이원섭,〈항일무장투쟁시기의 김일성 빨치산부대〉,《신동아》2000년 3월 호.

이창기,〈연변에서 만난 김일성 부대의 흔적들〉,《오마이뉴스》2005년 8월 30일 자.

이충렬,《간송 전형필》, 김영사, 2010.

정주영, 《시련은 있어도 실패는 없다》, 제삼기획, 1991.

최재성, 〈'창씨개명'과 친일 조선인의 협력〉, 《한국독립운동사연구》 37호, 2010. 12.

1941년

김려실, 《투사하는 제국, 투영하는 식민지》, 삼인, 2006.

김재용, 《협력과 저항》, 소명출판, 2004.

김학철, 《최후의 분대장》, 문학과지성사, 1995.

송우혜, 《윤동주 평전》, 서정시학, 2014.

SBS 스페셜 3·1절 특집 〈나의 할아버지 김학철〉, 2015년 3월 1일 방영.

연세대학교 국학연구원, 《일제의 식민지배와 일상생활》, 혜안, 2004.

전완길 외, 《한국생활문화 100년》, 장원, 1995.

1942년

강만길 외, 《한국현대사회운동사전》, 열음사, 1988.

김흥식, 《한글전쟁》, 서해문집, 2014.

남지은, 〈일제하 독립운동 '단파방송 수신사건' 조명〉, 《한겨레》 2007년 2월 27일 자.

VOA 한국어방송, 〈단파방송 밀청 사건 대담〉, 1992년 8월 29일 방영.

손기정, 《나의 조국 나의 마라톤》, 학마을B&M, 2012.

우쓰미 아이코·무라이 요시노리 지음, 김종익 옮김, 《적도에 묻히다》, 역사비평사, 2012.

이만열, 《잊히지 않는 것과 잊을 수 없는 것》, 포이에마, 2015.

이영채, 〈세계의 창—나는 이학래다〉, 《한겨레》 2015년 2월 1일 자.

한진만, 《방송사건》, 커뮤니케이션북스, 2013.

〈혈전의 십자령에 울리는 아리랑〉, 《길림신문》 2012년 10월 16일 자.

1943년

〈공출〉, 《중앙일보》 1982년 8월 16일 자.

김광섭, 《나의 옥중기》, 창비, 1976.

김삼웅, 《서대문형무소 근현대사》, 나남출판, 2000.

정운현,《나는 황국신민이로소이다》, 개마고원, 1999.

정태헌 지음, 역사문제연구소 기획,《문답으로 읽는 20세기 한국경제사》, 역사비평, 2010.

정혜경,《조선 청년이여 황국 신민이 되어라》, 서해문집, 2010.

KBS 뉴스,〈월드리포트―잊혀진 '부관 연락선'의 죽음〉2013년 8월 31일 자.

1944년

길윤형,《나는 조선인 가미카제다》, 서해문집, 2012.

김재용,《협력과 저항》, 소명출판, 2004.

김준엽,《장정》1·2, 나남, 1987.

20세기민중생활사연구단·박규택,《최대봉》, 눈빛, 2008.

정혜경,《조선 청년이여 황국 신민이 되어라》, 서해문집, 2010.

한홍구,《대한민국사》2, 한겨레출판, 2003.

1945년

김광재,〈한국광복군의 한미공동작전과 의의〉,《군사(軍史)》제52호, 국방부군사편찬연구소, 2004. 8.

김형수, 인터뷰〈문익환 목사가 말하는 윤동주, 송몽규〉, www.youtube.com/watch?v=LSJ9TLMukMs.

송우혜,《윤동주 평전》, 서정시학, 2014.

이연식,《조선을 떠나며》, 역사비평사, 2012.

장준하,《돌베개》, 세계사, 1992.

장준하,《장준하 문집》3, 사상, 1985.

전봉관,〈8월 15일 당일 서울은 쥐 죽은 듯 조용했다〉,《조선일보》2015년 1월 1일 자.

정운현,〈광복절 오면 숨기 바빴던 독립운동가, 왜?〉,《오마이뉴스》2011년 7월 25일 자.

조문기,《슬픈 조국의 노래》, 민족문제연구소, 2005.

조선은행조사부,《조선경제연보》, 조선은행, 1948.

KBS 다큐멘터리〈조선총독부 최후의 25일〉, 2013년 8월 15일 방영.

〈환영객도 없이 쓸쓸히 귀국한 임시정부 요인들〉,《중앙일보》2009년 11월 23일 자.

다큐멘터리 일제시대

– 항일과 친일 그리고 일상이 어우러진 역사 현장 속으로

이태영 지음

1판 1쇄 발행일 2019년 1월 21일
1판 2쇄 발행일 2019년 5월 27일

발행인 | 김학원
편집주간 | 김민기 황서현
기획 | 문성환 박상경 임은선 김보희 최윤영 전두현 최인영 정민애 김주원 이문경 임재희 이화령
디자인 | 김태형 유주현 구현석 박인규 한예슬
마케팅 | 김창규 김한밀 윤민영 김규빈 김수아 송희진
제작 | 이정수
저자 · 독자서비스 | 조다영 윤경희 이현주 이령은(humanist@humanistbooks.com)
조판 | 이희수 com.
용지 | 화인페이퍼
인쇄 | 삼조인쇄
제본 | 정민문화사

발행처 | (주) 휴머니스트 출판그룹
출판등록 | 제313-2007-000007호(2007년 1월 5일)
주소 | (03991) 서울시 마포구 동교로23길 76(연남동)
전화 | 02-335-4422 팩스 | 02-334-3427
홈페이지 | www.humanistbooks.com

ⓒ 이태영, 2019

ISBN 979-11-6080-197-2 03910

• 이 도서의 국립중앙도서관 출판예정도서목록(CIP)은 서지정보유통지원시스템 홈페이지(http://seoji.
nl.go.kr)와 국가자료공동목록시스템(http://www.nl.go.kr/kolisnet)에서 이용하실 수 있습니다.(CIP
제어번호: CIP2018041693)

만든 사람들
편집주간 | 황서현
기획 | 이문경(lmk2001@humanistbooks.com) 최인영
편집 | 남미은 임미영
디자인 | 김태형